思想的・睿智的・獨見的

經典名著文庫

學術評議

丘為君　吳惠林　宋鎮照　林玉体　邱燮友

洪漢鼎　孫效智　秦夢群　高明士　高宣揚

張光宇　張炳陽　陳秀蓉　陳思賢　陳清秀

陳鼓應　曾永義　黃光國　黃光雄　黃昆輝

黃政傑　楊維哲　葉海煙　葉國良　廖達琪

劉滄龍　黎建球　盧美貴　薛化元　謝宗林

簡成熙　顏厥安（以姓氏筆畫排序）

策劃　楊榮川

五南圖書出版公司 印行

經典名著文庫

學術評議者簡介（依姓氏筆畫排序）

- 丘為君　美國俄亥俄州立大學歷史研究所博士
- 吳惠林　美國芝加哥大學經濟系訪問研究、臺灣大學經濟系博士
- 宋鎮照　美國佛羅里達大學社會學博士
- 林玉体　美國愛荷華大學哲學博士
- 邱燮友　國立臺灣師範大學國文研究所文學碩士
- 洪漢鼎　德國杜塞爾多夫大學榮譽博士
- 孫效智　德國慕尼黑哲學院哲學博士
- 秦夢群　美國麥迪遜威斯康辛大學博士
- 高明士　日本東京大學歷史學博士
- 高宣揚　巴黎第一大學哲學系博士
- 張光宇　美國加州大學柏克萊校區語言學博士
- 張炳陽　國立臺灣大學哲學研究所博士
- 陳秀蓉　國立臺灣大學理學院心理學研究所臨床心理學組博士
- 陳思賢　美國約翰霍普金斯大學政治學博士
- 陳清秀　美國喬治城大學訪問研究、臺灣大學法學博士
- 陳鼓應　國立臺灣大學哲學研究所
- 曾永義　國家文學博士、中央研究院院士
- 黃光國　美國夏威夷大學社會心理學博士
- 黃光雄　國家教育學博士
- 黃昆輝　美國北科羅拉多州立大學博士
- 黃政傑　美國麥迪遜威斯康辛大學博士
- 楊維哲　美國普林斯頓大學數學博士
- 葉海煙　私立輔仁大學哲學研究所博士
- 葉國良　國立臺灣大學中文所博士
- 廖達琪　美國密西根大學政治學博士
- 劉滄龍　德國柏林洪堡大學哲學博士
- 黎建球　私立輔仁大學哲學研究所博士
- 盧美貴　國立臺灣師範大學教育學博士
- 薛化元　國立臺灣大學歷史學系博士
- 謝宗林　美國聖路易華盛頓大學經濟研究所博士候選人
- 簡成熙　國立高雄師範大學教育研究所博士
- 顏厥安　德國慕尼黑大學法學博士

經典名著文庫 189

美國政治傳統及其締造者

The American Political Tradition and the Men Who Made It

理查德・霍夫施塔特 著
（Richard Hofstadter）

崔永祿、王忠和 譯

經典永恆・名著常在

五十週年的獻禮・「經典名著文庫」出版緣起

總策劃 楊榮川

五南，五十年了。半個世紀，人生旅程的一大半，我們走過來了。不敢說有多大成就，至少沒有凋零。

五南忝為學術出版的一員，在大專教材、學術專著、知識讀本出版已逾壹萬參仟種之後，面對著當今圖書界媚俗的追逐、淺碟化的內容以及碎片化的資訊圖景當中，我們思索著：邁向百年的未來歷程裡，我們能為知識界、文化學術界做些什麼？在速食文化的生態下，有什麼值得讓人雋永品味的？

歷代經典・當今名著，經過時間的洗禮，千錘百鍊，流傳至今，光芒耀人；不僅使我們能領悟前人的智慧，同時也增深我們思考的深度與視野。十九世紀唯意志論開創者叔本華，在其〈論閱讀和書籍〉文中指出：「對任何時代所謂的暢銷書要持謹慎的態度。」他覺得讀書應該精挑細選，把時間用來閱讀那些「古今中外的偉大人物的著作」，閱讀那些「站在人類之巔的著作及享受不朽聲譽的人們的作品」。閱讀就要「讀原著」，是他的體悟。他甚至認爲，閱讀經典原著，勝過於親炙教誨。他說：

> 「一個人的著作是這個人的思想菁華。所以，儘管一個人具有偉大的思想能力，但閱讀這個人的著作總會比與這個人的交往獲得更多的內容。就最重要的方面而言，閱讀這些著作的確可以取代，甚至遠遠超過與這個人的近身交往。」

爲什麼？原因正在於這些著作正是他思想的完整呈現，是他所有的思考、研究和學習的結果；而與這個人的交往卻是片斷的、支離的、隨機的。何況，想與之交談，如今時空，只能徒呼負負，空留神往而已。

三十歲就當芝加哥大學校長、四十六歲榮任名譽校長的赫欽斯（Robert M. Hutchins, 1899-1977），是力倡人文教育的大師。「教育要教眞理」，是其名言，強調「經典就是人文教育最佳的方式」。他認爲：

> 「西方學術思想傳遞下來的永恆學識，即那些不因時代變遷而有所減損其價值

的古代經典及現代名著，乃是眞正的文化菁華所在。」

這些經典在一定程度上代表西方文明發展的軌跡，故而他爲大學擬訂了從柏拉圖的《理想國》，以至愛因斯坦的《相對論》，構成著名的「大學百本經典名著課程」。成爲大學通識教育課程的典範。

歷代經典·當今名著，超越了時空，價値永恆。五南跟業界一樣，過去已偶有引進，但都未系統化的完整舖陳。我們決心投入巨資，有計畫的系統梳選，成立「經典名著文庫」，希望收入古今中外思想性的、充滿睿智與獨見的經典、名著，包括：

- 歷經千百年的時間洗禮，依然耀明的著作。遠溯二千三百年前，亞里斯多德的《尼各馬科倫理學》、柏拉圖的《理想國》，還有奧古斯丁的《懺悔錄》。
- 聲震寰宇、澤流遐裔的著作。西方哲學不用說，東方哲學中，我國的孔孟、老莊哲學，古印度毗耶娑（Vyāsa）的《薄伽梵歌》、日本鈴木大拙的《禪與心理分析》，都不缺漏。
- 成就一家之言，獨領風騷之名著。諸如伽森狄（Pierre Gassendi）與笛卡兒論戰的《對笛卡兒沉思錄的詰難》、達爾文（Darwin）的《物種起源》、米塞斯（Mises）的《人的行爲》，以至當今印度獲得諾貝爾經濟學獎阿馬蒂亞·

森（Amartya Sen）的《貧困與饑荒》，及法國當代的哲學家及漢學家余蓮（François Jullien）的《功效論》。

梳選的書目已超過七百種，初期計劃首爲三百種。先從思想性的經典開始，漸次及於專業性的論著。「江山代有才人出，各領風騷數百年」，這是一項理想性的、永續性的巨大出版工程。不在意讀者的眾寡，只考慮它的學術價值，力求完整展現先哲思想的軌跡。雖然不符合商業經營模式的考量，但只要能爲知識界開啓一片智慧之窗，營造一座百花綻放的世界文明公園，任君遨遊、取菁吸蜜、嘉惠學子，於願足矣！

最後，要感謝學界的支持與熱心參與。擔任「學術評議」的專家，義務的提供建言；各書「導讀」的撰寫者，不計代價地導引讀者進入堂奧；而著譯者日以繼夜，伏案疾書，更是辛苦，感謝你們。也期待熱心文化傳承的智者參與耕耘，共同經營這座「世界文明公園」。如能得到廣大讀者的共鳴與滋潤，那麼經典永恆，名著常在。就不是夢想了！

二〇一七年八月一日　於

五南圖書出版公司

導讀

墾拓社會的整合：政治領導者的個人特質與功過

臺大政治系教授　陳思賢

歷史上曾出現的國家無數，只有少數能成就帝國大業。它們自然就成爲歷史學家，甚至一般人想要深入探究的對象。古有羅馬，近有美國，對其興起原因的討論，乃是史家的神聖競技場。李維（Titus Livius, 59BC-17AD）在先，吉朋（Edward Gibbon, 1737-1794）在後，讓羅馬史之約略輪廓呈現；而對美國史來說，比爾德（Charles Beard）、特納（Frederick Jackson Turner）與帕靈頓（Vernon Louis Parrington）等史學家在前，開闢疆土，而理查德·霍夫施塔特（Richard Hofstadter）就算是後起的個中大家了。要談美國史，霍夫施塔特的著作，既是起點，也有可能——在某種程度上——是終點。

《美國政治傳統》一書是霍夫施塔特最早的著作之一，寫作時三十歲上下，他自承是出於「年輕人的視角」，也「偏向左派的觀點」。這也難怪，因爲寫作之際是反映一九三〇年代美國「經濟大蕭條」後的社會氛圍，當然是對主流思想與當政團體的價值批判居多。這樣的氣味，頗能吸引戰後知識分子與年輕人，他特別在序言中說，頗不解爲何「本書在美國有這麼多讀者，而且在二十年的時間裡人們對它的興趣持久不衰，特別是大學與中學生。」

書中內容其實就是對於歷史上美國若干政治領袖的臧否（當然這樣的性質先天上就極吸引人，誰不喜歡讀對公眾人物品頭論足的文章？）這些人固然大家公認爲對美國歷史有關鍵性的影響，但是作者希望從不同視角呈現他們，且可能是較爲嚴厲與批判性的，因爲他刻意避開「歌功頌德」，力圖展現這些人以往未被注意之處。霍夫施塔特明言他撰寫歷史的中心立場是：「在民主社會中，對待政治領導者的態度，苛求畢竟比過分寬容要令人安心一些」。所以此刻在我們眼前的這本書，算是二十世紀上半葉一個美國「進步青年」對自己國家歷史所做的評論。有哪些洞見？有何啓發？我們且逐一看來。

首先，就是他對於是否有所謂「共識歷史」的疑慮。「共識歷史」就是指一些美國歷史學家傾向於將（早期）美國社會的某些尖銳結構對立淡化，而強調社會中連接貫穿的共同價值與共識。這樣的解釋自然就會把美國的持續進步視爲當然，這有點像是「輝格史觀」（the Whig interpretation of history）之於英國歷史——某些史家將英國的民主化與進步視爲逐步必然出現之事，且歸諸於輝格黨意識形態。霍夫施塔特的整個學術生涯都在強調美國社會與歷史中的多元與「存在某些逆流」，他認爲歧異與分殊化是美國社會的特點，如果美國有一個傳統，這個傳統乃是「社會不斷變化與動態發展」，絕不是「同質且充滿價值共識」〔他稍後出版的名著《美國的反智傳統》（*Anti-intellectualism in American Life*）就是一例〕。

其次，就是對美國憲法的評論。世間多認爲美國的憲法是天賦人權、平等與民主的代表，也是美國建國先輩們對這個國家甚至世界的最大貢獻。霍夫施塔特在全書第一章中就質疑了這個看法。試看他用的章名：〈開國先輩：現實主義時代〉。用「現實主義」一詞的意思就是向實際利益與勢力妥協！他認爲，美國憲法的制定者心目中的「共和主義」，並不同於古典的、歷史中的，或是我們習於認知的共和主義。他們的「共和主義」是要保障階級的利益，「在他們的思想中，自由與民主無關，而是與財產有關」。霍夫施塔特解釋道：

> 開國先輩們認為，政府的根基是財產。沒有財產的人並不關心社會有秩序與否，因而也不會去做安份守己的公民。

憲法起草者之一的麥迪遜曾這樣說：

> 將來，人民之絕大部分不僅不會擁有土地，而且也不會擁有任何其他財產。他們或許將在共同處境的影響下聯合起來——在此種情況下財產權和公眾自由在他們掌握中將是不牢靠的——或更可能尋求致富及權力的野心，因而對另一方造成危險。

因而開國先輩們心中的盤算是，「對政府的影響將與財產成比例；商人和大地主將占支配地位，但小業主也將有其獨立的、不可忽視的發言權」。一般的小農民、城市工人之流其實並不在考量之內。制憲時，大階級聯合起來壓制這些「沒有足夠財產者」的權利，但憲法通過之後，統治階級內部的衝突開始了，尤其是當「漢彌爾頓偏袒北部商業利益的政策觸犯了勢力強大的南部莊園主之後，這種衝突更為加劇」。莊園主轉而與為數眾多的小農人結成「土地所有者聯盟」，這個聯盟在行憲後的關鍵年代持續了半個多世紀，「代表了國內絕大部分相關聯的利益集團」。

因此，美國歷史初期展現的乃是擁有土地者（大地主、小地主與眾多自耕農、開墾者）與工商業集團間的利益對抗。想當然爾，前者的人數遠遠多於後者，於是「人民權利」成為政治運作上的主流現象。霍夫施塔特結論到美國早期政治傳統的成形：「……隨著時間的推移，美國政治思想的主流愈來愈偏離憲法制定者的反民主立場。驚訝的是，大家對憲法普遍感到滿意，而且國家主義日益增長，使美國人對先輩充滿了深深崇敬之意，因而上述偏離傾向雖然愈來愈強，但卻愈來愈不被人注意。」這眞是令人慨嘆之事，歷史的確是偶然與機緣所主導，人算不如天算！

本書各章都是關於美國政治領袖與菁英個人思想行宜的評論，但只有第七章是針對一個美國最重要的政治現象討論，那就是「政黨分肥制」（Spoils System）。這在美國由來已久，也是很重要的「政治傳統」。其實，各章中討論的政治人物各有其個性上的優缺點、價值觀上的某些特殊堅持，或是領導風格與形式上的爭議，但大抵來說還可算是「評價因人而異」的範疇，但是「政黨分肥制」這種政治傳統，的確是「客觀上的不當」，人人理應撻伐。霍夫施塔特對這個現象做了很中肯的分析，而這個分析立基於他對美國歷史的洞見，這個洞見也貫穿他數本著作中，成爲他描述美國社會時不會迴避的重要特色。他認爲，美國是一個移民社會，崇尚的是「白手起家」的精神與「競爭、達成目標」的勇氣與決心。前者代表努力與奮鬥，後者可能包含了「實用主義」（Pragmatism）下的「務實心態」與甚至「不擇手段」。

霍夫施塔特認爲骯髒污穢的「政黨分肥制」不單純只是政治上的一種特殊現象，它其實是美國社會文化的某種縮影。這種制度顯然把「從政」與「公職官位」看成是「尋租」（profit-seeking）的目標，而整個選舉制度造就了「尋租」的生態鏈。政客投入選舉需要金援，利益團體與掮客於是找到接榫處，當選後的官職分配不但是對後者的酬庸，更是「安排對的人」居於行政職位以便日後小心照顧「金主」的需要與利益。而政黨正好是這整個過程的平臺與樞紐。例如十九世紀末期有位老派正直的共和黨人將他的黨稱爲「一個根本上腐敗的公司」，而該黨參議院領袖也說：「我認爲，本黨如今是有史以來最腐敗墮落的政黨。」系出名門政治家族的美國歷史學家亨利・亞當斯指出：

查遍一八七〇年至一八九五年這二十五年間國會、司法和行政部門的全體名單，恐怕只能看到名譽掃地而已。

霍夫施塔特認爲這種崇尚自私自利的「尋租」心態，首先來自商界，然後自然地「外溢」到了與其最緊密的政界。美國的商人（全世界的商人亦然）處於激烈的競爭中，行事快、狠、準與不擇手段幾乎是基本功夫。只要白手起家、成功致富，就贏得尊敬，中間過程少人細究。民主政治很容易蛻變爲金權政治，於是商人常常變成政壇背後「老闆」。政界如果某程度上淪爲商業利益的代言人，則商場邏輯當然跨界進入政治，「尋租」成爲尋常之事（我們看看今日臺灣，的確常見）！選舉後，官職成爲分贓之標的，赤裸裸地瓜分政治利益，接下來當然就是對資源與經濟利益的操控把持。霍夫施塔特所要表達的是，這種西部拓荒時代爲爭奪土地無所不爲的叢林心態，已經較制度化與文明化地移植到政治傳統中了。

最後要指出的本書特色，就是霍夫施塔特毫不掩飾地對於美國政治領袖人物提出尖銳批評，這種批評明白地顯現在他的章名上，幾乎毫不留情。所以這本書是年輕人的作品，歷來也最適合年輕人胃口。他的批評可分兩級，輕的一級是對比式的幽默諷刺，但第二級可就是「刺進心臟」的嚴厲了。傑佛遜總統是「出身高貴」的民主派；考宏是「主子階級」的馬克思；菲利普斯是「來自上層」的鼓動家（鼓動家通常是底層人與社會主義者）；布萊恩是「提倡信仰復興」的民主黨人（信仰這口號一貫是共和黨的專利）；老羅斯福是「充當進步派」的保守派；威爾遜是「作爲自由主義者」的保守派。但以下兩個就是極不客氣的標籤。胡佛總統曾寫了《美國的個人主義》一書，但是他當政時諸多不當，甚至給美國這個個人主義社會「帶來危機」！小羅斯福總統是一個有教養的「機會主義者」，施政竟然沒有全面性規劃與中心思想，見機行事、反覆無常。霍夫施塔特沒用「實用主義」的字眼而用「機會主義」，可見很不滿。

總結來說，這本書針砭美國若干政治領袖的施政，其背景卻是這個社會的豐富多元內涵與各種並存的心態價值。似乎可以這麼說，美國最可貴的傳統，其實是「不斷歷經分裂、歧異與衝突卻能持續向前進展」。原因何在？書中沒有直接回答，可能要從霍夫施塔特全部著作中找線索了——他自己一生大概就在找此答案。

前言

儘管理查德・霍夫施塔特的事業在如日中天時戛然而止，所造成的損失使我們文化上彷彿貧困到無可估量，但他留給後世的並不只是一、兩本重要著作，而是一大批內容極爲豐富的作品，大多數歷史學家難以企及。而且他的每一本著作都與前一本密切相關，無論哪一本都不能與其餘著作分割開來。霍夫施塔特的想像力很少能長時間地停留在一點，他的思想馳騁在廣闊的領域，包括政治、社會和文化歷史——他懶得將它們區分——並且涉及美國歷史的各個時期。但他的想法不斷地返回到他的事業最初就形成的中心概念；不斷地論及進步的傳統——如他在《改革的時代》一書的導言中所說，他和大多數知識分子都受到這傳統的撫育，同時又發現其中有許多地方值得批評——使我們清楚瞭解霍夫施塔特的所有著作，並發現最早於一九四八年出版的《美國政治傳統》與二十年之後出版的《進步歷史學家》之間的直接連繫。

如果人們記得霍夫施塔特最早在一九三八年發表的關於查爾斯・比爾德論述國內戰爭的論文，以及關於弗雷德里克・傑克遜・特納、弗農・路易斯・帕靈頓和再次關於比爾德——他在生命晚期又論及這些作家——的其他早期論文，他整個卓絕生涯的連續性就更加明顯。[1]

霍夫施塔特對進步主義史學家的畢生關注，使我們迅速瞭解《美國政治傳統》的一些特點——

【1】〈內戰前夕的關稅問題〉，《美國歷史評論》，一九三八年，第五十至五十五頁；〈帕靈頓與傑佛遜傳統〉，《思想史學刊》，一九四一年，第三九一至四〇〇頁；〈特納與邊境神話〉，《美國學者》，一九四九年，第四三三至四四三頁；〈比爾德與憲法〉，《美國季刊》，一九五〇年，第一九五至二一三頁。

睿智、辛辣、大膽，這些使霍夫施塔特的著作得到普遍的注意。該書的寫作不僅是與政治上的自由主義相對抗，而且是與自由主義史學，特別是與對霍夫施塔特之前一代歷史學家有巨大影響的三個大人物的對抗。這三個大人物，如霍夫施塔特在《進步歷史學家》一書中所說，在這方面對他本人也有很大的影響。霍夫施塔特在一九三〇年代開始研究美國歷史，是「受了查爾斯和瑪麗．比爾德（Mary Beard）的《美國文明的崛起》一書的啓發」（正如另一代人研究美國歷史是受了《美國政治傳統》的啓發），但對於將美國歷史扭曲和簡單解釋爲對抗的財產（property）形式之間的持續衝突，或更直截了當地說是人民和「利益集團」之間的衝突[2]，他很快就感到不滿。到一九三〇年代中期，對美國過去這種進步主義或民粹主義的解釋，已經失去了其所一度具有的一點批判性的內容，而與美國文化沙文主義的興起沆瀣一氣，令人厭倦地讚美美國的過去——具有地方色彩的民族激進傳統，民粹主義文化的初原效力，以及所謂在「新政」（New Deal）下日漸前進的民族振興。換句話說，對美國歷史的進步解釋促成了一種「英雄崇拜和民族自我頌揚文獻」的出現，而《美國政治傳統》就明確說明要給這種情緒洩勁。

一度是批評性的傳統思想蛻變成一種形式的文化民族主義，最爲奇特的是這種蛻變是在左翼的推動下發生。人民陣線於一九三五年成立，共產黨也令人們放心地聲明說，共產主義（Communism）可以被看作是「二十世紀的崇美主義」，這些都爲受排斥的知識分子之回歸發出了信號。曾經把美國改革傳統斥之爲小資產階級反動行爲，將「新政」斥之爲萌芽中的法西斯主義（Fascism）思潮的唯美主義、反美主義和內心生活的修養，以及「第三期」共產主義的超級革命忽然不再流行。進步主義和對歷史的進步解釋出現回復契機，對政治和文化本土傳統的追求開始興起。范．威克．布魯克斯曾嚴厲地批評美國文化，現卻在《締造者與發現者》之中，踏上十九世紀的思鄉召喚之旅。一九二〇年代和一九三〇年代初的暴露性傳記論文，讓位給了對人民英雄的虔誠紀念——桑德堡（Sandburg）筆下的林肯、范・多倫著的《富蘭克林傳》，以及弗里曼爲羅伯特・李寫的傳記——透過實際細節的描寫，將讀者引導入默許、欣賞的情緒之中。阿奇博爾德・麥克利什一直是可以信賴的風向指標，放棄了龐德時代的先鋒主義，並對那些「告訴我們詩歌是『純粹』的……〔並〕表達可怕的寂寞感情的人」，提出他稱之爲「張揚、不敬和狂妄的挑戰」。其他詩人對他「公共演說」的呼籲熱烈響應。托馬斯・哈特・本頓（Thomas Hart Benton）也進行了類似的轉變，從紐約搬到密蘇里，從抽象藝術轉變爲新地方主義，宣布「大城市」已經死亡。法蘭克・洛伊・萊特和劉易斯・芒福德讚揚地方主義勝過城市主義。「我們不是抱住令人寒顫的都市財政火葬場不放。」芒福德高聲地說：「而是走向新開墾的田野，創造新的政治活動形式，爲人類的目的而改變我們經濟體制的反常機制，設想並創生新的文化形式。」[3]

對於這些最近大肆宣揚的有關「美國復興」之極端和荒謬想法最有效的批評，就像「復興」本身一樣來自左翼——主要是與《黨派評論》相連繫或接近的一些知識分子。這個雜誌於一九三六年與史達林主義文學運動決裂，一年之後以獨立刊物的身分出現，總的思想觀念是馬克思主義

[2]《進步的歷史學家》，第xiv頁。

[3] 莫頓・道文・扎貝爾在一篇激烈的辯論文章中批評麥克利什道：「我們的時代富於政治和精神變化」，〈國會山的詩人〉，《黨派評論》，一九四一年一至二月，第七至九頁；又見邁耶・夏皮羅論本頓，〈民粹現實主義〉，同上，一九三七年一月，第五十三至五十七頁，以及論芒福德，〈瞻前顧後〉，同上，一九三八年七月，第十二至二十四頁。沃倫・蘇斯曼論一九三〇年代的一篇重要論文（〈三〇年代〉，洛曼・拉特納和斯坦利・科本編著，《美國文化發展》（一九七〇年），第一七九至二一八頁）指出，文化概念——指源於人民日常經歷的整個生活方式——為理解這十年知識界壓倒一切的關注，即尋找本土政治傳統和真正的人民文化，提供了線索。

（Marxism），政治上是反史達林主義，並且堅決反對將藝術和文化附屬於當時的政治需要。《黨派評論》的評論家們指責新民粹主義作家們是——用理查德·蔡斯批評芒福德的話說——「透過對歷史進行武裝攻擊洗劫過去」，以便建立一個僞造的文化傳統，一個神話般的有機發展的社會。這些知識分子並不否認文化與政治之間的連繫，或對此二者從歷史角度進行批評的必要，但他們將認爲歷史是「可利用的過去」的觀點——布魯克斯、比爾德和卡爾·貝克爾（Carl Becker）等人宣揚的觀點——和認爲歷史是經驗積累的觀點加以區分；將「利用」過去和汲取過去的經驗加以區分；就像孩子不能「利用」他們的母親，而是由其母親塑造的一樣，他們堅持認爲每一代人都是由其上一代所塑造，歷史分析不是編造與現在需要有關的過去，而是以批評的眼光意識到這些需要的影響。[4]

《黨派評論》的批評家們採取的立場意味著嚴正地拒絕了帕靈頓、比爾德和貝克爾的進步歷史學，以及特別是弗雷德里克·傑克遜的美國歷史前沿理論。這些作家恰當地意識到，美國進步主義歷史上就是與「美國世界不斷擴大的樂觀思想」相連繫，這種思想想像有「無限的空間」，把「人民統治的早期階段理想化爲不斷受到威脅，又不斷恢復的民主準則」。[5]在這些作家看來，似乎不僅僅是進步主義的膚淺性，而且還有和美國文化的澈底中斷，均來自於對新開端的不斷的探求，其中有一套經久不衰的形象——逃離複雜的事物，逃離過去，認爲過去是累贅，在對更美好未來的不懈探求中就可以毫不費力地把過去拋棄。

從這種對進步政治文化以及其一九三〇年代「馬克思主義」支脈的批評，不難看出霍夫施塔特早期著作的中心主題。像其他《黨派評論》的評論家一樣，霍夫施塔特曾被吸引到馬克思主義和對歷史的經濟學解釋，但只是親眼目睹了其墮落成爲（用邁耶·夏皮羅與本頓辯論時所使用的話說）「內容是地方的，但規模卻是全國性的」「官方文化」。霍夫施塔特從個人關係到氣質，都與

《黨派評論》的人們接近，夏皮羅、蔡斯、弗雷德里克・杜皮、萊昂內爾・特里林、艾瑞克・本特利和賴特・米爾斯（Wright Mills）都是他在哥倫比亞的同事。他的朋友艾爾弗雷德・卡津在其研究美國作家的傑出著作《在本土上》的最後一節〈美國，美國！〉中，對這種民粹主義的復興，做了非常具有說服力的指控。可以把卡津的書出版六年之後問世的《美國政治傳統》，看作是像卡津對美國文學研究那樣的美國政治研究。兩本書的核心問題都是美國傳統（因而揭示了這些傳統在一九三〇年代的根源）；但他們沒有像進步主義和新民粹主義歷史學家那樣稱頌這些傳統，而是無情地揭露了其不足的方面。

兩位作家都對其之前的作家們保持高度批評的眼光，但他們還是吸收了其著作中一切有價值的東西。就像卡津保留了范・威克・布魯克斯最佳的研究方法，霍夫施塔特的分析也顯示出比爾德的影響。像比爾德一樣，霍夫施塔特讚美開國元勳們政治方面的現實主義精神，並在《美國政治話題》一書中，將這種品質與對「政治的經濟基礎」的理解連繫起來。不過比爾德把傑佛遜的傳統與聯邦主義的傳統截然分開，這兩者的持續衝突是美國歷史的重大主題，而霍夫施塔特則把傑佛遜看作一大串機會主義者中的第一位，他們在美國政治中的作用就是模糊意識形態衝突，口頭上爲農業民主而譴責商業利益，但實際上卻在促進這些利益。沒有像比爾德和帕靈頓那樣劃分兩個涇渭分明的對立傳統，霍夫施塔特發現美國歷史上有一系列的機會主義入侵、妥協和自我欺騙。這些論文題

[4] 理查德・蔡斯，〈武裝的蒙昧主義者〉，《黨派評論》，一九四四年夏刊，第三四五至三四八頁；威廉・菲利普斯和菲力普・拉烏，〈文學批評的一些問題〉，《科學與社會》，一九三七年冬季號。關於「可利用的過去」這一概念，見范・威克・布魯克斯，〈論創造可利用的過去〉，《標度盤》，一九一八年四月十一日，第三三七至三四一頁；以及卡爾・貝克爾的著名論文，〈每個人都是自己的歷史學家〉，一九三一年。

[5] 邁耶・夏皮羅，〈民粹現實主義〉，《黨派評論》，一九三七年一月，第五十五至五十六頁。

目中明顯的諷刺術語的連續使用，不僅僅是爲了揭露英雄崇拜主義文學——例如強迫我們把林肯看成是自助意識形態的源頭，把西奧多·羅斯福（Theodore Roosevelt）看成保守黨人——而且要指出角色之間的混亂，主要政治家被迫披上的奇怪僞裝，以及缺乏堅定意識形態基礎（最多是有作爲潛流存在下來的經濟現實主義傳統）的政治制度中，經常存在的意圖和結果的衝突。

霍夫施塔特在強調美國社會缺乏意識形態衝突時——例如當他傑出地修改了對傑克遜原則的傳統解釋，不把歷史看作是嚴陣以待的農民反對金錢權力的運動，而把他們顯示成爲因中央控制而惱怒的滿懷希望的資本家——他就毫無疑義地爲一九五〇年代的理論家意見統一鋪平了道路，這些理論家們把意識形態一致看作不僅是美國制度的主要特徵，而且是其穩定的根源。但霍夫施塔特在《美國政治傳統》中的意圖並不是要稱頌美國的「實用主義」，相反地，他把它們一致看作是知識破產的一種形式，認爲反映出的不是健康的實用精神，而是諸如疆界、堅強的自由民、自助、上帝和母性等民眾神話對美國政治思想的控制。霍夫施塔特骨子裡是城市人，而且在他寫作的時代，最好的作家和批評家都已從一九三〇年代新民粹主義有連繫的最新版本的農民神話後退，他從多情的農民神話中，看到了不現實的美國政治話語中特別張揚的樣板——在這個國度裡，工業家、職員和工人裝作是土地的結實的兒子。在他早期關於布萊恩的文章中，對農民幻象的攻擊達到了喜劇性的高度——霍夫施塔特認爲布萊恩是一個代表人物，這不僅僅是因爲他在農民神話失去了與現實的一切連繫後，還堅持之不放；而且因爲他「不是在領導選民，而是爲之代言」，於是「就將人民事業凍結在最低的理解層次」。

《美國政治傳統》表面上看是一本關於政治的書，但書中所研究的是人民政治文化，這種文化將政治家視爲「民眾思想領袖」、「而不是他們引人注目的職能」，霍夫施塔特禁不住補充說。寫這本書的動機與同一時期，即一九四〇年代中期，德懷特·麥克唐納（Dwight Macdonald）反對自由勞動者心態及「文化布爾什維克主義」的動機相同，亦與歐文・豪攻擊「傷感的結伴旅遊」及民眾的非民粹主義神祕性時的動機相同。在一九三〇年代，那些譴責人民陣線文化的人是以獨立社會主義運動的名義進行，他們想像這種運動會因美國的大蕭條和反對法西斯的鬥爭而出現——這一運動既批評資本主義又批評蘇聯對社會主義（Socialism）的扭曲。「我自己一九四八年對整個歷史的看法，來自一九三〇年代的馬克思主義。」霍夫施塔特在另外的書中如此說。[6]但到一九四〇年代中期，這種馬克思主義觀點在很大程度上已經發生變化，以保衛文化自主，反對文學上的史達林主義，保衛獨立的批判思想的知識分子傳統，反對知識分子「頑固地接受——哪怕是斷斷續續地——社會的官方聲音作爲自己聲音的必要性」。[7]隨著文化問題愈來愈壓倒政治問題，這種馬克思主義批評的內容逐漸淡化。

一九三〇年代的馬克思主義也因對激烈社會運動希望的暗淡而改變，因爲沒有這種運動，馬克思主義看起來就愈來愈像資本主義的另一種純粹的知識類型。由於社會主義的前景日益黯淡，許多知識分子將注意力轉向大眾文化批判。愛德華・希爾斯在其因此評論而出名的論文中富有見地地指出：「他們早期從經濟角度對資本主義社會進行的批評，變成了對大規模工業社會的道德和文化批評。」[8]但這種「變態的馬克思主義」的出現，並不是因爲資本主義已經消滅了社會主義者過去批評的不公正現象——這是希爾斯的說法，而是因爲對資本主義政治攻擊的可能性到一九四〇年

[6]《進步歷史學家》，第四五二頁。
[7]威廉・菲利普斯，〈知識分子的傳統〉，《黨派評論》，一九四一年十一至十二月，第四九〇頁。
[8]愛德華・希爾斯，〈白日夢與夢魘：關於大眾文化批評的思考〉，《塞沃尼評論》，一九五七年，第五九〇頁。

代中期已經大大縮小，而且無論如何，對於產生了法西斯主義、史達林主義以及第二次世界大戰（World War II）巨大技術破壞的國際危機，進行純粹的政治分析已經不再充分。德懷特・麥克唐納在一九四六年寫道，「我現在認爲，困難比進步黨人想像的要更爲深重，危機也更爲嚴重。」[9]

進步派的政治文化現在已被視爲當代危機的一部分，而不是其解決辦法。面對現代生活有組織的野蠻行爲，進步黨人依然天眞地相信科學、進步和歷史「前進」，而眞正的激進派，按照麥克唐納的說法，把人而不是歷史作爲政治的中心。「進步派從集體角度思考（社會的利益或工人階級的利益），而激進派則強調個人的良心。」[10]這種區分也出現在《美國政治傳統》一書裡，書中批評進步傳統智力貧困，而對鼓動家溫德爾・菲利普斯（Wendell Phillips）則深表同情——霍夫施塔特的作品中（不斷指出）這是唯一一個沒有也不希望擔任公職，而又完全符合麥克唐納關於激進派定義的人物，因爲「如果歷史按照他指出的路走他也會高興，但他……頑固堅持自己的路，強調『應該』而不是『實際是』」。[11]

鑑於進步派心態的中心特徵是崇拜歷史和歷史進步，那麼霍夫施塔特在批評進步派的政治傳統時，就不能不對進步派或如霍夫施塔特後來稱之爲「輝格黨人」的歷史解釋加以批評。在對此進行詳細討論的《進步歷史學家》中，他指出「輝格黨人」的解釋具有以下特徵：「它公開申明黨派性，站在新教徒一邊反對社會現存機構，……似乎在講解一個不斷進步的故事，在某種程度上符合現代開明精神。」[12]由於其黨派性，進步派歷史學家，如帕靈頓等人就將衝突簡單化，以便能夠創造對立的傳統，這種對立似乎在一種脫離時間的眞空中存在於整個歷史：自由主義和保守主義；傑佛遜派和漢彌爾頓派；債務人和債權人；農民和剝削者。按照《進步歷史學家》的說法，這種做法使其「不能好好考慮知識問題藉以呈現於歷史學家之前的直接條件」。[13]帕靈頓有一種「在衝突中看到完全對立的兩種思想的傾向，這使他不能看到羅傑・威廉斯和約翰・可頓共同信仰喀爾文主義，托馬斯·虎克兒與麻薩諸塞神學政治統治者思想的基本相同之處，也看不到《憲法》擁護者和反對者之間共同的輝格黨原則」。[14]

《美國政治傳統》導言中也提出了同樣的看法，隨後的文章也致力於探討聯邦主義者和傑佛遜擁護者之間、傑佛遜擁護者及其反對者之間，以及二十世紀自由主義者和「保守派」之間的共同的立場。霍夫施塔特在導言中解釋說，他強調一致性而不是衝突，其主要原因是要避免進步派傳統過度的黨派特徵，那會使歷史學家們無休止地重複以往的爭論。

後代如發現自己遇到的問題與先輩遇到的問題有某種大致相似之處，便會暗暗擁護早年的競選者；史家當然也談不上完全超越黨派之見，總是根據當時的經驗和信念，判斷最可理解的往昔留下的思想，來重現當年的衝突。故此，人們如今還在用傑佛遜時代的語言辯論二十世紀的問題，而我們編寫的傑佛遜時代的歷史，也同樣受到二十世紀先入之見的影響，這種見解對傑佛遜及其反對者來說可能都是十分奇怪的。傑佛遜時代的衝突因一再提到而使人們經常想起，而那些共同的信念卻不爲人們注意。

【9】〈根源在人〉，《一個革命者的回憶》，一九五八年，第三〇頁。
【10】同上，第二十九頁。
【11】同上。
【12】《進步歷史學家》，第四三八頁。
【13】同上，第四四〇頁。
【14】同上，第四一五頁。

這一「原則」，即共同信念比以往的衝突更爲重要（這有助於解釋，例如，「傑佛遜和聯邦主義者，不顧人們的意願，達到了共同的目標」），不僅變成了霍夫施塔特後來許多著作的基礎，而且也是一九五〇年代一些最好的歷史著作的基礎。

這本書的大部分是來自於一種不耐煩的心理，抱怨褊狹的黨派之見使歷史學家對問題辯論的方式，竟與同時代人辯論這些問題的方式相同。例如，史丹利·艾金斯在其關於奴隸制的開創性研究中，一開始就發出與霍夫施塔特同樣的抱怨：「在關於奴隸制的辯論中有一種強制性，對奴隸制恰當與否的同一標準年復一年地沿用了下來。」[15]這種要與以前辯論中的道德強制實現某種程度分離的決心——不要與許多社會科學工作者特有的科學「客觀性」的幻想混淆——產生了一批歷史著作，這些著作現在被錯誤地或不恰當地醜化爲政治上保守。的確，那些力圖將「共識」看成是歷史解釋的一般性原則的作品，最早從比進步派更左的方面對進步派歷史著作進行批評，最終成了對美國「實用主義」的頌揚，成了丹尼爾·貝爾所說的「意識形態的終結」。[16]但即使是這部著作，也充滿需要吸收和充分利用的眞知灼見——的確，許多這些眞知灼見甚至有待於眞正理解。許多歷史學家沒有試圖區分什麼是共識歷史中有用的東西，和什麼是明顯的意識形態的，而是又回到在許多方面與進步派歷史學家沒有區別的立場。進步派歷史著作最壞的特徵又在新左派的庇護下重返舞臺：問題極度簡單化；現代關切問題從歷史尋求答案，使政治和思想傳統合併在一起；刺耳的黨派之見。[17]更糟糕的是，對於衝突的進一步強調產生了一種要求，要史學家們培養「積極的觀念」，歷史要從屬於「運動」的需要。因此，霍華德·津恩要求史學家們「從特定的倫理基礎出發」決定「什麼是此刻需要的行動，並集中於能夠滿足需要的複雜眞理的這一方面」。[18]面對這些批評家，共識論歷史學家們無須爲自己辯護。

這裡不宜於討論霍夫施塔特後來的著作及其與共識理論和一九五〇年代的文化潮流（一直是模

稜兩可）的關係，或者是討論使他在一九六〇年代末決定「共識歷史對我來說不再像十年或二十年前那麼令人滿意」[19]的種種考慮。如我曾經指出，他後來著作的突出主題暗含在《美國政治傳統》一書以及促成此書的文化爭論之中。他在《改革的時代》中對民粹主義的嚴厲批評，以及在《美國政治的偏執風格》中對民粹主義變態形式的嚴厲批評，延續了一九三〇年代後期馬克思主義知識分子對新民粹主義的批評。他後來對於反理智主義的關注來自於麥卡錫時代的創傷，但其最終的根源

【15】《奴隸制：美國體制和思想生活中的一個問題》，一九五九年，第一頁。

【16】丹尼爾·布爾斯廷的情況尤其如此，他的早期著作，特別是《湯瑪斯·傑佛遜失去的世界》（一九四八年），批評了自由主義傳統的思想很空虛，但其後來的著作發現美國人對政治理論的憎恨，是一種偉大力量的源泉；見其作品《美國人：殖民主義經驗》（一九五八年）和《美國人：民族主義經驗》（一九六五年）。又見路易斯·哈茲的《美國的自由主義傳統》（一九五五年）。對這些理論最出色的批評是由霍夫施塔特做出的。他在很有特色的一段文章中說：「對於是否將南方和北方之間的激烈辯論稱之為『意識形態』差別，人們或許有不同的看法……但如果這不是意識形態衝突（不過我認為這是），我們能得出的結論是，美國人不需要因意識形態衝突就進行大規模流血鬥爭。面對這種政治委頓，如果哈茲教授保證說，因為南方各州僅僅是堅持自己寫入邦聯憲法的有關憲法的觀點，因此內戰不表示美國統一認識的實際破壞，那又有什麼不妥？……我只能用一幅漫畫表示我的不同意見：一個南北戰爭期間的南方士兵和一個北方士兵一八六五年碰到一起考察戰爭帶來的實際和道德方面的破壞。『好啦。』其中一個安慰另一個說，『我們最終沒有愚蠢到造就政治理論家的程度。』」（《進步派歷史學家》，第四六二頁）。

【17】關於構建虛假的傳統，當代人與這些傳統無關，其連續性只在歷史學家回顧過去時存在，見例如斯湯頓·林德所著《美國激進派的思想根源》（一九六八年）。

【18】霍華德·津恩，〈廢奴主義者、自由乘車運動者及鼓動策略〉，載於馬丁·杜波曼等編著《反對奴隸制的先鋒》，第四三〇頁。

【19】《進步派歷史學家》，第四四四頁。

卻在於，左派知識分子發現自己愈來愈孤立於左派政治運動，而且看到其思想價值觀也受到來自各種政治立場的攻擊，於是他們便試圖要尋求自己的傳統。霍夫施塔特《美國的反智傳統》的核心內容在威廉·菲利普斯一六四一年的論文中就已經提出。「知識分子傳統」，其中菲利普斯把精華的現代藝術和思想看作是知識分子「優秀群體文化」的表現，這種文化是在其「對實用和順從所做的永無休止的反抗中」形成。[20]

整個來看，後來這些著作與《美國政治傳統》相比更易於受到批評。將平民主義解釋為懷舊或向後看的運動，容易忽略了平民主義真正激進的因素。批評平民反理智主義而捍衛知識分子傳統，這就忽略了知識分子自己的反理智主義，並將知識分子作為一個階級的理智與利益混淆起來。[21]但即使在我寫下這些保留意見的時候，也明顯意識到，霍夫施塔特著作內容豐富而複雜，對其評價是很困難的，我上述這些想法是很不充分的。這本著作還有一點特別值得我們注意，那就是該書可觀的規模。我提到這一點並不是說數量就等於品質，而是因為它傳達出了關於人以及關於我們正在經歷的時代的一些最基本的東西。

為了完成這本一流鴻篇巨著，霍夫施塔特不僅要有無比充沛的精力，而且對自己的工作還要全力以赴，不能分心。有時令我迷惑不解的是，面對令人氣憤的乖戾而不公平的攻擊，他也絕不停止寫作來捍衛自己。[22]這倒並不是他認為捍衛自己並不重要，而是他對歷史研究這一行業及其能力具有無比的信心，相信其會對這一領域的著作，包括他自己的著作，做出合理的判斷。[23]他的這種信心以及對哥倫比亞大學作為一個無私的學術研究中心的信念，他的年輕同事們或許並不具有。我們覺得學術生涯並不舒服，並經常與這一職業中的人們以及哥倫比亞大學意見相左，也許正因為如此，我們很難具有霍夫施塔特那一代歷史學家們對歷史研究這一職業堅定的獻身精神。無論出於何種原因，我們比他們寫的要少得多；我們也不能安慰自己說，我們改造了大學以及大學為其部分的政治制度。自從對共識歷史學家大膽提出摧毀性的挑戰之後，已經過去十多年了；大學和政治體制基本沒有改革（當然前景並不是完全沒有希望），而新的歷史著作——對一九四〇年代和一九五〇年代具有明顯長進的歷史著作——卻基本上沒有寫出來。我們這一代曾有過太多勇敢的開始，太多沒有任何結果的主張要求，太多書沒有寫完，太多中斷未完成的事業。我們主張積極行動，但並未實現我們的期望；作爲學者，我們的成果整體來說並不突出。要取得更好的成績，現在倒也不晚，但現在再也不能沾沾自喜地誇耀我們的成就，或宣稱我們對美國社會的理解優越於上一代歷史學家。

克里斯多福・拉施

【20】（《黨派評論》，一九四一年十一至十二月，第四八二至四八三頁。尋求「知識分子傳統」的努力受到許多批評，就像進步派和新平民歷史學家受到的批評一樣。一九三〇年代的拼命尋根甚至影響到布魯克斯、芒福德等人著作中經常引用的懷舊批評家。

【21】我在我的兩本著作中比較詳細地討論了這些問題。關於平民主義的討論，見《美國左派的痛苦》（一九六九年），第一章；關於對「知識分子反理智主義」的討論，見《美國的新激進主義》（一九六五年），第九章。

【22】我這裡特別想到的是諾曼・帕拉克的〈霍夫施塔特論平民主義：對改革時代的批評〉（《南方歷史雜誌》，一九六〇年，第四七八至五〇〇頁）。

【23】同時他也不大注意這一職業中禮儀性和自我推薦的活動。他極少參加歷史協會的會議，也不大考慮自己在這一職業中的聲譽和地位，讓事情順其自然。

序言

（下列序言是根據出版商要求為希伯來文版本所寫）

非常高興有機會為《美國政治傳統》希伯來文版本寫一個新的簡短序言，並首次書面描述此書的醞釀和出版過程。一個人的書就像是自己的孩子，如果給它們足夠的時間和機遇，它們似乎就能長大成人並具有自己獨立的性格。它們永遠是你的作品，與之徹底分割幾乎絕無可能，但總會產生某種疏遠。這本書開始寫作時是一九四三年，當時我二十七歲，完成於一九四七年，一九四八年出版。我想很明顯，這本書是年輕人寫的一本書；但可能不很明顯的是，雖然出書是在一九五〇年代初期，但在很大程度上卻是關於一九三〇年代經驗的智力產品。書裡寫的可以說是一九三三年到一九四〇年代初，我讀大學本科和研究生時所學習的美國史提煉，以及我學過和沒有學過的此期間的美國政治。它在很大程度上是一九三〇年代社會批評的產物，書中看待美國政治傳統的角度是很偏左的觀點，也是出自一個年輕人個人的視角，很少能從當權者的角度理解問題。

這本書的寫作不是要創建關於美國政治或美國政治領導包羅萬象的理論，而是要對我做過一些研究或特別引起我的興趣的政治人物，發表一些說明性或批評性的意見。但各種情況使它最後看起來比原來的設想更加野心勃勃，而這主要是因為隨著接近出版，出版商提出各種改動的建議。最初的書名是《美國政治人物與思想》，不像現在這麼困難，更符合我隨意而且不那麼系統的初衷。阿爾弗雷德·諾夫公司編輯部的某個部門認為採用這個書名銷路會不暢，應該換一個更有希望的書名，探索了幾個題目，也臨時達成一致意見，但還是放棄了，這是很幸運的。最後採用了現在的書名和副題《美國政治傳統及其締造者》，這似乎的確有利於銷售，但使我有兩點不快：副題與書名連在一起，使之過長且不得體，暗示著書中包括了美國政治傳統有關的所有關鍵人物，我從來沒有佯稱要做到這一點〔甚至對我同情的評論家也滿有道理地指出，要「囊括」全部美國政治傳統，怎麼能夠沒有寫亞歷山大·漢彌爾頓（Alexander Hamilton）、丹尼爾·韋伯斯特（Daniel Webster），或者亨利·克萊（Henry Clay）〕。另外使我心裡稍微好受一點的是，出版社編輯建議，由於書中一些部分連繫鬆散，因此需要一個簡短的導言進行介紹，把全書串起來。我承認這是正確的，但我知道這正是我要迴避的挑戰，因爲這正是在思想轉型期，而且在我生命的此一階段，我的學識和見解尙不足以將美國政治傳統的意義做一系統論述。但所有這些片段都是一個頭腦孕育思索出來，因此編輯建議，是否能有一個看待所有角色的統一、明確的視角，並將其概括成爲一個簡短的導言。

因此我冒險寫出六頁導言，其所帶來的麻煩不次於任何同等長度的文章。我在寫這個導言時問自己，我要說的到底是什麼？我似乎是在研究美國政治史上的一些人物，不僅是從有點左派的政治觀點，而且從傳統之外，從外部角度來看，那些從內部來看似乎非常明顯而重要的差別，開始失去差別色彩；而在一些問題上，立場不同的人最終看起來相同之處比想像的要多。結果這一事後寫出的導言卻成了對一個很有爭論的觀點首次論述，至少對我們這一代來說是如此，而這又是近年來稱之爲共識歷史的大量研究的主題。

共識歷史是對自弗雷德里克·傑克遜·特納和查爾斯·比爾德以來，美國歷史學家竭力而過分簡單強調差別的看法的一種反動，共識歷史指一些史學著作，強調美國政治生活中大多數實力派共有的資產階級企業家思想，以及這些派別在意識形態上聚合在一個輝格中心，而不是因激烈的意識形態鬥爭而陣營分化。共識歷史學家專注的是深刻而又長期不變的階級衝突的缺省，以及某些共同的政治和社會信念通常貫穿和連接社會有效部分的過程。在共識歷史學家注意到衝突時，他們傾向於將其縮小到極其特殊的基礎——就是說，他們將其解釋爲變動不居的群體和聯合體的事情，而不是基於長期固定的階級之間，如農民階級與資本家或工人與實業家之間持續的鬥爭。共識歷史學家強調的是美國衝突模糊的多重性，而先前的歷史學家則突出尖銳持續的鬥爭和深刻的社會矛盾。

這對我是一件尷尬的事，因爲這將我與和我有重大歧見的歷史學家連繫起來，而且對稱之爲共識歷史的觀點，我有著很深的疑慮。在我看來，共識歷史有其可行的一面，因爲除非具有非常廣泛的道德和制憲基礎，而且其壓倒多數的政治上積極的公民可以在一定時間依此達成一致，否則任何社會都不能運轉。重要的是，歷史學家要像意識到衝突的根源一樣，意識到這些共同的前提。的確，如果我們經常透過公式化問題的表面去審查發揮作用的共同成分，歷史變革的動力就更加容易理解。弗雷德里克・傑克遜・特納和查爾斯・比爾德這一代歷史學家將階級集團的衝突毫不懷疑地置於歷史烈焰的中心，並將此觀點演繹到實在過分的程度，以至於到了一九四〇至一九五〇年代，對其加以糾正就變得明顯必要，歷史的鐘擺不得不更多地擺到相反的方向。這方面，我依然認爲我在導言中關於傑佛遜和邦聯主義者的觀點，基本上是站得住腳且有益的。這一方法用於進步時期也有解釋作用，而且很好地經受了時間和進一步探究的考驗。然而，共識的觀點是有限的，因爲它只是關於歷史框架和輪廓的斷言，而不是實際發生的事情。一旦吸收了共識觀恰當的實質部分，人們就會深刻地感到這一理論的侷限性。美國人可能未就深刻的意識形態問題爭吵，因爲這些是政治思想史上構想出來的，但他們卻經常不斷地就關係重大的問題展開爭論。他們無法平息的衝突終於在一八五一年導致現代史上巨大悲劇性的政治失敗。甚至在我國歷史較爲平靜的階段，過分專注無疑存在的共識成分，也會使故事失去本身具有的戲劇性和趣味。威廉・詹姆斯（William James）經常說，人與人沒有多大差別，但所存在的這一點點差別就具有非常重要的意義。我們甚至在充滿強烈共識情感的各州歷史上發現政治和衝突也是如此。

我從未對修訂或擴充這本書有過強烈的興趣，如果有這方面的想法也已隨時間的推移而消失殆盡。我現在很難回到一九四〇年代寫作時的思想狀態，而新的參照框架需要寫一本新的書。但對於我的這些疑慮，可以提出一些建議，並提出一些可對此書進行修改的辦法。某種意義上講，這本書是美國政治背後的思想觀念史，而且我認爲，像我這樣一個來自強烈意識衝突和（對美國人來說）非同尋常的理論學說意識增強的時代的人，我有些傾向於貶低我書中所寫的人物，儘管我非常清楚，美國政治家的一般性指導原則並不是他們的強項。其次，我對行使權力的藝術並不太感興趣，我感興趣的是如何獲取權力的藝術，我想這在某種程度上就限制了我關於書中一些人物說的話的價值。例如，假使我今天再寫傑佛遜，我就不會輕易地放棄因拿破崙戰爭（Napoleonic War）而來的傑佛遜主義，以及傑佛遜的禁運（embargo）政策帶來的重重困難。傑佛遜因要實施禁運而遇到的外交窘境、採取政策的多變以及行爲的專橫，今天看來都會是更加需要考慮的事情，這些就需要對我關於不教條而實用的傑佛遜的概念加以修訂，不過我認爲不需要完全拋棄。

再者，在寫作西奧多．羅斯福時，我想我太過注意對他進步派虛僞成分的「發現」，當時得出的結論如果現在再寫的話，我會將其作爲起點。與其將羅斯福看成假冒的進步派，不如做這樣一種設想，即他內心的確是一個典型的保守派，但卻是一個最靈活機智的保守派。這樣看待他執政期間的一些問題，就會有不同的角度，而且許多政治傳統的意義也應是這樣，可以接著下去考慮其他的情況。如果我現在重新再做的話，我書中討論的所有人物，幾乎沒有一個不需要至少在一個重要方面加以修改。

要提出建議在這麼多地方對這本書進行修改，對我來說是容易的，但至於爲什麼這本書在美國有這麼多讀者，而且在二十年的時間裡人們對它的興趣持久不衰，特別是在大中學校裡，那也許我就說不好了。也許特別重要的一點是，這是因爲美國年輕人在成長過程中，聽到的都是對國家的自我讚許之詞，所以樂於看到傳統偶像被打破，甚至許多情況下第一次瞭解到，美國政治英雄不是石膏塑成的神像，而是脆弱且有爭議的活生生的人物。

理查德·霍夫施塔特

一九六七年九月二十九日

導言

但凡變革危急之際，理智便有深陷恐懼之虞，
世代延續之感就可以成爲延伸越過當前恐懼的一條生命線。

約翰・道斯・帕索斯

美國人近來津津於後顧而不思前瞻，其心態日趨消極旁觀。歷史小說、傳記小說、各類圖片集、漫畫集以及關於各地區和河流的書籍紛紛湧現，以滿足人們對美國文獻的渴求。這種對美國歷史的探索帶有感傷的鑑賞精神，而不是批判分析。誠然，重視文化的國民生活中都有歷史意識，但筆者認爲，過去十五年來人們之所以如此一味懷舊，其根源就在於有一種深深的不安全感。我們這個時代發生了兩次世界大戰，繁榮不能穩定持久，蕭條（depression）如同深淵，從根本上動搖了國民對未來的信念。一九二〇年代一片繁榮景象，人人都理所當然地認爲好日子將萬古長存；可是如今人人又同樣肯定地預料下一次經濟大衰退的到來。展望未來不見光明，回顧過去卻顯得美好至極。然而，大家只是借助過去來爲自己壯膽，很少用作現狀的借鏡。美國歷史像一個豐富多彩、有價值的演出，像許多得到實現的諾言，人們只想看戲享受，不想分析並參加演出。人們對國家生活最共同的看法，就是像在遊覽車廂的平臺上那樣向後作全視野回顧。

國民的懷舊情緒並非新情況，只是在以往十年中加強了。這種情緒有其自身的歷史，政治傳統方面尤其如此。事實上，美國近代史的一個基本內容就是渴望重新瞭解過去，因此，政治思想史若不力求對其加以解釋就算不上完備。在美國政治中，追溯和懷舊心態的發展總是與傳統信念的緩

慢衰退並行。只要競爭和事業處於上升階段，人們就想到未來；在競爭和事業繁榮昌盛時，人們就想到眼前。如今到了追求集中、大規模和公司壟斷（monopoly）的時代，競爭和機會都在走下坡路，人們就不禁懷念起過去的某一個黃金時代了。

共和國初創時，開國元勳們儘管也有很強的歷史感，但都認爲是在開創嶄新的體制，並且爲自己從事的新事業而自豪。隨著時光的流逝，這種情緒也逐漸消退了。開國先輩們的設想和規劃都著眼於長遠的未來，韋伯斯特、克萊和考宏這一代人則已埋頭於眼前的利益。北部和南部隨後的一代，一心要維護和捍衛先輩開創的基業，例如，林肯就認爲自己的工作是維護祖國的穩定並抵制不合要求的變革。雖然他幫助組建了新的政黨，根除了南方的奴隸制和貴族統治，革新了國家權力結構並爲工業資本主義的順利發展鋪平了道路。但他做這一切的意圖是恢復聯邦的原貌，維護平民百姓對政府的控制並保護自由勞動的現存權利。

內戰過後的一代人經歷了經濟突飛猛進的發展，因而又想到眼前和未來。但是從布萊恩時代開始，美國的主導思想又逐漸凝聚在逝去的體制和條件之上。從二十世紀初的進步主義來說，這種向後看的眼光竟達到十分自相矛盾的地步。諸如布萊恩、拉福萊特和威爾遜等進步復興的英雄，都聲稱志在糾正四十年來的謬誤，要使國家恢復過去的狀況：權力有限而分散，具有眞正競爭和民主機會以及創業精神。正如威爾遜所說，振興國家民主機制，「其目的是挽回失去的一切……我們過去那種氣象萬千的狀態以及個人的發展能力。」西奧多．羅斯福也是如此，他在國家經濟結構方面做了一些事，有「托拉斯的剋星」之譽，但行事也很謹愼，因爲他意識到這樣做也有行不通的時候，並且時常坦率地把這種想法說出來。

就第一次世界大戰（World War I）以後的政治家而言，赫伯特．胡佛（Herbert Hoover）雖然一般被認爲與這些進步主義時代的人沒有什麼共同之處，他的方法和氣質事實上也與這些人大不相同，但大致堅持同樣的主張，奮鬥目標也相同。他和進步主義者一樣，一方面追求光明遠大的前途，一方面又指望沿傳統的道路就可以實現這種願望。富蘭克林・羅斯福（Franklin Roosevelt）在美國現代自由主義政治家中可算是佼佼者，乃至在漢彌爾頓以後的所有政治家中都可算佼佼者，他感覺到傳統的無力，意識到需要創新和勇氣。他在實際措施方面的創新能力令人驚嘆，「新政」在許多方面也偏離了美國的傳統道路；不過他在思想方面的創新能力遠爲遜色；他既談不上系統性，也談不上連貫性，沒有明確與繼承的信仰決裂。雖然人們一再說需要有一種新的世界概念，用以取代自共和國成立以來哺育了美國人的自助、自由企業、競爭和有益的致富的思想意識，但沒有一種具有相應力量的新觀念扎根，也沒有一位具有廣泛群眾基礎的政治家提出新觀念。由於喪失了一致可行的信仰體系——「新政」雖然建樹不多，卻遠遠破壞了舊的思維方式——美國人便比以往更傾向於接受有力的個人領導，以此作爲替代。這就部分說明了羅斯福聲望的奧祕，也說明了羅斯福去世後美國自由主義喪失方向和士氣低落的原因。

我從以下對美國政治思想的研究中悟出，需要重新理解我國的政治傳統，注重美國輿論的共同趨向。在歷史中突出政治衝突的傾向大大掩蓋了這種輿論趨向的存在。一般認爲，美國政治中包含有一系列特殊利益之間的衝突——土地資本與金融或工業資本之間的衝突、新老企業之間的衝突、大小資本之間的衝突——而有產階級與無產階級之間的鬥爭未顯出多少跡象，至少到目前爲止是如此。人們認識不足的是對政治思想的影響。政治鬥爭十分激烈，常常使人產生錯覺。大政黨內主要競爭者的視界通常侷限於財產和企業的天地之中。無論在具體問題上分歧有多大，但從大的政治傳統來看，人們都虔信財產權、經濟個人主義理論、競爭價值；他們是把資本主義文化的經濟特徵，當作人的必要素質來接受的。即便某些財產權受到以人的權利和集體權利爲名義的挑戰——傑佛遜和傑克遜的門徒就是這樣做的——待其轉變爲實際政策之後，也是以某類其他財產的名義推行的。

私有財產的神聖不可侵犯性、個人處置私有財產和用其投資的權利、機會的價值、私利和自主在寬鬆的法律限度內，向有限的社會秩序的自然演化等，都是美國政治思想意識的中心信仰的主要原則；傑佛遜、傑克遜、林肯、克里夫蘭、布萊恩、威爾遜、胡佛雖然各不相同，但大多持這種觀念。從這些信念來看，從事政治就是要維護這個競爭的世界，不時加以扶持，偶爾出現弊端就予以制止，但絕不要以共同的集體行動的計畫使其致殘。美國政治傳統還表現爲強烈偏重平均主義民主，但這只是貪欲的民主，而不是博愛的民主。

現行憲法制定以來的美國歷史，過程幾乎都是與現代工業資本主義的興起和擴張過程同時發生。就物質力量和生產力而言，美國堪稱繁榮昌盛。具有如此良好運轉狀態的社會，自有其默契的有機一致性。這樣的社會絕不扶持那些與其主要的運轉安排敵對的思想。這些思想也會冒頭，但總是被慢慢地、持續不斷地隔絕起來，就像牡蠣不斷分泌珍珠質，把體內的刺激物裹起來一樣。這些思想侷限在少數異議分子和異化了的知識分子圈子內，除革命時期外一般不會在講求實際的政界流傳。因此，這些政界人物不假思索即可相信的思想範圍，一般都受到維繫其文化的輿論趨向的限制。他們對當前的論題會各執己見，有時甚至尖銳對立，但他們在總的思想框架上又是一致的，因而競選結束後又可以相互合作。本書力求在不忽略重大衝突的同時注意中心信仰，並追溯其適應不同時代和不同利益而發生的變化。

政治鬥爭的性質決定衝突處在突出地位，史家也常常慫恿政治家把衝突放在突出地位。兩個力爭控制政府政策的特殊利益集團，會採用有所不同的思想來推進自己的事業。隨著經濟秩序的變化，一種物質利益會在適當時機爲另一種所取代，但原先已爲人們廣泛接受的思想卻會一次又一次地去適應新情況，只是略做修改而已。後代如發現自己遇到的問題與先輩遇到的問題有某種大致相似之處，便會暗暗擁護早年的競選者；史家當然也談不上完全超脫黨派之見，總是根據當時的經驗和信念，判斷最可理解、往昔留下的思想，來重現當年的衝突。故此，人們如今還在用傑佛遜時代的語言，辯論二十世紀的問題，而我們編寫的傑佛遜時代歷史，也同樣受到二十世紀先入之見的影響，這種見解對傑佛遜及其反對者來說，可能都十分奇怪。傑佛遜年代的衝突因一再提到而使人們經常想起，而那些共同的信念卻不爲人們注意。

這些共同信念絕非無足輕重。雖然傑佛遜派和聯邦主義派互相猛烈攻擊，簡直勢不兩立，但傑佛遜掌權後實際政策的差別根本微不足道，不久兩黨就難以區別了。若要用實踐來檢驗他們的思想，我們必須適當強調，這些思想反映在他們提出的政策中的差異，相對來說很小。我認爲這就是歷史分析的線索之一，因爲這引導我們思索傑佛遜派和聯邦主義派共同達到的終極，無論他們是否願意都一樣，把這一原則推廣到美國歷史的其他時期也很有用。如果就某些較嚴重的衝突而言是如此，那麼無數次總統競選運動的情況必定更是如此，因爲在總統競選中一致之處極多，分歧之處極少，根本找不出什麼重大的爭論問題！美國文明建築在一個共同基礎之上，建築在一個文化和政治傳統的統一體之上，超越了各種暫時和局部的衝突。這種文化的國家性極強，大部分是孤立主義的；它是個人主義（Individualism）和資本主義的強烈體現。在一個要求承擔國際義務、凝聚力、集中權力和規劃的統一爲一體的社會，傳統的基礎正在我們腳下動搖。在一個文化危機的時代，必須以新的眼光來看待歷史。

本書各章選述的都是代表人類獨特利益的人物，他們突出代表了美國政治情緒的主流。除了溫德爾·菲利普斯是個例外之外（他顯出宣傳鼓動家與講求實際的政治活動家大不相同），那些政治活動家都是主要政黨的顯赫人物，都曾身居高位。也許可再列出一些人物，但本書中的這些人物至少是非論及不可的。

本書對這些人物絕無粉飾之意，筆者在本書中將他們身為大眾思想領袖身分行動的人加以分析，而這恰恰不是他們最引人注目的作用。此外，我力圖把他們生涯中我認為未得到足夠注意的重點展現出來，因此我必然要繞過虔信的傳記作家常常很欣賞的一些觀點，而這些觀點往往對這些人是較為有利的。本人的論述可能並不全面，例如傑佛遜的民主或傑克遜和林肯的國家主義，就大有發揮的餘地；然而，凡撰寫史書和傳記，尤其是短論，都必須在浩瀚的史料和眾多的主題中進行選擇。即便是傳記鉅著也不可能做到全面理解一位知名人物，本人亦無此奢想。最後，我也無意增添一部英雄崇拜和全民族自稱自贊的著作，那種風氣已經夠盛行了。我以為，評價政治人物如何偉大，並不像分析他們的歷史作用那樣重要。在民主社會中，對待政治領導的態度，苛求畢竟比過分寬容要令人安心一些。

理查德・霍夫施塔特

一九四八年一月

目次

第一章　開國先輩：現實主義時代

> 政府如有實權便有壓迫的危險。我們政府的實權則在民眾多數之中……
>
> 詹姆斯・麥迪遜（James Madison）

> 權力之增大實屬自然之事……因爲欲壑難填。但已增長太大的大權本身還會無止境增大，而且並無相應力量駕馭之。
>
> 約翰・亞當斯（John Adams）

賀拉斯・懷特（Horacc White）早就說過，「美國憲法的基礎是霍布斯哲學和喀爾文教。它認定人類的天然狀態是戰爭，俗人的心智與上帝相牴觸」。誠然，憲法更多依據經驗而不是任何一種抽象理論，但也畢竟是西方文明思想史中的一件大事。一七八七年夏天，在費城制定憲法的那些人對人類的罪惡和無可救藥，懷有一種鮮明的喀爾文意識，並且和霍布斯一樣相信人類自私好鬥。他們當中有政務要人、商人、律師、種植園主兼商人、投機商、投資者等等。他們在市場上、法庭和立法機關內，以及財富和權力受到青睞的幽徑、通道中，目睹了人類本性的種種表現，因而自認爲瞭解其一切弱點。在他們看來，一個人就是一個自私自利的原子；他們對人類已無信任可言，但相信良好的政治制度必有力量控制人類。

對現實中的人來說，這種說法可能失之抽象，但這就是先輩們運用的語言。例如，謝司叛亂（Shays Rebellion）後，諾克斯將軍（General Knox）曾在給華盛頓的信中憎惡地說，美國人畢竟「是活生生的人，具有人類這種動物所具有的一切激烈情欲」。從制憲會議（Constitutional Convention）祕密討論的情況來看，這種對人的不信任顯然首先是對普通人和民主制度的不信任。革命消除了英國政府的壓制，因而舊殖民地（colonies）農民、負債者和擅自占地者，對商人、投資者以及大土地所有者的不滿情緒重新燃燒起來；一些州的下層社會利用了新建立的民主體制，有產階級感到十分恐慌。制憲會議的參加者一心想建立不僅能夠管制商業並償付債務，而且能夠防止通貨膨脹、堅持執行法律，並制止謝司叛亂這類暴動的政府。

新憲法宗旨的最關鍵之處，就是把一七七六年以來人民普遍流行的思想鉗制起來。愛德蒙・藍道夫（Edmund Randolph）在制憲會議上說道，國家的弊端源於「民主政治所固有的騷亂和放蕩」，並指出「我們體制中的民主成分」孕育著巨大的危險；艾布瑞基・傑利（Elbridge Gerry）指出民主政治是「一切政治罪惡之最」；羅傑・薛曼（Roger Sherman）希望「人民……儘量少管政府的事」；威廉・利文斯頓（William Livingston）則說「人民從不適於行使他們掌握的權力，今後亦將如此」；喬治・華盛頓（George Washington）是當時會議的主持者，他呼籲代表們不要僅僅「爲了取悅於人民」而制定出自己不同意的法案；漢彌爾頓指責民眾「動亂多變」，「他們的判斷很少有正確的」，並提議設立一個永久性的政府機構來「制約民主政治之魯莽」；年輕而富裕的種植園主查爾斯・平克尼（Charles Pinckney）提出，財產不值十萬美元者，不得擔任總統——這些就是當時在探討政府問題時的代表性思想。

民主思想最可能植根於心懷不滿的階層、受壓迫階層和處於上升階段的中間階層（middle class）；它或許也可能植根於原先貴族中某些異化、部分被取消繼承權的階層，但民主思想對那些仍在大力擴大特權的特權階層並沒有吸引力。費城會議的參加者大多是有相當地位者和富家子弟，只有少數例外；這些人作爲一個集團而言已遠遠超過了前輩。其中只有喬治亞的威廉・費（William Few）算得上代表自耕農階層，即自由居民的絕大多數。十八世紀末，「較優裕」的階層在穿著、語言、舉止和教育方面，都與大眾截然不同。革命前的效忠派和後來的聯邦主義者之間，在蔑視民眾這點上，有與上層社會一脈相承的紐帶；前者如哈欽森州長之女佩吉，她曾寫道：「我驅車進城，四周盡是骯髒的暴民」；後者如漢彌爾頓，他對民眾持公開的蔑視態度。民眾騷動在年輕的古弗尼爾・莫里斯（Gouverneur Morris）眼裡常是：「暴民竟開始會思考和推理了。這些可憐的卑劣小人！……他們曬著太陽，不到中午就叫罵起來，一定是這樣，你相信我好啦！紳士們開始害怕了。」無論是在美洲還是在歐洲，有教養的階層對民主思想都不予尊重，就連啓蒙運動（Enlightenment）的偉大自由思想家也不例外。開國先輩們從歐洲當時憤世嫉俗的知識分子那裡，或從自己基督教原罪思想遺產中，都可以迅速證實一種觀點：人類具有造反的天性，無可救藥，必須加以控制。

不過，情況還有另外一面。開國先輩們在思想上繼承了十七世紀英國的共和主義者，反對專橫統治，信仰人民主權論。如果說他們害怕民主的進步，他們對轉向極右也不無顧慮。剛剛經歷了與他們無力控制的外部勢力的一次尖銳的革命鬥爭，他們尚無心遵照霍布斯的結論，即爲避免無政府狀態及野蠻狀態的恐怖，必須接受任何形式的政府管理。他們不安地意識到既有人在討論軍事獨裁問題，也有人在討論恢復君主統治問題，前者主要是未得到餉金、心懷不滿的軍官；後者是北部那些富有、出現在大場面的人物。約翰・傑伊（John Jay）很瞭解紐約商人上層階級的情緒，他在一七八六年六月二十七日致華盛頓的信中說，他擔心「比較優秀的人（我所指的是遵紀守法、兢兢業業、知足常樂的人）會因財產的不安全、對統治者喪失信心以及缺乏公共信念和正直情操，而將自由之美景視爲可望而不可及的虛妄東西」。他認爲，這些人可能會接受「幾乎是任何一種能保證他們安寧和安全的變革」。華盛頓當時已拒絕了請他擔任軍事獨裁者的建議，他同意約翰・傑伊的意見，說：「我們很可能從一個極端走到另一個極端。」

開國先輩們不願背棄共和主義，同時也不想違反人民的成見。喬治・梅森（George Mason）說：「儘管我們都體驗到民主政治有其壓迫和不公正之處，但民眾的精神傾向於民主，而這種精神又是必須考慮的。」梅森承認「我們過於民主了」，但又擔心「我們會因不審慎而走向另一個極端」。詹姆斯・麥迪遜不愧為憲法的理論家，他對代表們說：「制定的法律是要公民大眾遵守的，選出的行政官員是要管理公民大眾的，因此，公民大眾在這兩個方面必須有發言權。」詹姆斯・威爾遜（James Wilson）是那個時代的一位傑出的法理學家，後由華盛頓任命為最高法院（Supreme Court）法官，他曾反覆指出，政府的最終權力必定屬於人民。開國先輩們普遍接受這個論點，因為，如果政府權力不來自於人民，那麼它還有什麼其他合法來源呢？採納任何其他前提不僅不符合他們以前為反對英國統治而發表的一切言論，而且還會為今後權力的高度集中打開大門。漢彌爾頓看出了大會的鮮明特徵，他說：「那些最堅持共和主義的成員，在揭露民主政治的邪惡方面嗓門並不比任何人低。」有些人自相矛盾，左右為難，他們不相信人民，但又主張政府必須以人民為基礎，在這方面最突出的一個人是新英格蘭的一位牧師——傑瑞米・貝爾納普（Jeremy Belknap），他曾在給一位朋友的信中說：「政府源於人民應當成為一項原則；但必須教育任命……他們無力自我管理。」

二

如果人民大眾是騷亂並不堪改造的，而政府又必須靠其選票和贊同才能建立，那麼憲法制定者能夠做些什麼呢？開國先輩並沒有提議改變人類天性，使之符合較理想的制度，因為他們認為這是做不到的。他們過分相信自己瞭解人類的過去一向是怎樣的和將來必定會怎樣。十八世紀的思想家非常相信普遍性。正如卡爾・貝克爾所說，當時的思想方法是「在歷史領域內上下求索，企圖找到一種排除了時間、地點偶然性的一般性的人，普遍性的人」。麥迪遜聲稱，政治分歧意見和派別形成的根源「在於人類的天性」，永遠無法消除。大衛・休謨（David Hume）寫道：「普遍承認人的行爲有極大的一致性，一切民族和一切時代都一樣；人性（human nature）在原則上和實踐上從不改變。同樣的動機總是產生同樣的行爲。同樣的原因往往造成同樣的事件。」

既然人類是無法改變追求私利的動物，就不能求助於人類的克制能力。指望善行制約邪惡實乃求之過多；因此，開國先輩們轉而依賴於以惡制惡。麥迪遜有一次在大會期間指責古弗尼爾・莫里斯「不斷反覆灌輸人類在政治上的極端墮落的論調以及以惡反惡、以利反利的必要性」。可是，後來正是麥迪遜自己在《聯邦主義者文集》（*The Federalist Papers*）第五十一篇中對同一主題做了一個絕妙的陳述：[1]

> 必須以野心抵制野心。……觀人類之天性，似應當用這類方法制約政府的弊端。然而政府本身難道不正是人性之最強烈的反映嗎？若人人均爲天使，則無須再設政府。……設立以人管理人的政府，其困難莫過於必須首先使政府可控制受統治者，其次必須使其自律。

自由放任學派的政治經濟學者認爲，私害可成爲公益；如果私利不受國家干預或允許其追求自己的目的，就會靠天佑或自然而然地取得經濟上有益的效果。但是，開國先輩對政治鬥爭並不這麼樂觀。他們認爲，如果一個階層或利益集團在一個缺乏憲法上的平衡力量的國家掌握了控制權，就必然會掠奪其他各種利益集團。開國先輩們當然特別擔心窮人掠奪富人，但其中大多數可能都會承

[1] 參看漢彌爾頓在紐約批准（憲法）會議上的演講：「人類必為己謀利。改變人類天性與抵擋私欲之急流一樣不易。明智的立法者當審慎地使之改道，因勢利導，以為大眾造福。」

認，富人如果不受制約也會掠奪窮人。甚至古弗尼爾．莫里斯也是如此，他既極接近極端的上層階級立場，又非常坦率而明智地在會上說：「財富會腐蝕思想，助長權力欲，並驅使人們去壓迫人。歷史證明這就是富人的趨勢。」

開國先輩們所需要的是建立一個「平衡的政府」（balanced government），這一思想至少可追溯到亞里斯多德（Aristotle）和波利比烏斯（Polybius）[2]時代。這個古老的概念在十八世紀得到了新的讚許，牛頓的科學工作在當時的思想界占了主導地位，機械比喻很自然地湧現在人們的思維之中，就像十九世紀達爾文主義氣氛之下的生物學比喻一樣。人類在宇宙中發現了一種合理的秩序，因而也希望能將它移植到政治中去；或者像約翰．亞當斯所說的那樣，政府可以「按自然的簡單原理樹立起來」。麥迪遜則更是完全用牛頓式的語言說，在組建這樣的「自然」政府時，必須「使各組成部分形成一種相互關係，以此互爲制約，各司其職」。開國先輩們相信，只要國家設計得當，就可以形成一種協調的互相抑制的制度，各種利益集團之間、階級之間、派系之間以及政府各部門之間就可以相互制約。

因此，開國先輩們的探索實際上簡化爲主要是尋求一些憲法方案，以此迫使各種利益集團相互制約和控制。對於主張聯邦制憲法的人來說，這類方案有三個顯著優點。

第一個優點是建立一個聯邦政府來維持秩序，以防範民眾騷動或多數人統治。就一個州而言，可能會有一派崛起並以武力取得全面控制；但如果各州結成聯邦，中央政府就可加以干預制止。漢彌爾頓曾引孟德斯鳩（Montesquieu）的話說：「如果結成邦聯之一邦有民眾造反之事，邦聯內其他各邦可起而平定之。」麥迪遜在《聯邦主義者文集》第十篇中進而論說到，多數派是可能產生的各派中最危險的一派，因爲多數派最有能力取得全面的權勢。然而，如果政治社會範圍很廣泛，並包容大量各不相同的局部利益，「數量和局部情勢本身必然使『具有一致多數利益的公民』無法一致地實施其壓迫計畫」。這樣，「要求發行紙幣、廢除債務、均分財產或任何其他不當或險惡計畫的狂熱行爲」對首要的有產者利益集團的危險就較小了。

完善的立憲政府的第二個優點在於代表制本身。在小型的直接民主國家，民眾不穩定的情緒支配著立法；但正如麥迪遜所說，代議制政府「使公眾意見流經選出的公民機構，從而使它得到完善和擴大」。人民選出的代表在明智和審慎方面都勝過群眾集會的人民本身。漢彌爾頓坦率地預言會出現一種行業家長制，各行各業的有財勢成員將在政治上代表其他人。例如，商人是其雇員和與其有關的機師和工匠的「天然代表」。漢彌爾頓推測，國會「將由地主、商人和知識界人士組成，對政府的本質幾乎沒有什麼影響」。

開國先輩們當時正在設計的政府的第三個優點，由約翰・亞當斯在他寫的《維護美利堅合眾國政府制度》一書第一卷中十分詳細地指出了，此書在大會期間送達費城，數位代表讚許地提及了該書。[3]亞當斯認爲，必須使貴族統治和民主相互制約。二者應有各自的立法院，兩院之上還應各確立一個擁有否決權的稱職、有力及公正的行政負責人。此種分離式的集合體內部應包含一種有機的制約力量，並應能在行政負責人的指導下自行控制。整個體系之上應有一個獨立的司法機關。這樣就可以控制富人與窮人之間不可避免的相互壓制傾向。

【2】波利比烏斯（約西元前二百年—約西元前一百十八年）：古希臘著名歷史學家，撰有《歷史》一書，記述了羅馬擴張成為一個世界強國的歷史。——譯者

【3】班傑明．洛希（Benjamin Rush）常得到代表們的附和，他寫道：「亞當斯先生的這本書為我們闡明了卓越的原則，據此，我們無疑會通過一項有力而全面的聯邦立法。公使送給國家的這份啓迪心智的禮物對我們大有裨益，勝於為我們爭取到歐洲各國的支持。」

三

事情很奇怪，美國人深為尊崇的憲法依以為據的政治理論，在一個關鍵問題上竟然直接違反了美國民主信仰的主流。現代的美國民間信念都認為民主幾乎等同於自由，而且，民主理論家在力求區分二者時一般都認為民主為自由所不可或缺的。但是開國先輩們認為，他們最為關心的自由受到民主的威脅。在他們的思想中，自由與民主無關，而是與財產有關。

開國先輩們心目中的自由指的是什麼？傑伊所說的「自由之魅力」是指什麼？麥迪遜說，以破壞自由來摧毀派別的處方比疾病本身還糟糕，他指的又是什麼？當然，費城會議的參加者並無興趣把自由擴展到美國最需要自由的黑人（Negroes）奴隸及契約傭工這樣的階級，因為奴隸制在憲法的有機結構中是獲得承認的，而契約傭工制又不是大會所關心的問題。代表們對公民自由也不是慎重對待的。相反地，最積極要求各種主要自由的倒是憲法的反對者，他們要求宗教自由、言論和出版自由、陪審制、正當的法律手續，並要求保護不受「無理搜查和逮捕」。由於憲法原文中未將這些保證列入，後來只好列入最初的十項修正案中。關於經濟問題，開國先輩們所爭取的並不是現代意義上的貿易自由。雖然他們不提倡對貿易做不必要限制，但還是認為《邦聯條例》（*Articles of Confederation*）的主要弱點之一就是對貿易未能加以管制；他們的立場接近於重商主義者而不是接近於亞當・斯密（Adam Smith）。在這方面，自由在他們看來也絕不意味著可以隨意取得國家未分配的財富。他們之中至少有十四個人是土地投機者。他們認為擅自占地者無權占據未用的土地，但卻認為不在地主和投機者為取得優先購買權有權占據公地。

擁護憲法者想爭取的主要是消極的自由。他們想避免財政不穩和通貨不合規律狀況、各州之間的貿易戰、比這更強的外國政府的經濟歧視、對債權者階層或財產的攻擊以及民眾叛亂。他們旨在建立一種政府，由它充當有產者階級各種利益集團之間誠實的經紀人，保護他們抗禦共同敵人，並防止其中之一變得過於強大。制憲會議是各類不在財產所有者的聯誼會。各類財產應在政府中按比例擁有發言權。有時也許不得不犧牲別人財產利益，但這種犧牲只是爲了有產者利益的整體。財產自由將帶來人的自由——也許不是一切人的自由，但至少是有價值的人的自由。[4]開國先輩們認爲，由於人的才能和能力不同，他們獲取的財產數量就不同。保護財產只不過是保護人運用其天賦才能。因此，持有和處置財產的自由在許許多多的自由中是最重要的。民主即民眾不受制約的統治，必然會導致財產的任意再分配，從而毀壞自由的根基。

開國先輩們對民主的見解來自他們對付各州好鬥的農民和革命時期城市暴民的實際經驗，而他們對歷史和政治科學的理解也補充了這種認識。他們研究歷史先例引起的最主要的情緒就是害怕麥迪遜所說的「有利害關係的占壓倒地位的多數所擁有的優勢力量」。主要的共和國例子有古典古代的城邦共和國、中世紀歐洲的共和國以及近代初期的共和國。這些共和國的歷史如漢彌爾頓所說，「徘徊於極端專制和極端無政府狀態之間」，令人感到驚慌不安。大多數破壞共和國自由的人「均以獻媚於人民起家；始爲群首，終爲暴君」。

開國先輩們在著述中讚揚的各種立憲方案，都是爲了確保美國將來不重蹈以往那些共和國「動

【4】開國先輩們或許也會接受《獨立宣言》（*Declaration of Independence*）中「人生而平等」的論點，但這只是法律上的主張而不應是政治或心理上的主張。傑佛遜自己就相信存在「天生的貴族」，但他認為任何社會階層都會出現這種貴族。然而，有些人對天賦權利理論的理解比他保守，對他們來說，人生而平等的思想並不意味著未開化的農民或滿手汙垢的填船縫工與斯凱勒、華盛頓或平克尼有任何平等之處。對他們來說，這只是意味著英國殖民地的居民擁有與英國人在國內擁有的同樣的天賦自治權，意味著美國百姓與英國百姓的法律地位相同。值得注意的是，憲法的簽署者中只有六人簽署了《獨立宣言》。

盪不定的」政治覆轍。他們心目中的「民主」是指一種直接表達大多數人意願的政府體制，表達的途徑通常是類似於古代城邦小區域內能實現的民眾集會。

憲法制定者的一個基本信念就是，他們認爲民主政治從來也不過是政府管理的過渡階段，要麼演變爲專制統治（支援暴民的富裕的民眾領袖的統治），要麼演變爲貴族統治（民主分子的原有領導人）。頗有點教條的約翰·亞當斯在一封致卡羅萊納的約翰·泰勒（John Taylor）的信中寫道：「請記住，民主政治向來不能維持長久。它很快就會衰敗、枯竭，並終將扼殺自己。從未有過不自殺的民主政治。」[5]他還寫道：

> 倘使民主分子多分得一點主權，即讓他們在立法機構中起支配作用或占優勢……，他們就會通過表決剝奪你們這些貴族的一切財產；假如他們讓你們保住性命，就已顯得比有史以來的一切得勝掌權的民主政治更人道、更體貼和更寬大了。接著下去又會是什麼情況？民主分子中的權貴將取代你們，對待其治下之人民將如同你們以往對待他們那樣嚴厲無情。

開國先輩們認爲，政府的根基是財產。沒有財產的人並不關心社會有秩序與否，因而也不會去做安分守己的公民。對城市無產群眾的恐懼心理幾乎是普遍一致的。喬治·華盛頓、古弗尼爾·莫里斯、約翰·迪金遜以及詹姆斯·麥迪遜都談到過對今後可能出現的城市工人階級的擔心——迪金遜將其稱爲「既無財產又無原則之輩」——就連主張民主的傑佛遜也有這種偏見。麥迪遜在提到這個問題時，幾乎已預見到現代來自共產主義和法西斯主義兩個方面對保守共和主義的威脅：

> 將來，人民之絕大部分不僅不會擁有土地，而且也不會擁有任何其他財產。他們或將在共同處

境的影響下合併起來——在此種情況下財產權和公眾自由在他們掌握中將是不牢靠的——或更可能成爲致富及野心的工具，因而對另一方造成同等危險。

不過，由於當時地產分散，先輩們對自己所處的時代頗有信心。在當時的數年中，小土地所有者農場主（farmers）製造了一些麻煩，但普遍認爲只要憲法制定得當，就有可能與之達成妥協。由於他們擁有少量土地，大概足以使他們感到與社會利害攸關，從而服從公平的政府之制約，成爲社會中穩健可靠的公民。對政府的影響將與財產成比例：商人和大地主將占支配地位，但小業主也將有其獨立的、不可忽視的發言權。麥迪遜說：「每個階級的利益和權利應在公共機構中有其充分代表並得到理解。」這就是「正義和政治」；約翰・亞當斯稱：「憲法中若無民主成分，就不會有自由政府。」

在大多數州內，農民方面的情況已符合了關於選舉權的財產要求，開國先輩們一般都不反對他們參政。但他們在談論必須將政府建立在「人民」的贊同之上時，想到的只是這些小業主。例如，喬治・梅森所撰寫著名的《維吉尼亞權利法案》（*Virginia Bill of Rights*），就將合格選民界定爲「足以證明自己與社會有永久的共同利益和附屬關係」的人——簡言之，就是必須有足夠的財產。

不過，開國先輩們吸收自耕農在國家大事方面成爲重要但又受到嚴格限制的參與者的初衷無法

[5] 泰勒曾竭力反駁亞當斯的論點，但他在美國政治中奮鬥多年受挫之後，於一八一四年終於在很大程度上同意了亞當斯所說的情況：「所有黨派，無論其起初如何忠實於原則，都終將蛻變為利益集團的貴族統治；除非一個民族有能力辨別正直與詭詐的分界，否則民眾政黨便是推行貴族統治的最必然形式。」

得到充分實現。在憲法制定之時，南部種植園主和北部商人捐棄分歧以應付內部極端分子和外部強國造成的共同危險。憲法獲得通過之後，統治階級之間的衝突又開始了，尤其是漢彌爾頓偏袒北部商業利益的政策觸犯了勢力強大的種植園主之後，這種衝突更爲加劇。種植園主轉而與農場主結成土地所有者聯盟，這種強大的聯盟持續了半個多世紀，代表了國內絕大部分相關聯的利益集團。因此，隨著時間的推移，美國政治思想的主流愈來愈偏離憲法制定者的反民主立場。然而，令人驚訝的是，他們對憲法普遍感到滿意，而且國家主義日益增長，使美國人對先輩充滿了深深崇敬之意，因而上述偏離傾向雖然愈來愈強，但卻愈來愈不被人注意。

現代評論家普遍認爲，關於憲法的辯論是在學術層次上進行的，這在政治中很少見，而憲法本身又是世界務實的治國傑作之一。從其他方面看確實有爭議。當時反對憲法的人從一開始就預見到地方政府和民眾體制將受到可怕的破壞，舊制度下的保守歐洲人則認爲年輕的美利堅共和國是一種危險的左傾實驗。現代的評論學識使辯論發生了新的轉折，在查爾斯·比爾德所著《美國憲法的經濟觀》（*An Economic Interpretation of the United States*）[6]一書達到一個新的高度。憲法所依據的理論與美國民主政治的理論之爭，經長期沉默後又一次展開。比爾德教授的著作於一九一三年問世，時值進步運動的高峰年代，醜聞揭發熱仍很高；某些人讀了他的研究成果後，認爲開國先輩們是一批自私的反動分子，不應在美國人心目中占據如此崇高的地位。較近一段時間，另一些作者卻反用這個邏輯，以比爾德提出的事實來頌揚開國先輩們對「民主政治」的反對態度，並論證應再次起用「共和國」的主張。

事實上，開國先輩們把自己看作站在兩個政治極端之間的溫和的共和主義者，這是相當準確的。他們受階級動機驅使的程度，大於其虔敬的論述者所願意承認的程度，但正如比爾德教授近來所強調的，他們也受制於國務活動家式的溫和意識及審慎的共和哲學。然而，如將他們的思想與十八世紀的背景割裂開來，必定會使這些思想顯得十分反動。不妨想一想約翰·傑伊那句最得意的格言：「擁有國家的人民應治理國家。」對開國先輩們來說，這只是政治權利方面社會利害關係理論的簡明的格言式陳述，是美國十八世紀財產分配條件下的一種溫和的保守立場。在現代財產關係之下，依此格言就應大大限制政治勢力的基礎。現代中間階層中有很大一部分並無財產，而平衡的政府所依靠的正是這一階層的力量，開國先輩們十分擔心的城市無產階級又占人口將近一半。況且，隨著法人團體而來的控制權與所有權的分離，也使傑伊的格言在二十世紀失去了意義，即便對許多有產者來說也是如此。美國電話電報公司的六十萬股票持有人，不僅未因持有股票而獲得政治力量，而且也未獲得經濟力量：他們連自己的公司都控制不了。

從人性研究的角度來看，開國先輩們的理論中矛盾極大，而這種理論正是由他們對人的理解而來的。他們認爲人類生而貪婪自私，然而他們又希望人類獲得自由——實質上是自由競爭、自由從事有公斷的爭奪、自由地以財聚財。他們接受重商主義的生活觀，將其視爲無休止的戰場，並且承認霍布斯所說的那種大家相互爲敵的戰爭；他們並不設法加以制止，只想使之穩定並減少其危害。他們自己並未指望人類自身的行爲方式最終會發生有機的變化，也沒有使人們對之產生過希望。其結果是，一方面認爲自私是人類最危險、最不能容忍的天性，一方面又必須在試圖加以控制的過程中對之表示認可。他們在這兩方面都很成功：在十九世紀的競爭性資本主義制度下，美國仍是各種貪婪的相互競爭的勢力的戰場；聯邦政府繼續提供各方可在其中爭鬥的穩定而可接受的環境；此外，正如開國先輩們指望的那樣，它通常對有產者的利益表現出有益的偏倚。但是，任何人

〔6〕中譯本，何希齊譯，商務印書館，一九四九年初版，一九八四年再版。——校者

只要像先輩們瞭解十八世紀科學那樣瞭解現代科學，就不再相信人性不可變的說法。現代的人道主義思想家如想設法使社會超越無休止衝突，並擺脫頑固堅持以財產權爲其總原則的狀況，他們在一七八七年憲法制定者確立的平衡的政府理論中是找不到答案的。

第二章　湯瑪斯·傑佛遜：出身高貴的民主派自由

自在的羊群比在豺狼照看之下愉快。

湯瑪斯・傑佛遜（Thomas Jefferson）

圍繞湯瑪斯・傑佛遜而形成的神話，是美國歷史上數量最多並給人印象最深刻的。聯邦主義史學家強烈的偏見從未得到廣泛接受，然而像克勞德・鮑爾斯（Claude Bowers）及已故的弗農・路易斯・帕靈頓等傑佛遜傳說的信徒所樹立起來的固定形象卻極爲普及。傑佛遜被描繪成一位從事正義鬥爭的民主鬥士，一位反對貪婪的資本主義經濟學的重農主義者，一位在一七七六年摧毀了維吉尼亞社會結構的革命者，以及使聯邦主義斬草除根的「一八〇〇年革命」的贊助者。雖然事實足以證明這些看法是可信的，但查爾斯・比爾德、吉伯特・奇納德以及艾爾伯特・傑伊・諾克（Albert Jay Nock）等敏銳的傑佛遜學者已將其毀棄；當然，並非由於缺少像樣的批評而導致傑佛遜神話的流傳，然而傑佛遜時代的問題受到過分誇張，因而他本人也隨之受到過分誇張。

假如傑佛遜與那些心懷不滿的造反者合流，與他們一同破壞既定秩序、強行推動社會鬥爭來解決問題，那才是令人奇怪的。傑佛遜出身於維吉尼亞的名門望族。他的父親彼得・傑佛遜（Peter Jefferson）靠自我奮鬥起家，但母親珍・藍道夫（Jane Randolph）卻出身於維吉尼亞的名門，他透過母親獲得了牢靠的社會地位。彼得・傑佛遜死於一七五七年，身後爲其十四歲的兒子留下了兩千七百多英畝土地及爲數眾多的奴隸。湯瑪斯・傑佛遜在成年後的大部分歲月中，約擁有一萬英畝土地及一、兩百名黑人奴隸。他之所以有暇寫出闡述人類自由的偉大著作，得助於三代奴隸的勞動。

傑佛遜是個仁慈的奴隸主，他對養活了自己而又不得不依附於他的下人有一種慣有的關切之心，這無疑影響了他對普通百姓的感情。他爲自己不過於施加保護而自豪，有一次曾寫信給杜邦說，他與杜邦對人民的情感不同：他愛人民是將其看作能夠自理的成人，而杜邦愛人民則是將其看作需照料的嬰兒。但是，在如此貧富不均的社會中成長起來的上層階級的人，無論他是有識之士還是不學無術之徒，都不會成爲傑佛遜自認的那種民主主義者。查爾斯・威爾斯（Charles Wiltse）寫道：「他始終遠離民眾，如果說他要求人人平等，並非由於他認爲人人生而平等，而是由於他推想人人必須平等。」他所主張的民主中顯然有一種恩賜成分；他寫給拉法耶特的一封信中就暴露了這種民主的實質：

倘使您能親身視察貴國各省之狀況，您將深感快慰；日後他們知道得到您的瞭解也將感到有趣。或許，這將是您一生中能夠獲取此種知識的唯一時刻。如欲行之有效，您須絕對隱匿身分，依我之法尋人民於陋室，察其鍋壺，食其麵包，床鋪亦可一躺，佯作休息，實則察其軟硬。做如是之調查，您將產生崇高之快感；事後快感更會昇華，屆時您將能夠根據您瞭解的情況軟其床鋪，或將片肉投入其菜鍋之中。

傑佛遜受教於威廉斯堡的威廉與瑪麗學院，雖然年輕，但很快便爲最具才華、最爲開明的社會所接受。畢業後，他自然進入了維吉尼亞的紳士圈子，對他們來說，政治領導工作實際上是一種社會義務。他於二十四歲時加入律師協會，二十六歲被選爲州議員，任職達六年之久。二十九歲已是諮詢律師，事業順利但興趣不大，娶了一位年輕寡婦，並在蒙蒂塞洛定居。婚姻爲他繼承的財產又增添了大筆地產，但也給他帶來了四千英鎊的債務。與維吉尼亞的許多種植園主一樣，他與英國債權人的關係使他對於該州經濟對英國的依附地位頗爲不滿，因而投身於州議會的反英集團中。他從英國共和主義理論家那裡學到的銘記不忘的名言，開始具有更爲生動的意義。一七七四年，他寫了一篇大膽的短文，將天賦人權理論用於殖民地問題的論戰，這篇文章很快在各殖民地引起了注意，他本人也因文筆卓越而著名，後來也因此而成了《獨立宣言》的起草者。

革命伊始，傑佛遜正值盛年，革新的熱情正旺；他在革命的最初幾年中做了一生中最具創造性的一些工作。維吉尼亞州的改革者（reformers）在他的領導下，廢止了長子繼承權和限定繼承權，使英國聖公會與政府分離，並禁止再以宗教異見爲由剝奪法律或政治資格，從而爲思想自由和宗教自由奠定了基礎。他們還試圖建立一種良好的公費學校制度，但成效甚微。傑佛遜草擬了廢止長子繼承權和限定繼承權的法案，並以宗教自由議案爲名，起草了文學史上最卓越犀利的一份爭取思想自由的呼籲書。

這次改革運動的成就很大，但歷史學家和傳記作家做了過分的渲染，他們把傑佛遜及其同道看成革命黨人，認爲他們大力推行社會改革方案，廢止維吉尼亞的貴族統治並爲民主政府打下基礎。傑佛遜在談到自己的成就時，通常是克制而準確的，但有一次還是說得過分了，他說這些改革「根除了」維吉尼亞州貴族統治。如果這些變革眞的如此重大，就必定會遇到強烈的抵抗。而實際情況卻是，舊體制幾乎是未推即垮，只有宗教自由議案的情況例外（傑佛遜證實道，這一議案激起了「我從未遇到過的最激烈的爭執」）。傑佛遜寫信給富蘭克林說，「這次重大革新」非常輕易就完成了，僅有「幾位貴族紳士因痛失其尊榮」而表示反對，「眾人都認爲這是些可憐蟲而不宜予以懲罰」。

這種「得到贊同的革命」的解釋很簡單：並沒有什麼革命。維吉尼亞並不存在眞正意義上的長子繼承權制度。這種制度對於土地所有者從來不是強迫性的，它只有在地主去世未留遺囑處置土地時才適用。維吉尼亞州有地產的家庭一般也不用長子繼承辦法，因爲他們通常都留下遺囑，將土地分給兒子們，有時甚至還分給女兒們。限定繼承權對貴族實際上造成麻煩，因爲這種制度妨礙他們隨意變賣常常已無力保持下去的地產。一七七六年以前的數年中，維吉尼亞的立法部門一再收到各大家族的請求，要求免於對其土地實行限定繼承權。

有些著迷的傳記作家大談傑佛遜當時十分關心廢奴問題。傑佛遜身爲法典修改委員會成員，起草過一項逐步解放奴隸的法律，但從未想去推行。他解釋道：「據瞭解，公眾不會容忍這種主張。……但他們不久必須予以容忍和接受，否則發展下去情況將更糟。」從傑佛遜務實的政治素質來看，他絕不會不識時務地去推行「公眾不會容忍」的法律，縱然這種法律確需實行。[1]

傑佛遜在獨立戰爭時期曾任維吉尼亞州州長，經歷極不愉快，至三十八歲時已十分希望永遠脫離政壇，但因夫人去世而不想再留在蒙蒂塞洛，於是再次出山，十分積極地爲大陸會議（Continental Congress）工作。他於一七八五年至一七八九年任美國駐法國公使，這段經歷對決定他的政治思想的方向可能具有極重要的作用。他在國內的朋友們目睹《邦聯條例》失效，對自耕農政治上的發展憂心忡忡，政治立場日益右轉，而他卻在周遊歐洲，考察封建及君主體制，觀察深受剝削的英國工人和法國農民，從而堅定自己的共和主義信念。歐洲各國貧富的兩極分化使他深感震驚，他發覺國王、貴族和教士「放肆地勾結在一起，處處算計人民群眾，使之不得幸福」，他認爲歐洲的王族只不過是一群「傻瓜」和「白痴」，並以最激憤的語言描述了英國勞動階級的境遇。歐洲的情況使他更加堅信，地球上只有美國才是天定的樂土：它有共和政府、廣泛分布的地產、農業經濟，並且與外界遠隔重洋。雖然他對歐洲的普通百姓深懷敬意，但他們也使他回想到美國在政治上的優越。他在給拉法耶特寫的一封信中，寥寥數語便歸納了他一生所持的偏見：「美國的自耕農絕不是巴黎的下層人。」

法國革命初期的溫和派領袖自然要向傑佛遜求教。有一次，他輕率地讓拉法耶特和幾位朋友在他家中開會。事後他及時向法國外交部長蒙莫蘭表示了歉意，但蒙莫蘭顯然對他十分瞭解，在答覆時說，他希望傑佛遜「在此類會議上經常予以幫助，因他深知我可幫助調和激烈情緒，並只會推動謹慎的切實可行的改良」。當國王首次表現出安撫態度，頭戴流行帽飾出現在公眾面前時，傑佛遜就判斷時機已到，可與王室達成妥協。但他的那些革命友人沒有接受他起草的妥協條件——原因是這份草案過於溫和。

*　*　*

有人認爲傑佛遜是一個不切實際的空想家。卡羅爾頓的查爾斯．卡羅爾（Charles Carroll）稱他爲「重理論的幻想家」，對這種意見應如何看待呢？這種說法確有一定道理，但與他的公務活動或氣質無關。他確實樂善好施，不惜借債以贈乞丐，其慷慨程度遠非囊中財力之所及，晚年更全然不顧財力已衰，爲一處境窘迫的鄰人簽付了借據。

但是，他的思想是否天然傾向於高度抽象？他在空閒的時候是否眞的思考抽象問題？情況正相反：當他終於有時間靜心著書立說時，卻把精力集中用於一些注重實際的工作，撰寫了百科全書式的《維吉尼亞記事》（*Notes on Virginia*）、一本供參議院使用的議會手冊、一篇關於印第安語的研究論文，並寫出了自傳。他從未想過要寫一本關於政治理論的系統著作——這實際上是好事，因爲他並無固定的理論體系，也缺乏空論家始終如一的強制力。雖然他有時間和精力去涉獵一切，

[1] 傑佛遜在攻擊本州的奴隸制時持典型的審慎態度，但對各殖民地之間的事務的態度卻較大膽，因為他估計會得到北部各州的支持。因此，他在《獨立宣言》中對奴隸貿易做了嚴厲的譴責——後被勾銷——並企圖在他的一七八四年法令中規定在西北領地禁止奴隸制。

從認識論到機械學無所不包，但他最感興趣的卻是後者。他對計算、觀測、測量的愛好近乎著迷（他有一次寫信給女兒道：「每一簇嫩草都會引起我的興趣」），他的價值標準是非常講求實用的（「對國家的最大貢獻莫過於在其文化土壤上添植一棵有益的樹木」）。他自己動手設計了住宅，深入有效地研究了手下奴隸的工作，所經營的農場在相當程度上達到了自給自足。他發明了大麻纖維拍打器，算出了一種阻力最小的鑄板犁結構程式，爲此獲得了法國塞納—瓦茲省法蘭西農學院的獎勵；他設計了一種皮製輕馬車車篷、一種轉椅以及一種旋轉碗碟架。他對旅途上所見的農場、庭院、社會狀況以及自然現象都有詳細記述。艾爾伯特．傑伊．諾克對他的結論是：「對於西歐的一草一木，只要有用，他都研究，並且還要研究其栽培情況。」他長期堅持每日記錄溫度及氣壓資料。他不斷研究新的犁耙、蒸汽機、節拍器、溫度計、升降機及諸如此類的器具，此外還研究黃油和乳酪的加工工藝。他爲國會撰寫了一份論述美國衡具、量具標準的論文，以及一篇關於調查統計報表的精彩評論，其中對資料的蒐集提出了詳細的建議。他在旅途中購買了歐洲十二個大城市的詳圖，後借給朗方，供他在設計華盛頓的藍圖時參考。他構想了美國的十進位幣制，在這一點上顯然比金融家羅伯特．莫里斯（Robert Morris）高明。這就是這位「重理論的幻想家」對實用技藝的貢獻。

傑佛遜說，自由之樹須常灌以暴君之血，認爲二十年來一次叛亂實乃好事，並一生都在鼓吹應每隔二十五年或三十年澈底修改一次憲法，對此應如何看待呢？同時代的許多保守人士認爲傑佛遜是危險分子，所到之處都把他視爲固執的空論家，對此又應如何看待？

傑佛遜是一位複雜的人物，必須既分析其思想，又分析其行動，對他應作全面而不是片面的評價。他的思想深處有很多模稜兩可之處，因而無法理出前後一致的線索。雖然聯邦主義歷史學者利用這種模稜之處來證明他是非不明、思想氣質變幻不定，但實際上卻可由此探尋到一種始終具有矛盾心理的個人和政治經歷。他對父親極爲敬仰，對父親成就的評價高於對母親崇高社會地位的評價，從未承認過母親對他的影響；然而他從一開始就既意識到上層階級的自信，也瞭解出身寒微的人們的眞正優點和才幹。他在自傳中冷淡地提起藍道夫家族：「他們追溯家系，遠至英格蘭和蘇格蘭，讓每個人都把自己認定的信仰和榮譽歸因於此。」到了成年，傑佛遜既是奴隸主，又是革命者；雖然有數十個生靈歸他所有，同時卻可宣稱人的權利是「不可剝奪的」。他一生周旋於富人和學者名流之間，彷彿不喜歡激烈言詞而學會了迎合他們——但他也吸收了當時最爲開明和可疑的觀點，並且與湯瑪斯．潘恩（Thomas Paine）及喬爾．巴羅（Joel Barlow）等人志趣相投。在美國政治中，他既是自耕農的領袖人物，也是大種植園主的領袖人物。他領導著反對商人利益的民眾派別，但這個派別也是自有其貪婪要求的有產者派別。他熟讀了當時最優秀的哲學文獻，接受了博大的世界主義思想，同時又是堅定的美國愛國者。就其個人性情和哲學而言，他是個和平主義者；所受的教育使他成爲國家主義者；但他又是一個具有強烈地方觀念的維吉尼亞人。他全心全意地力求捍衛農業社會的價值，但他又信仰進步。除了這一切以外，他又異常長壽，目睹了眾多的變革，力求使自己的觀點適應變化中的形勢。

傑佛遜具有熱烈的激情。他的世界主義思想折射出當時最先進、最解放的觀念。他信奉這些觀念，對這些觀念的闡述和反覆講的話已成爲經典；但他並不想透過爭論來實現這些主張。幾乎只有在他的私人信件中才能找到使他如此享譽的豁達而無拘束的思想；在寫出《獨立宣言》和《維吉尼亞宗教自由令》之後，他就一直設法避免在公開場合表達自己較不易爲人接受的思想。他知道，在平日公眾活動的現實世界中，他的大多數崇高理想之價值主要在於指明社會發展應取的方向。他從未眞正指望這些理想能在有生之年實現，他寧願寄希望於進步，希望未來某一偉大時刻人類終將實現他的理想（約翰．亞當斯曾嘲笑他道：「你很有鑑賞能力，熱衷於未來的夢想而不樂道過去的歷史。」）

傑佛遜在實踐中一般著眼於實現某種不至引起尖銳衝突或耗費大量精力的最低綱領。他討厭激烈爭執，要是他的原則會激怒同事或友鄰，他就不堅持這些原則。他不想讓《維吉尼亞記事》一書流傳過廣，因爲他不想讓維吉尼亞人讀到他對奴隸制發表的憤激言論，和對維吉尼亞殖民地憲法的尖刻評論。傑佛遜並非缺乏勇氣——他那推行中遭到全國各地激烈反對的無益的禁運政策就證明了這一點——而是缺乏一種能夠忍受政治鬥爭的剛毅精神。雖然有強烈的政治傾向，有時還表現出強烈的敵對意識，但他既未掌過大權，又不願引人注意。他對批評很敏感，一七八九年對法蘭西斯．霍普金森（Francis Hopkinson）承認道：「我覺得，少許指責，哪怕是無理的指責，所引起的痛苦在程度上甚於大量讚揚帶來的喜悅。」他極爲靦腆，不同常人，並且略有口吃，自己覺得無法像華盛頓和亞當斯那樣在國會親自宣讀致詞。他不具備鼓動家的素質，甚至也不具備現代民主政治所要求的領導素質。他從未做過激動人心的演說。他的個人生活豐富多彩，興趣極廣，曾有許多次他要愉快地擺脫公務而從他的農場、家庭和書籍中享受快樂。

二

反對傑佛遜的聯邦主義者首先擔心權力落入多數人手中，傑佛遜則擔心權力落到其他地方。他在首次就職演說中針對「人的自治不可信賴」這一普遍說法反問道：「那麼，讓他人治理就可信賴嗎？」他大概會與麥迪遜一樣認爲權力「具有腐蝕性」，確信權力會腐蝕掌權者。他從巴黎寫信給愛德華．卡林頓（Edward Carrington）說：「你我以及國會和各州眾議院、法官和州長均將成爲惡狼。這似乎是我們一般的本性的法則，儘管有個別例外的情況。」

傑佛遜承認，多數人掌權常常會對涉及公眾的問題做出錯誤決策，但他又論證道，「人民的錯誤危害小於」國王、教士及貴族的自利政策。謝司叛亂一類民眾反叛的事並不使他感到驚恐。在私人書信中，由於無須顧慮，他坦率地說，「正直的共和政府在懲治叛亂時」應當「溫和，切勿過分壓制之」，「不時發生一點叛亂實是好事，它對政治界的必要性恰如風暴之於自然界」。人民並不完全瞭解情況，但即使因誤解而使他們發生動盪也比無動於衷要好——因爲人民無動於衷就意味著共和國的死亡。

傑佛遜反覆呼籲透過廣泛的公立學校制度和自由的報刊來教育人民並使其瞭解情況。雖然他對共和國抗腐敗和墮落的能力信心不大，但他希望群眾教育能夠遏止此種衰敗的過程。[2]教育不僅將使共和國政治穩定，爲其帶來智慧，而且也會擴大機會，發揮普通百姓充裕的天賦才智。傑佛遜一生貫穿著這種人本主義的關注，其宗旨是「追求幸福」，追求不受階級限制的個人發展。

然而，總的來說，他在熱情讚揚「人民」的優點和能力時指的是「農場主」。他將近十八歲才見到城鎮是什麼樣，深信農村生活和農村的人是公民美德和個人活力的源泉，農場主是民主共和國的最優秀社會基礎，他在《維吉尼亞記事》一書中宣稱：「如果世上確有上帝的選民，則田野中的勞作者就是上帝的選民。沒有哪個時代、哪個國家曾提供一個說明田間耕作民眾道德敗壞現象的例子。」[3]

---

[2] 他在《進一步普及知識議案》（一七七九年）中宣稱：「經驗證明，即或在最好的政府統治下，委以權力者終將逐漸使政府蛻變為暴政……。」

[3] 一七八七年，他曾寫道：「我認為，只要我們的政府始終以農業為主，其德政將歷多少世代而不衰；而美國任何一處若仍有空餘的土地，政府就必定以農業為主。假使如同歐洲一樣，政府在大城市中堆積起來，便終將如同在歐洲一樣腐敗下去。」

> ……統而言之，任何一州其他公民階層之總和與農民的比例，恰恰是不健全者與健全者的比例，這足以用作計量腐敗程度的氣壓計。既然我們有地可耕，就絕不要讓公民坐上工作臺或去撚動卷線杆……讓我們把車間留在歐洲。

因此，美國經濟就應維持在農業狀態。製造商、城市、市民階層應愈少愈好。無論如何，傑佛遜的信念就是如此，直到任職白宮並執掌外交政策之後他才開始改變觀點。有一次他甚至說希望美國以歐洲爲鑑，在經濟上像中國一樣立足農業。對於商業他是鼓勵的，因爲商業爲農業提供了必需品——但他早期對市民階層的讓步僅限於此。

這時的傑佛遜信賴農場主，不信任市民階層，並相信叛亂和社會動亂有其遠期價值，因而似乎與憲法的制定者截然相反，如果他的政治理論得到詳盡闡述成爲首尾一貫的體系，他本來確實有可能站到對立面。但是，他與當時保守思想家還有很多通常未爲人注意到的共同點。在政治理論上，他與憲法制定者的分歧在於重點而不在於結構。他們主要擔心的問題也是他所擔心的問題。他並不認爲政治體制可以萬無一失地依賴個人的德行。他在一七九五年寫給曼·佩奇（Mann Page）的信中說，他不同意拉羅希福可們和蒙田們[4]的觀點，即「十五人中必有十四人是無賴」。「但我向來認爲無賴將占主要部分，而且認爲此比例對於高階層適用，對於那些高居於豬玀般群氓之上並總在鑽營權力和利益者適用。」傑佛遜認爲尤其不可救藥的是上層而不是下層；但也正是他才會使用「愚民」和「豬玀般群氓」這樣的字眼。[5]

傑佛遜當然贊同平衡政府原則和人民必須受到制約的主張。他在自傳中寫道：「政府欲達到完善，其途徑不在於統一或集中權力，而在於分散權力。」他於一七七六年爲維吉尼亞州起草了一個憲法，其中採用了制衡原則並要求選舉人需有財產資格。[6]議會兩院中只有下院由民選；參院由下院選出，州長也是這樣選出，因而立法結構的三部分中有兩部分是完全脫離公民的。五年後，他對維吉尼亞州採納的憲法（不是他起草的那一份）提出了批評，他最不滿意的是其中缺乏制約：參院和眾院相同之處太多，因爲二者都是選民以同樣方式選出的。「其所以要建立不同的立法部門，目的在於由不同利益集團或不同原則來施加影響。」他接著寫道：

> 政府之一切權力，立法權、執法權及司法權，都歸於立法機構。這種把這些權力集中於同一批人手中的情形正是暴政的要義。多人攬權的壞處並不比一人掌權小。一百七十三個暴君肯定與一個暴君一樣暴虐。……他們雖由我們自己選出，但對我們並無多少裨益。我們奮爭所求者絕非民選專制的政府，我們所求的政府需以自由原則爲基礎，其權力需由幾個行政機構分享並相互制衡，如此則無一可越其法律界限而不受其他機構的有效牽制。

當他注意到聯邦主義者的計謀之後，他更加堅信只有農民才具有公民之素質，他在書信中發出強烈的呼聲：「農場主的利益全在於農業……他們是偉大的美國利益的真正代表，只能依靠他們來表達美國的正當意見。」他認為，完全持有地產的農場主這個經濟階級具有多於其他階級的政治素質，這顯然違背了人性無處不同的抽象觀念，但他似乎沒有看清這一見解的含意。

【4】拉羅希福可為十七世紀的法國道德家和作家，以其格言、回憶錄和通訊著稱。蒙田為十六世紀法國作家和哲學家。——譯者

【5】本書第一版發表後不久，即承蒙小查爾斯·卡羅爾·蘭森先生提醒我注意，一七九五年聯邦主義者在傑伊條約爭議中使用「豬玀般群氓」這一習慣用語的情況極為普遍。蘭森先生的意思是，傑佛遜並不是按其字面意義，而是帶有諷刺性使用這一習慣用語的，我認為很對。因此，我原先對傑佛遜的意思之解釋看來是不正確的。

【6】但在《維吉尼亞記事》一書中他卻對本州受限制的選舉權表示不滿：「出資出力扶持本州的大部分人在議會並無代表，有選舉權的地產所有者名冊的人數一般僅為民兵隊名冊或賦稅名冊人數的一半。」

完全可將這段論述視爲一七八七年費城制憲會議上的正確理論。一個政府若無制約體制，不分權並加以制衡，就正是傑佛遜所指的那種暴政；掌權機構爲人民所選，這一事實並不能緩和他的批評；這種不受制約的政府只是一種「民選的專制」。傑佛遜因而不同意簡單的多數人統治，而是接受了政府中應有「不同利益集團或不同原則」之代表的觀點。

這一切似乎頗接近於麥迪遜和亞當斯的理論。事實上，傑佛遜與二者並無極尖銳的分歧，因而沒有對他們在制憲時期的保守論述提出過質疑。一七八八年，他在致麥迪遜的信中稱讚《聯邦主義者文集》是「對政府原則之最優秀闡述」。兩年後，他在給外甥湯瑪斯·曼·藍道夫（Thomas Mann Randolph）推薦閱讀著作時，稱讚洛克（Locke）的著作「是目前最完善的書」，並說：「從理論到實踐，沒有一本書優於《聯邦主義者文集》。」一七八七年，他對約翰·亞當斯說，他已讀了亞當斯的《捍衛》一書，「極爲滿意，獲益匪淺。此書對美國將有極大價值。我希望書中的學問及很強的判斷力將使之成爲我國新老政治家公認的基本原理。」[7]

傑佛遜在法國收到一七八七年聯邦憲法的文本時，曾向亞當斯承認道，他起初對這種嘗試很感吃驚，但很快就又鎮靜下來了。他告訴麥迪遜，他認爲其中的優點很多，但強烈反對兩點：一是沒有權利法案（後收在最初的十項修正案中）；二是總統可當選不止一屆。最後他對這一憲法大表贊同：「這是一幅優秀的油畫，唯某些筆觸需略做修飾而已。」隨著歲月的流逝，他對憲法的評價愈來愈高。

傑佛遜與麥迪遜或莫里斯一樣憎惡城市暴民的意見——「幹壞事的幫手，全面破壞國家自由的工具」——但他相信在可預見的將來不會出現這種情況，因爲美國的土地對不滿的窮人是敞開的，可將他們改造爲殷實的農場主。他在首次就任總統的演說中說，美國的土地足夠其人民維持「百代千代」！美國將成爲一個農場主的國家，耕者有其田，他們將是獨立的、有知識的，既不會盲動，又不會墮落。他必定認爲，獲得路易斯安那購買地（Louisiana Purchase）將確保國家朝此方向發展。

因而，國家將是有產者的國家，未來也就建立在這個國家的有產階級的基礎上。傑佛遜強烈地傾向於一種觀點：社會中的有產者是使政治心態穩定所必需的。一八○○年，他寫信給一位朋友說，他一向贊成男子一概應有選舉權；但這是他沒有固執堅持的理論概念之一。他又說：「然而，我發現有一些極有聲望的人士，由於深信擁有一定財產爲思想充分獨立的必需，而主張有產者方有選舉權。」他於一七七六年起草的維吉尼亞憲法要求選舉人須爲在農村完全擁有二十五英畝地產者，或在城市擁有四分之一畝地產者，或必須是在選舉的兩年內均完稅者。傑佛遜從未在任何地方試圖推行過男子普選權。[8]

傑佛遜民主觀念的顯著特徵是它與當時農業的社會秩序的密切有機連繫。可以說他認爲一個有教養、有知識並且有自由的體制的農民的國家是最適合的民主共和國，但這樣說似乎還不夠，還應補充一點：他認爲沒有一種其他形式的社會能保證維持一個共和制政府。一個國家如果擁有很多大城市，製造業（manufactures）和商業極爲發達並有人數眾多的工人階級，民眾性共和主義即便並

[7] 後來他對約翰．泰勒的《美國政府原則和政策研究》（*An Inquiry into the Principles and Policy of the Government of the United States*）（一八一四年）也表示衷心贊同，該書很大一部分輕率攻擊亞當斯的理論。這自然是聯邦黨人與共和黨人的爭執激化之後的事。

[8] 不過，必須補充很重要的一點：傑佛遜曾於一七七六年提議，每一位成年白人男子，凡地產不足五十英畝者，維吉尼亞州給予五十英畝。若如此，就幾乎可使選舉權實際上成為普遍的權利。這也表明了他的一個信念，凡是自由土地使此項政策可實行之處，應爭取擴大經濟機會，也說明了地產和民主在他思想中的重要連繫。在當時，他對政府經濟基礎的認識比他對政府結構的概念更為民主。

非完全無望也是可能性不大的。

當然，傑佛遜心目中完善社會的平衡十分單薄，因爲他認爲：工人階級、商人、投機者都是不可靠的；城市「弊病多」；只有農場主才是可靠的善良之輩。他極不相信人性如何可以脫離田園耕種和不動產的眞正的或「天然」的滋養。他究竟是否比約翰·亞當斯更堅信民主可與田園脫離？而現代工業資本主義的無情的進展使這一切都做到了：它使社會的五分之四脫離了土地，使人民與財產分離，使生活愈來愈建築在傑佛遜可能會稱之爲「不自然」的基礎上——簡言之，現代工業資本主義逐漸掘空了傑佛遜農業型民主政治的實際內容。這一過程的最初階段在傑佛遜的有生之年已經開始，而且，我們也將看到，他放棄了大部分農業主義偏見（正如他的思想務實而不教條一樣），但並沒有犧牲他的民主傾向。然而，他雖依戀他那人情味的民主觀念，但並未給其留下所需的新的經濟理論基礎。

三

在之後的歲月裡，傑佛遜宣稱他的黨與聯邦黨人的鬥爭，是熱愛人民的人與不信任人民的人之間的鬥爭。但是，人們想到他就往往會聯想到一些毫不熱愛人民的人，如：艾布瑞基·傑利、皮爾斯·巴特勒（Pierce Butler）、查爾斯·平克尼以及愛德蒙·藍道夫等；抽象原則上的分歧也不至於激烈到能夠說明對抗的尖銳或所劃分的具體界線。雖然具有民主思想傳統的美國人都站在傑佛遜一邊，但分界線卻在兩類財產之間，而不是在兩種理論之間。

漢彌爾頓任財政部長期間，聯邦黨人爲政府提供了一個基礎，使之得以毫無顧忌地專爲商人階層和投資者階層效勞。漢彌爾頓透過籌集償還國債基金的方法，透過建立國民銀行以及政府的各種輔助政策，補助了投資於製造業、商業和公債券的人，並盡其所能把稅務負擔壓在種植園主和農場主身上。然而，地產利益勢力仍占多數，不久便自成一黨。傑佛遜黨的目的是維護具體的有產者利益，而不是抽象的民主理論，其政策的制定和執行均頗審慎溫和，而這正是傑佛遜那代人心目中有產公民進入政治舞臺所必需具備的素質。

一八〇〇年，傑佛遜當選總統，一些較天真的聯邦黨人由於相信了自己的宣傳而深感驚恐，他們覺得世界末日似乎來臨了。費舍爾．艾姆斯（Fisher Ames）預言他很快將聞到「祭壇上人類供品令人噁心的汗氣」。不過，瞭解當選總統的人沒有這種驚恐發狂的心態——深察他當選內幕的人尤爲放心。

一八〇〇年的選舉在美國歷史上十分獨特。當時《憲法》中對總統候選人和副總統候選人的選票並無區別規定，傑佛遜和他的競選夥伴阿龍．伯爾（Aaron Burr）在選舉團中得到了相同的票數。這一勢均力敵結果只得交眾議院處理。這樣就要那些聯邦黨眾議員在兩位共和黨人之間做出選擇。在有些人看來，這不過是在兩個劊子手之間做一選擇而已；但另一些人則把傑佛遜視爲頭號敵人，因而自然傾向於伯爾。亞歷山大．漢彌爾頓卻不屬於後一類人，他長期以來一直是伯爾在紐約的政治對手。漢彌爾頓在寫給一位聯邦黨眾議員的精彩信函中對傑佛遜的品性做了銳利的評價。他承認這位老對手的觀點「極富狂熱色彩；對其民主主張熱衷有餘」。但他又說，有一種尖銳而措詞不公正的評價並不正確，即：

> 說傑佛遜極端狂熱，將不惜一切以推行他的原則，終將和他的聲望或利益不相容。實則這個人與我所知之任何人一樣能夠順時應勢——斟酌如何有利自己的聲名或利益；這種氣質的可能結果是使體制得以維持，這一體制原來雖然遭到反對，但既已確立，要想推翻勢必危及推翻者。我認爲，

觀傑佛遜先生的品性，保證可望有一順時應勢的體制，並無生成狂暴體制的可能……況且並無充分理由推斷他有墮落的可能，故可斷定他必不致有越軌妄爲。

漢彌爾頓的意見並沒有使聯邦黨領袖完全感到放心，他們要求傑佛遜提出保證。這位維吉尼亞人不肯正面答覆，但一位朋友非正式地試探了他的意見後，能夠向聯邦黨人傳遞令人寬慰的消息，即傑佛遜的意向是溫和的。傑佛遜極不可能放棄原訂計畫或就此而言犧牲原則以換取職位；但他確實是在使聯邦黨人確信他是在與他們已達成某種諒解之後才進入白宮的。

任何人只要考慮一下傑佛遜當時所處的困難地位就不難相信，對他這樣一個氣質溫和的人來說，基本政策上的選擇餘地很小。漢彌爾頓體制到這個時候已實行了十二年，已經成了美國經濟的一個部分。全國的情況很好，如要整頓漢彌爾頓的償債基金、銀行和稅收體制，就會引起尖銳的鬥爭、擴大階級裂痕並把溫和派趕出共和黨人的隊伍；這樣做也可能造成蕭條，甚至使聯邦解體。而且，衝突結束之後，總還需要與從事商業、銀行業和製造業的階層講和。此外，即便漢彌爾頓把債務負擔轉嫁到土地利益集團頭上，他們在體制運轉順利的情況下，處境也很可能好於體制受到摧殘性的成功打擊之後的情況，總之，傑佛遜當時所處的地位很像現代社會民主黨人的地位，他們掌權之後就發現自己成了一家開著的商店的經理人員，不敢予以打亂。正像他們未能根除資本主義一樣，傑佛遜也發現無法阻止它發展壯大，乃至逐漸凌駕於農民大眾之上。他明智地使自己限於小心地修整漢彌爾頓體制的邊邊角角。

傑佛遜的首次就職演說著眼於安撫，意在彌合一七九八年至一八〇〇年間激烈鬥爭造成的傷口，並爭取溫和的聯邦黨人的支持。他宣稱：「我們都是共和黨人——我們又都是聯邦黨人。」這位總統不久又寫信給杜邦·德·尼莫爾（Dupont de Nemours），信中的言詞正合漢彌爾頓對他的估計：

本政府初創的時候，本有望依據眞正的原則行事，然而漢彌爾頓以他約略的一知半解的英國思想摧毀了這種希望的萌芽。我們可於十五年內償清他欠下的債務，但絕無法掙脫他所建立的金融制度。要加強我視爲極其惡劣的原則，實在令人痛心；但這種弊害乃是最初的錯誤留給我們的。希望能在政府的其餘部分逐漸推行健全原則並使之蔚然成風。需常以切實可行的辦法制約純理論的議論。

傑佛遜對友對敵都沒有食言。他成功地削減了開支，從而削弱了聯邦黨人操縱的機構，所以才能夠廢止引起「威士忌酒叛亂」（Whisky Rebellion）[9]的深受痛恨的「消費稅」，但同時仍能大減公債。他竭力想制伏聯邦司法系統——聯邦政府中仍在聯邦黨人把持之下的最後一個機構——但收效甚小。通過路易斯安那購入地，他擴大了農業擴張的地域。一八一一年，即他的任期結束兩年後，共和黨還讓第一合眾國銀行隨許可證到期而自動消亡。

但是漢彌爾頓體制的其他重要部分並沒有受到觸動。傑佛遜政府既沒有著手制止諸如對公有土地的投機等弊端，組織良好的共和黨機器也沒有大力在各州或聯邦政府的機構中推行民主化。例如，並沒有去觸動對選舉權的限制。比爾德教授指出，共和黨控制的各州並不比聯邦黨控制的各州「更傾心於平等主義的政治民主」。如果傑佛遜眞的提議大改選舉辦法，他手下對民主理論毫無興趣的州領導人一定會對他側目怒視；如果他眞的是傑佛遜傳說中的從事改革的民主鬥士，他也不可

[9] 指一七九四年美國西賓夕法尼亞農民為反對漢彌爾頓重稅法（一七九一年）而發起的暴亂。——譯者

能如此成功地領導政府機構。

既然傑佛遜的政策與聯邦黨人的政策相去並不甚遠，他當然希望把他們隊伍中的溫和派爭取過來，並且也打算利用許以官職來做到這一點。他在就任後不久寫信給霍雷肖．蓋茨（Horatio Gates）說：「我們如能正確行事，安撫被稱作聯邦黨人中的誠信之士，並公正對待那些長期被冷落而未被授以官職者，就可望消除聯邦黨人與共和黨人的分野，或甚至將二者聯合起來。」

因而，在政治中，策略是和解；在經濟中，策略就是妥協。共和黨的國家機器很快就開始和他們曾矢志反對的金融利益集團調起情來。共和黨掌握的州議會慷慨地給本地銀行發放許可證，銀行反過來在政治上靠向共和黨。傑佛遜爲這種互相遷就的過程祝福。當巴爾的摩銀行向政府求助時，他寫信給財政部長艾伯特．加勒廷（Albert Gallatin）說：

如果審愼區分各銀行，從而使各銀行爭相求助於我們，就可以使它們屬下的人士擁護革新秩序，或至少予以默認，這肯定有利於公眾。

並且：

……我決意使各銀行擁護共和黨，將視它們的傾向的不同程度而存入不同量之存款……共和主義如要安然長存，須使商人利益集團與它的政敵分離，並將之收入盟友陣營。商人是天生的共和黨人，唯有在綱紀敗壞之時才不是。

約翰．亞當斯已退出政壇，在昆西過著寧靜的生活，他如注意到共和黨核心部分竟會出現一批與金融利益集團連繫密切的新貴，一定會感到十分有趣，但持激烈農民觀點的約翰・泰勒卻深感失望。他在一八一一年寫道：

> ……銀行或債券以犧牲公共利益而肥了聯邦黨人並加強他們的力量，人們雖能明察這種不公正和失策之處，但很少會拒不接受類似的乾薪待遇。總之，議會的人士握有權力，可以用自織之網撈取人民之財富，這一權力勢將腐蝕任何體制下的立法、行政及司法公職人員。

共和黨人既無能力推行純粹的農業民主政治政策，也無能力推出一個有積極意義的農業經濟理論。他們的經濟思想的主導傾向是自由放任主義，他們的主要目標基本上屬消極性質——摧毀聯邦政府與投資階層之間的連繫。他們的經濟著作最擅長的是批判，既尖銳又明察，但並沒有提出具體的農業方案的指導意見。他們全無計畫；事實上，他們的原則就是不要計畫。

許多作者，包括弗農・路易斯・帕靈頓，都把傑佛遜描述爲一位重農主義者，但正像那種認爲他主要受法國思想影響的荒謬觀點一樣，上述觀點也沒有多少實據。他生來滿足於做一個經濟折衷派。他於一八一五年寫信給讓・巴蒂斯特・賽伊（Jean Baptiste Say），說道：「絕無對一切時代和一切環境都明白和適用的原則。」重農主義者對傑佛遜的吸引力全在於其維護自由貿易的論點；但當他讀了《國富論》（*The Wealth of Nations*）一書後，便又成了亞當・斯密理論的虔信者。[10]

傑佛遜與「自然法則」時代的其他理論家一樣，也很容易相信追求私利的私有企業體系的「自

【10】他最後很喜歡讓・巴蒂斯特・賽伊改寫的亞當・斯密之著作，認為較明晰可讀，並且十分欣賞德斯塔德・德・特雷西（Destutt de Tracy）的著作。

然」運轉本來是有益的，政府一般不應加以干擾。他在首次就職演說中要求「政府明智而儉樸，除應防範人們相互傷害外，無須多加干涉，應任其自主各營其業並謀求改善，並且不應剝奪勞動者掙得的收入」。[11]他在一八一六年四月六日致約瑟夫·米利根（Joseph Milligan）的信中討論了課稅的合理限度，他的結論是，國家在財產再分配方面切勿侵犯個人利益：[12]

> 某人及其祖輩很勤勉，他人或其祖輩可能並不如此勤勉，且不具備相當的技能，如果因此而認爲前者所獲過多，應將他的財富分給他人，則無異於任意踐踏聯盟的首要原則，「保證人人得自由辛勤勞作並享其果實」。

約翰·泰勒大概是最聰明的重農理論家，他也認爲「由勤勉及才幹決定財產的分配，這是既明智又公正的辦法」。

這種國策構想並非反資本主義，而是反重商主義。傑佛遜及其追隨者曾目睹英國政府干涉美國經濟事務所造成的不愉快後果，並且認爲漢彌爾頓的國家經濟活動制度（漢彌爾頓的約略的一知半解的英國思想）只不過是英國式經濟思想在美國的延續。漢彌爾頓使政府犧牲農民利益來幫助資本家；傑佛遜的反應並不是要求政府犧牲資本家的利益來幫助農民，而只是要求政府聽其自然。現代的自由主義者把政府干預視爲幫助窮人的辦法，而傑佛遜則與十八世紀的自由主義者一樣，認爲政府干預主要是一種不公平的手段，通過有息債務、稅收、關稅、銀行、特權以及各種補助來幫助富人。他的結論是，共和黨政府唯一需採取的補救辦法是取消這些有利於富人的手段，並通過「自然」經濟力量恢復自由和平等。他一般不認爲經濟關係中存在著固有的剝削成分，因而也不認爲有必要由國家出面干預反對。政府沒有改變經濟秩序的任務：富人沒有這種權利，窮人並不認爲必要。

傑佛遜從他的政治哲學出發，反對有的人生而優於別的人的觀點；但由於他接受了競爭性的自由放任經濟理論，因而等於默認——或許是不自覺地默認——了上述觀點，因爲自由放任經濟理論設定，只要人人在法律面前平等，並且政府不偏袒任何人，財富就將依「勤勉和技能」來分配。對於美國的農場主和種植園主來說，這種理論十分自然，因爲他們自己就是企業家、商人、出口者，而且常常是一些小規模的投機者，注視著地產價值的行情——他們習慣於自立。

誠然，隨著時間的流逝，傑佛遜的自由放任主義成了國內最保守的思想家主張的政治經濟學理論。傑佛遜去世五十年之後，威廉·格雷厄姆·薩姆納（William Graham Summer）等人在著作中幾乎用傑佛遜和約翰·泰勒的原話來爲積極創業的工業資本家和鐵路大王辯護，要求使他們不受政府的管制和整頓。距傑佛遜一派首次在選舉中向約翰·亞當斯提出挑戰一百年後，威廉·詹寧斯·布萊恩（William Jennings Bryan）作爲以獨立政治力量出現的最後一批重農主義的領袖，仍在力求爲其事業增添光彩，證明農場主畢竟也是商人！

四

外交實踐迫使傑佛遜派處於同樣艱難的境地，並不亞於維持漢彌爾頓所創國內體制方面的困

【11】他在第一次就職演說中列舉了政府應做之事，他主張政府應維持「財產的現狀，無論其均等與否，這是每個人或其祖輩勤勞程度的結果」。

【12】他又說，如果個人之財富增長過多，有危及國家之虞，最佳糾正措施不是差別課稅，而在於制定一項迫使一切繼承人以同等程度平等繼承財產的法律。

難。就東部而言，他們發現自己與新英格蘭的海上貿易商一樣依賴於對外貿易；他們最廉價的製成品購自海外，剩餘產品也銷往海外。就西部而言，他們把饑渴的目光投向新的土地，對印第安人的擔憂以及對他們在新奧爾良貿易輸出港口有遭到西班牙封閉的擔憂，加劇了他們的擴張欲望。從陸上擴大輸出市場以及從海上維護輸出市場這兩種要求，終於使他們開始從傑佛遜的原則立場上向後退卻。

傑佛遜本人既是熱烈的愛國者，又是眞誠的和平主義者。當英國和法國在拿破崙戰爭期間開始損及美國的貿易時，他曾試圖以和平主義的經濟脅迫政策來予以回擊。國會於一八〇七年十二月通過了他提出的嚴厲的禁運法令，強令美國船舶概不出港。他的目的是以禁運糧食和其他供應而迫使雙方就範。這是他從政生涯中採取的一個空談理論而不切實際的措施，並且是一次慘重的失敗。禁運不僅未能迫使英國和法國尊重美國在公海上的權利，而且使東北部的貿易城市和西部及南部的農場和種植園在經濟上處於癱瘓狀態。傑佛遜最後承認，歷時十五個月的禁運造成的損失大於一次戰爭。將近其第二屆任期結束時，禁運爲「停止通商法」（Nonintercourse Act）取代，開放了與歐洲其他國家的貿易，但繼續對英國和法國實行代價極大的禁運。

雖然傑佛遜的繼任者詹姆斯·麥迪遜仍受到海運問題的困擾，但最終導致一八一二年戰爭的並不是自由貿易，而是擴張主義——約翰·藍道夫（John Randolph）將其稱爲「農民的貪欲」。南部種植園主想攫取東西佛羅里達，北部農場主則覬覦加拿大。傑佛遜向來就是個熱心的擴張主義者，他對這兩個目標都表示了贊同，並且接受了爲擴張主義辯解的流行的陳詞濫調（他在一八一二年致亞當斯的信中寫道：「占有加拿大，可保我國婦孺永免戰斧和剝頭皮刀之殃，因爲此舉可除那些持斧刀者。」）朱利斯·普拉特（Julius Pratt）表明，反英戰爭的激情沿廣闊的弧形邊界呈白熱化；而反對戰爭最烈者則是舊時的聯邦黨人和商界。

但是，如果說在傑佛遜領導下，美國在經濟上將從歐洲退回，在麥迪遜領導下，美國將由於戰爭而失去最佳的市場，那麼，美國就必須找到一條途徑，使本國人民的精力得到發揮，並爲人民提供製成品。因此，資本由於被切斷了在海外貿易中的正常投資出路，開始轉而流入製造業。禁運時期和一八一二年戰爭實際上成了美國工業主義的播種期；亨利．亞當斯（Henry Adams）在談到這個具有諷刺意味的事實時說：「美國製造商感戴傑佛遜應甚於感戴北部政治家，因爲後者僅是在製造商們確立了地位之後才給予鼓勵。」

傑佛遜當然意識到自己主張獨立經濟方向會產生哪些直接影響，他早在一八〇五年就已轉而相信應發展製造業。他在一八〇九年致杜邦的信中寫道：「製造業的精神在我們中間根深蒂固，奠定基礎花費極大，絕無毀棄的可能。」他在一八一四年致威廉．肖特的信中嘆息道：「我們的敵人如撒旦把我們的始祖逐出天堂一樣感到慰藉：他把我們從一個和平的農業國造就成一個軍事性的製造工業國。」他在致另一位人士的信中寫道：「如今我們須得使製造商與農場經營者並駕齊驅。」美國如欲取得和平，就必須自給自足，必須結束對外國貨和海外貿易的依賴。拿破崙戰爭打破了傑佛遜的農業共和國的夢想。因爲通過政府政策措施體現的傑佛遜式民主完全依賴於農業階級，而這些戰爭也消除了共和黨人與聯邦黨人之間的實際區別。

如要維持製造業，就需要借助於關稅。英國資本家在戰爭結束時爲了一舉消滅新的競爭者，已開始向美國市場傾銷貨物，關稅就更爲重要了。一八一六年，共和黨人通過了遠遠高於漢彌爾頓時期所訂的關稅。首創美國保護主義制度的正是共和黨人而不是聯邦黨人。

另外還必須爲戰爭籌措經費。軍事行動的經濟耗費再加上東北部的金融破壞，使共和黨人受到沉重打擊，從而面臨了一個嚴重的進退兩難的處境：要麼乞求金融勢力給予支援，要麼頒布許可證建立一個新的國民銀行，以填補他們由於讓漢彌爾頓建立的銀行因許可證到期自動解體所形成的眞空。他們選擇了第二條道路——未隔多久，共和黨的報刊就開始重印亞歷山大．漢彌爾頓證明第一合眾國銀行符合憲法的論點，傑佛遜在信函中對銀行體制的聲討全都失去了意義。共和黨人於一八一六年批准設立第二個銀行，在結構上與漢彌爾頓設立的銀行十分相似。到了該年年底，傑佛遜的共和黨已全盤接過了聯邦黨人的政策——製造業、銀行、關稅、陸軍、海軍等等——而這一切都是在傑佛遜的朋友、鄰居和政治繼承人詹姆斯．麥迪遜的主持下實行的。約西亞．昆西（Josiah Quincy）抱怨說，共和黨人實行了「甚於聯邦黨人的聯邦主義」。到一八二〇年，共和黨人已把對手完全逐出了陣地，但代價是全盤接受了對手的綱領。傑佛遜在一八二三年致艾伯特．加勒廷的信中寫道，聯邦主義「業已改名換姓，隱藏在我們之中……其強大程度可與一八〇〇年以來的任何時期相比」。最後一批堅定的重農主義者之一納撒尼爾．梅肯（Nathaniel Macon）悲嘆道：「傑佛遜及其追隨者的主張被遺忘了。」

傑佛遜本人如何？他的餘生是在無怨無恨中度過的，而且絕無失敗之感。他的國家雖經歷過一次歷時很短的蕭條，但正在繁榮昌盛起來，當他從巔峰向下環顧時，滿懷希望地預言，文明之進程將如「一道光芒」，從東向西掃遍整個大陸。他忙於答覆大量書信，爲求詢者解釋他所處時代的歷史，與科學家和發明家交換意見，試圖穩住他不斷衰敗的財產，並爲維吉尼亞大學奠基——此事使他感到特別自豪。他與約翰．亞當斯恢復了舊日的友誼，再次與他爲民主而論爭。他在七十八歲時寫信給住在昆西的這位老人說：「我至死將永懷光明與自由穩步前進的希望。」亞當斯曾問他是否願意來生仍舊如此，他的答覆是肯定的，至少對大半生是如此。「從二十五歲到六十歲，我會說願意；也許還可往前推，但不願往後推。」他又寫道：「我的健康狀況很好，周圍一切都使我愉快，但我可以向你保證，我今年、今日、今時就可捨下這一切而離去。這一點能夠最好地證明主宰世界的上帝本來是很仁慈的。」

這裡反映出悲劇性氣質的對立面。在傑佛遜的全部工作中貫穿著一條清新的、潛流般的深刻信念：一切都會變好，生活自身會表現出來。無論身在何處，他都能找到美好的一面；在晚年的歲月中，他從未感到有必要離開蒙蒂塞洛數英里以外。生活總是向他迎來，就像這時西方世界各地的訪問者上山來拜訪他一樣。對他來說，最大的失敗莫過於暫時打斷事物通向善終的順暢之流。畢竟，他將離之而去的並不是經濟或政治制度，也不是一個政黨，而是一種以不朽的言辭表達的不朽信念。儘管他主張的農業主義正在衰退，儘管他的允許各州政治上獨立的政策正在落入他會憎惡的奴隸制辯護者手中，儘管他提倡的個人主義會成爲財閥和剝削致富的大亨的理論，但這一切都無關緊要。他的價值觀將長存下去。漢彌爾頓之流可以爭論說應當促進製造業，這樣國家就可利用婦女和兒童的勞動，「其中許多人年紀還小」，但傑佛遜卻對這種對待人類的觀點深惡痛絕。漢彌爾頓策劃使兒童進入工廠，而傑佛遜卻計畫建立學校體制；漢彌爾頓注重體制和抽象概念，而傑佛遜卻注重人的價值，並認爲沒有一種財富比人的生命更重要。如果說他在方法上發生了偏差，但他至少始終注意著初衷——追求幸福。

作爲開國先輩中最長壽者之一，傑佛遜在有生之年看到自己成了崇敬的對象，隨著年事的增高，他很可能像羅馬皇帝臨死前那樣說：「我覺得自己正在成爲神。」但他無意使自己及同代人成爲後代人的預言者。他很喜歡說：「地球屬於活著的人們。」世界會不斷變化，眞理不可能防朽。

> 某些人帶著僞善的崇敬心情看待憲法，以爲它如同約櫃[13]一般，神聖而不可觸動。他們相信往

【13】裝有兩塊十誡碑的箱子，據《聖經》。——譯者

昔時代有超人的智慧，當時的所爲都無修改的餘地。我深知這一時代；本人即曾屬該時代，並曾爲之勞作。該時代與當時的國家極爲相配；那個時代與現今很相似，但缺乏當今的經驗；從政四十年的經驗勝讀百年書；當時的人如果能死而復生，亦會這麼說。我絕無鼓吹頻頻隨意修改法律及體制之意……但我也深知，法律及體制須隨著人類思想的進步而進步。人類思想日趨發展、開明，新發現不斷湧現，新的眞理被揭示出來，習俗及觀點隨環境變化而改變，因此體制亦應前進，並與時代同步。如果我們要求文明社會停留於野蠻的祖制之下，則無異於要求成人仍著孩提時代之服裝。

他在去世前兩年寫道：「一切都可以變，唯人類固有的不可剝奪之權利不變。」

第三章　安德魯・傑克遜和自由資本主義的興起

是否確實可認爲憲法締造者意在使我們的政府成爲經紀人的政府？如果是這樣，則這個全國交易所的利潤應該惠及全體，不應僅惠及少數富有的特權資產者而全然不顧衆多的人。

安德魯·傑克遜（Andrew Jackson）

民主領導人的形成絕非一蹴而就。由於安德魯·傑克遜發跡於邊遠的田納西，常被當作民主的邊疆（frontier）居民的典型；但他一生中許多明顯的事實卻並不符合這一固定形象。從他開始在田納西登上仕途起，他就認爲自己是貴族，並且也得到承認；他依此塑造了自己的情趣、舉止和生活方式。誠然，他既不會拼寫，又缺乏教育和文化素養，但在一七九〇年代及以後很長時期內，舊日西南部的大多數所謂貴族也就是這樣；就連許多老一輩的維吉尼亞人——其中包括喬治·華盛頓——英文拼寫也並不好多少。由於上層的維吉尼亞人和卡羅萊納人很少遷移，因此西南部的上層主要來自中層或下層移民，他們發跡後也多少學會裝出一點文雅舉止。傑克遜這位田納西中部的富翁，並不是西南部下層民主人士的典型，而是開拓者和上層階級怪異混合的典型。

傑克遜一七六七年出生於卡羅萊納的一個小農場，他的父親已在他出生的數月前去世。他十三歲參加了反英革命戰爭，十四歲成了英軍俘虜，並被砍傷。在戰爭中，他失去了全家：一個哥哥被打死，另一個在獄中死於天花，母親在看護被俘的美國民兵時被「監獄熱」奪去了生命。他的家庭給他在北卡羅萊納留下了一塊約有農場規模大小的土地，革命則給他留下了狂暴無情的愛國主義。他起初隨一位馬具工學了六個月的手藝，之後又一度做了小學教師，儘管他自己也僅受過極少的、不正規的教育。後來，一位愛爾蘭的親戚遺贈給他三百英鎊，於是遷至查爾斯頓，那時他還只有十幾歲。在查爾斯頓，他刻意模仿沿海紳士的舉止，養成了賭博、騎馬和鬥雞的嗜好。爲了付房租，他與房東玩紙牌或擲骰子，有空就研究法律。他雖對法學不甚了了，卻深諳發跡之道，二十歲時已被北卡羅萊納律師協會接納爲會員。據說當他一年後出現在田納西的瓊斯伯勒時，他已擁有兩匹馬、一群獵狐犬以及一名黑奴少女。

不久，傑克遜前往新興的納什維爾鎮，原打算只做短期逗留。但當地唯一有名望的律師爲債務人聯合組織所聘用，債權人在法律方面無人幫助。傑克遜就去爲他們服務，收費可觀，並贏得了當地商人和放債人的感激和友誼。透過一位在卡羅萊納時的法律同學的幫助，他還被任命爲法務官。很快，他就和威廉·布朗特（William Blount）集團很投合，布朗特是領地的地產投機商和政界後臺，頗有勢力；傑克遜開始著手鞏固他在新貴、奴隸主、養馬主以及官員和顯赫人士之中的地位。他既有工資，又有收費的收入，因而就開始購買土地和黑奴。

至此，傑克遜的經歷還算不上不同尋常，因爲在新興的南部，出現一代顯貴是十分常見的事。[1]富有創業精神的精明農場主可以輕而易舉地迅速成爲當地的領袖人物，因而也就成了紳士，在棉花種植經濟向高地推廣的數十年中，西南部的上層階級終於把邊疆開拓者的大老粗氣質與土地所有者階層的紳士氣質結合起來。前者的特性是直爽、無視法律、個性獨立、暴躁易怒、好爭吵，這些特性迅速昇華爲後者的彬彬有禮、故作多情、固執己見以及過分敏感的性情。隨著蓄奴、講究馬術、注重家長尊嚴、發財及尊重共同體使這些早先的邊疆開拓者的自豪感不斷得到加深，他們又養成了發號施令的習慣，這樣，從前者向後者的轉化就全部完成了。邊疆開拓者隨時準備爭鬥，種植園主則隨時準備維護自己的「榮譽」，二者的差別與其說是氣質上的，不如說是方法上的，在這方面，傑克遜是最好的例子。從未聽說過這位海爾米塔奇的莊園主、州法院法官兼民兵隊少將曾與人發生過面紅耳赤的爭吵——雖然有人把他與本頓斯的爭執算作一次——也未聽說過他參加過一次像在伊利諾州邊區亞伯拉罕·林肯（Abraham Lincoln）那樣的平民所喜歡的摔跤比賽。傑克遜也從未想到過要對人動以老拳，不過確實至少有一次曾對一位社會地位較低的人以杖笞相威脅。如受辱於符合紳士地位的人，他就按決鬥慣例提出決鬥；他在爭執中採取的方式全然是南部慣例史中的典型。一八〇六年，查爾斯·迪金森於一次賽馬侮辱了他，爲此丟了性命，而這次對抗也在傑克遜的心臟附近留下了一顆子彈。從這位人稱「老胡桃木」人的公務行爲中，也可看到這位決鬥者和其他決鬥者一樣粗暴，主觀到任性逞能的地步。他在一八二一年寫道：「我對一切問題都有自己的見解，見解一旦形成，我就公開加以推行，不管有誰跟我走都一樣。」歷史學家從來沒有能夠弄清他的政策中究竟有多少是出於爲公眾考慮，多少是出於個人的怨恨。

然而，在傑克遜心情較平靜的時候，他很快成熟起來，舉止變得溫和而莊重。舊南部的同情者中有一些人曾描述過「附庸風雅的植棉主」的眾生相，正如弗雷德里克·奧姆斯德（Frederick Olmsted）所說，「粗俗富人的鬧劇」一演再演，把傑克遜放在這一背景下來看，他實在可以算是個體面正直的人。正因爲如此，丹尼爾·韋伯斯特在一八二四年才對他做了這樣的評價：「從傑克遜將軍的舉止來看，他比任何候選人都更像總統。」特羅洛普夫人曾承認，在美國，很少見到紳士人物。一八二九年，她在傑克遜赴華盛頓的途中見到了他，並報導說，他的「頭髮梳得很隨便，但很得體，儘管相貌粗獷瘦削，仍可看出是一位紳士和軍人」。他在平民中表現得耐心而和藹。

邊疆的風氣和政府體制都很民主，但並不盛行彼此拉平的平均主義。正如弗雷德里克·傑克遜·特納所說，邊疆社會的理想形象是靠個人奮鬥而獲成功的人。這樣的人一般都在某種程度上受到鄉巴佬的一些尊敬，而後者自身又在不斷產生著新人，準備進入當地上層圈子。尖銳的階級對立並不是邊疆政治生活中的典型現象，在田納西這樣的州內，階級鬥爭直到邊疆時期將近結束時

---

[1] 威爾伯·約瑟夫·卡什（W. J. Cash）所著《南部的思想》（*The Mind of the South*）一書第十四至十七頁，對此種新興顯貴有極精彩的論述。

才盛行起來。[2]與印第安人作戰的共同任務把各階級維繫在一起，使上層產生了眾望所歸的英雄人物。棉花種植經濟在擴大的同時也保證了不至發生尖銳的敵對，因爲一個受窮受壓於底層的奴隸階級的存在，就使較貧賤的白人有一種地位感，所有白人也就有了利害一致之處。邊疆開拓者或許憎惡異己的東部貴族——傑克遜就是如此——卻絕不敵視本地成長起來的上層人物，因爲他們認爲這些人起家靠的是競爭本領而不是特權。即使是在廣泛實行選舉制的各州和準州，擁有地產和進行土地投機的人以及在銀行有存款的人，也常被視爲當然的領袖，政界的職位就像成熟的果實一樣落在他們手中。這些人受益於公眾的信任，他們對民眾決策的明智和公正養成較之以往沿海各州的紳士更強的信賴，在沿海各州，階級界線已不再變動不定，社會鬥爭的歷史也已很長。傑克遜這樣的人在田納西經濟論爭中站在保守派一邊，卻可以成爲全國的民主運動領袖，無須爲前後態度矛盾而內疚。當我們看到這類種植業上層表示絕對相信民眾的判斷時，將其斥爲蠱惑人心者未免失之不公正。他獲得了人民的愛戴，很容易會相信人民做出了正確的選擇。

準州時期以及初成立時的田納西州的職位一般是指派的，這些職位迅速而輕易地降臨到傑克遜頭上。他二十二歲任法務官，二十三歲任聯邦辯護律師，二十九歲任眾議員，三十歲任聯邦參議員，三十一歲已當上了田納西最高法院法官——雖然獲得了這一切，但他並無特別強烈的政治野心，因爲他除了法官一職外，對上述其他職務並不十分在意，往往上任不久就辭掉了。顯然，他接受這些職務，與其說是將其視爲晉升的臺階，不如說是將其視爲地位的象徵。從傑克遜長期從事土地投機、商業投機和軍事活動的情況來看，他對財富和軍功的渴望比對政治權力的追求更爲迫切。

事實上，傑克遜正是由於在與印第安人和英國人作戰中所獲得的成就而享譽全國。

一八一五年一月，傑克遜率部戰勝了圍困紐奧良的英軍，這是他軍事生涯中最輝煌的一次勝仗，使他幾乎在一夜之間成了全國聞名的英雄。熱望得勝將軍投身政治的心態已在當時的美國人中形成。人們立即把這位紐奧良戰役的英雄稱頌爲又一個華盛頓，一八一七年已出現了第一份供競選用的傳記本。但是，傑克遜很快就因其在戰後佛羅里達競選活動中的行爲而受到嚴厲的政治批評，而他也擔心政治上出名會影響他的家庭幸福；起初，他對擔任總統這一宏圖的誘惑並不十分熱衷。一八二一年，他在致門羅總統的信中寫道：「我對政治生活感到厭倦。人們指責我做的事我從未做過，人們指責我犯的罪行我連想都沒有想過。」當紐約一家報紙的編輯評論他的友人們有野心，想把他弄進白宮時，這位將軍終於忍不住了，他憤怒地反駁道：「不！先生，我知道自己適合做什麼。我能夠領兵作戰，艱難困苦不在話下；但我做不了總統。」

二

安德魯·傑克遜的崛起標誌著美國政治制度發展的一個新的轉折。一八一二年至一八二八年間，兩黨制消失了，個人、地方和局部的衝突取代對公共政策的廣泛分歧而成了全國政治中的中心事實。總統一職從華盛頓和傑佛遜領導下的高峰逐漸衰落，對總統一職的爭奪演變爲地方上的和派系的小權貴對法定繼承人職位的爭搶。總統職位長期爲維吉尼亞人把持，他們慣於將副總統或內閣成員提爲新總統，這似乎已成了固定不變的做法。國會政黨幹部會議提出的總統人選與民眾的意願

【2】托馬斯·柏金斯·阿伯內西（Thomas P. Abernethy）指出，一七九〇年代在田納西「富人與窮人之間……並不存在強烈的、普遍的對抗。事實上，在邊疆地區，除當然的社會領袖外，一般人很少去謀求政治方面的職位，前者以自己的聲望而獲得鄰近的人們的推選，無須靠進行競選活動的手段」。

相去甚遠，而且，由於一八一六年和一八二〇年的選舉幾乎不存在爭奪，獲得「政黨幹部會議領袖」提名就等於成了當然選定的總統。自傑佛遜執政以來，官員班子幾乎沒有重大變動，其成員占住職位就不動了。

然而，人民，沒有財產的民眾已開始參與政治，起初是靜悄悄地，幾乎未引起注意。一八一二年至一八二一年間，西部的六個州加入了合眾國，它們的憲法不是規定了白人成年男子普選權，就是規定了極爲類似的制度；一八一〇年至一八二一年間，四個歷史較長的州實質上取消了對選民規定的財產資格要求。[3]貧窮的農場主和工人逐漸取得投票權，同時也就出現了一類政治活動家，這類人在傑佛遜時期只是處於胚胎狀態——領導大眾的能人，投合群眾情緒的人；一八一五年至一八二四年間，正是全國各地這類人形成的小圈子聚集到傑克遜這位著名人物的周圍，這些領袖人物在政界一般處於陪襯地位，肥缺也沒有他們的份，因而大力向民眾鼓吹官員的人選及政策的制定應由民眾意願決定。他們把民眾對政治小圈子的不滿引向針對政黨幹部會議制度，指責這種制度公然篡奪人民的權利，並宣傳一種信念：必須從社會名流或一群專職官僚手中奪回政治和行政管理權，並將它開放，讓民眾參與其事。他們的意思是，通過從政來獲得成功必須成爲多數人的合理願望。[4]一八二九年，傑克遜在他對國會的首次年度諮文中闡述了這一運動的理論，他滿懷信心地宣稱：

> 一切公職須承擔的責任都十分簡單明瞭，或至少可做到十分簡單明瞭，任何有識之士都可擔當，並且，我只能相信長期連續任職之所失多於通常憑經驗之所獲。……在一個公職完全爲人民之利而設的國度中，絕無一人本來就比他人具有更多的任職權利。

他的結論是，輪流任職是「共和綱領的一項要旨」。

一八一九年的恐慌造成了階級對立，這從傑佛遜時代以來還是第一次，這次恐慌加劇了民眾積極參政的趨向。迅速的擴張、投機和不可靠的銀行業業務造成了恐慌，隨後又引起了蕭條，沉重地打擊了全國各地區，但南部和西部受的打擊尤甚，因為南部和西部的人曾傾其所有用於不顧一切地購置土地。銀行由於過度擴大業務，不得不把債務人逼至絕境，尤其是國民銀行，它透過取消贖回權的法律手續而成了西部和南部產業的巨大的未在場物主。托馬斯·哈特·本頓抱怨說：「西部所有的繁榮城市都成了這一金錢勢力的抵押品。它們隨時有可能被它吞掉。它們已落入魔鬼之口！」西部對這一異己勢力尤感痛恨，紐約的《美國人》（*American*）寫道，在西部，「一個追隨傑克遜的田納西野小子受不了自己的那塊土地或步槍被鄰里的店主奪走，也受不了自己的收益東流，而金錢在東部已確立了統治權。」恐慌使成千上萬幻想致富的人痛苦地覺醒了。約翰·考宏（John Calhoun）一八二〇年在與約翰·昆西·亞當斯（John Quincy Adams）交談時說，過去兩年來，「合眾國各個地區的財產狀況都發生巨大變化，大批群眾陷於水深火熱之中，公眾對政府普遍不滿，他們並不集中於任何特定方向，而是隨時準備抓住任何事件，並四處尋找領袖人物。」

---

[3] 一八二四年的選舉是我們迄今掌握統計資料的第一次選舉，投票者僅為三十五·五萬人，其主要原因是大多數州內的選民認為某一候選人——例如，傑克遜在田納西州和賓夕法尼亞州、亞當斯在麻薩諸塞州、克勞福德在維吉尼亞州——必定獲勝，因而失去了興趣。到一八二八年，選民的興趣大大提高，有一百一十五·五萬人參加了投票。一八二八年至一八四八年間，雖然人口增長不足一倍，選票卻增長了兩倍。

[4] 一八二九年，傑克遜在致里奇蒙《探索者報》（*Enquirer*）一位編輯的信中寫道：「如果任職晉升之途不分貧富，無論農民或印刷工都一視同仁，唯誠信正直及能力是考察標準，我相信定會具有一種最令人欣喜的傾向：維護未遭削弱的行動自由。」

考宏所說的「公眾的普遍不滿」尚不夠充分集中，未能阻止門羅總統在一八二〇年再度順利當選，因爲當時並沒有全國性的反對黨；但這種不滿很快使許多州的政治發生了變化。債務人紛紛躋身政治以維護自己的利益，在西部的一些州內向州議會爭取到了債務延緩和減免法。州議會受到本地銀行勢力的壓力，向合眾國銀行發動了稅務戰。民眾起而要求制定法律，制止因欠債而判刑，要求制定破產法並制定新的稅收和公有土地政策。許多美國人第一次發現政治與自己的切身利益有著密切的連繫。在這一背景下，傑克遜的命運之星升起了。然而，令人驚訝的是，這一運動的受益者不僅未對運動予以鼓勵，反而甚至發出了非難。這位充當全國民主運動領袖的人的演變過程實在是充滿了奇異的矛盾。

傑克遜度過童年的北卡羅萊納是傑佛遜的根據地之一，傑克遜就是在傑佛遜思想的哺育下成長起來的。一七九六年和一八〇〇年，這位田納西青年都把選票投給了住在蒙蒂塞洛的這位聖賢。除國家主義之外，傑克遜的政策一般無異於老派的農業共和主義，反對銀行、公債、紙幣、高額關稅，以及聯邦的國內交通運輸改善政策。後來，伯爾審判案[5]和傑佛遜的和平主義使他對傑佛遜感到大失所望，但是他並未轉向聯邦主義，而是追隨堅定的共和黨人藍道夫—梅肯一派。

傑克遜個人經歷的一些事件很能說明他自一七九六年至一八二八年不明確的政治成長過程。一七九六年發生的一起事件使他的財富遭到災難性損失，這事可能在他心中播下了種子，使他對任總統期間東部興旺發達的金融勢力和「紙幣制度」深惡痛絕。一七九六年，傑克遜前往費城，將數千英畝土地售給一位富商兼土地投機商大衛・艾利森（David Allison）；他收了艾利森的票據，背簽之後就用來支付他打算在納什維爾開一家百貨店用的貨款。然而，艾利森破了產，他開的票據不能兌現，償付責任轉到傑克遜頭上。這些票據到期後，他爲了付款，不得不緊縮開支，放棄了居住的莊園，搬至一座較小的木屋中，並出售了許多黑奴。其後，他開的百貨店生意也很不好，他不得已而將股權售給了合夥人。傑克遜似乎從未因這一不幸事件而傷心，但這事的陰影罩在他頭上達十九年之久，從一七九六年起至一八一五年一直未能擺脫債務，最後他用軍餉和津貼才還清了欠債。一八一五年秋，他在納什維爾銀行有了二．二萬多美元的現金存款，再一次把大筆資金投入地產投機，並開始建造一座優雅的新莊園，該莊園後以海爾米塔奇的名字而遠近聞名。就在他境況十分脆弱之時，一八一九年的恐慌向他襲來了。

與其他許多地方一樣，田納西債務人由於普遍貧困，導致一場要求減免債務的運動。費利克斯．格倫迪（Felix Grundy）靠「減免」綱領被選爲州參議員，他提出一項提案，建議設立一個州貸款局，用州財政部的資金幫助債務人。[6]債權人在收回債款時若拒不接受貸款銀行的票據，則在兩年內不得行使收款權。傑克遜因自己欠別人債，不得不大力催逼他的債務人，曾一次就對一百二十九名債務人提起訴訟。在田納西州中部，他是少數抵制格倫迪減免方案的人之一，他向州議會提交了一份抗議書，卻因言語失禮而被駁回。艾利森的事件使他意識到應同情不走運的商人，如今又在學習從本地有錢階級的角度看問題。在田納西出現的階級衝突中，他完全站在有錢人一邊。一八二一年，威廉．卡羅爾將軍（General William Carroll）參加州長競選，提出了一項民主經濟綱領，傑克遜則支持卡羅爾的對手愛德華．沃德上校（Colonel Edward Ward）。沃德是一位富有的種植園主，曾與傑克遜一起反對過格倫迪的計畫。結果，卡羅爾當選，隨即開始推行修訂稅收

[5] 阿龍．伯爾曾任傑佛遜政府的副總統，並與漢彌爾頓決鬥，打死了漢彌爾頓。一八〇五年他裝備一支探險隊直下密西西比河，後被捕並被控犯叛國罪，指控他企圖在密西西比河流域建立一個受他控制的政治統治領域。但最後他被宣判無罪，遂遷居英國。——譯者

[6] 格倫迪的經歷表明，他並不代表下層的激進主義，而是代表了一種可稱為企業家的激進主義。一八一八年，他領導了一場運動，要求第二合眾國銀行在納什維爾建一分行。

方案和著眼於憲法及人道主義的改革，其中含有許多被史家稱爲「傑克遜式」民主的成分。當傑克遜尚在田納西抵制卡羅爾的時候，他的朋友們卻在把他推出來做總統候選人。這些情況並未妨礙格倫迪和卡羅爾後來加入傑克遜的陣營。

假如傑克遜對待民眾經濟改革的態度是人們最重視的問題，他很可能永遠也當不上總統。然而，一八二四年當他首次接受總統提名時，經濟又開始繁榮起來，人們對銀行和債權人的敵視情緒也已減退，新興政客和普通百姓似乎都認爲更重要的任務是打破既定的政治機器。政黨幹部會議制度和保衛紐奧良都是競選中的主要「問題」，二者平分秋色。[7]傑克遜是國會機器的局外人，出身貧賤，靠軍功出名，他對經濟問題的態度無人瞭解，普通選民也沒有什麼興趣，因此在新的選民心目中自有很大的優勢。

一八二四年競選的結果打消了傑克遜心中對總統一職的一切疑慮。在民眾投票中，他比約翰·昆西·亞當斯、克萊和克勞福德這三位對手都強得多，但在選舉團中未獲得必要的多數，因而由眾議院投票決定。克萊的態度在眾議院至關重要，他投票支持亞當斯。後來，當亞當斯總統任命克萊爲國務卿時，傑克遜的追隨者便對此發出了尖刻的抨擊。傑克遜本人聽別人一說就相信克萊和亞當斯做了一筆「骯髒的交易」，決心從亞當斯手中奪回他認爲理應由自己所得的一切。爲一八二八年競選做準備的活動幾乎是在亞當斯政府上臺伊始就開始了。亞當斯總統是一位偉大的正直人士，但又是一位典型的即將過時的職業政客，在任職的四年中，他一再受到「骯髒交易」的指控，傑克遜手下的政壇老手對他展開了一場巧妙的詆毀運動，這場運動到一八二八年選舉時達到了登峰造極的地步。傑克遜在第二次總統競選活動中幾乎沒有觸及銀行問題，關稅問題只是在人們最關心的方面才有所提及；但是，傑克遜的競選活動組織者利用了對亞當斯的一系列蠱惑人心的指控，說他有各種王公貴族式的和官僚式的偏見。大選結果，傑克遜得票六十四·七萬張，亞當斯僅得五十·八萬張。

一八二八年的選舉既算不上西部對東部的反抗，也算不上邊疆部分的勝利：在新英格蘭及其在西部的開拓殖民地區，聯邦黨人勢力盤踞的德拉瓦、紐澤西和馬里蘭之外，傑克遜可謂橫掃全國。他的當選也並不意味著他必須承擔經濟改革的任務；他當初也沒有保證要改革金融或討伐國民銀行。這時傑克遜民主的主旨仍是富有戰鬥性的國家主義和主張公平任職機會。就民主政治的興起而言，傑克遜的當選與其說是起因倒不如說是結果；「一八二八年革命」與其說是思想或綱領的變異，倒不如說是人事的更動。直至就職，傑克遜對民主運動無論在思想上還是在行動上都沒有做出過什麼貢獻，他雖然當選，卻並無政綱。如果說他得到民眾授權的話，那就是要力求有別於民眾想像中的亞當斯的所作所爲，並表達民眾沒有系統表達出來的意願和希望。傑克遜確實是準備承擔這一任務的。他既是民主黨人，又躋身於顯貴；既有過失敗，也獲得過成功；既欠過債，也做過債主，他的經歷曲折多變，因而使他能夠從不同角度看社會問題。他單純而富於激情，固執己見，他對摯友和政治支持者懷有強烈的忠誠感；他轉向民主陣營時正逢民主陣營也轉向他。

三

經歷過富蘭克林・德拉諾・羅斯福時代的人，自然會將傑克遜的民主看作「新政」的雛形，因爲這兩個時期從表面上看有許多相似之處。傑克遜領導的運動和「新政」都是社會大部分人對商界上層及其同盟者的鬥爭。尼古拉斯・畢多（Nicholas Biddle）的政治盟友令人聯想到與「自由同

【7】實際上，四位候選人中只有威廉・哈里斯・克勞福德（William H. Crawford）一人是按習慣方式由國會政黨幹部會議提名的；其餘三人均為州議會提名。

盟」（Liberty League）的「經濟保皇派」相似之處，另一方面，也令人聯想到兩個時期領導民眾黨派的活躍的地產貴族之間的相似之處。羅斯福本人也注意到這種相似之處，並加以利用。

然而，兩場運動在一個關鍵方面是不同的：「新政」坦率地以下述前提爲依據，即經濟擴張終於已告結束，經濟機會也正在消失；它力圖以確立政府對商業事務的支配地位來應付局面。傑克遜領導的運動則起因於不斷擴大的機會，以及透過消除源於政府條例的限制和特權，進一步擴大這些機會的共同願望；因而大致上是一場有某些限制條件的自由放任主義的運動，一種使政府與工商業脫鉤的嘗試。美國歷史傳說普遍認爲，傑克遜領導的運動是擴大民主政治過程中的一個階段，但很少有人意識到它也是自由資本主義發展過程中的一個階段。「新政」時期，民主改革者都不得不駁斥傳統的美國式資本主義的許多理論前提，而在傑克遜時期，民主的蓬勃興起卻與小資本家階層的雄心緊密連繫在一起。

要理解傑克遜的民主，就必須回顧一八三〇年代美國的社會情況。雖然工業制度已開始生根，但當時的美國仍是農場和小城鎮構成的國家，一八三〇年，只有十五分之一的居民居住在人口超過八千的城市中。在南部以外，絕大多數人都是獨立的財產擁有者。某些地區的工廠已在發展起來，但產業尚未集中於工廠體系；生產活動大部分還在小單位中進行，其雇主就像作坊主，手下有一批學徒。交通運輸的發展使貿易得到擴大，所涉區域範圍很大，致使收款延遲，增加了商業對銀行信貸機構的依賴。與小作坊主和小企業主相比，商業資本家較易得到必要的貸款，但小製造商和熟練的工匠仍滿懷希望，認爲會更興旺發達起來。

東部製造業的蓬勃發展和西部迅速的移民定居使創業精神得到充分實現。典型的美國人是一種有所追求的資本主義者，勤奮上進、創業就是他們心目中的信仰，並且到處都能發現鼓勵其自我發揮的條件。一位名叫法蘭西斯・格朗德（Francis Grund）的移民描述了一八三六年美國的社會狀況，寫道：

事業是美國人的靈魂：他對之鍥而不捨，並不是作爲本人及家庭爭取必要的舒適生活的手段，而是看作人間一切幸福之源泉。……整個美國彷彿就是一座龐大無比的車間，入口處鐫刻著閃光的大字：「非爲事業者莫入。」

不止一類懷有這種雄心的美國人都有理由對合眾國銀行感到不滿。一些農場主對於把土地用於投機的價值的關心大於對其農業產量的關心。南部和西部的投機性銀行經營人以及依賴這種銀行貸款的投機商也與農場主一樣，不滿畢多控制的銀行限制信貸膨脹的做法。在東部，一些有實力的、經營完善的州銀行的行長對於國民銀行的特權地位十分妒忌——紐約市的銀行家尤其如此，他們痛恨國民銀行爲費城帶來的金融上的優越地位。[8]東部各城市中的工人、工匠、店主和小商人也普遍對銀行感到不滿。生活費用的上漲沉重地打擊了勞動者，在許多情況下，勞動者的騷動主要是反對信貸和貨幣體制而不是針對雇主的。小企業和勞動者都認爲銀行限制了競爭，並使人們無法加入創業的行列。[9]

---

[8] 州銀行界要人在傑克遜的班子裡居顯要地位。羅傑·布魯克·托尼（Roger Brooke Taney）既是馬里蘭聯合銀行的律師，又是該銀行的股東。廚房內閣中的兩位重要人物，阿莫斯·肯德爾（Amos Kendall）和弗朗西斯·普雷斯頓·布萊爾（Francis Preston Blair），都參加過肯塔基州那場有名的債務減免戰，前者還做過肯塔基州銀行總裁。

[9] 勞動者對銀行有其特殊的不滿。雇主常用外地銀行或令人覺得靠不住的銀行的鈔票支付工資，其價值在流通中低於票面值。這樣，勞動者工資中就有一部分被騙去了。雖然這種做法不能歸罪於合眾國銀行，但公眾對銀行的憎恨也落在它頭上。輝格黨政治活動家瑟洛·威德（Thurlow Weed）回憶說：「我很快就發現，發動勞動階級反對『大銀行』或『富豪』很容易。……銀行發行的貨幣就像掛在我們的脖子上的『磨盤』。」

各州頒發公司許可證的通行方法也是引起強烈不滿的根源之一。各州沒有管理公司的一般法律。[10]由於銀行和其他想組建公司的營利性企業每次都得向州議會提出申請，以取得個別批准組建公司的法令，這就爲徇私和貪汙賄賂打開了方便之門。州議會頒發公司許可證常常是壟斷性的，或被解釋爲壟斷性的。資本很少或勢力很小的人就得不到立法者頒發的許可證，因而也就不能從事有利可圖的大公司企業，如：銀行、橋梁、鐵路、收費公路和擺渡等重要行業。這種做法被視爲人爲地封鎖機會：勞動者常常責怪這是造成生活必需品價格高漲的原因。[11]授予經濟特權的做法也被認爲是對政府的一種威脅，使之有失去人心的危險。傑克遜在他的一份國情咨文中解釋了「種植園主、農場主、技工和勞動者」「不斷有失去對政府正當的關心的危險」的原因，他給出了一個標準的答案：「弊病源於金融勢力的力量，此種力量來自他們可以操縱的紙幣，來自他們在各州成功掌握的眾多的擁有專有特權的公司。」

就全國所有掌握專有特權的壟斷集團而言，合眾國銀行的規模最大、名聲最隆、實力也最強。它成了其他所有壟斷集團的象徵，人們對它的種種不滿，有很多實際並不應由它負責。作爲一個全國性機構，它兩面受到責難：西部的主張通貨膨脹者責怪它實行了通貨緊縮政策，東部主張硬通貨者責怪它造成了通貨膨脹。傑克遜發起的反銀行鬥爭有一個確定無疑的成果，這就是給那些覺得受經濟特權損害的公民提供了發動攻擊的機會。

傑克遜的民主之所以清新、有生氣，得助於創業的推動力，傑克遜自己當然瞭解這一點。作爲取得相當成功的創業者，他本能地從典型美國人的立場去看問題，這樣的美國人急切地想在民主的競賽中發跡——高級技工渴望自行開業，種植園主或農場主想從事土地投機，律師有志於擔任法官，地方政界人士想要涉足國會，小雜貨店主盼望有朝一日成爲批發商等等。他自己從事過多種行業，做過律師、商人、土地投機商、種植園主，任過公職，也做過軍事領導人，參與了競爭。他理解老一輩的傑佛遜派對政府機器過於膨脹的反感，也理解西部人對根深蒂固的東部勢力的不滿；既理解新型政治家對老式官僚的厭惡，也理解有抱負的公民對特權的憎恨。他憶及早在一八一七年，當少數田納西人建議在納什維爾建立國民銀行的分行時，他就提出過反對意見，理由是該銀行「將榨盡本州硬幣以增加它的利潤，用以扶持和繁榮其他地方，還有外國的王公貴婦，因爲他們持有大部分股份——本州除一人外都不持有該行股票」。一八二七年，分行終於在納什維爾開設，其代理人湯瑪斯．卡德瓦拉德將軍（General Thomas Cadwalader）靦腆地向傑克遜暗示，可說服分行的後臺轉而支持他的黨，遭到傑克遜的拒絕。

傑克遜進入白宮後，把該銀行看作由一力量和智慧非凡的人統治的巨大特權和勢力的工具。作爲金融機構，該銀行的規模不亞於政府。全國四分之一的鈔票由它發行；由於它勢力極大，可以左右無數小銀行的貼現，對於西部和南部的小銀行尤其如此，因而是在聯邦中唯一能影響信貸量的中央機構。這家私營機構行使著重大的公共職能，在很大程度上不受政府的控制。[12]正如赫齊卡亞．奈爾斯（Hezekiah Niles）所說：「銀行的許可權過大，這麼大的許可權通常只能賦予對人民負責的人們。」尼古拉斯．畢多對於容忍自己統攬銀行業務的權力頗爲自豪，曾在一次國會調查

【10】也有例外。紐約和康乃狄克兩州分別於一八一一年和一八一七年通過了准許某些類型的製造業企業一般組建公司的法律。

【11】傑克遜派的一位左翼領導人曾在紐約抱怨說：「不向壟斷公司納貢就無法通過城市的一些區域；我們的麵包、肉類、蔬菜、燃料，一切的一切，都得向壟斷者納貢。」《紐約晚郵報》（*New York Evening Post*）的威廉．萊格特（William Leggett）宣稱：「無論築路、建橋還是開鑿運河，如未為此目的取得專有特權許可證就什麼也辦不成。……我們的立法者的全部事務就是為特許特權而討價還價，做交易。」

【12】銀行的二十五位董事中，有五位是聯邦政府任命的。尼古拉斯．畢多是政府任命的董事之一，他實際上主持銀行業務不受干涉，在有關銀行的爭執開始前，傑克遜本人已再次任命了畢多。

時說：「國民銀行一施展威力，其他銀行很少有不被摧毀的。」一八三七年，他在致湯瑪斯・庫珀（Thomas Cooper）的信中寫道：「僅就權力而言，多年來我日常行使的個人權威大於任何總統通常享有的權威。」因此，銀行的批評者將它看作對民主體制的潛在威脅是可以理解的。

作爲經濟工具，該銀行也做了許多好事。在畢多主持下，它令人讚嘆地穩定了貨幣，頂住了從事冒險投機者要求通貨膨脹的壓力。傑克遜當選前，畢多還著力防止銀行捲入黨派政治，並且正如他致韋伯斯特的信中所說，要「使之像帳房一樣務其正業」。但銀行招致很多人的怨恨，無法超然於政治生活之外。一八二九年以後，許多顯赫的政界人士和有影響的報刊主編欠了它大量貸款未還，畢多十分清楚，如果直接用這些貸款來賄賂，其力量將會大到何等地步。一八三三年，他曾傲慢地告知一位記者：「在哥倫比亞特區我可以撇開一切憲法上的顧慮，把半打的總裁——一打財務主任——五十名辦事員——一百位董事的職位讓給一無聲望二無金錢但能夠勝任的朋友。」

由於銀行的許可證將於一八三六年到期，並且傑克遜也可能再次當選，因而似有必要在傑克遜任上爭取到再發許可證。起先，畢多想儘量採取和解的態度，誠心誠意地努力消除傑克遜對銀行的不滿，任命傑克遜派的政治活動家做了一些分行的董事，並向總統提出了一項頗慷慨的建議，表示願意幫助政府償清所欠債務，以換取再發許可證。然而，當畢多和傑克遜於一八二九年至一八三〇年秋冬之間在友好的氣氛中會晤時，將軍坦率地說：「我對你的銀行像對所有銀行一樣，並無反感。然而，自從我讀了南太平洋公司騙局[13]的史實之後，我對銀行就有了顧慮。」一八三〇年十二月，傑克遜對銀行是否得宜及是否合乎憲法提出了疑問，這表明他已不想讓其延壽了。一八三二年夏，在輝格黨人的催促下，畢多勉強而無把握地決定向國會申請在大選前批准再頒發許可證。傑克遜對范布倫說：「銀行想置我於死地，但我將置它於死地！」對這位來自邊疆的決鬥士來說，這個問題一下就帶上了個人色彩。

傑克遜不失時機地把再頒發許可證法案退回國會，並附去了他那份著名的否決諮文，[14]畢多稱之爲「無政府狀態的宣言，如同馬拉和羅伯斯比會對暴民頒布的一樣」。諮文中的主要論點是指稱銀行不符合憲法。指控它的社會罪責包羅萬象：它是壟斷性的，擁有獨有的特權；在特權買賣的競爭中，全體美國人被排除在外，因而政府所得不足應得之數；銀行四分之一的股權在外國人手中，其餘部分則爲「本國數百名公民掌握，而他們多數屬最富有的階層」；銀行是對國家自由獨立的威脅。最後，總統直截了當地陳述了傑克遜運動的社會哲學：

> 令人遺憾的是，富人及權勢者往往使政府的措施屈從於他們自私的目的。任何公正的政府治下也總是會存在社會差別。才能均等、教育均等或財富均等不能靠人類的體制產生。就充分享用天賜之物及因過人的勤奮、節儉和品德而獲得的果實而言，人人都有權受法律之保護；但如果法律保證要在上述天賦公正之利益之外再添加人爲差別，授予權利資格、優惠及專有的特權，使富者愈富、強者更強，則社會的下層成員——農人、技工和工人——有權對政府的不公正發出怨言，因他們既無時間也無辦法爲自己爭取上述好處。政府並非必然有弊端。弊端只是存在於政府濫用職權之中。如果政府只限於施加平等的保護，如同上蒼普降惠雨，澤及之處不分高低貧富一般，那將是絕對的幸事。

當然，這絕不是那種激進的平均主義運動的哲學，並無根除財產或依截然不同的主張重建社會

---

[13] 十八世紀英國一些人鼓動人們購買南太平洋公司股份，聲稱要在南美進行貿易後未成的騙局。——校者

[14] 這一諮文由阿莫斯·肯德爾、安德魯·多奈爾森、羅傑·布魯克·托尼和利瓦伊·伍德伯里協助擬就。

之意。它並不從烏托邦式的前提出發，因爲絕對平均是不可能的，「總是會存在差別」，並且，「過人的勤奮、勤儉和品德」必須得到應有的報償。它所追求的只是典型的資產階級理想，法律面前人人平等，約束政府，使之對公民提供平等的保護。這是新興中產階級的哲學；其宗旨不是扼殺而是解放工商業，爲人民的創造性事業打開一切可能的途徑。雖然傑克遜派的領袖們在討伐壟斷和「紙幣制」的鬥爭中比傑佛遜派激烈，但他們的理論核心顯然是相同的：二者的目的都是力爭控制政府批准的特權，使之無法干預自然的經濟秩序。[15]由此看來，威廉·萊格特和托馬斯·哈特·本頓這樣的傑克遜派當時仍十分崇拜約翰·泰勒就不是偶然的了。泰勒屬於傑克遜感情深厚地稱爲「老共和黨派」的思想家。

四

傑克遜把與銀行的鬥爭進行到最後，卻發現在勝利中失敗了。一八三三年，他靠著銀行問題以壓倒多數再次當選，不久就把國家的所有存款從銀行中抽走。畢多極力抗爭，想爭取聯邦存款回庫，在這一過程中，他透過限制信貸造成了一次爲期不長但十分嚴重的蕭條，這次限制信貸只是到商界一致起來反對時才停止。這場人爲的蕭條剛結束，就開始了一場通貨膨脹運動。傑克遜把從畢多那裡抽回的聯邦存款投向數十家州級銀行，它們迅速利用這些新資金大興信貸，結果於一八三七年發生災難性崩潰，這既不是傑克遜的初衷，也出乎其硬通貨主張追隨者的所料。托馬斯·哈特·本頓抱怨說：「我參與推倒合眾國銀行並不是爲了讓地方銀行如此氾濫。」傑克遜摧毀了畢多的銀行，也就排除了對投機性銀行的唯一有效制約；聯邦存款的分散存放也使通貨膨脹主張者手中的資本得到擴充。他既反對特權，又反對通貨膨脹，但他在與一方的鬥爭中卻放過了另一方。他扼殺了銀行，從而扼殺了對民主政府的潛在威脅，但同時卻付出了不必要的高代價。他迫使畢多造成了一次蕭條，而他庇護的州級銀行又使第二次蕭條更爲加劇；他使全國更加依賴於貨幣和信貸體制，而這個體制比他接手時更不完善。

畢多從一八二三年接手管理銀行起，就一直在推行逐步而有控制的信貸膨脹政策，這一政策完全適應不斷發展壯大的美國經濟的需要，直至一八三三年，抽走聯邦存款一事激怒了他，因而進行了不顧一切的報復。要是傑克遜當初既不對過時的硬通貨理論讓步，也不對有關主張通貨膨脹的集團的壓力讓步，[16]就很有可能——而且也會明智得多——與畢多做成一筆交易，以繼續頒發銀行許

---

[15] 不僅傑克遜派的一般人士持這一立場，而且較「激進」的紐約民主黨激進派（Locofocos）也持這一立場。例如，紐約保守派心目中的無政府主義迷威廉·萊格特就暗暗地信奉自由貿易，並對與特權分離的財產權極為關注。他把關於組建公司的普通法看作「唯一能使窮人與富人競爭的辦法」。以撒·史密斯這位激進派的重要候選人說：「我的信條是，商人的事讓商人自己管。」馬丁·范布倫（Martin Van Buren）說：「我一向主張……限制政府，對人民的企業非有確實的必要不得干預，並且（一向）反對任何形式的壟斷。」紐約勞工領袖伊萊·摩爾（Ely Moore）斷言：「人民、民主政治所爭取的措施，應是為各個企業提供施展才幹的正當動機。」當時最有聲望的經濟學家威廉·古奇（William Gouge）宣稱，他主張的硬通貨政策將造就一種社會，「財富與貧窮的自然而公正的起因的作用將不再被本末倒置，而……每一起因都將按其自然而公正的秩序起作用，並產生自然而公正的結果——財富將成為對勤勞、節儉、技能、精明和創業精神的報償，貧窮將成為對少數懶惰、揮霍之徒的懲罰。」

[16] 支持與銀行鬥爭的人各有目的。主張硬通貨理論的人想使一切銀行的職能都侷限為貼現和存款業務，並剝奪它們發行紙幣的權利；他們認為，鈔票發行過多是物價猛漲和蕭條的主要原因之一。而主張通貨膨脹的集團，包括許多州的銀行，則因合眾國銀行限制鈔票的發行而對其加以反對。傑克遜在這兩股勢力的影響下推行了一種前後不一致的政策。聯邦資金存入州級銀行一事使通貨膨脹的主張者感到滿意。傑克遜的繼任者范布倫掌權時通過的「鑄幣通告」（Specie Circular）和「獨立國庫」（Independent Treasury）政策則更傾向於硬通貨派的觀點。

可證來換取政府對銀行事務的更充分的控制。這樣就有可能既確保民主體制，又不至造成如此嚴重的金融混亂，但傑克遜等人卻既仇視銀行，又不願代之以聯邦對信貸的更充分的控制。民眾對特權的痛恨和占主導地位的放任自由意識形成了一種不幸的結合。

反對銀行的鬥爭初而蓬勃浩蕩，繼而偃旗息鼓，終而被人忘卻，最終只產生了一些消極後果。但這場鬥爭所象徵的反對公司特權的鬥爭，卻是在一個廣泛得多的戰線上展開的。在各州，這一鬥爭碩果累累，形成了一系列有關組建公司的一般性法律，這些法律於一八三七年首創於康乃狄克州，並在內戰前的二十年時間內遍及其他各州。任何人只要符合州規定的要求，就可以組建公司，因而立法者逐漸能夠將公司形式的企業的概念與壟斷特權區分開來，並在數十年間使它成了自由企業發展的一個要素，這對美國工商業發展的巨大貢獻是不可估量的。這一點對銀行業也是如此。一八三八年間，紐約是民主黨激進派激烈反對銀行壟斷集團的中心，當時通過了一項自由銀行業法律，准許銀行業的協會按一般規章行事，無須申請具體的組建法令。這為其他各州訂立類似法律開創了先例，一位權威人士布雷．哈蒙德（Bray Hammound）把這稱為「美國銀行史上最重要事件」。

各州議會正在把傑克遜的理想撰寫成公司法時，首席法官托尼主持下的、傾向於傑克遜的最高法院則正在《憲法》中尋找可為這些理想做解釋的條款，托尼是傑克遜在一八三六年任命的，直至一八六四年死於任上；在他任職的漫長歲月中，最高法院一直在宣傳傑克遜關於工商業無特權的觀點。班傑明．賴特（Benjamin Wright）教授在其關於《憲法的契約條款》（*Contract Clause of the Constitution*）的論文中指出，經過托尼領導的最高法院的工作，契約法條款「作為維護財產權的依據，在一八六四年比一八三五年更牢固、更廣泛」。托尼經手的最引人注目的案件是查爾斯河橋案（Charles River Bridge case），此案如同政界的反銀行鬥爭一樣，象徵了司法領域的反特權鬥爭。

托尼擬就的多數裁決書是對傑克遜信念的經典闡述，在清除公司的壟斷烙印方面邁出了一大步。

查爾斯河橋是一七八〇年麻薩諸塞州批准建造的，出資興建者爲哈佛學院和波士頓名流。隨著波士頓和劍橋人口的不斷增長，工商業日益興旺，交通日趨繁忙，該橋公司股票的票面值急劇上漲。一八〇五年每股爲四百四十四美元，到一八一四年已值兩千零八十美元。由於急需有一座新橋，州議會於一八二八年頒發許可證准許在原有橋梁附近再建一座新橋，即沃倫橋（Warren Bridge），待收取的通行費足以償付建造費之後，即可免費通行。老橋梁公司股東十分擔心這樣一來會毀了他們手中的股票價值，便企圖阻撓新的承建者，不讓他們建造沃倫橋。一八三七年，托尼就任首席法官時，最高法院對這個問題尚未裁定。該案顯然涉及既得利益者與新創業者以及當地其他人之間的衝突。查爾斯河橋的出資者請了麻薩諸塞州的四位名律師出庭，其中包括丹尼爾·韋伯斯特。他們爭辯說，州議會給予老橋梁公司的許可證是一項合約，此類渡口或橋梁的特許權默示州當局保證不撕毀合約，不得給予另一個競爭者特許權，因這將會降低原橋的價值。

最高法院以五票對兩票的結果裁決允許建造新橋。投反對票的是斯多利法官和湯普森法官，他們是傑克遜上臺前就已任職的老法官，而構成多數的五位法官則都是傑克遜上臺後任命的，這項裁決書實際上堪稱傑克遜派的文件。斯多利的反對意見表達了對「投機性質的微妙之處或新花樣」的憎惡，也引起「全國所有這類企業的每位股東」的興趣，其推論所用語言代表了站穩腳跟的資本和害怕風險的壟斷投資者。托尼的多數裁決則以維護公共利益、技術進步和新興事業來答辯。[17]

[17] 關於針對公司的州政策，托尼的觀點溫和而穩定，這一點最清楚地體現在他對「奧古斯塔銀行控告厄爾案（一八三九年）」（*Bank of Augusta V. Earle*）所做的精彩裁決中。關於這一點以及他以後一直對非壟斷性公司所持的維護態度，可參閱卡爾·布倫特·斯威舍（Carl B. Swisher）所著《羅傑·布魯克·托尼》（*Roger Brooke Taney*）一書第十八章。

托尼斷言，一切政府都應以促進社會幸福繁榮爲己任，在這方面，絕不可認爲政府有遏制自己的權力的意向。「我們這樣的國家，自由、活躍、富有創業精神，人口和財富都在不斷增長」，不斷發現需要尋找新的通訊及交通管道；州放權以促進新的開發，這不應根據未明確陳述這種意向的合約加以解釋。

托尼問道，如果最高法院使許可證中含有的壟斷的思想得以維持，將會出現什麼情況呢？沿舊有的收費公路公司交通線建造的爲數眾多的鐵路該怎麼辦？他認爲答案是：假如這些老公司在「交通線上的所有權不明確」，它們就會從睡夢中醒來，要求最高法院阻止新的交通運輸改善工程，以保護其既得利益。已投入收費公路公司一度占據的交通線的鐵路和運河的「千百萬財產」就會危在旦夕。在已過時的土地所有權問題得到解決之前，當地社會就無法像文明世界其他地方那樣享受新發明的好處。托尼承認，財產權應予「維護，神聖不可侵犯」，但「我們不應忘記，社會也有許多權利，每個公民的幸福和福利都有賴於這些權利得到忠實維護」。

在輝格黨人的報刊和像肯特及斯多利等保守的律師眼裡，上述觀點又是一種「無政府狀態的宣言」，與傑克遜的否決銀行的諮文如出一轍。事實上，正如查爾斯．沃倫（Charles Warren）在他關於最高法院歷史的著作中所說，這種觀點鼓勵了「所有工商人士，他們都在考慮把資本投入新興的公司企業，並且不再受舊許可證中含混條款中隱藏的壟斷權的約束」。

一八二三年至一八二四年的國會會議正值傑克遜時代的開端，丹尼爾．韋伯斯特在這期間指出：「社會上下無不激動萬分：競爭開始取代壟斷；智慧和勤奮但求公平競賽，賽場開放。」在準確表述傑克遜運動的歷史意義方面，傑克遜民主的擁護者中無一人超越這位反對者。隨著「老胡桃木」的當選，流動變化的經濟及社會制度衝破了固定不變的、狹隘的政治秩序的束縛。起初，傑克遜運動是一場反政治特權的戰鬥，之後不斷擴大，形成了一場反經濟特權的戰鬥，把大批「農業資本家和鄉村企業家」團結到自己周圍。當傑克遜離任時，他已成了美國社會中、下層心目中的英雄，他們的信念是以平等權利求擴大發展的機會；一八四五年傑克遜去世時，韋伯斯特指出的那種「激動」已在全國留下了深深的、永恆的印記，卡爾文・科爾頓（Calvin Colton）歡呼道：「這是一個靠個人奮鬥取得成功的人的國度，任何社會狀態都沒有勝過它的。」

第四章　約翰・卡德威爾・考宏：主子階級的馬克思

> 感興趣者可以仔細想想，現今或以往是否存在一部分人不依賴另一部分人的勞動生活的富裕文明社會；也可想想，南部存在奴隸制的形式是否只不過是這種普遍存在的狀況的一種變形。……請感興趣者記住，勞動是財富的唯一源泉，並請他們記住，在一切古老的文明國度中，即便在治理最完善的國度中，以自己勞動創造了財富的人只能得到財富的極小部分。
>
> 約翰·卡德威爾·考宏（John Caldwell Calhoun）

傑克遜的領導地位在於個性的力量而不是才智；在他之後入主白宮的幾位繼任者在這兩方面都不突出，於是讓國會一些政客居於突出的地位。在克萊、韋伯斯特和考宏這三位傑出的人物中，就思想而言，考宏最引人注目。他的問題是要在一個民主國家內維護少數人的利益，這對清新的思想提出了最頑強的挑戰。

克萊和韋伯斯特作爲與資本主義勢力有著密切連繫的國家主義者，完全可以利用開國先輩們透過聯邦主義傳統傳下來的思想。克萊情願讓馬修·凱里（Mathew Carey）和赫齊卡亞·奈爾斯等經濟學者去從理論上闡述他心目中的「美國體系」，從未以思想家自居，他對政治學的最大貢獻就是表明如何摻合傑佛遜精神來加強漢彌爾頓式的綱領。韋伯斯特總的來說滿足於依循先輩們的保守共和主義，這就使他以美國國家主義的半官方狂熱發言人的形象鮮明地留在人們記憶中。他認爲在他所處時代無須嘗試新的綜合法。

考宏代表了一批自覺的少數派，面臨著特殊的問題，他爲美國政治思想輸入新的變異。對於二十世紀的思想界來說，他的州對聯邦法令廢止權思想及其贊同者的呼聲充其量不過形同古董，但他也確立了一種值得大加重視的社會分析體系。在同時代的美國人中，他是爲數不多的幾個——還有理查德·希德雷思（Richard Hildreth）和奧雷斯特斯·布朗森（Orestes Brownson）——只有他們才敏銳地意識到社會結構和階級力量。在卡爾．馬克思（Karl Marx）發表《共產黨宣言》（*The Communist Manifesto*）之前，考宏已建立了對美國政治和區域鬥爭的分析方法，預示了馬克思體系的某些思想萌芽。他是一位卓越的辯證論者，或許不夠廣博；在美國政治家中，可能是最後一位肯做些基本的政治思想研究的人，他把「科學」社會主義的中心思想放在一個倒置的道義價值框架中，形成了維護反動的引人注目的堡壘，彷彿是思想領域的安魂彌撒。

考宏於一七八二年誕生在一個已進入賓夕法尼亞殖民地的蘇格蘭—愛爾蘭人家庭，全家於十八世紀中葉遷至南部偏僻鄉間。其祖母於一七六〇年在邊境上死於印第安人之手，考宏的名字約翰取自他舅舅的名字，即約翰．卡德威爾，這位舅舅在獨立戰爭中爲親英派所殺。他的父親派翠克．考宏（Patrick Calhoun）擁有三十多名奴隸，在那地區奴隸是很少見的。派翠克．考宏成了南卡羅萊納偏僻地區的顯要人物，當上了州議會議員，並且反對聯邦《憲法》。他去世時約翰才十四歲。少年約翰一度在姐夫摩西．瓦德爾（Moses Waddel）指導下學習，這位姐夫不久成爲南部的一位傑出的教育家；約翰於一八〇四年畢業於耶魯，之後進入塔平．里夫（Tapping Reeve）在里奇菲爾德設立的著名學院學習法律，並加入了卡羅萊納律師協會。

在這些年中，乃至在整個一生中，考宏由於婚姻關係，對一位老婦人的感情最爲深厚，這就是他父親的姻親弗洛麗德．邦諾．考宏（Floride Bonneau Calhoun）。她的女兒也叫弗洛麗德，與考宏相愛多年，書信不斷，十八歲時與考宏結婚。按照當時的習慣，新娘帶來的財產由其自己掌握，但這位年輕的種植園主毫不客氣地要求她把財產交給他。結果如願以償。除了這大筆地產以外，聯姻也鞏固了考宏在沿海地區上層社會中的地位。

一八〇八年，考宏被選爲南卡羅萊納州議員，這時離他結婚還有三年，並且剛剛被吸收爲律師協會成員。一八一〇年，他被選入國會，很快就成了年輕的「主戰派」的領袖之一。反英戰爭開始後，他站在主張戰爭撥款一派的最前列，十四年中，他一直堅定地爲國家的統一和壯大國家力量而奮鬥。他主張擴充軍隊，增加經費，支持製造業，贊同修築聯邦公路、提高關稅並建立一家新的國民銀行。他不耐煩於做「憲法問題上的精雕細琢式的辯論」，乾脆把這方面的反對意見統統甩在一邊。一八一七年，他任詹姆斯·門羅（James Monroe）內閣的陸軍部長，大力推行一項加強防務和改進行政勤務的雄心勃勃的方案。約翰·昆西·亞當斯也是內閣成員，在日記中寫道：

> 考宏爲人正直，心地坦率，堅持正確原則，理解問題思路明晰敏捷，沉著冷靜，具有開闊的哲學觀點和熾熱的愛國心。與我所接觸過的其他任何本國政治家比，他更加超脫於一切地方和派系偏見。

考宏對地方性爭端持寬容態度。當密蘇里爭論中首次提出奴隸制問題時，他主張克制。他在給一位朋友的信中寫道，「我們南方人不應輕易相信有人覬覦我們的財產或就是偏重聯邦」，並補充說，對於凡是「與一些地區無關，但最適於促進普遍利益的」這類措施和人，他就主張加以支持。人們一定會同意威廉·愛德華·多德（William E. Dodd）的看法：考宏的整個早期政治生涯是建立在國家主義基礎上，在思想深處，他始終既是一個南方人，又是一位聯邦主義者。他並不想使南部脫離聯邦，而是想由南部主宰整個聯邦。遲至一八三八年他還告誡女兒警惕分離主義思想。「那些提出這種思想的人絕沒有想到這個詞意味著多大的困難；分裂之利刃穿透國家肌體會造成多少流血〔的創口〕。……我們必須牢記，世上最難之事莫過於把一個民族割裂爲二。」

雖然考宏並不情願，但國內情況的變化仍使他從一個國家主義者轉變爲一個地方主義者。隨著棉花種植經濟的蔓延，南卡羅萊納州完全變爲一個種植這種主要作物的州。州內種植園主已經竭盡地力，而且受到內地新開墾土地者的激烈競爭，再也不能默默忍受保護關稅的勒索。不久，地方政治集團的巨大壓力，迫使政治活動家們非大力支持地方利益不可，否則就沒法做下去。

考宏遠遠不滿足於做一個地區領袖，因而有幾年刻意不張揚自己向地方主義立場的轉變。他起初的策略是與傑克遜的支持者結成聯盟，期望傑克遜會推行有利於南部的政策，並最終把總統職位轉交給他，因為傑克遜本人就是一位南部種植園主和老共和黨人。這樣的話，考宏就可使以農業為主的南部和西部聯合起來反對資本主義的東部。一八二四年和一八二八年，考宏都是傑克遜的副總統競選夥伴，傑克遜在一八二四年因克萊—亞當斯交易而失敗，一八二八年當選。[1]

一八二八年競選期間，「可憎的」高關稅變成為法律，考宏撰寫了第一篇關於地方問題的重要文件《申論與抗議》（*Exposition and Protest*），出於政治原因，作者姓名曾一度保密。[2]考宏對關稅做了尖銳的抨擊，並大聲疾呼：「我們成了這種制度的奴隸。」他令人信服地分析了高關稅使種植業經濟蒙受的損失，隨即便提出了政治上的補救辦法。「凡是建立在應由多數人統治的赤裸裸原則的基礎上的政府，無論該準則按其本來意義如何正確，並受到應有的約束，都無法維持其行事自由哪怕是僅一代人的時間。」只有對權力有所制約，「將多數人的權力束縛制約在適當界線內」的政府才能順當長存下去。考宏不想訴諸脫離聯邦的手段，力求從憲法中找到某種可以抵制多數的辦法，最後終於找到了國會法令廢止權（nullification）這一主張。他爭論說，主權本應完全歸各州，聯邦政府只是部分受權代行使而已。因此，只有各州才有權判斷政策措施是否違反憲法賦予它們的權利。如果某州專為此目的召開會議，判定任何法令違反了它的憲法權利，它就有權宣布該法令在其州界線內無效，並有權不准在該州內實施。國會法令廢止權對本州公民和聯邦政府都有約束力。《申論》一文最後表示希望傑克遜當選，從而無須將廢止權付諸實踐。

「老胡桃木」很快就使考宏和整個南部大失所望。傑克遜本人對考宏很不滿意，包括發現陸軍部長考宏曾想指責他在塞米諾爾戰役中輕舉妄動，因此將軍決定與這位卡羅萊納人分道揚鑣。最後的決裂發生在一八三二年的國會法令廢止權危機中，傑克遜遷怒於南卡羅萊納，並在盛怒難抑之下揚言要絞死考宏。結果考宏辭去了副總統職務，並代表本州進入參議院，計畫參加反傑克遜的聯盟；而好鬥的南部人也在尋找抵擋北部資本的新途徑。考宏通向總統寶座的軌道被強有力地扭曲了。此後，他的一生變成一直在進行漫長的論戰，他的生涯就是爲維護南部和爭取本人入主白宮而施行的一連串謀略。由於胸懷雄心和敵意，他變得更加強硬、堅定和足智多謀了。

二

查爾斯頓是舊南部各州的重要文化中心，既有自己的特色，又受到世界主義氣氛的薰陶。它正是考宏所不喜歡的南卡羅萊納的一個部分。他討厭在外地擁有地產的種植園主過的那種安逸生活，而這些人正是查爾斯頓社會和文化特色的臺柱。一八〇七年，該城瘧疾猖獗，他無不幸災樂禍地在信中告訴弗洛麗德・邦諾・考宏，每份報紙都列出了長長的死者名單。他認爲，造成這種情況的，與其說是當地氣候，不如說是「居民的胡作非爲；可把這看成是對他們放縱淫逸生活的懲罰」。

從未有人指責考宏生活放蕩。從記載中看，他從未讀過詩，也未想過寫詩，不過，也流傳過一

[1] 由於一八二四年大選的特殊情況，雖然傑克遜競選失敗，考宏仍當選為副總統。

[2] 考宏的這份報告未獲正式通過，但由於卡羅萊納州議會下院曾下令把它印發五千份，一般都把這份報告視為正式文件。

個笑話，說他曾經想寫一首詩，剛以「其實」一詞開了個頭，就再也寫不下去了。他一生中讀過一本小說——因爲一位女士徵詢他對此書的看法。他的一位朋友瑪麗．貝茨（Mary Bates）曾說，「從未聽他說過一句俏皮話」；丹尼爾．韋伯斯特也在一篇頌揚他的文章中寫道，從未見過有人像他那樣「不在所謂的娛樂上浪費生命，或不將生命用於與履行職責無直接連繫的活動」。職責就是格言，因爲職責就是考宏身上的超人力量。他曾經寫道：「我認爲生活中的責任比生活本身更重要……我認爲此生在極大程度上是一場與邪惡的鬥爭，對於按正當原則行事的人來說，鬥爭的樂趣多於勝利本身，雖然勝利可使樂趣大大加強。」成年人鬆懈和娛樂在某種意義上等於退回到無節制的童年時代。有理由認爲，考宏屬於無童年時代可以追憶的一類人。哈里特．馬蒂諾（Harriet Martineau）曾說考宏根本不像有過生下來的時期，或許她感覺到的就是以上情況。考宏的政治副手詹姆斯．亨利．哈蒙德（James H. Hammond）在他去世後曾說過：「就我們所知，考宏從未有過少年時代。他躍上舞臺，就像智慧女神米娜瓦從朱比特頭頂躍出，已是羽翼豐滿，全身披掛：他單槍匹馬，可與任何人鬥個高低。」

與他認眞相處的人都難以忍受他那熾熱的工作態度。阿拉巴馬的迪克森．路易斯（Doxon Lewis）參議員是個體重四百三十磅的大胖子，休息對他來說是再自然不過的事，他在某一選舉年度曾寫信給考宏的朋友理查．克拉萊說：

> 考宏如今是我最重要的同事，他智力過人，勤勉非常，過分熱衷於政治鬥爭，與他偶爾相處還可以，常在一起我可受不了。他根本不知休息爲何物。相反，當我想勸他休息一下時，他總是給我上勁，把我弄得更加緊張。

普萊奧洛法官第一次見到考宏後就對一詢問者說再也不想見他了。考宏操著方言，滔滔不絕，整整說了三個小時，「從天上談到地下」，他曾努力傾聽，聽得他精疲力竭。「我受不了讓我如此絞盡腦汁的人……也不喜歡使我相形見絀的人。」考宏很少和別人意氣相投。他曾經承認，離家五英里之外他誰也不認識，可以肯定，他的政治聲望並非來自個人的號召力，而是來自抽象的理論。但是，也沒有理由認爲不和家人在一起他會常常感到孤獨。他喜歡說話有聽眾，但並不特別愛好交際。他喜歡一連好幾個鐘頭獨自沉思。

考宏身高體瘦，樣子像個病人，有人說，他那夾子般的嘴和沙啞的嗓音使人覺得他像是位數學教授，參議院中習慣於聆聽他滔滔不絕的長篇講話的同事，極爲敬佩他那非凡的思想和無懈可擊的正直人品，但有時也覺得他有點可笑。克萊以善意的諷刺筆調對他做了刻畫，令人難忘——「高高的個子，顯得憂心忡忡，前額布滿皺紋，形容枯槁，目光逼人，彷彿在仔細分析玄學家腦袋中蹦出的最後一個抽象觀念，口中自言自語，念念有詞，說『眞正的危機到來了』。」

考宏也有溫柔可愛的時候，他的嚴肅態度本身有時也頗有魅力。他的一位崇拜者曾說：「他像天眞無邪的兒童一樣樸實坦率地談論最深奧的問題。」班傑明·富蘭克林·佩里這位尖刻的政敵也證實他爲人友善，但又說：「他非常喜歡談論自己。」他把魅力和寬容都傾注給婦女和兒童，或許他認爲婦女和兒童的世界與生活中的嚴肅世界全然無關。有一件小事十分使人感動：他在女兒的婚禮上特地把蛋糕上的奶油花飾取下來留給一個小孩子。完全可以相信他從沒有對家中任何一個人發過火，因爲他完全可以把攻擊的火氣發洩在任何一位參議員頭上。而且，也正是兩位婦女對他做了最恰當的刻畫：一位是哈里特·馬蒂諾，她稱他爲「鐵鑄之人，好像從未有過被生下來的時期，並且從不會被壓制得銷聲匿跡」；另一位是瓦里納·霍威爾·戴維斯（Varina Howell Davis），她稱他爲「精神和道義上的精粹」。

如果能夠知道約翰・卡德威爾・考宏夫人對他有何評價一定很有意思。不難想像，他對妻子一片深情，但考宏的深情絕非一般男子的熱愛。他在考慮與她結婚時曾寫信給她的母親說：「經過仔細觀察，我發現她的品性完全適合我。」他們婚後的生活堪稱典範，妻子給他生了九個孩子，他給予他們慈父的愛撫。然而，當他的大女兒於兩歲那年夭折時，他曾給他敬愛的岳母寫過一封令人驚訝的信，其中有一部分是這樣寫的：

> 她那傷心的母親悲痛欲絕，無論我如何安慰都只能使她更加悲傷。我對她說什麼都不起作用，我告訴她，這是人類命中註定的；天下父母差不多都遭受過同樣的不幸；或許上帝如此安排是爲她好，爲我們好，因爲誰也不知道她如果活下來以後究竟會幸福還是會受苦；況且我們可以感到自慰，她如今比跟我們在一起要幸福得多。她卻一味追思她那可愛的孩子，回憶起孩子的一切逗人之處，這就使她更加悲傷。

從這段話可以看出，他確實是一個生活在抽象概念之中的人；他這樣的人竟會把治理人間之事當作他的職責，這確實令人驚奇，也多少令人感動。

考宏對自己那種以邏輯理解生活的能力有著一種令人感動的信念。他的政治推理過程就像他生活中的許多階段一樣，由一系列的三段論演繹構成。設定一個前提，他可以創造奇蹟，但有時他在選擇前提方面卻極其缺乏判斷力，而且常犯詭辯的錯誤。[3]信賴邏輯使他的自信幾乎到了不正常的地步。他曾經寫道：「我不知道是否過於自信，但我認爲我看到的，我非常清楚地看到，別無其他道路可以選擇，這使我感到是在按命運的力量行事。」他在去世前六年寫給達夫・格林（Duff Green）的信中說：「回顧往事，我看不到有什麼可後悔的，也很少需要改正。」

考宏的同時代人，無論是朋友還是敵人，都認爲他的全部精力只有一個目標，就是擔任總統，就連對他讚揚備至的傳記作者也不否認這一點。然而他本人對此從不承認或有所認識。一八四七年，他在參議院竭力辯白道：「我不是沽名釣譽之徒——從來不是。我不會去追逐總統之職。」在這方面，他認爲自己是「最受世人誤解之人」。不過，應當說他的動機還是較爲純潔的。他本質上不是一個機會主義者。一般來說，他雖然力求提高自己的地位，但確實是遵循自己眞正相信的某些首尾一貫的明確原則。誠然，他有時對某些個別人並不十分直率——多年來對傑克遜就是如此——但從不是思想上詭計多端的人，這兩種情況並不相互矛盾。他在金錢問題上有所顧忌，或許只有亞當斯可與之相比，而且完全可作爲韋伯斯特的榜樣。他經營的種植園正在敗落，卻得靠這方面的收入來養活一大家子——把九個孩子中的七個養大成人——並且眞心誠意地表示對賺錢不感興趣。一八四五年，他向韋伯斯特在波士頓的富有的主顧亞伯特．勞倫斯（Abbott Lawrence）提出要借一筆三萬美元的貸款，而勞倫斯在回信中卻用話暗示，對於像考宏這樣地位很高的人，他也許可以超越商業性貸款慷慨借給他，考宏以極其尊嚴的行文去信撤回了貸款的請求。

考宏不懂政治要依靠人民，也不懂從事政治不僅要忠實於自己的主張，而且要有一批願意長期效忠的人。他的追隨者和黨內人士對此都頗有怨言。詹姆斯．亨利．哈蒙德曾抱怨說，這位領袖「只會爭取敵人，從不照顧朋友」，並說：「他把所有追隨者一會兒推向前，一會兒拖向後，終至脫離了大多數追隨者，然後又與朋友們一個一個斷絕了關係，把不久前還與他志同道合的人都拆散

[3] 考宏最典型的詭辯是他對《獨立宣言》哲學思想的攻擊，他將它理解為就是指「人人生而自由平等」：「從字面上理解這個命題……其中毫無真實之處。開頭的『人人生而』一語根本不對。人不是生出來的，只有嬰兒才是生出來的，他們長大成人……並不生而自由。嬰兒不能自由行事……。」任何人如果從他這些部分的論著開始接觸考宏，將很難相信他對天賦權利理論會有正確而犀利的批評，然而他提出了。

完——終於把一切都毀了。」雷特和哈蒙德都認爲他過於耿直，不近人情，不適於做一位大黨派的領袖。正如雷特所說：「他懂得原則……但對用人之道……卻一竅不通。」

當然，考宏也是奴隸主，從這一身分出發，他如何看待自己是可以預料的：「我相信，作爲主人我是無可指摘的，我想如我所希望的，在生活的其他方面也是如此。」他聲稱，他以「主人兼保護人的雙重身分」看待自己與奴隸的關係。他的鄰居證實他對奴隸是仁慈的，而且從他出身的階層來看也沒有理由懷疑這一點。然而，關於他與奴隸的關係，如今只知道一件事，這件事表明，在南部，對待奴隸的仁慈具有混雜的性質。那是一八三一年的事，一名叫阿萊克的僕人冒犯了考宏夫人，她揚言要狠狠鞭打他一頓，於是此人逃跑了。幾天後，他在阿布維爾被抓獲，考宏通知一位朋友：

> 希望你把他關押一個星期，只給麵包和水，關了一星期之後再讓他著實挨三十下鞭子……我認爲，爲我們的安寧著想，必須防止他們養成動輒逃亡的習慣，我覺得最好在他回來前懲罰他一下，不要等到回家以後。

阿萊克之事和「著實挨三十下鞭子」一語，比考宏關於國會法令廢止權原則和一致多數的辯證論述，更有助於我們理解多數與少數的問題。

三

一七八八年，派屈克・亨利（Patrick Henry）在辯論反對聯邦憲法時問道：「既然北部各州是多數，南部成員如何能夠阻止在南部各州實行最苛刻沉重的稅收？」對北部多數的這種擔心像南部沼澤地中的植物一樣迅速成熟起來。隨著歲月的流逝，南部成長壯大起來，但北部成長壯大得更快。一七九〇年，考宏八歲，當時北部和南部的人口實際上相等。到一八五〇年，即考宏去世的時候，北部人口已達一千三百五十二·七萬人，而南部只有九百六十一·二萬人。這種優勢也反映在國會中。雖然南部政治家在政府中占的比例很大，與其人口並不相稱，但聯邦政策仍有利於北部資本，南部的財富源源不斷地流入北部貨運商、銀行家和製造商的口袋。當然，就南部資金外流的大部分而言，確實是資本主義社會和農業社會之間關係的必然結果，因為南部幾乎沒有自己的航運業、銀行業和製造業。但也有相當的部分是由於南部人心目中的政府「人為」干預——保護性關稅——造成的。首先激起南部鬥志昂揚的不是奴隸問題，而是稅率。南部種植園主眼看著手下的男男女女乃至兒童在田野中艱苦勞作創造的財富，不斷地從他們手中滑走，他們的怨恨是可想而知的。考宏說：「我們所求的富足只是讓我們得到自己的果實。」

南部的領袖們開始疑慮這一切到何時才能結束。既然北部一開始就占了優勢，還有什麼能夠阻止它利用聯邦政府進一步擴大兩部分之間的政治力量差距，並利用南部的不斷衰弱而不顧一切地把剝削推向不堪忍受的極端？南部領袖們為本地區的相對落後的經濟狀況感到受屈辱，對這種狀況的政治意義感到擔心，外界對他們「特殊制度」的譴責又使他們不安，因而對兩個地區力量平衡的每一次波動都做出了極為激烈和過度焦慮的反應。如何維持這種平衡是考宏考慮的中心問題，他全力以赴，二十二年中始終抓住不放。早在一八三一年他就悲嘆說：「南部……是固定不變的、毫無希望的少數。」五年後，他又在參議院誇大其詞地說：「我們在這裡是極少數，被包圍在壓倒多數之中。」一八三三年，他在談到「強迫法案」（Force Bill）時說，他認為南部面臨「一個敵對的立法制度……一種壓迫性的不平等稅收辦法……撥款不公而無度……致使較弱的權益集團的全部勞動和資本依附於較強的集團」。

一八三〇年以後，廢奴主義的呼聲開始出現，南部對這一所謂的威脅的反感情緒日增。在刺激南部態度激烈起來並想到要脫離聯邦方面，究竟是對於廢奴主張的恐懼起的作用大，還是對進一步遭受經濟剝削的恐懼起的作用大，爭論這個問題沒有什麼必要。如果力量完全轉爲有利於北部，它就既可以在經濟上奴役種植園主階層，又可以使奴隸獲得解放。因此，南部領袖們集中精力於爭取地區力量平衡，並不人爲地去區分各自的理由。正如考宏在一八四四年所說，「掠奪和煽動」是「有血緣關係的敵對手段」；「稅收奪走了我們的勞動收益，廢奴的主張則打擊勞動本身。」

當然，自願解放奴隸是不可能的。要理解舊南部各州的心態，就必須意識到，解放奴隸不僅意味著以僱傭勞動取代奴隸勞動，而且意味著白人喪失至高無上地位，推翻等級制度——簡言之，這意味著一種文明的結束。雖然考宏曾譴責買賣奴隸是一種「可憎的生意」，但沒有證據表明他同意傑佛遜派對奴隸制的看法，即，奴隸制是一種必要的罪惡，但只應是暫時性的。這種觀點普遍流行於考宏青年時代的南部。一八二〇年，他曾與約翰·昆西·亞當斯交談過一次，此次交談表明他是如何暗暗同意奴隸制的等級前提的。亞當斯談到平等，談到人生尊嚴和價值。考宏承認亞當斯的信念「是正義和高尚的」，但又補充說，這些信念在南部事實上只適用於白人。他說，奴隸制是「白人之間平等的最佳保證，使他們一律平等……它甚至不允許存在某一白人可以對另一白人盛氣凌人的不平等」。

考宏是第一個在國會公開表達了南部幾乎全體白人逐漸形成的看法的聲名顯赫的政治家。一八三七年，他在參議院斷言，奴隸制「並非邪惡，而是好事——是件十足的好事」。他的意思並不是說奴隸制一定總是優於自由勞資關係，只是說它是黑人與白人之間形成的最佳關係。他爭辯說，奴隸制爲黑人帶來了很多好處。「幾乎沒有哪個國家留給勞動者如此多的份額，向他們索取得如此之少，而……又如此悉心照料其生老病死。」他們的生活條件大大優於歐洲所謂更文明社會貧民院中之貧民。至於奴隸制在政治方面的意義，「我敢斷言，南部兩個種族之間的現存關係……構成了建立自由穩定的政治體制的最牢固堅實的基礎。」

南部把奴隸解放（emancipation）看作一種世界末日般的災難。考宏在一八四九年草擬的一份宣言中描繪了一系列他認爲廢奴主義者可能會採取的做法，先是逐步破壞奴隸制，直到北部能夠「操縱各領地」，爭取到足夠的州，占全聯邦四分之三，進而通過一項解放奴隸的修正案。災難還不止於此。由於兩個種族「除了處於當前這種關係外不可能和睦或互利相處」，必有一個種族獲得支配地位。奴隸獲得解放之後，「就會獲得選舉權和在聯邦政府擔任公職的權利，從而其政治地位和社會地位就會被提高到與其先前的主人相同的地步」。他們會在政治上與北部的支持者連成一氣，和他們採取一致行動，「使南部白種人完全屈從他們」。黑人以及可能與之聯合起來的那些墮落的白人將占居聯邦大部分職位並取得大部分官職任命權（patronage），「並在政治和社會方面凌駕於南部白人之上」。失去主人地位的白種人將別無他法，只有離開祖先留下的家園，把國家拱手交給黑人。[4]

面對這種危險，南部絕不能坐等自己衰弱下去，只能以最堅決的戰鬥姿態，站穩腳跟，迎擊敵人於邊境之上。必須獲得決定性的勝利，否則不堪設想。「什麼！低頭認輸！犧牲生命也比低頭認輸強！」

考宏有一個長處：他雖然通曉關於憲法辯論的一切學問，但不滿足於完全按常規或依照憲法來

[4] 如果剔去其中的評價部分和煽動性的語言，考宏的預測與「重建時期」共和黨激進派實際採用的計畫十分相似。

解釋地區爭執，而是跨越了這個水準，把地區之間的力量平衡理解爲階級之間的平衡。雖然他並沒有完整的歷史理論，但卻看出人類發展史的每一個時期都存在著階級鬥爭和剝削。他相信「事實上從來未存在過一部分人不靠他人勞動生活的富裕文明社會」。不難「找出使各文明社會的財富如此分配不均的各種手段，揭示通過什麼辦法使以勞動生產財富的人所得如此之少，以及非生產者階級所得如此之多」。他完全相信稅率就是這些方法之一，認爲它是使「窮人更窮，富人更富」的確定無疑的手段之一。早在一八二八年，他就在〈申論與抗議〉一文中對稅率制度做了如下分析：

> 待我們〔種植園主〕被吸乾榨盡之後，鬥爭將在資本家和操作者〔工人〕之間展開；因爲它終將把社會劃分爲這兩個階級。我們這裡必將會出現與歐洲同樣的鬥爭問題。在這種制度的影響下，工資的跌落必快於生活必需品價格的降低，直至操作者地位降至最低點——憑勞動所得的部分產品將難以維持生計。

考宏在《論政府》（*A Disquisition on Government*）一文中預言，隨著社會財富和人口的增長，「貧富差距將更加強烈地顯露出來」，「無知和處於依附地位的」人所占的比例將會加大。這樣，「彼此之間相互衝突的傾向將會加強；另外，窮人和處於依附地位的人數將相應增多，因而在按數量多數統治的政府中，富人和野心家當中不乏爲取得控制權而對他們加以鼓動和引導的領袖人物。」

這些論點並不僅僅是說給公眾聽的。一八三一年，他的一位朋友記錄了一次談話，在這次談話中，考宏「談到資本有摧毀和吸取社會財產，並造成本身與操作者之間的衝突的趨勢」。考宏曾對亞伯特．布里斯班（Albert Brisbane）說：「資本家擁有勞動工具，只求從勞動中榨取全部利潤，使勞動者老、病無助，得靠自己解決。」一八三七年，他在給哈蒙德的信中寫道，他「不曾瞭解下層在平等獨立方面已取得了」如哈蒙德所說的「那麼巨大的進步」。「我看現代社會正在奔向某種新的、未經試驗過的狀態」。一八四六年，他向女兒安娜承認：「我擔心的是，政治科學的進步遠遠落在與物質有關的進步之後，後一種進步會導致動亂和革命，有可能阻滯乃至扼止前者。」在傑克遜反銀行鬥爭的高潮中，他寫信給兒子詹姆斯說，北部許多人的觀點都在接近南部的觀點。他們不僅害怕傑克遜本人掌握的權力，而且也害怕「本地區的窮人和墮落者。他們開始感覺到我早就預料到的情況，自己人對他們造成的威脅比奴隸對我們造成的威脅更大」。

從這些很有特點的言論中，可以看出一些後來經馬克思詳盡闡明和完善的幾點大致相似的思想：關於遍及整個人類歷史的剝削和階級鬥爭的思想；勞動價值理論和資本家占有的剩餘價值的理論；資本主義生產條件下資本的集中；工人階級狀況降至生存線以下；勞動者階級對資本家的反抗不斷加劇；關於社會革命的預言。不同之處在於，考宏主張不應允許發生革命。爲了防止發生革命，他一連多年始終在建議建立理查·柯倫特所謂的「種植園主—資本家合作，反對階級敵人」。在這樣一種合作關係中，南部由於其優越的社會穩定性，可以作爲穩健的力量大起作用。反過來，北部的保守分子就應當自願壓低廢奴主義的宣傳鼓動調門；他們最好意識到，推翻南部的奴隸制就會爲北部的社會革命打下基礎。

〔他在參議院說，〕在財富和文明的高級階段，過去和現在都存在著勞動與資本的衝突。南部的社會條件使我們免於這一衝突產生的混亂和危險；這就說明了各蓄奴州的政治狀況遠比北部穩定安寧的原因。……下一代人的經驗將充分證明，就爭取自由而穩定的體制而言，只要我們不受他人干擾，或只要我們……及時成功地擋住這種干擾，我們的社會條件是多麼優於其他地區。

一八三八年一月九日，考宏進一步闡述了南部不可能發生「勞資」衝突的原因，而這種衝突卻使「所有不存在像我們這樣的制度的富裕和高度文明的國家極難建立和維持自由體制」。這是因爲，南部各州不是由個人構成的聚合體，而是由社會集體構成的聚合體。「每一個種植園就是一個小小的社會，主人就是首領，他把資本和勞動的利益統一集於自身，他是這個社會的共同代表。」在南部各州，勞動和資本的利益「都得到同等代表，完全協調一致」。因而，

南部在整個合眾國內成了制度的平衡力；這一巨大的穩健力量，使其他不是很幸運組成的部分免於貿然發生衝突。在北部勞資衝突日益增多的趨勢中，南部過去和將來都把重量壓在穩健的一邊；不論是勞方或資方有一方危及我們政治制度的平衡，南部都會給以打擊。

一八三六年，考宏向「冷靜而愼重的」北部人指出：

本國現有體制對這些人有深切的利害關係，如今針對南部各州制度的攻擊很容易轉而針對維護他們自己的財產和安全的制度。用以反對〔南部〕制度的論點只要稍作修改即可同樣有效地用以反對北部的制度，包括其銀行業，北部在其中投入了大量的財產和資本。

一八四七年，他又提醒北部穩健派注意，「維護和保持蓄奴州平衡作用」與他們有著多麼重大的利害關係。「請先生們接受這一警告吧：他們反對我們就等於反對自己。」兩年後，他又補充說，失去了南部，北部「將失去賴以維繫各種相互衝突的利益集團的團結中心點；並將……爲由於貧富之間的傾軋不和而產生的一切動盪和衝突所苦」。這些警告都不過是出自考宏長期堅持的信

仰，這就是他對約西亞·昆西說過的：「北部紳士們與南部紳士們的利益是一致的。」這位卡羅萊納人並不眞的指望他的呼籲和預言會改變北部的公眾輿論，但他希望結局會做到這一點。群眾日益增長的不滿情緒會把北部穩健派推入種植園主的懷抱，但正如他在一八三五年對達夫·格林承認的，「只有上帝知道」北部是否有理智看清局勢「及時保住自己和國家體制」。

考宏爲地區問題準備了一種巧妙的解決辦法：由南部起抵制勞工（labor）動亂的平衡輪的作用，作爲回報，北部的穩健派應與南部結成統一戰線，反對針對奴隸制問題的一切蠱惑。他針對關稅問題提出的方案最清楚地體現在一八四五年致亞伯特·勞倫斯的一封信中：北部製造商應與種植園主在爲出口市場而生產方面聯合起來。這樣，至多不過使製造商無法單獨獲得國內市場的興隆生意，而「重要的是占領國外市場」，爲此，高稅率就只能是一種障礙。北部應與英國製造商競爭，途徑是降低稅收，進口廉價原物料，並爲對外貿易展開大力競爭。「做到這些，種植園主與製造商之間的全部衝突就會停止」。

四

考宏生命的最後七年中，地區衝突愈來愈集中於新領地的取得及其在蓄奴制社會和自由社會之間的分配。由於南部內部不團結，致使國會法令廢止權原則歸於失敗。與西部的聯合既不穩定，也不確定。考宏也無法促成他所建議的與北部資本的聯合。這樣，防衛問題愈來愈多地轉向在德克薩斯、墨西哥和透過戰爭從墨西哥強奪的廣大區域獲取新的蓄奴領地的企圖，以及防止北部把西部變成自由勞動的地區。

考宏對德克薩斯的興趣本意是要採取守勢，但從表現形式來看卻是過度的攻勢。英國當時急切想找到新的市場和獨立於美國之外的棉花供應源，答應向德克薩斯提供財政援助和保護，以鼓勵其保持獨立。一八四三年，布羅漢姆勳爵（Lord Brougham）和亞伯丁勳爵（Lord Aberdeen）公開承認英國意在德克薩斯鼓勵廢奴運動（abolitionism）的同時鼓勵國家獨立，當時任國務卿的考宏立即警覺地站出來把兼併問題與澈底維護奴隸制連繫起來。南部人擔心，如果在邊境上再出現一個逃亡奴隸的庇護所，出現一個獨立的、自由勞動的產棉國的範例，南部的社會結構就會受到威脅。考宏坦率地對英國公使說，英國企圖在德克薩斯摧毀一個「對美國和平、安全與繁榮至關重要的體制」！一八四四年，他發表了一篇分析英國的動機的文章。他指責說，英國由於使自己殖民帝國的奴隸獲得了自由，因而喪失了在世界熱帶產品——包括棉花——生產中的地盤，危及了在其帝國內的投資，如今處境遠遠不如仍存在奴隸制的美國南部和巴西這樣的地區。英國爲了力爭「重新取得並保持在熱帶種植業、商業和勢力方面的優勢」，正在不顧一切地企圖破壞「其成功的競爭者」優越的勞工制度，以「摧殘或摧毀其生產」。

雖然他積極主張兼併德克薩斯，但在與墨西哥的戰爭期間，卻又爲南部要求征服和兼併整個墨西哥的情緒感到十分擔心。如果拿下墨西哥，他擔心對其實施控制的必要性將使行政當局得到巨大的權力和廣泛的支持，出現他恰恰十分害怕的聯邦權力集中的局面，最終將毀掉憲法確立的制度。他預言南北兩部分在處置取得的領土問題上產生的衝突有可能使聯邦分裂。「墨西哥是我們面前的禁果；吃下這個禁果的懲罰就是在政治上宣告我們的體制死亡。」

一八四六年提出的「威爾莫特但書」（Wilmot Proviso）禁止在將從墨西哥取得的所有領土上實行奴隸制，這對南部造成了前所未有的刺激。考宏認爲這牽涉到一種理論上的權利，絕無考慮妥協的餘地，儘管奴隸制幾乎沒有推行到這些地區的可能性。十二月，他對波爾克總統說，他「不想推廣奴隸制」，奴隸制「很可能永遠不會」出現在加利福尼亞和新墨西哥。但是，他仍將否決任何載有《威爾莫特但書》的條約，因爲「它將牽涉到一項原則」。[5]

考宏愈來愈擔心北部「獨霸」各領地以獲得自由勞力的傾向。一八四七年，愛荷華[6]加入合眾國，威斯康辛也在爭取成爲一個正式的州，他表示擔心這些領地將會出現十二個或十五個新的自由州。南部正在迅速喪失在參議院的同等地位，而這是它在聯邦政府中維持平等地位的最後堡壘。同年三月，他號召成立一個統一的南部政黨，以推動在南部問題上攤牌。他在最後一次重大演說中斷定，權力平衡已經不復存在，這次演說是託人在參議院代讀的，當時他已患病垂危。他說，南部已失去「任何足以保護其不受……侵蝕和壓迫的手段」。他回顧了北部優勢的發展壯大、南部所受的剝削以及聯邦道義紐帶的逐步瓦解，並警告說，唯一拯救國家的辦法是讓南部在新獲得的西部領地上擁有平等權利，[7]並修改《憲法》，歸還它在地區平衡被打破前擁有的自衛力量。

一項《憲法》修正案將爲南部取得平等地位的保障。考宏要求這一保障以一致多數的形式出現，而這正是他政治體系的核心。考宏在地區問題方面一直在鼓吹一致多數。他最早是在一八三三年就《強迫法案》發表的演講中表述這一思想，最後一次是在《論政府》中做了陳述，該書是他去世以後出版的。他始終認爲，按數量多數行事的政府必然不穩定；他提出代之以他所謂的由整個社會來統治的政府——即，在機體上既代表多數又代表少數的政府。不應當靠按人頭數數的方式來治

[5] 這不是他一個人的看法。羅伯特·圖姆斯（Robert Toombs）於一八四九年一月二十二日寫信給約翰·喬丹·克里坦登（John J. Crittenden）說：「美國不可能成為實行奴隸制的國度。我們只不過要捍衛榮譽……並使國家不受各種蠱惑之危害。」

[6] 舊譯衣阿華。——譯者

[7] 不知考宏究竟是改變了他原先向波爾克承諾的想法，即不指望奴隸制會推行到西部領地，還是仍然認為僅僅在原則上取得勝利也是十分重要的。

理社會，而應考慮重大的經濟利益，考慮國家的地理單元和職能單元。爲防止多數利益剝削少數利益，各方都應在法制結構中有其適當的喉舌，使之能「或以一致的聲音制定並執行法律，或否決法律的執行」。只有採取這一辦法，才能使社會的「不同利益、階層、階級或部分」都得到保護，「並防止它們之間發生任何衝突和爭鬥」。[8]

經過一段時間，考宏終於相信雙重行政官才是在美國推行一致多數原則的最佳途徑。國家應當有兩個總統，分別代表兩大地區中的一個，每個總統對國會法案均有否決權。不經兩地區的政治代理人認可，任何措施都不能通過。這樣，政府初創時兩地區之間曾有的平等地位就可得到恢復。

考宏對美國政治中緊張關係的分析肯定可以算美國政治家突出的學術成就之一。他早就預見到北部穩健派和南部保守分子之間的聯盟，而這種聯盟現已成了美國政治中最龐大的力量之一。南部的等級制度基本上未受多大觸動，在整整一個世紀中表現出比北部更有力地抵制了變革，並不斷施加影響，既阻滯了重大改革，又遏制了北部勞動階級的勢力。等級偏見和政治保守主義已使南部成了美國資本主義的主要堡壘之一。

但是，儘管考宏如此遠見卓識，他對當時的地區鬥爭的判斷仍犯了嚴重的錯誤。他對社會演變的方向異常敏感，但卻未能判斷出它的速度。他的致命錯誤在於斷定勞資衝突將先於資產階級和南部種植園主的衝突而成熟。馬克思和考宏都過高地估計了工人階級的革命力量，前者是由於樂觀，後者是由於悲觀。說服北部群眾接受利潤制度，這比考宏所願意承認的要容易得多。他未能看出，北部自由社會的發展壯大爲中、下層階級提供了廣泛的機會，因而掌握了一個十分可貴的安全閥，可使民眾的不滿情緒得到控制。他也未能看出，他認爲是北部弱點的不安定情況卻正是其力量的祕密之一。他意識到「進步的主要源泉是個人求自身條件改善的欲望」，但無法承認，自由社會激勵勞動群眾這種基本願望的力量，遠遠大於他所珍視的「著實挨三十下鞭子」的奴隸制。

簡言之，考宏未能理解資本主義的持久的力量。當時資本主義正在進入其最旺盛的時期，而他說起來彷彿資本主義已在開始衰亡。傑克遜時期的騷動尤其使他產生誤解；他錯誤地把群眾的不滿情緒看作革命浪潮的開端，其實正是這種不滿情緒使普通人在工商業和政界中得到了更多的機會，因而從長遠來看大大有助於資本主義的加強。考宏畢竟是頑固的保守分子，在保守分子的耳朵裡，對上層階級的每一種輕聲批評都像是宣告暴動開始的震耳槍聲。

社會分析如要變爲成功的政治策略，都必須大致實際接近眼前的現實，而考宏的社會分析恰恰缺乏這一點。在他眼裡，北部根本不存在能同他那樣觀察局勢的大型資本主義集團。雖然他在對傑克遜失望後曾一度加入輝格黨，但要他與克萊和韋伯斯特等資本主義高關稅經濟的堅定代言人結成長期聯盟是不可想像的。到范布倫執政時，他在國庫的分庫問題上又回到民主黨陣營中，以後再未轉變。一八三〇年代末，他仍在呼籲北部保守派與種植園主攜起手來，當時他承認，對北部資本吸引力最大的輝格黨無論在稅率問題上還是在廢奴問題上，都比民主黨人更難對付。

具有諷刺意味的是，北部勞動階級在很長一段時間中，在思想上比北部資產階級更接近於種植園主。工人們並不同情廢奴運動，卻對南部政客時不時指責北部的工資奴隸制很感興趣。一八三七

【8】考宏開始涉足政界時，南卡羅萊納實際上就是在實行一致多數原則，當時州議會兩院中，一院分給沿海種植園地區，另一院分給內地農場主。但威廉·沙珀（William Schaper）曾指出，一致多數原則在該州之所以行得通，是因為少數，即種植園主一直握有大權，「直至把多數爭取到其利益和體制一邊」。南部某些人懷有一種希望：既然兩大黨內都有南部的一派，南部就可以在兩黨制內而不是在《憲法》本身範圍內實行非正式的一致多數原則。此項計畫在一定時間內是可行的，但考宏不相信它能長期起作用。他爭論說，各政黨終必「多少帶上某種地區色彩」，隨著時間的推移，這一趨勢會不斷加強。如果各黨都帶上地區色彩，一致意見只會出現在一項正式的憲法修正案中。

年秋，考宏的副手之一——弗朗西斯・威爾金森・皮肯斯（Francis W. Pickens）在眾議院說，就對北部資產階級的關係而言，種植園主「完全與北部勞動者處於同樣境地」，並且，種植園主「作爲一個階級……是唯一與國內勞動者站在一邊的資本家階級」；對於這一立場，勞動者的代言人伊萊・摩爾表示贊同。考宏去世八年後，詹姆斯・亨利・哈蒙德在一次著名的講演中猛烈抨擊了「工資奴隸制」，他因此收到北部工人發來的許多感謝信，感謝他揭露了他們的狀況。考宏本人在一八四二年至一八四八年爲自己競選總統做安排時，得到了原北部民主黨左翼許多成員的大力支持。菲茨威廉・伯德索爾（Fitzwilliam Byrdsall）這位堅定的民主黨人和激進派歷史學家從紐約給他寫信說：「此間的民主黨激進派珍視並敬仰自由選舉權，他們最支持你。」而考宏不久前還估計這樣的人會把資本家嚇得投入種植園主的懷抱！

作爲現實政治家，考宏錯誤的關鍵在於試圖以靜止不變的解決辦法去應付萬變的形勢。北部得到發明和工業的促進，力量又得到移民浪潮的加強，人口和財富都在不斷增長，人們湧向西部，並修築鐵路把東、西部連接起來。無論一致多數原則還是文件中呈現的任何其他原則，都無法抵擋人口統計表中每十年反映出來的浪潮。威廉・亨利・西華德（William Henry Seward）於一八五〇年三月十一日的講演談到了南部的主要弱點，他說，南部追求的是「一種政治上的均勢。而凡是政治均勢，都需要有一種實際的均勢作基礎，沒有這個基礎，政治均勢就毫無價值可言」。南部無視一切現實情況，堅持要求保持地區均等和人口的大致均等。西華德奚落道：「而且還要它萬世不變！」

況且，考宏的論點含有十足的反動意味，因此就會自己拆臺。他的前提是，文明社會必須建築在一個受壓迫的、受剝削的勞動大軍，即哈蒙德所謂的「低賤者」階級之上。假如社會底層必須有一個受壓迫受剝削的階級，假如南部奴隸作爲這樣一個階級處境優於北部的自由工人，假如奴隸制是政治體制的最牢靠堅實基礎，那麼全體工人，無論是白人還是黑人，無論是產業工人還是農業工人，似乎還有什麼理由不放棄自由而去做奴隸呢？這個前提甚至對南部更是不幸。考宏在這個結論前退縮了，但某些南部人卻沒有。喬治．菲茨休（George Fitzhugh）就是在一八五〇年代宣揚這樣的論點而出了名。雖然追隨菲茨休的南部人可能極少，但這件事本身卻給了北部政治活動家一個極好的機會，可用以喚起自由人們，特別是對奴隸制的道德與否持無所謂態度的人，站出來反對奴隸制的擴散。

考宏能夠看出並好像很有道理地闡述北部社會的每一個弱點，但他所處的地位卻迫使他閉目不看南部的弱點。他在邏輯上的首尾一貫性很強，但在道義問題上卻連最基本的堅定性都沒有。在這方面，很難像威爾斯教授等人那樣認爲他是「維護一切少數權利和利益的偉大戰士」。誠然，考宏極爲系統地闡述了多數與少數的關係問題，而且他在這方面的著作可能對後人經常歸因於此的政治理論具有不可磨滅的意義。但怎麼能夠認爲他提出的實際辦法也有同樣的價值呢？他對少數權利根本沒有關心可言，因爲這類權利只有現代的自由思想界才感興趣——持異議者表達非正統思想的權利，保持與國家相違背的個人良心的權利，尤其是少數民族的權利。歸根結底，他所關心的只是有錢人的少數。一致多數原則只是一種與保護持異議者毫無關係的手段，其特定目的是保護擁有巨大勢力的既得利益。即使是在南部，考宏也根本不想保護知識界的少數、批評者和持異議者。克萊門特．伊頓（Clement Eaton）教授在所著《南部各州的思想自由》（*Freedom of Thought in the Old South*）一書中，把他排在「那些使南部人民思想中形成了導致褊狹的成見」的政客的首位。最後，他眞正想保護的並不是少數權利，而是少數特權。在決定國家政策方面，他要求的不僅僅是讓少數在決策方面獲得相應的發言權，而是想讓它得到平等的發言權。他一定不能理解維吉尼亞的威廉．亨利．羅恩（William H. Roane）的說法，即，他「從未想到〔少數〕除了自由地、和平地並且合法地在可能時把自己轉變爲多數的權利之外，還有什麼其他權利」。任何少數，無論是屬於北部還是屬於南部，只要在重大問題上與考宏意見不一，他就絕不會把這種基本權利交給他。事實上，他起初關於奴隸制問題的一些重要演講，就是出於否定少數有請願權利的企圖。

考宏是民主國度中的少數派代言人，國家主義時代中的州獨立主義者，自由進步時代中的奴隸主，資本主義蓬勃發展的國家中的農業派。他在思想上變得十分固執，這是可以理解的。他可以看到別人做夢也想不到的事物，卻對鼻子底下的事物視而不見；能夠以不可思議的洞察力預見到未來的一些重大趨向，但又始終不注意當前的現實，這成了他獨有的特點，顯出他才智卓絕而又十分抽象並脫離現實。他的弱點在於一切都按公式和邏輯，不近人情，這只是說他活著就是在不停地思維。從某種意義上說，他的思想過於專橫——竟把自己的思想凌駕於現實之上。他看不到世界是人、情緒和道德的巨大綜合體，因爲他在生活中沒有受過這方面的教育，甚至不知如何與人友好相處，他本應受到這方面的教導。舉例而言，他較容易設想南部在奴隸的基礎上建立了一種優於北部的文化，因爲他自己沒有文化生活可言，只有一種敏捷而剛健的思維方式。當他眞的在南部的查爾斯頓發現文化生活時，他只是希望有一場瘟疫降在它頭上，這或許就象徵了他在南部歷史中的地位。

第五章　亞伯拉罕・林肯與自我奮鬥的神話

我碰巧暫時占據了這座白宮。你們的孩子中任何人都會像我父親的這個孩子這樣嚮往來此，我就是活著的見證人。

亞伯拉罕・林肯致第一六六俄亥俄團

他的雄心就是一臺永不停息的小發動機。

威廉・亨利・赫恩登（William H. Herndon）

關於林肯的傳說已逐漸吸引住了美國人的想像力，任何政治神話都無法與之相比。這像是一齣戲，劇中的偉人爲易犯錯誤的有罪之人承擔了痛苦和道義重任，代他們受苦受難，以神聖的基督的善德救贖了他們——「對任何人都不懷惡意，對一切人都有仁愛之心」，並且於事業成功的頂峰遭到殺害。老於世故的海約翰（John Hay）對林肯頗爲瞭解，已到了他願意讓人瞭解的極限，稱他爲「自基督以來最偉大的人物」，我們無法想像近代有任何一個其他政治人物能享受這麼高的比喻。

如果說關於林肯的傳說的巨大力量得自他與基督教的各種贖罪主題的相似之處，那麼另一方面，他也同樣完善地代表了美國人經驗中的另一種傾向。雖然林肯的職業是政治而不是工商業，但他也是美國人一向極爲敬仰的自助精神的傑出典範。當然，在美國的傑出政治家當中，他並不是可以自稱出身卑微的第一人，也不是對這種出身加以利用的第一人。但很少有人能像他這樣從相對默默無聞而一躍坐上高位；沒有人像他那樣在攀登高峰的同時如此完全地保持了極端樸實的作風；更沒有人把成功和權力的取得與人性和道義責任的如此強烈的意識結合在一起。林肯認爲自己的突出之處恰恰在於作爲一個普通人而獲得的成就，並且正是據此來向世界解釋他功業的意義。他敏銳地意識到自己是靠個人奮鬥而成功的典範，因而一心一意並且堅持不懈地擔當這一角色，這使他的表演具有高度的藝術性。林肯傳說的第一位作者和林肯「劇」的第一位偉大劇作家就是他本人。

林肯的樸實是十分眞實的。他稱妻子爲「媽媽」；不穿外衣就接待貴客；當了總統還曾向一位出列的士兵大喊：「小兄弟！小兄弟！」然而，他也是個具有複雜心理的人，複雜到足以看出自己的樸實的價值。他一心想強制自己保持誠實正直，近乎病態，謙虛過分，不能像亨利．克萊或詹姆斯．吉萊斯皮．布雷恩（James Gillespie Blaine）可能會做的那樣以粗俗炫耀的姿態出現（一八六○年有一份競選宣傳品曾宣稱他經常閱讀普魯塔克（Plutarch）的著作，爲了證實這一點，他立即閱讀起《希臘羅馬名人傳》來）。不過，他確實透過強化自己實際具有的氣質而形成了自己的政治人格。

即便是在進入政界的初期，演說還充滿老一套的誇大演講詞的時候，林肯也很少忘記提醒人們注意他特有的謙恭態度。他在首次做長篇競選演說時說：「我出身於最卑微的階層，並且始終留在最下層，我沒有那種名流親屬或朋友來舉薦我。」從此以後，他總是說到這一點。「我想諸位都知道我是誰——我就是出身寒微的亞伯拉罕．林肯。……假如我當選，我將感激不盡；假如不能當選，那對我也完全一樣。」反對派有時對他這種貶低自己很不耐煩（「我可憐的、瘦長的臉龐」），一家民主黨刊物曾把他稱爲烏利亞．希普。[1]雖然這種做法有些做作，而且甚至還帶有一種隱蔽的自信心情，即海（約翰）所謂的「知識分子的傲慢」，但其中並無欺騙的成分。這很符合林肯心目中的自畫像，在他心目中，自己是和窮人、老人及被遺忘的人在一起的。林肯曾在給赫恩登的信中提到「我那衰老、乾澀的雙眼」，他當時不過將近三十九歲，這封信顯然不是爲對選民譁眾取寵而寫的。

他那平凡而不修邊幅的形象始終存在著這種引人同情的因素。林肯夫人的一位朋友曾說：「他是人們見過的最不信神的人。」然而，他的同事們卻看出這可能是一筆政治資本，並將其轉變爲一種最成功的政治象徵——雙手粗硬的劈圍欄橫木者。在一八六〇年的一次共和黨集會上，約翰·漢克斯（John Hanks）和另一位老拓荒者扛著兩根圍欄橫木來到會上，橫木上標寫著：「這兩根圍欄橫木是由亞伯拉罕·林肯和約翰·漢克斯於一八三〇年在桑加蒙河邊低地爲一塊地皮圍欄劈成的。」林肯則以他通常的坦率態度承認，他不知道這是否就是那兩根，但他可以肯定，他過去實際劈的橫木絕不比這兩根差。以後小塔德終於可以說：「全世界都知道爸爸過去是常劈圍欄橫木的。」

謙卑屬於基督教主要美德中的溫和一類。「謙虛的人有福了，因爲他們必承受大地。」但是，基督教的要求和成功的神話是不相容的。產生成功神話和靠自我奮鬥成功者的競爭性社會或許可在原則上接受基督教的美德，但簡直不能將其付諸實踐。成功神話的動力是野心，這與基督教的大罪驕傲倒十分相近。在一個通行野心和自助精神，而又一再宣傳蔑視其結果的道德準則的世界上，一個誠摯的人，一個生活在危機時代的知名人士，如何能既滿足自己的抱負而又在道德上始終做一個完人？如果他像林肯一樣內心極爲虔誠，那麼就離大悲劇不遠了。

二

林肯的思想和性格中至關重要的關鍵在於他是一個徹頭徹尾的政治活動家，無論從他自己的選擇還是從他所受的鍛鍊來看都是如此。很難想出與他地位相當的人當中還有誰如此把全部身心投入

【1】狄更斯小說《塊肉餘生記》中說話故意低聲下氣的人物。——譯者

政治生涯中。林肯幾乎是剛剛成年就一頭栽進政治，並且除了曾一度因政治情況不利的變化而重操律師舊業外從未改行。他的生活就是參加政黨的各種幹部會議、全國代表大會，撰寫黨的傳單、文件、發表演說、寫請願書、提建議、制定策略和計畫，並實現種種抱負。他去世後，赫恩登曾寫道：「他生活在政治的天地裡，政治就是他的生命，報紙就是他的食糧，雄心壯志就是他的推動力。」

林肯在青年時代外表就顯得懶散，像他的父親；但他思想活躍好辯，這又不像父親。他年僅十五歲時就經常站在樹樁和圍欄上作政治演說，父親見到就拉他回去做工。他愛聽律師們辯論，並且聽在耳裡想在心裡。赫恩登證實：「他有目的地專門讀書，並且認爲沒有功效、用途或不能付諸實踐的事物就沒有價值。」[2]林肯要是讀起書來則喜歡朗讀。赫恩登曾問他爲什麼這樣，他答道：「我用兩種感官去抓住意思，因爲朗讀時我既用眼睛看，又用耳朵聽……即使我不能更好地領會，但至少可以記得更牢一些。」這正是一位有志登臺演講的人的閱讀習慣。

在伊利諾大草原上，對於一位具有如此性情而又沒有狹義的經商天分的青年來說，最大的機會莫過於當牧師、從事法律或投身政治。林肯讀過潘恩和沃爾內的著作，因爲在神學上太缺乏正統思想，不適於做牧師，結果就只有法律和政治了。但他先試了政治：二十三歲就開始謀公職，當時他來到伊利諾小鎮新賽勒姆僅七個月，在此之前，他只零星做過一些工作：渡船工、測量員、郵務所長、店員、劈圍欄橫木工、農場雇工等等；如今，沒有任何其他準備，他就在想被選入州議會了。雖然這次沒有選上，但兩年後，即一八三四年，桑加蒙郡把他選進了下院。直到首屆任期將近結束時，他才具備律師資格，終於獲得了州法院所屬的律師資格。

從這時起直至生命結束——一八四九年至一八五四年除外，當時他的政治前途頗爲黯淡——林肯不是忙於公務就是忙於謀求公職。一八六〇年夏，他的一位朋友想爲他寫一篇供競選用的傳記，爲此，他以第三人稱寫下了以往到這時爲止的政治簡歷：一八三二年——曾爭取當選（州）議員，未果；一八三四年——「以任何候選人可得的最高票數」被選爲（州）議員；一八三六年、一八三八年、一八四〇年——連選連任；一八三八年和一八四〇年——被他所在黨推舉爲伊利諾眾議院議長候選人，但未當選；一八四〇年和一八四四年——列入哈里森和克萊的選舉人名單，「並爲兩次競選活動花了大量時間精力」；一八四六年——被選入國會；一八四八年——爲扎卡里·泰勒（Zachary Taylor）競選活動工作，在馬里蘭和麻薩諸塞發表演說，「並在伊利諾州他本人所在選區盡力宣講，結果在該選區爲泰勒將軍爭取到一千五百以上的多數票」；一八五二年——列入溫菲爾德·史考特的選舉人名單，「但由於在伊利諾州毫無希望，他不如以往總統競選活動那樣盡力」；一八五四年——「……他的職業幾乎取代了對政治的一切念頭，密蘇里妥協案的撤銷喚醒了他，這是前所未有的」；一八五六年——在幫弗里蒙特進行的競選活動中「做了五十多次講演」；在共和黨全國代表大會上突出地獲得副總統提名。……

之後的情況就是人們十分熟悉的了。

在政治活動中，林肯從不獨持異見。無論在銀行議題上、在國內交通運輸改善議題上、在墨西哥戰爭（Mexican War）議題上（甚至不惜自己的政治代價），還是在稅率議題上，他始終是堅定、正統的輝格黨人。他很早就成了黨內的勤懇工作人員，伊利諾州輝格黨委員會委員以及輝格黨在州議會的議員領袖之一。正如查恩伍德勳爵（Lord Charnwood）所說：「人們不大看得起的黨務

---

〔2〕多年中，赫恩登一直在他們的辦公桌上放著《西敏評論》（*Westminster Review*）、《愛丁堡週報》和其他英國期刊以及達爾文、史賓賽和其他英國作家的著作。他想以此提起林肯的興趣，但效果不大。「有時他會抓起一本，仔細閱讀一會兒，但很快又將書扔掉，樣子像是說這太深奧，像他這樣的常人根本無法消化。」

工作起初對他很有吸引力。」就在這段時期中，他學到了盤算周到且負責任的適應環境的習慣，這成爲他以後管理國家的國務活動的典型特徵。

一八四八年，當時他仍是國會議員，在總統候選人問題上站到精明的輝格黨領導人一邊，他們都不願要黨內的老政治家亨利．克萊做候選人，寧願要扎卡里．泰勒，他雖然在思想修養上準備不足，但有當選的希望。在競選活動中，他爲泰勒閃爍其詞的態度辯解說，泰勒遠不是無原則之人，他維護的是最崇高的原則——「讓人民按自己的意願自由行事」。林肯本人由於已與人達成輪流當候選人的協定，沒有再次參加議員競選；如果當時參加議員競選，失敗是必定無疑的。他曾想在聯邦土地管理局謀個職位，但遭到拒絕；有一個不大有吸引力的奧勒岡領地的部長職位可提供給他，他回絕了。他的政治生涯一度似已近終結；由於在國會中默默無聞、鬱鬱不得志，他深感自卑，只能很不情願地回去重操律師業，貝弗里奇說他「深深地」爲一股憂鬱的情緒所壓倒：「一般人簡直難以估計到什麼深度。他的沮喪情緒定然與政治上的失意有關。」當律師雖然賺很多錢，但他的志向不在於法律一行，他的抱負在於從政。多年以後，赫恩登和傑西．威克（Jesse Weik）準備對他做一番研究，威克想強調他在法律方面的卓著成就，而赫恩登則表示反對：「怎麼能把林肯寫成一位傑出的律師？在他的心靈中，他自己的宏圖大志在沸騰，而這與法律無關。」

一八五四年，密蘇里妥協案的撤銷使兩大黨開始分化，從而產生了變動不定的政治局勢，再次激發了林肯心中的希望。在一段時期中，他似乎認爲奴隸制擴張的議題是振興輝格黨的一種辦法，對於該黨，他實在不忍離之而去。共和黨在西北部建立了地方和州級組織，他堅持了兩年不肯加入，甚至到一八五六年他已在支持共和黨的候選人弗里蒙特了，還是小心翼翼地避免把自己和同事說成是共和黨人。一八五四年秋，他接受赫恩登的建議，躲離斯普林菲爾德，以避開共和黨在那裡舉行的州代表大會，因爲他極想獲得參院提名，擔心觸怒了伊利諾州眾多老資格的輝格黨人。但是第二年他並沒有獲得提名，這使他那十分嚴重的抑鬱症又發作了，不能自已。赫恩登（他十分崇敬林肯，我們可以肯定他的話絕無惡意）說：「誰要是認爲林肯會正襟危坐，靜待人民召喚，那是對林肯十分錯誤的認識。林肯總是事先預測情況，制定計畫，他的雄心就是一臺永不停息的小發動機。」林肯心懷激情而外表平靜，只想以自己的誠實努力出頭發跡，成就一番事業。正是這種美國人的典型推動力支配了他漫長的生涯，直到開始注意奴隸制問題。他對這種動力的理解指導了他的政治思想。

三

如果根據是否爲有才幹之人提供從底層升至有錢、有權力和有聲譽的地位的機會來評判歷史時代，那麼林肯成長的時期就是歷史上最偉大的時期之一，俄亥俄河以北和以西的新領地——民主河谷——則是在所有地方中能夠提供此類機會最多的地方。

亞伯拉罕·林肯十九歲那年，安德魯·傑克遜當選爲總統。他的父親湯瑪斯·林肯與他所在地區的大多數窮人一樣是傑克遜民主黨人，亞伯拉罕起初也接受了他的政治觀點。但是十八、九歲時，他的政治觀點發生了轉變，成了國家共和黨人，一八三二年首次參加選舉，他將票投給了亨利·克萊。

國家共和黨（National Republican）〔即後來的輝格黨（Whig）〕主張國內交通運輸改善計畫、穩定貨幣及保守的銀行觀念；這三點正是林肯居住的地區所需要的。無疑，他的決定也有個人的因素。如果說民主黨人較爲強調人的平等，那麼輝格黨人則擁有最重要的人、最富有的人，即便在西部也是如此。抱有雄心的青年指望本地區富足、穩健的公民給予政治上的指導，這是很自然的，也是適宜的；在印第安那的小鎮上，林肯童年時代最崇敬的是一些國家共和黨人，他們都十分崇拜亨利．克萊；丹尼斯．漢克斯（Dennis Hanks）[3]後來傷心地回憶道：林肯「一向愛聽亨利．克萊的演講」。在林肯或漢克斯家庭成員中，除約翰．漢克斯於一八六〇年轉變為共和黨人外，只有亞伯拉罕一人背離了民主黨。

經過幾年的停滯不動，林肯在二十五、六歲時終於以最快的速度向前躍進。在關於林肯的傳說中，經常提到他年輕時如何艱難困苦，其中許多故事是眞實的，但同時也應當指出，他在相當年輕時就一舉獲得了成功。他在二十四歲時尚無人知曉，二十八歲則已成了伊利諾州眾議院本黨的領袖，因在爭取把州政府遷至斯普林菲爾德的鬥爭中獲勝而出了名，在桑加蒙郡和州首府聲望極高，他還是本州一位最能幹的律師的合夥人。赫恩登在論及他在斯普林菲爾德的初期活動時寫道：「林肯早期活動之順利無人可比。他有……一批有錢有勢的朋友幫助；他們為獲得幫助林肯的殊榮幾乎要打起來……林肯是……本城的寵兒。」又說：「而他又是受之無愧的。」這樣一種成功會使常人鬆了勁並飽食發福了，而對於更加不肯安生的人來說，這不啻為一帖毒藥。

與他那些「有錢有勢的朋友」一樣，林肯應歸入上層特權階層；這使他付出一定的代價。他在經過一段時間以後，透過婚姻躋身於尼尼安．愛德華斯（Ninian Edwards）家族的圈子，有人曾說，愛德華斯「生來本質上就是貴族，並且……憎恨民主……就像傳說裡魔鬼憎恨聖水那樣」。林肯是在民主氣氛中成長起來的，他與這類家族的聯姻只能激勵他對民主方式的忠誠，他確實沒有「從屬」過那個圈子。而瑪麗．陶德（Mary Todd）在社會出身方面也始終對他傲然相待。

一八五八年，在一封討論共和黨發展壯大的信中，他寫道：「許多樸素的老民主黨人都站在我們一邊，而幾乎所有足穿絲襪的、孤傲的老輝格黨人卻在反對我們。我不是指老輝格黨的全體，而是指幾乎所有極其高傲的那類人。」林肯敏銳地意識到自己不屬於「極其高傲的那類人」，這是一筆顯著的政治資本。毫無疑問，正是這種意識使他在早期的政治生涯中能夠既眞誠地談論傑佛遜的原則，又支持漢彌爾頓的措施。無論是出於公還是出於私，他對於人們因他是輝格黨員而把他與貴族連繫起來都非常惱火，並曾痛切地抱怨說，人們不恰當地把他「歸入追求豪華、財富和貴族世家的顯赫的人」。

然而，年輕的林肯終究沒有成爲一個直言不諱的民主派。在伊利諾州的社會氣氛中，他站在溫和的穩健派一邊。一八三六年，他再次參加了州議員競選，當時向一家報紙送去了一份說明他的觀點的聲明，其中說：「我主張，凡幫助政府承受負擔的人都可分享其特權。因此，我主張一切白人只要繳稅或參軍（並不排斥女性）都有選舉權。」一八一八年的伊利諾州憲法事實上就已規定男性白人居民滿二十一歲者都有選舉權，並無其他條件要求，因此，林肯的主張實際上意味著倒退了一步。[4]

林肯的民主精神還不夠廣泛，沒有超越膚色界線，然而，這種民主也因此而比他周圍的許多同時代人主張的民主有更大的迴旋餘地。在政治實踐中，只要涉及黑人問題，他就十分謹慎，而他又十分透澈地瞭解維護奴隸制的論點的邏輯，並對這些論點以非凡的見識做了回答，二者的鮮明對比正是他的古怪而複雜的個性中最不尋常的特點。事實上，他任總統後對奴隸制的猛烈抨擊令人信服，表明他具有極大的道義力量，遠遠大於他在行動中表現出來的力量。一八五四年後，林肯開始

[3] 林肯母親南希·漢克斯娘家的小輩。——譯者

[4] 不過，假定林肯希望得到認真對待的話，括弧中提及女性已是夠大膽了。他寫下這些話比在塞內卡福爾斯召開的第一屆女權代表大會還早十二年；而即使是在該屆大會上，當伊莉莎白·卡迪·史坦頓（Elizabath Cady Stanton）提議把選舉權也作為一項要求列入時，她的同事，盧克麗霞·莫特（Lucretia Mott）這位貴格會（Quakers）女教徒還斥責她說：「伊莉莎白，你將置我們於可笑境地。」

重新研究奴隸制問題，他尤其尖銳地指出，奴隸制維護者的邏輯極不民主，不僅就南部的情況來說是這樣，而且對任何地方的人與人關係來說也是這樣。他立論的要點是，不相容原理沒有內在的遏制力量；隨意阻撓某一少數行使自己的權利，這會成爲一種先例和道義上的認可，可被人用來阻撓其他少數，並且會造成一種思想框架，致使無人可指望從中得到正義和安全。他在致斯皮德（Speed）的信中寫道：

我不是「一無所知黨人」，我怎麼會是這種人呢？痛恨壓迫黑奴的人怎麼會支持白種人的墮落階層？在我看來，我們退步很快。建國之初我們曾宣稱「人人生而平等」。如今我們實際上在說「人人生而平等，但黑人除外」。倘若「一無所知黨人」掌權，這句話就會變成「人人生而平等，但黑人和外國人及天主教徒除外」。假如眞有這一天，我寧願移居到不假裝熱愛自由的國家去——例如俄國，在該國，專制就是純粹專制，毫不摻雜虛僞成分。

因此，在林肯眼裡，《獨立宣言》的意義又變成傑佛遜的看法——不僅僅是以書面形式確定下來的權利理論，而是一種實行民主的工具。林肯把傑佛遜看作自己政治靈感的源泉，他說傑佛遜是「我國歷史上最傑出的政治家」。一八五九年，他曾宣稱：「傑佛遜的原則就是自由社會的定義和準則。」大約就在這時，他在私下寫道：「傑佛遜派的形成全在於他們一意維護人的權利，據認爲這是至高無上的，並主張財產權僅能居次要地位，且大大低於前者。」他譴責民主黨背棄了傑佛遜傳統，因爲它認爲一人的自由如果與另一人的財產相牴觸就毫無意義。他又說：「共和黨人既重視人，又重視金錢，如果兩者發生衝突，就把人放在金錢之前。」這句話極有典型性，應當牢牢記住。這句話是他的自我寫照：他看到了人類在道義上的理想主義；其存在是毫無疑問的，但他也希望外部世界不會迫使它強加於人。

《獨立宣言》不僅僅是林肯的基本信條，而且也爲他提供了最有力的政治武器。然而，到頭來，他在實踐中無法做到前後一致的也正是對《獨立宣言》的態度。《獨立宣言》是一份革命性的文件，對此，林肯也表示同意。他在早期的一次公開聲明中宣稱：

> 任何地方的人民都有權起來推翻現政府並組建其認爲更適合的新政府，只要他們有此意願和力量。這是最寶貴、最神聖的權利——我們希望並相信這一權利將使全世界獲得解放。

說了這些話，他還意猶未盡：

> 這些人中，凡有能力者都可以革新他居住的一切土地並據爲己有。不僅如此，其中任何一部分這種人的多數都可以實行革命，對混在一起的或周圍的可能反對這一運動的少數實行鎮壓。我國獨立革命運動中的效忠派就是這樣的少數。革命的特點之一即是不沿循舊軌陳章，而是都予以摧毀並重立新法。

他在首次就職演說中堅定地重申了這一原則。

這是作爲革命理論家的林肯。然而還有另一個林肯：即對既定規章之細節擁有律師般的感覺、像國家主義者那樣恪守憲法約束的林肯。這個林肯總是公開譴責以超出憲法範圍的手段反對奴隸制的廢奴主義者，同時也譴責不讓廢奴主義者行使言論自由和新聞自由權利的暴民。甚至在三十歲前，這個林肯就告誡斯普林菲爾德的青年，不遵守法律會毀了美國的自由體制，並要求他們讓遵紀守法「成爲全民族的政治信仰」。這個林肯鎮壓了分離主義，不肯承認南部也有起來革命的權利，而這正是他曾十分大膽地加以接受的。我們還會看到，正是這個林肯，甚至到最後一刻還不肯以革命手段去鎮壓反叛。盎格魯—撒克遜歷史中，這種矛盾現象比比皆是，並非林肯所特有。

在經濟思想上，林肯對中等階級大眾很熱情。他具有澈底的中產階級思想，爲千百萬美國人說話，這些人起初都是僱傭勞動者——農場雇工、職員、教師、技工、船工以及劈圍欄橫木者——之後終於成了農場主、富裕的食品商、律師、批發商、內科醫生和政治家。他們相信新教倫理的傳統理想：做人只要勤勞節儉、克己自制、鍥而不捨地發揮能力，有朝一日終能躋身有產階層或職業階層，即便不能致富成名，也可贏得獨立和尊敬。在一般人眼裡，一個人經濟地位提不高，其錯不在社會而在個人；這是他自身缺乏某些美德的外部表徵——說明此人貪圖安逸，放縱浪費，或是無能力。

對競爭世界的這種觀念如今早已變得很不準確，但在林肯所處的年代卻並非如此；如今，這種觀念已變得十分保守，而在當時絕非如此。它是傑克遜民主觀念的正當的繼承。它不僅爲登上頂峰者所信奉，而且爲還在努力攀登者所相信。如果說它的個人主義色彩十分強烈，有時甚至不近人情，但它也藐視貴族和階級差別。林肯的一生正是此種理想在政治領域的戲劇性表現，就像卡內基的一生是它在實業領域的表現一樣。一八五一年，他曾在一封給他那不爭氣的異父兄弟——約翰·約翰斯頓（John Johnston）——的信中頗有意思地表述了他自己的而不是傳統的關於自助的觀念：[5]

你想借八十美元，我認爲目前最好還是不答應。以往我也給過你一些綿薄之助，每次你都對我說，「這下我們可以過得很好了」；但不久我就發現你又陷入了同樣的困境。這看來只是由於你做事有缺點。至於是什麼缺點，我想我是知道的。你並不懶惰，但終究是個好閒之人。自從見到你以來，不知你是否曾在哪天好好做過一整天的工。你並不十分討厭做工，但你做得實在不多，其原因僅僅在於你認為從中賺不到多少。你的整個困難就在於養成了這種無益的浪費時間的習慣。

林肯建議約翰斯頓把農場留給家人管理，自己出去找一份賺錢的工作。

現在我答應你，從今天到五月一日，只要你靠自己的勞動賺到一元，我就再補給你一元。……只要你這樣做，你就會很快擺脫債務，並且你還會養成一種習慣，以後再也不會欠債。……你對我一向很好，我也沒有對你不好之意。相反，只要你接受我的勸告，你會發現其價值高於八十個八十元。

如果克勤克儉的能幹的人——不像約翰．約翰斯頓而像林肯那樣——都有機會施展自己的才幹，則社會層次的劃分就不會固定不變，也就不會有永世不得翻身的下層。林肯曾在一次演講中宣稱：「我們當中不存在一成不變的僱傭勞動階級。二十五年前，我就是一個僱傭勞動者。昔日的僱傭勞動者今天已在為自己而勞動，明天還將僱傭他人為自己勞動。在機會均等的社會中，出人頭地——改善狀況——是理所當然之事。」對林肯來說，檢驗一個民主國家的重要標準，是看它

[5] 小說家威廉．迪恩．豪威爾斯之父威廉．庫珀．豪威爾斯（William C. Howells），在林肯就任總統前不久寫信給俄亥俄的一家報紙說，他夫妻二人是「西部類型的美國人的」代表。他說：「下月四日之後，白宮的主人將是來自中產階級或市民等級的最佳代表，這是前所未有的。要是可以讓這些人代表的思想在政府中發揚光大，那一切都會很好。在這樣的政府治下，尊重自己並尊重他人權利的講求實際的個人將達到應有之比例。」

能否在經濟上爲出身下層的人提供改善社會地位的機會。他相信應爲自我奮鬥者提供機會，這個信念就是他整個生涯的關鍵；他的講話對公眾有吸引力的原因在此；這也是他對奴隸制進行批判的核心。

林肯一生中的一切言論都貫穿著強烈的親勞工傾向。他在一八四七年寫的一段話可能是最徹底的，而且肯定是最明確的。他在開頭寫道：

> 既然美好之物多數是靠勞動產生的，因而這一切事物理應屬於那些以勞動生產這些事物的人。但世上古往今來的情況卻是，某些人勞動，另一些人並不勞動卻獲得勞動成果的大部分。這種情況是不公正的，不應繼續下去。任何一個好政府的奮鬥目標，都應是使每一勞動者得到他的全部勞動產品，或使他盡可能得到接近於全部的勞動產品。

這段話讀起來像是社會主義者的論點。但這段話的上下文十分重要；這段話既不是攻擊私有財產的前言，也不是主張世界產品再分配的論點，而是堅決維護保護性關稅的一部分。

在林肯的時代，尤其是在他成長時期的較不發達地區，勞動者尚未完全與其勞動工具分開。勞動的權利仍與勞動者保留自己產品的權利密切相連繫著，正如洛克和傑佛遜所看到的那樣；人們談到勞動的神聖，實際上常常是用含糊的說法在談論擁有勞動產品的權利。這些思想屬於手工業時代而不屬於大工業時代，林肯把這些思想帶進了現代產業的環境中。結果形成了一種奇特的曖昧態度；它展現了一個前半生生活在一種經濟中、後半生又生活在另一種經濟中而企圖公正對待每一種利益的人的心態，值得我們仔細觀察。一八六〇年，共和黨代表大會召開前，林肯曾在全國奔走做競選演說，當他到達紐哈芬時，那裡的製鞋工人正在罷工（strikes）。民主黨人指責共和黨的鼓動者應對此負責，林肯做了針鋒相對的反擊：

……我為看到新英格蘭流行這種勞動制度而感到欣喜，勞動者能有罷工的自由，可視工作條件而決定去留，不論是否付酬，他們並不受束縛或被迫去勞動！我喜歡那種讓人來去自由的制度，並希望能推廣到各地。我反對奴隸制的原因之一也就在於此。勞動者應有的條件是什麼呢？我以為，最好是讓人人都有盡快獲取財產的自由。其中某些人會發財致富。我不相信那種阻止人們發家致富的法律，這種法律弊大於利。因此，雖然我們並不主張對資本宣戰，但我們確實希望能讓最貧賤的人和他人一樣得到平等的致富機會。自由社會的意義就在於，出身貧窮的人——而在生活的競賽中大多數人都是如此——知道他可以改善自己的處境；他知道勞動條件不會終生不變。……這就是正當的制度。

如果說在這整個主張中也有缺陷，這卻是林肯從沒有非面對不可的問題。假如他活到七十歲，他會看到自助精神哺育的一代人成長壯大起來，建立起壓迫性的實業公司，並開始阻塞小人物獲得這種寶貴機會。此外，他還會看到他的黨成了既得利益的走卒，他們對金錢的重視遠遠超過了對人的重視。他本人指揮的社會革命摧毀了一八四〇年代的簡單的平均主義秩序，侵蝕了其所剩無幾的價值觀念，醜化了這一時代的理想。甚至可以說，布思的子彈使他免於經歷比與激進派在重建問題上糾纏更糟的情況。這樣，林肯就一直生活在他們理解的較為幸福的時代中，即他無意中促成其毀滅的時代；這個時代允許他在思想上做出眞誠的妥協。

四

在關於林肯的傳說中，有一個故事占有很重要的地位，說的是他二十一歲時第二次去紐奧良的事。據約翰．漢克斯說，林肯和同伴們來到一個奴隸市場，他們看到拍賣臺上正在拍賣一位健美的混血姑娘，他心中覺得極端痛苦，發誓只要有機會一定要打擊奴隸制，「而且要狠狠給予打擊」。這個故事的含義很清楚：林肯是半個廢奴主義者，《解放黑奴宣言》就是他年輕時誓願的實現。然而，林肯研究者對這個故事的眞實性持懷疑態度。約翰．漢克斯是三十五年後以見證人的身分回憶起此事的，而據林肯說，漢克斯那次只到了聖路易，沒有繼續前行。貝弗里奇指出，無論在公開場合還是在私下場合，林肯顯然從未說起過這件事，[6]而且之後二十年中他也很少關心奴隸制問題。我們知道，雖然逃奴追緝法極不公正，但他卻不肯加以譴責，甚至不肯釋放被控爲逃奴的黑人（他在致斯皮德的信中寫道：「我承認不忍看到這些可憐的人遭到追捕，……但我卻咬緊嘴唇一聲不吭。」）

看待他後期反對奴隸制擴張的態度，必須注意他早先在公開場合對這個議題漠不關心的態度。他對南部的「特殊制度」始終懷有溫和的敵意，之所以保持沉默是出於自我安慰的想法，認爲這種情況註定會極爲漸緩地消失。只有到堪薩斯—內布拉斯加法令（Kansas-Nebraska Act）給奴隸制問題添加了政治色彩之後，他才抓住這個議題作爲宣傳鼓動的題目，只有在這之後才加以公開譴責。林肯的態度是建立在摻雜著實用主義目的的正義感上——或更確切地說，是建立在摻雜著正義感的實用主義目的上的。

林肯出生在肯塔基，應算南部人；雙親都是維吉尼亞人。父親曾在哈丁縣的奴隸搜尋隊服役過。十九世紀初葉，成千上萬戶家庭從南部各州，尤其是從維吉尼亞、肯塔基和田納西，移往「民主河谷」，並在俄亥俄、印第安那和伊利諾南部定居，林肯一家就是其中之一。

林肯在印第安那州和伊利諾州度過了少年時代；他所在的地區奴隸很少或根本沒有，奴隸問題也沒有出現在他面前。在伊利諾州，人們對黑人普遍懷有強烈的敵意。當林肯進入設在斯普林菲爾德的州議會時，當地對自由的黑人和逃亡的奴隸實行著嚴厲的法律，也沒有跡象表明當地存在著以解放黑奴爲宗旨的民眾運動。林肯於一八二八年和一八三一年兩次前往紐奧良，由此對奴隸制產生的體驗似並未留下什麼足以使他的行爲發生變化的深刻印象，他私下一向十分富於同情心，但在從政和律師事務中從未爲尚未深入人心的改革運動做過鼓吹。

然而林肯在伊利諾州議會的第二屆任期間，全國上下已在討論奴隸制問題。葛里森已開始他的宣傳活動，要求在哥倫比亞特區廢除奴隸制的請願書也開始湧向國會。各州議會紛紛就此發表意見。在伊利諾，州議會將這個議題交一個聯合委員會處理，委員中有林肯和他來自桑加蒙郡的同事丹·史東（Dan Stone）。二十八歲的林肯因此有機會從兩個方面來考察整個奴隸制問題。委員會彙報了一些贊成奴隸制的決議，立刻獲得通過；這些決議讚揚了白人文化對非洲土人帶來的好處，列舉了獲解放的黑人的悲慘境遇，以此證明爭取自由的愚蠢，並譴責了廢奴主義者。

林肯對這些決議投了反對票。六星期之後，他和史東終於把自己的意見納入了一份決議，該決議被收進《下院議事錄》，很快就被遺忘了。其所以耽擱了六星期，原因是他不想疏遠任何人，以免他們不支持他最熱心的事業，即把州首府從萬達利亞遷至斯普林菲爾德。這項決議中寫道：

〔6〕不過，赫恩登曾證實說，他聽林肯提起過目睹奴隸買賣的情形。見赫恩登所著《林肯傳》（*Life of Lincoln*）（一九三〇年，安格爾版），第六十四頁。林肯在一八六〇年一月十九日致亞歷山大·史蒂文斯（Alexander Stephens）的信中寫道：「幼時我曾乘平底船去過紐奧良，在該地，我看到了以前在肯塔基未見過的奴隸制和奴隸市場，並且，還聽到紅河地區種植園的更壞的情況。」

「他們（林肯和史東）認爲奴隸制度是建立在非正義和不道德的政策之上，但是宣傳廢奴主義的主張反而會使其罪惡有增無減。」（後期的林肯可能會說，這句話的意思是，奴隸制是錯誤的，但主張廢除奴隸制也是錯誤的，因爲這會使奴隸制變得更壞）。他們又說，雖然《憲法》並不允許國會廢止各州的奴隸制，但國會可以廢止哥倫比亞特區的奴隸制——不過，除非「特區人民提出要求」，否則不得行使這一權力。這段話吐露出他堅定不移地強調採取溫和的態度，但同時應當注意，這段話所代表的觀點比盛行觀點略偏左。林肯表明了自己的見解，不僅僅說奴隸制是「不道德的政策」，而且說它是不公正的；但是他這樣做時沒有危及他的大計，即把州首府遷至斯普林菲爾德。

一八四五年，林肯進入國會不久，又一次獲得機會表述自己對奴隸制的見解；這一次是他給一位政治支持者寫了一封個人書信，遣詞造句十分審慎，而這位支持者又恰恰是一位廢奴主義者。

> 我主張：由於合眾國，或許也由於自由本身（雖似頗爲矛盾），我們各自由州的重大責任是不去觸動其他各州的奴隸制；然而我又同樣明確主張，我們絕不應直接或間接自覺阻止奴隸制的自然消亡——當它無法在老地方生存時爲它另找一處地方。

這一立場貫穿了他的整個政治生涯。

林肯在他的國會議員任期即將結束之時，於一八四九年一月在國會提出了一項決議案，指示哥倫比亞特區議會公布一項關於廢止該特區奴隸制的法案。法案規定，奴隸母親於一八五〇年一月一日後所生子女應獲得自由，並由其母之主人扶養至某一年齡。願意解放奴隸的特區居民，將由聯邦國庫予以補償。林肯又親自增寫了一節，要求華盛頓和喬治城市政當局提供「積極有效的手段」，逮捕所有逃入特區的奴隸，並歸還他們的主人（此事距他表示不忍「看到這些可憐的人遭到追捕」還有六年時間）。多年之後，溫德爾·菲利普斯在追述這項關於逃奴的規定時，頗不公正地將林肯稱爲「那個來自伊利諾州的奴隸追捕者」。這項法案雖未獲通過，但卻引起了一場關於奴隸制是否符合道德的激烈辯證，而林肯沒有參加這場辯論。

當林肯終於重返活躍的政界時，奴隸制問題已開始占據美國政治舞臺的中心地位。史蒂芬·道格拉斯（Stephen Douglas）和他在國會的某些同事已使堪薩斯—內布拉斯加法令獲得通過，該法令至少是正式地向奴隸制開放了某些新的領地，等於撤銷了實行了三十四年的密蘇里妥協案中禁止在三十六度三十分線以北實行奴隸制的部分條款。這一議案引起了北部的強烈反對，並使道格拉斯的黨發生分裂。以反對奴隸制擴張爲宗旨的共和黨開始在西北部的一些小地方出現。奴隸制問題激發了林肯的雄心和興趣，他著手重整旗鼓，試試他在政治上的運氣。

他的策略既簡單又有力。他謹愼地回避關稅、國內交通運輸改善問題、「一無所知」黨人的狂熱或禁酒主義等問題，因爲觸動這些問題中的每一個問題都會和重要的選民集團疏遠。他在演說中一再表白自己不是廢奴主義者，同時又堅持反對奴隸制擴張的唯一綱領。一八五四年十月四日，四十五歲的林肯平生第一次對奴隸制做了公開譴責。他在斯普林菲爾德眾院大廳做了一次講演（後來又在皮奧里亞重複了一遍），宣稱他憎恨當時的擴張奴隸制的狂熱：「原因在於奴隸制本身極不正義。」他又說，他對南部人民並無偏見。他理解他們的論點，即，很難「以任何令人滿意的方式」廢止這一制度。「我當然不會責備他們沒有做連我本人也不知該怎麼做的事。即或授予我一切世俗力量，我也不知道該怎麼處置既存的制度。我會首先想到解放全體奴隸並將他們送往賴比瑞亞，回他們的本土。」但是，他又說，立即移民顯然是不可能的。奴隸可獲得自由，而「在我們中間仍將是下屬」。這是否能眞正改善他們的狀況？

下一步怎麼樣？給他們自由，讓他們獲得與我們同等的政治和社會地位。我的感情不允許如此，即便我的感情允許，我們很清楚，白人大眾的感情也不允許如此，這種感情究竟是否符合正義和正確的見解，這不是唯一的問題，即便確實是問題的一部分。一種普遍的感情，無論是否有根據，都不能等閒視之。[7]

然而，林肯又強調，絕無理由試圖把奴隸制引入現在的自由區，因爲奴隸制無疑是不公正的。他在皮奧里亞說：「人類大眾都認爲奴隸制是道義上的大錯。〔這種看法〕基於正義感，不可輕視。……任何政治家均不能等閒視之。」最後一句話是林肯態度日趨激進的關鍵。作爲一個注重實際的政治家，他自然十分關心任何政治家都不能等閒視之的公眾情緒。他深知，對兩種感情都不可等閒視之，一種視奴隸制爲道義錯誤，一種則認爲絕不可讓黑人獲得平等的政治和社會地位——有這種情緒的公眾人數更多。

如此，他就擊中了共和黨人在西北部面臨的問題的核心：如何找到一種方案調和北部許多白人的兩種對立觀點。他之所以能在一八六〇年競選獲勝，他那彌合分歧的能力起了不小的作用，這個成績使他躋身於世上偉大政治宣傳家的行列。

爲了理解林肯的策略，我們必須記住一個明顯的事實：分散在全國，特別是林肯力量源泉的西北部的廢奴主義者及其人道主義的同情者，雖然爲數眾多，已有舉足輕重的力量，但要形成一個成功的政黨還遠遠不夠。況且，西北部的大多數白人事實上不僅並不主張廢奴，而且實際上都敵視黑人——問題的核心就在於此。他們一想到將與州內的大批黑人生活在一起就感到害怕和嫌惡，更不用說想到將來黑人還會成爲與他們競爭的勞力了。這就形成了針對自由黑人的嚴厲法律，例如，林肯所在的伊利諾州就是如此。[8]在關於將堪薩斯準州變爲自由州的宣傳鼓動中，大多數共和黨人行爲所帶的色彩爲自身利益的遠遠超過道義原則。堪薩斯準州共和黨人在其所謂的《托皮卡憲法》（Topeka Consitution）中甚至禁止自由黑人進入該準州，並且只給白人和印第安人投票權。使他們不安的並非奴役本身——而是黑人，無論是已獲自由者還是奴隸都一樣。西北部共和黨報刊一再把共和黨稱爲「白人黨」。密蘇里的共和黨主要報刊，弗蘭克·布萊爾的《密蘇里民主日報》（*The Daily Missouri Democrat*）有一句口號——「白人爲密蘇里，密蘇里爲白人」。有一種論點認爲西北部早期出現的共和黨建立在道義原則基礎之上，而以上這句口號是給予毀滅性打擊的最有力證據。在共和黨於一八六〇年舉行的代表大會上，一塊贊同《獨立宣言》的標語板引起了一片噓聲，幾乎被迫撤去，只有在反奴隸制人士揚言要退出之後才得以倖免。

如果共和黨人想在具有戰略地位的西北部取勝，他們怎樣才能贏得厭惡黑人者和反奴隸制人士的共同支持？如果僅僅堅持將奴隸制說成一種罪惡，就有廢奴主義之嫌，從而觸犯仇視黑人的人；如果反對奴隸制擴張的道義調門定得過低，又會失去人道主義者的寶貴支持。林肯或許是借鑑了自由土地黨人的思想，提出並利用了一種恰到好處的辦法。他先是在皮奧里亞的演說中暗示道：

---

[7] 林肯後來又在伊利諾州渥太華的一次辯論中重複了一段更長的話，其中包括這段話，並補充說：「這就是我就奴隸制和黑人問題所說的一切的真實內容。」

[8] 一八四七年舉行的伊利諾州制憲會議通過了一項條款並付諸公民表決，該條款指令立法機關通過禁止有色人移民的法律。這一條款以五萬零兩百六十一票對兩萬一千兩百九十七票的表決結果獲得批准。如果可以以這項表決結果作為依據，就可以看出敵視黑人者與其反對者的比例超過二比一。一八五三年，該州事實上已在法律上禁止黑人移入，無論是自由黑人或是奴隸都一樣。對於違法進入該州的黑人均處以巨額罰款，若繳不起罰金，即可將其出售為奴。西北各州無一允許黑人獲得選舉權。

將如何充分利用這些準州，是舉國關注的事。我們願這些領地成爲自由白人的家園，如果奴隸制被移植到這些準州，則斷難成爲這種家園。貧窮的白人宜移出而不宜移入蓄奴州。窮人可移入新成立的自由州，以改善境遇。爲此，全國需要這些領地。

林肯於一八五六年五月在一次州共和黨代表大會上發表的、已「失傳」的布盧明頓演說中，首次表明了這段話所含的全部潛在意思。據林肯在伊利諾州律師協會的一位同事報導，他在這次演說中告誡人們，道格拉斯及其追隨者動輒亂嚷不相干的稱號「廢奴主義者」，會把人們嚇得連自由都不敢去想。據報導，他還說：[9]「如果這種伎倆竟能得逞，如果自由黑人竟被當作非人之物對待，諸位請想一想，窮苦的白人被當作非人之物之時還會遠嗎？」

共和黨的問題答案就在於此。敵視黑人的人和廢奴主義者都可以理解這種威脅；如果自由遭到破壞，他們自己就不得不在當時的自由州內與奴隸的勞動展開競爭——甚至會與黑人一樣淪爲奴隸！就此而言，有一個論點大可觸動北部每一個人的心弦，無論他是農民還是工人，也無論他是廢奴主義者還是種族主義者：如果不設法制止奴隸制的擴散，它就會擴張到全國各地。[10]林肯當時之所以一再爲勞工說話，其實際意義也在於此。林肯使奴隸制問題超越了是否符合道義和法律的爭執範圍，著重突出其涉及自由勞工切身利益之處，因而使得這個問題具有普遍吸引力。爲投合廢奴主義者的思想，他一直說奴隸制是一種罪惡；而爲了維護北部所有白人的物質利益，他反對奴隸制的進一步擴張。

林肯從一八五四年起直至當選總統，在每一次有記錄的演講中都要利用這個論點，意識到這一點，它的重要性就顯而易見了。他曾在堪薩斯宣稱，防止奴隸制擴散到全國「是本組織（共和黨）的宗旨」。這個論點對於正在大批湧入西北部的移民也有巨大的吸引力。林肯在奧爾頓——其所在郡有百分之五十的居民是在外國出生的——所做的講演中特意明確指出，他不僅主張各準州對出生在美國的人開放，而且主張「使其對全世界各地自由白人開放——讓漢斯們、巴蒂斯特們和派翠克們以及全世界的人們在這裡建立新家園，並改善自己的生活條件」。

林肯在與道格拉斯的辯論中一再闡述了這個主題，並指控道格拉斯本人參與了民主黨的「陰謀……其唯一目的就是在全國實行奴隸制」。[11]道格拉斯和最高法院（一年前，最高法院剛剛做出

---

[9] 這次演講留下的唯一文字紀錄不是逐字紀錄報告。

[10] 史蒂芬·阿諾·道格拉斯也像林肯一樣有力地利用了這種恐懼心理：「你們是否願讓這個美麗的州變為自由黑人的殖民地，以便在密蘇里廢除奴隸制後把十萬名獲自由的奴隸送進伊利諾州，讓他們成為與你們平等的公民和選民？」但道格拉斯沒有相應地利用反奴隸制情緒，林肯卻能夠利用這一事實。

並非只有林肯才認為奴隸制是對全國自由勞工的威脅，並且這種想法也不是當時才有。在墨西哥戰爭時期，洛厄爾就借其筆下的比格羅之口說：

哎呀！這和算術一樣清楚
一加一，等於二
那些把黑人充當奴隸的傢伙
還要把你也當作白奴。

西華德在林肯作「自相紛爭的一家」演講四個月之後，在其「無法抑制的衝突」演講中宣稱：「合眾國遲早必會成為一個完全蓄奴的國家或者完全自由勞工的國家。或是南卡羅萊納州的棉田、稻田和路易斯安那州的蔗園終將由自由勞工耕作，查爾斯頓和紐奧良成為只是合法商品的市場，或是麻薩諸塞和紐約農場主的麥田必再由奴隸耕種和生產，波士頓和紐約將再次成為人類肉體和靈魂買賣的市場。」但林肯之所以在一八六〇年被選中，得到黨的提名，在較大的程度上是因為一般認為他在奴隸制問題上比西華德穩健一些。

[11] 歷史學家認為這種指責不真實。林肯承認無重大證據。

了德雷德·史考特案裁決）[12]很快將把美國人民「置於可使本國普遍實行奴隸制的羈絆之下」。首席法官托尼曾宣稱，根據《憲法》，國會無權禁止這些準州實行奴隸制。林肯說，下一步將是：

最高法院再做一項裁決，宣布美國憲法不允許州從它的界內排除奴隸制。……我們將心安理得地睡著，夢見密蘇里州人民即將使全州實現自由；而我們在現實中醒來卻看到最高法院已使伊利諾州變成了蓄奴州。

這也是他那「自相紛爭的一家」演講的主題：

我不希望合眾國解體——我確不希望這個家分崩離析——但我確實期望這個家停止爭論。結論只有一個，非此即彼。或是反對者制止奴隸制進一步擴散，依照公眾的信念使它最終消亡；或是奴隸制的鼓吹者推廣這一制度，直到在所有的州，不分南北，不分新老，一概成為合法的制度。難道我們沒有後一種趨向嗎？[13]

人們引用這段話時從來不引最後一句話，原因可能是從寫文章的角度來看，這句話虎頭蛇尾、平凡瑣碎。但在林肯心目中——我們或許可以猜想，在聽他講話的人的心目中——這句話絕不是虎頭蛇尾、平凡瑣碎，而是至關緊要的。林肯並非強調在短期內廢除奴隸制的必要性；他強調的是當前的「危險」，即如果不立即嚴格限制奴隸制在地域上的擴散，它就有可能成為全國性的制度。

林肯做了此次「自相紛爭的一家」的演說後，用了很多時間進行解釋，表白自己不是廢奴主義者。這些解釋、表白，再加上他想同時取悅於廢奴主義者和敵視黑人分子的策略，使他陷入了自相矛盾的窘境。他在伊利諾州北部對有廢奴思想的聽眾說的是一種格調，在南部移民居多的伊利諾州南部說的又是另一種格調。將他在芝加哥和查爾斯頓兩地關於黑人的言論做一比較，很能說明問題。

一八五八年七月十日，在芝加哥：

讓我們拋棄一切吹毛求疵的意見，不要再說這人與那人不同，這個種族與那個種族不同，說另一個種族劣等，因而必置於劣等地位。讓我們把這一切統統拋開，在整個這片土地上結成一體，直到我們能再次昂然宣告：人人生而平等。

一八五八年九月十八日，在查爾斯頓：

【12】德雷德·史考特是密蘇里州的一個奴隸，他的主人曾把他帶到伊利諾自由州等地方去住過一段時間。當再回到密蘇里州時，他以曾在自由土地上居住因而已經獲得解放為理由，上訴法院要求獲得自由。以首席法官托尼為首的最高法院大多數法官認為史考特不是公民，不能在法院起訴，裁決他仍為奴隸。——校者

【13】據說林肯曾對一些政界友人談起過關於「自相紛爭的一家」的言詞：「我決意把這句話保留在演說詞中，這句話非說不可，而且還要對人民闡述，我寧可因為這句話而被擊敗，也不願因刪去這句話而獲勝。」（赫恩登不認為這句話在政治上對他有什麼害處，還請他放心：「憑這句話你就能當上總統。」）就此而言，與其說林肯為維護一項原則而寧願犧牲政治前途，不如說他在這個問題上把前途孤注一擲。他在任國會議員期間已領教過縮手縮腳只在小是小非上吹毛求疵的政治態度，這種態度只能導致災難。

一八六二年，約瑟夫·梅迪爾（Joseph Medill）問林肯當時為什麼要做「那篇激進的講演」，林肯答道：「是啊，你們使我陷入困境，又用當總統來引誘我，我就開始動動腦筋，想到下屆美國總統需要有一個比我當時更有力的反奴隸制綱領。所以我決定要說出些東西來。」林肯又關照梅迪爾，要他保證不把這話說給別人聽。

因此，我要說，我現在不主張，過去也從不主張以任何方式實現白人和黑人的社會平等及政治平等〔掌聲〕：我現在不主張，過去也從不主張讓黑人成為選民或陪審員，亦不主張使他們取得擔任公職的資格或與白人通婚。……

既然確實共處而又不可能這樣生活在一起，地位必有優劣之分，我與任何人一樣主張白人應居優越地位。

很難判斷眞正的林肯究竟是在芝加哥演講的那一位，還是在查爾斯頓演講的那一位。很可能他每次都眞心相信當時所說的話；很可能他的思想也像是自相紛爭的一家。但無論如何，從中很容易看出一位職業政客拉選票的行為。[14]

道格拉斯充分利用了林肯的前後矛盾之處來攻擊他。在蓋爾斯堡的辯論中，他正式宣告：「如果我想掩飾自己的觀點，在州裡一個地區主張一套原則而在另一地區又主張另一套原則，以此來爭得你們的選票，我將瞧不起我自己。」當時，他的對手就坐在講臺的後一排。林肯對於道格拉斯提到他在芝加哥和查爾斯頓兩次講演中的相互牴觸之處作答如下：「我當時和現在都不認為二者有什麼牴觸之處。」

然而，這是政治——政治中重視策略而不重視思想上是否一致——林肯活動的效果是不容爭辯的。在之後的選舉中，共和黨的一些候選人獲得了多數選票，首次獲選擔任州職。道格拉斯則仍回到了參院，這只是因為民主黨人在州議會仍居多數，他們為本黨利益巧妙地改劃了選區。林肯在把老資格的輝格黨人和反奴隸制人士融合為一個有效的政黨方面做出了重大貢獻，他的聲望也躍然鵲起。他的做法是挑出一個問題——所謂的奴隸制擴張計畫和所謂的奴隸制擴散到全國的危險——透過這個問題就可以把共和黨內分離力量的注意力轉到巨大的內聚力之上。他敏銳地意識到，黨內的成分極爲複雜，在「自相紛爭的一家」演講中坦率地說黨是由「不熟悉的、不協調的乃至敵對的成分」所組成。除廢奴主義者和敵視黑人分子外，它還團結了主張高關稅和低關稅的人、主張硬貨幣和軟貨幣的人、爲以往政治鬥爭所激怒的原輝格黨人和原民主黨人、緬因法的禁酒主義者和德意志血統的酒徒、「一無所知」黨人以及移民等等。林肯像大師一般折衝其間，把這樣一個聯盟團結在一起，帶領它上臺執政，並靠這個黨贏得了戰爭的勝利。

*　*　*

林肯在奴隸制和黑人問題上的態度或許前後極不一致，但這對於他所關心的主要問題是次要的。他對黑人從來談不上十分關心，最關注的一向是自由共和主義的命運以及它對普通白人利益的影響，因爲他認爲自己也屬於這一類人。就此而言，他的政治生涯倒確有其邏輯連貫性。他那關於奴隸制可能擴散到全國的命題雖然很可能沒有事實根據，[15]卻巧妙地以辯證手法扭轉了南部最極端

[14] 林肯喜歡主張說，《獨立宣言》所說人人生而平等也包括黑人。他一再說，他認為黑人可能劣於白人，但是，黑人也有與白人完全平等的權利，這就是有權無須徵得任何人同意而享用靠其勞動所賺得的麵包。儘管如此，林肯仍反對讓黑人得到公民地位。至於一個人沒有投票權又如何能夠維護其享受勞動果實的權利，林肯卻沒有說。他本人在皮奧里亞講演中就說過：「絕無可不經本人同意而支配他人者。」他在一篇關於奴隸制問題的極有意義的非公開文稿中論證說，凡是在道義上為奴隸制權利辯護的人都會造成一種道德規範，以此可證明其本人亦可受奴役（《奴隸制斷想》，一八五四年）。但是，同樣的推理亦適用於否認黑人有獲得公民權利的人。因此，不可避免的結論就是，在黑人問題上，林肯也像美國的普通白人一樣在道義上漠不關心。

[15] 歷史學家一般都同意林肯的同時代人克萊、韋伯斯特、道格拉斯和哈蒙德的看法：奴隸制的擴張在美國大陸部分已達到了自然極限。但即便奴隸制真的擴散到新的領地，也很難得出結論認為它會擴散到北部的自由州。

的奴隸制鼓吹者對普通白人自由提出的質疑。維吉尼亞律師喬治．菲茨休於一八五四年撰寫並發表了一本題爲《南部社會學》（*Sociology for the South*）的著作，他從邏輯上就考宏等人提出的主張奴隸制的論點得出了合乎邏輯的結論。考宏等人曾說，北部工業資本主義對待自由勞工十分野蠻殘酷，而南部的奴隸制對黑人卻相對較好。菲茨休堅持說，既然奴隸制是勞工的最佳條件，因此，一切勞工，無論是黑人勞工還是白人勞工，都應爲資本所有。他預言：「奴隸制不是在各地一律廢止，就是在各地重新成爲制度。」赫恩登讓林肯看看這本書，而林肯則愈看愈氣，愈看愈憎惡。雖然南部有六、七家報紙對菲茨休的論點有所青睞，但整個南部對他並不十分當眞，林肯卻抓住了菲茨休的極端反動思想，將它看作一種有代表性的論點。[16]

甚至早在一八五六年，共和黨人就利用了聲稱奴隸制對自由勞工構成威脅的論點。共和黨人出了一本競選小冊子，題爲《民主黨的新理論：奴隸制不應限於黑人，而應將它變爲全社會勞動階級的普遍情況。這種理論的支持者投票選布坎南》。南部一家報紙隨後發了一篇社論，林肯將它小心裁下，貼在競選用的剪貼簿內：

> 自由社會！這個名稱令人作嘔！自由社會究竟是什麼東西？難道不是油泥滿身的技師、骯髒的機工、小氣的農場主和精神錯亂的理論家糾集而成的大雜燴？北部各州，尤其是新英格蘭各州，不存在適於有教養紳士的社會。在這些地方，只能見到努力模仿紳士風度的技師階層和苦活無人代勞的小農場主，他們連南部紳士的貼身僕從都不如。這就是你們的自由社會，這就是北部那夥人力圖要推廣到堪薩斯的自由社會。

這種言論直接違反了林肯接受的全部信念——人與人的平等、勞動尊嚴以及提高社會地位的權利。

它蔑視北部千百萬自由人民的信念，這些人與林肯一樣雄心勃勃一心向上，相信自由社會的最神聖之處在於能夠使普通人得到發跡的自由和機會。當林肯在蓋爾斯堡與道格拉斯辯論時，共和黨的支持者打出一面巨大的旗幟，上面寫著：「小氣的小農場主、社會中出身低微的人、油泥滿身的技師支持亞伯拉罕．林肯。」

南部因藐視自由勞工的心願而付出了巨大的代價。親奴隸制的反動潮流末日已到，而林肯這樣的人要利用菲茨休之流的思想來摧毀老南部各州是適當的。

至於各準州，假設自然因素尚不足以防止奴隸制向那裡擴散，道格拉斯所說的民眾主權也很可能起到阻止作用。北部自由居民的擴張比南部居民快得多，而且流動性也大得多。道格拉斯讓人們放心：單靠當地定居者就可以把奴隸制排除在準州之外，許多共和黨人都接受了這一點。當道格拉斯與民主黨內以布坎南總統為首的南部傾向較重的一派分手之後，共和黨人中有不少人甚至提出與他聯合，並提出以民眾主權論為綱領提名他為一八六〇年總統候選人！理由是，既然靠地理因素和民眾主權發揮作用也可達到同樣目的，反對奴隸制擴張者何必一定要通過國會法令來將奴隸制排斥在新領地之外，而這種法令又會不必要地惹惱南部。林肯在與道格拉斯辯論中取得的成果之一就是激得後者發表了一些絕對不合自由土壤派共和黨人胃口的言論。然而，最大的諷刺在於，國會中的共和黨人竟在一八六一年初投票支持了著眼於組建科羅拉多、內華達和達科他等準州的法案，而這些法案都不禁止奴隸制。共和黨人在一八六〇年擊敗道格拉斯後，按他的政策而不是林肯的政策進行了準州的組建工作。

[16] 林肯的某些做法刻薄一些。斯普林菲爾德（Springfield）的《保守主義報》（*Conservative*）反對林肯，並以溫和的筆調主張默許奴隸制的擴張。赫恩登認識該報的編輯，有一次在里奇蒙《探索者報》上看到一篇文章，該文認為奴隸制對黑人勞工和白人勞工都是合理的，這與菲茨休的論點不謀而合。林肯說，如果伊利諾州的親奴隸制報紙持這種極端而易受攻擊的立場，那倒會對他有用。赫恩登徵得林肯同意之後，誘使《保守主義報》編輯以贊同的態度轉載了《探索者報》上的那篇文章。結果那位編輯上了當，而這家報社也因此而「幾乎垮臺」。

五

林肯尚未上任，使之得以當選的問題即已失去新意。位於最南部的七個州脫離了聯邦。重要的問題已不是各準州實行奴隸制與否，而是國家本身。作爲堅定的國家主義者，林肯認爲必須維護聯邦的完整，而要做到這一點，只能發動一場進攻性的戰爭，但北部很少有人願意發動這樣的戰爭。北部在心理上處於守勢，在戰略上卻必須採取攻勢。林肯的顯著成就之一就是在策略和理論上解決了這個困難。

無論從哪方面考慮，南部邦聯在戰爭中只有大損失卻無所獲。它的戰略目標僅僅在於維持住一個獨立國家的地位，而這一目標只有靠和平才能實現，靠戰爭是不可能達到的。反之，一旦妥協、調和失敗，北部只有打一場戰爭，成功地實施高壓手段，才能使聯邦恢復。北部公眾輿論一致強烈要求保住聯邦，不願意考慮這樣做要付出多大代價。如果說北部一致要求打仗以保住聯邦，那麼南部也同樣一致要求脫離聯邦以使之解體。始終存在一種危險：如果在外界眼裡南部邦聯受到無端攻擊，那麼聯邦內以及全世界就有很多人會產生反感，這樣就會使戰爭的宗旨本身受到無法彌補的損害。發動攻擊必然喪失尚未脫離聯邦的邊界各州的支持，而林肯正不遺餘力地想把它們保持在聯邦內。他在就職演說中遵從了這種意見，對南部說：「政府不會向你們發動攻擊。只要你們不發動攻擊，就不會發生衝突。」

然而，還有要塞問題，合眾國政府仍有一些要塞位於邦聯控制的地區，這是個麻煩問題。最吃緊的是桑特堡（Fort Sumter）。該要塞位於查爾斯頓港入口處，聯邦的艦船必須冒著南部邦聯的炮火才能前往增援。而安德森少校（Major Anderson）的軍隊已近彈盡糧絕，正在要求增援。

這一局面使雙方都進退兩難。但由於林肯必須首先確保要塞將士不至餓死，因此他的問題是開始的難題。他曾保證要維護聯邦的完整，要保護、維持和捍衛憲法。這時要透過妥協來恢復聯邦的完整已爲時過晚，因爲經他建議和同意，共和黨的領袖們在十二月份已否定了妥協的辦法。[17]林肯確實考慮過命令安德森按南部邦聯的要求從桑特堡把部隊撤出來，但終究還是否決了，因爲這種讓步太大；這等於默認南部脫離聯邦的合法性，而由於他的承認，聯邦也就完結了，而邦聯在道義上得到的評價會大大提高。但是發動軍事進攻去解救要塞是個危險的應急辦法。如果進攻失敗，就會毀掉他的政府已經跌落的聲望；無論成功或失敗，鼓吹和平的人和各邊界州都會把這一行動視爲毫無理由的侵略。不過，也有一條出路：在安德森因彈盡糧絕而被迫撤出之前，邦聯分子就會向桑特堡發起進攻，這樣也就解決了難題。

結果，林肯的策略實現了：邦聯分子眞的發起了這樣的進攻。一八六一年三月二十九日，陸軍部長和海軍部長接到命令，要求他們協力準備於四月六日從海上前往救援。南卡羅萊納州長皮肯斯接到通知：這次行動「僅是爲了」給桑特堡補充「給養」，不送軍械彈藥；林肯還通知他：「如果此舉不受阻撓，則不再補充人員、軍械或彈藥，除非另有通知，或〔原文如此〕該堡遭到攻擊。」

在北部看來，這種救援並無惡意——只不過給饑餓中的士兵送糧食而已。但在南部邦聯看來，這造成雙重威脅：如果補充給養的行動遭到抵抗，將使用武力；如果不予抵抗，聯邦部隊必定會無限期地占著不撤，從而既削弱邦聯內部的事業，又破壞它在國外的聲譽，而外國對它在外交上的承認是十分重要的。這時林肯卸下了肩上進退兩難的包袱，並將它轉嫁到南部肩上。南部要麼進攻要

[17] 林肯事事為黨著想，他擔心如犧牲各類支持者共同信奉的一項原則，共和黨有瓦解的危險。一八六〇年十二月十七日，他在致瑟洛・威德的信中寫道，妥協「將使我們失去選舉中贏得的一切……將是我們的末日」。

塞並承擔首先發動戰爭的責任，要麼讓安德森的部隊無限期地占領桑特堡，使自己遭到削弱。一個自認有主權地位的政府難道能夠容忍外國占據一個要塞，讓它控制著爲數不多的大港口之一的貿易嗎？正如詹姆斯·加菲爾德·蘭德爾（James G. Randall）教授所指出的，脫離聯邦的內在邏輯要求或是南部邦聯奪下要塞，或是聯邦放棄要塞。

安德森少校拒絕了要他立即撤離的要求。邦聯分子瞭解到聯邦的救援艦隊正在逼近，於四月十二日上午開始向桑特堡開火，從而以自己的侵犯行徑背上了罪責。他們不僅拆散了聯邦，而且竟然對聯邦發動了攻擊；北部對這件事的看法正合林肯之意。

林肯的兩位秘書——尼古拉和海約翰在合寫的著名傳記中指出：

> 就理論上來說，正義在政府一邊已綽綽有餘。但是，爲了使問題更有把握，他〔林肯〕認定尚需將反叛一方置於非正義一邊。……當他最後下令船隊起航之時，他已成了局勢的主人……之所以成了局勢的主人，原因有二：如果反叛者遲疑退縮，南部就將威信掃地；假如反叛者執意進攻，則將促成北部團結，從而聽從他發號施令。

尼古拉在他所著《反叛的爆發》（*The Outbreak of Rebellion*）一書中斷言，他相信林肯經過深思熟慮，打定主意要迫使反叛者進攻桑特堡，使之公然走上非正義的道路，這是致命的一舉。然而，林肯的意向還有更直接的證據。七月三日，代表伊利諾州的新任參議員奧維爾·白朗寧（Orville Browning）（替代剛去世的道格拉斯）拜訪了林肯並做了一次談話。幸好白朗寧記有日記，那一晚的日記寫道：

他〔林肯〕告訴我，上任伊始，第一件事即是處理安德森少校宣稱桑特堡無法防守或救援的信。他召集內閣開會，並徵求了史考特將軍的意見——史考特同意安德森的意見，內閣除軍需部長布萊爾外都主張撤出桑特堡，而他一生所經歷的煩惱焦慮都無法與當時至要塞陷落的那段時期相比。他自己想出了辦法，提議只送給養不派增援〔，〕並通知南卡羅萊納州長皮肯斯。這個計畫成功了。他們向桑特堡發起了進攻——桑特堡陷落了，從而比不陷落起到了更大的作用。

白朗寧是林肯的朋友，如果白朗寧的日記可信，則說明最重要的是使南部邦聯發動進攻而不是爭取救援船隊在軍事上取得成功。指揮救援行動的是一位卓越的海軍軍官古斯塔夫斯·瓦薩·福克斯（Gustavus Vasa Fox），林肯曾寫信給他，結尾寫道：「你我都曾預見，爲桑特堡送給養一舉必將促進國家之事業，即便失敗也是如此；結果證實了我們的預見，實在令人大感欣慰。」

人們不能因爲這一實際的政治手法而貶低林肯，那些認爲林肯有法律和道義責任以他掌握的最有效手段維護聯邦的完整的人當然也不會貶低他。[18]南部邦聯發動了進攻，這樣就可表明戰爭是防禦性的；[19]這在一段時期內統一了北部的情緒。誰能說不如此也可贏得這場戰爭？

---

[18] 肯尼斯·史坦普（Kenneth Stampp）教授對桑特堡事件做了令人欽佩的分析，得出了這樣的結論：「雖然林肯也認為有可能發生戰爭——事後分析至少可以認為這是他的防禦性戰略的必然結果——……但責任並不限於林肯一人，而在於政治家的普遍標準和整個『國家利益』概念。……事實依然是，南部領袖們與林肯一樣應為訴諸武力負責。他們也是寧要戰爭不願屈服。」

[19] 七月份，林肯在國會致詞時談到邦聯分子：「他們完全知道要塞駐軍絕無可能對其發動侵犯。他們知道——曾被明確告知——當時只準備給為數不多的勇敢而饑餓的駐軍將士送糧食，除非他們自己執意抵制而引起更多衝突。」

儘管如此，林肯作爲這場戰爭的領導人，也處於極大的矛盾之中。他所需要的不是戰爭，而是聯邦，他之所以接受了戰爭，也只是因爲當時戰爭對聯邦來說已是非打不可的了。他一向以主張和平著稱。在他的早期政治活動中，或許只有一次因在重大問題上持不受歡迎的立場而使自己受到激烈的攻擊，即他反對墨西哥之戰的那一次。一八四八年，他在國會發言時對自己曾參加黑鷹戰爭（Black Hawk War）一事講了些自我奚落的話，這是美國邊疆幽默的典型例子。

顯然，他並沒有料想要打一場持久戰。起初，他只提出徵募七．五萬名爲期三個月的志願兵（這個數字後來必定使他時時感到不安：四年中，戰爭奪去了雙方約六十一．八萬人的生命）。但情況不久就表明，這場戰爭既不會是短暫的，也不會是輕而易舉的。時間不長，這場鬥爭就擴大成了近代史上的一次重大危機，向全國人民和全世界解釋這場鬥爭的任務就落在林肯頭上。

無須懷疑林肯對這場衝突的看法；他無數次向國會、全國乃至外國勞工闡明了自己的觀點。當然，這場戰爭的目的是維護聯邦，但聯邦本身又是達到某一目的的手段。聯邦意味著自由的民眾的政府，「民有、民治、民享的政府」。[20]但民眾的政府的意義和價值絕不僅僅等於一種政治組織體制：它是一種使普通人都有機會參加的社會生活體制。這裡，林肯又一次回到他喜歡的話題——自由勞動制度對人類的巨大價值。他在致國會的首次長篇諮文中斷言：

> 這實際上是人民之爭。就聯邦方面而言，這場鬥爭的目的是在世界上維護一種政府的形式，這種政府的主導目標是改善人們的狀況——搬除壓在所有人肩上的人爲重負，爲所有的人的可貴追求掃清道路，爲所有的人創造自由的開端，爲人生的競賽提供公平的機會……這就是我們力爭維護的政府的主導目標。

他接著說，人們常將此種民眾政府稱為一場試驗，但這場試驗的兩個階段已順利完成：這就是它的建立和管理工作。還有最後一道考驗——「成功地加以維護，使之不被內部的強大力量推翻」。如今，人民必須向全世界表明，在選舉中能夠以公正方式獲勝的人也能夠擊敗反叛，在公正的選舉中失去的政府權力無法靠子彈奪回。「這是和平的重要一課：教育人們懂得，在選舉中得不到的東西靠戰爭也同樣得不到；教育人們發動戰爭是多麼愚蠢的事。」

接著便是他對共和政治的永恆問題提出的精彩論點：「政府是否不可避免地必定不是過於強大而影響人民的自由，就是過於軟弱而無力自持呢？」

這樣，林肯便十分巧妙地顛倒了戰爭的主要問題，使之適應自己的目的。當然，北部進行戰爭是為了挽救聯邦，否定南部白人多數的自決權。但是，林肯得助於南部邦聯先動手這一有利的事實，將這場戰爭的目的說成不僅是為了保衛聯邦，而且也是為了維護民眾統治和普通人的機會等神聖原則。

用這樣的語言來表述戰爭的宗旨，完全符合林肯原有的理想，正是這樣的語言幫助他當上了總統。請注意，雖然從政治上看，這種語言傾向於鬥爭中的激進一方或「民眾」一方，但從歷史上看，它是保守的：意在維護一種早已確立的秩序，這一秩序過去曾很好地幫助了普通人。聯邦是防禦一方，正在抵抗「一場針對所有勞動人民的權利的戰爭」。林肯有時會十分坦率地用保守的語言說話。他堅稱，當今之世，「最可信賴的人是那些從貧窮中苦鬥出來的人……讓他們謹防交出自己已擁有的政治權力，如果交出這種權力，必將被用以對他們這類人關閉發跡之門，使之再次失去能力並背上負擔，直至一切自由喪失殆盡。」他又說：「這場鬥爭涉及你我的後代能否享受我們已享

[20] 林肯在與海約翰的一次交談中說：「就我而言，我認為我們首先需要證明，民眾政府絕非荒謬可笑之物。」

有的特權的問題。」

這就是他對這場鬥爭意義的認識，他想讓過去的一切返璞歸眞這一點，難道不是可以理解的嗎？他並沒有爲自己確定摧毀南部社會組織結構這樣的革命性目標，難道不是可以理解的嗎？使南部回歸聯邦、挽救聯邦、恢復井然有序的政府、確立武力不能征服的原則，並儘量減少傷亡和痛苦——這就是林肯的綱領。社會革命的巨大力量在他腦海中猛烈地衝擊著，最後終於使他低下了頭，但他並非沒有疑慮和猶豫。他之成爲自由的象徵，也是與自己命運鬥爭的結果。

六

因此，從開始起，一切都服從於聯邦這個事業。林肯在就職演說中再次強調了早先的一些保證：各州的奴隸制將不受衝擊。在行動上，他更向前進了一步。當時國會剛通過了一項憲法修正案，保證聯邦政府永不干預奴隸制。要是這項修正案獲得各州批准，通過使奴隸制牢牢地植根於國家的憲制中，將使奴役關係得到長期扶持。除非各州分別採取自願行動，否則奴隸解放將斷無可能。林肯竭力促使這項修正案盡快獲得通過，雖然憲法並未賦予他這種職能；他宣稱修正案只是明確表述了憲法中已隱含的意思——「我不反對予以闡明並使之不可更改」。

戰爭爆發時，北部幾乎一致認爲其目標就像林肯宣稱的那樣——使南部回歸但不觸動奴隸制。這種想法極爲普遍，當肯塔基老議員約翰·喬丹·克里坦登於布林河戰役結束的次日在國會提出一項決議案時，就連有激進民主主義傾向的共和黨人也不敢投反對票；這項決議案宣稱，這場戰爭絕不是爲了征服或鎮壓脫離聯邦的各州，也不是爲了干涉這些州的「既定制度」。林肯曾向國會宣告，他決心不讓這場戰爭「蛻變爲狂暴殘酷的革命鬥爭」，這只不過是反映了初期北部絕大多數人的意見。但是，戰爭進行了不到八個月，情況就發生了重大變化：眾議院拒絕再用法律制定克里坦登決議案。至於林肯，他的思想轉變卻沒有這麼快。

隨著衝突的持續，人們逐漸痛苦地意識到，若不打擊奴隸制，要打一場反對蓄奴勢力的戰爭是多麼困難。逃奴開始進入聯邦的防線。將軍們將如何對待？一八六一年八月，主張廢奴的弗里蒙特將軍由於深為密蘇里州的游擊戰所苦而宣布了軍事管制法，並宣布，當地反對聯邦的奴隸主手下的奴隸一律為自由民。林肯原想讓弗里蒙特自己收回成命，但未能成功，於是便宣布予以撤銷。大衛·亨特將軍（General David Hunter）關於解放喬治亞、佛羅里達和南卡羅萊納奴隸的命令後來也被林肯撤銷。

各地的反奴隸制人士對這種指導戰爭的方式愈來愈不能忍受。他們的作戰對手以奴隸勞動為力量基礎，而這正是南部邦聯最大的戰爭資源。政府非但不肯發布命令讓奴隸解放自己並且停止為脫離聯邦一方的事業工作，甚至不讓處於被政府軍突破了的南部防線的區域內的黑人獲得自由。《憲法》正在受到打擊，反擊卻要事事依照《憲法》，這已到了十分荒謬的地步。

林肯在憲法方面的顧慮出自眞心，但他對於涉及奴隸制的一切問題所持的保守態度也出自政治和策略上的考慮。他決意把馬里蘭、肯塔基、密蘇里和德拉瓦這四個邊界州保持在聯邦內，而這四個州都不願意參加對奴隸制的討伐。只要看一下地圖就可以看出，其中的三個大州對於聯邦的戰略以至首都的安全極為重要，並且還在為這一事業提供兵員。林肯報告說，弗里蒙特的措施在肯塔基州議會中產生了極為不利的影響，在戰場上，有一整連的志願兵聽說此事後竟扔下武器而解散了。此外，很大一部分北部保守派輿論雖然願為聯邦而戰，卻可能不願支持一場解放黑人的戰爭，而且，他們還斷言，如果南部認為自己是在與公開的廢奴主義作戰，這場戰爭就會變得更加激烈。林肯一舉一動都必須意識到這種情緒的政治潛勢，而且他也十分瞭解其巨大力量，因為這種情緒與他過去一向瞭解的伊利諾州政界中的仇視黑人的感情完全一致。

爲了當上總統，林肯的言論必要時不得不比他的實際想法更激進；爲了當好總統，他的行動又不得不比實際想法更保守。激進派對他的攻擊愈演愈烈，並且，正如他們的一位代表與他會見之後報告的那樣，斷定他「毫無反對奴隸制的直覺」。隨著戰爭的延長，激進派的情緒日益強烈。林肯無法對這部分人的要求置之不理，因爲舉國上下正是這些人對戰爭的支持最爲全心全意。在南部脫離聯邦之前從未想到要攻擊南部奴隸制度的人，如今已準備無情地將其一舉摧毀，只要這樣做有助於加速戰爭的結束。他們爭論說，既要打這場戰爭，又不想粉碎奴隸制，從而粉碎南部的整個社會結構，這眞是自相矛盾。精明的共和黨領袖們指出，如要贏得戰爭而又不摧毀奴隸主階級：

> 將會使叛亂各州以正式成員身分回歸聯邦，其代表將全員重返國會兩院。他們將與各邊界州贊成奴隸制的保守分子和北部各州的民主黨人一起把持國會。共和黨人及其原則在法律上將處於少數地位，這種情勢將比前一種情勢更爲不利——比戰爭本身更爲不利。

因而，必然要開展林肯企圖撇開的社會革命。他的主張是行不通的，正如哈利．威廉斯（Harry Williams）所說：「爲維持原狀而戰，而戰爭恰恰因這種狀況而引起。」

林肯以非凡的超脫態度考慮著全域，他在等待時機〔小查爾斯．法蘭西斯．亞當斯（Charles Francis, Jr. Adams）說，他「目光溫和、夢幻般的，像在沉思，想不到共和國當今如此成功的領袖竟會有像他這樣的眼睛」〕。他聽任激進派及其在全國各地的代表申訴指責，在白宮懇切地聽取各廢奴主義代表團的主張。他像靈敏的氣壓計一樣記錄著壓力的漲落，隨著激進派壓力的加大，他逐漸向左傾斜。不瞭解他的人認爲這是出於無奈。激進派注視著他的進步，既嚴峻，又滿意——正如溫德爾・菲利普斯所說，如果說林肯能夠成長，「那也是我們給他澆水灌溉的緣故」。但意義重大的是，連查爾斯・索姆奈參議員這樣急躁孤傲的廢奴主義者，也對林肯形成了深切的敬意和感情。據說，林肯有一天曾對索姆奈說：「我們會制伏他們；只要再有少許時間。……假如人民當時以爲我會用否決權去推翻奴隸制，我絕不會得到足夠的選票而進入白宮。」他曾對兩位著名的上帝一位論教派牧師威廉・埃勒里・錢寧（William Ellery Channing）和蒙庫爾・丹尼爾・康威說道，人民大眾只關心軍事上的勝利，對黑人仍漠不關心。他又說：「全國的反奴隸制情緒對我們都有用，並且還不夠；二位回去可爭取使人民接受你們的觀點；只要對事情有所幫助，你們盡可對我做任何評價。對我不必留餘地！」

這完全符合他思想深處的宿命論觀點。他一向相信——在斯普林菲爾德經常與赫恩登談到自己的信念——支配事件的必定是（引赫恩登的話）：「某些不可否認和不可抵抗的規律，我們無論如何祈禱都無法阻止其運行……未來要發生的事將是無可避免的。」這是愼重的仁人的信念，但絕不是改革者的哲學。在伊利諾州時，道格拉斯瞭解並尊敬林肯；有人曾問他林肯是不是一位懦弱的人，這位「矮小的巨人」回答說：「不，他主要是一個受周圍氣氛影響的人。」一八六四年，當林肯回顧這些事件時，他可以十分謙虛地說：「我並未左右事態，我坦率承認，正是事態支配了我。」隨著激進派勢力的加強，他出色地向自由政策做了戰略退卻。

雖然林肯對奴隸制問題的態度受其命定哲學的影響，但這絕不是說他沒有自己的政策。他認爲自己應扮演公眾極端情緒的調和者，他的綱領便是出自於此。這一綱領要求以聯邦基金實行有補償的奴隸解放（先在效忠的邊界州實行），以後再逐步將獲自由的黑人輸送出境並向外國移民。一八六二年，他在致一位參議員的信中寫道，如果在四個邊界州和哥倫比亞特區有補償地解放全部奴隸，費用按平均每名奴隸四百美元的價格計算，還不到八十七天的作戰費用。並且，他相信採取這一行動可使戰爭縮短不止八十七天，「因此實際上會節省開支」。儘管最後表明這一估計十分粗略（從奴隸制下解救了四十三．二萬人，實際上也節省了開支），但這個主張仍是合理和富於政治家風度的。驚人的是，由於除一個州以外有關各州均不肯妥協，竟使這一建議遭到否定。

另一種設想是採用移民方式向國外輸送黑人，這種設想無論在當時還是在過去都是令人感動的。一種頗爲活躍的把黑奴移殖海外的運動已存在了一代人之久，但與每年增加的奴隸人口相比，被送往國外的黑人微不足道。至一八六〇年，每個不願欺騙自己的美國人必定已看清了這一運動純屬異想天開。儘管如此，當一個黑人代表團於一八六二年夏去見林肯時，他卻想說服他們到中美洲去建立一個殖民地，他說，中美洲地處世界交通線之上，該地「自然資源極爲豐富，條件十分優越」。他還極爲天真地補充說：「假如我能找到二十五名健全的男子，再有一些婦女兒童……我就會有一個成功的開端了。」

林肯顯然與往常一樣，首先想到的是自由白人勞動者——黑人是次要的。南部底層的白人和北部傭工人擔心獲解放的黑人今後會與之搶工作。在競爭性的勞力市場上，等級心理自然會滋生將獲解放奴隸遣送出境的可尊敬的設想，儘管這種設想純屬異想天開。林肯向國會保證，即或不將獲自由的黑人輸送出境，解放奴隸也不會降低白人勞工的工資水準。但如果將其遣送出境，「白人勞工的工資十分肯定會得到提高。……使黑人勞動者向國外移民就減少了黑人勞力的供應，因而對白人勞力的需求便相應提高，其工資也就相應提高。」

一八六二年夏，國會通過了一項《沒收法》（Confiscation Act），規定任何人如資助叛亂，其奴隸即獲永久自由。激進派還提議使這一措施具有追溯力，並規定永遠剝奪叛亂分子的不動產。林肯對此絲毫不肯讓步，就整體而言，他對這項法令也無熱情，但最終還是簽署了一項按他的要求做了修改的法案。即便做出了這些妥協，對激進派而言也是一種勝利，並部分地迫使林肯走上了解放奴隸的道路。林肯曾阻止他們摧毀南部貴族的地產基礎，但是，儘管出於無奈，他還是簽署了解放一切經查明有反叛罪的人的奴隸的法案；至少，他在紙面上解放了這些奴隸，因爲該法令在戰爭期間不可能實施。法令還保證逃奴不再被送回爲其參加叛亂的主人勞動，因而實際上也解放了一些奴隸。

到一八六二年七月，林肯終於決定要實施奴隸解放，其唯一的原因是他的其他政策都失敗了。《克里坦登決議案》已被否決，各邊界州否定了他提出的有補償的奴隸解放計畫，他手下的將軍們仍無重大進展，他也幾乎失去了眾多的保守派的支持。如要爭取剩下的支持者並防止——他認爲有可能——英國承認南部邦聯，發布《解放宣言》（*The Emancipation Proclamation*）已成了必行之事。他在答覆霍勒斯．格里利（Horace Greeley）關於解放奴隸的呼籲時寫道：「我一定要挽救聯邦，……如果不解放任何奴隸就可以做到，我就努力做到；如果解放奴隸才能做到，我亦將努力做到。」結果證明必須解放所有奴隸。

林肯訴諸《解放宣言》時的心情顯然並不愉快。一年之後，他對美術家弗朗西斯．比克內爾．卡彭特（Francis B. Carpenter）說：「情況愈來愈壞，我終於發現我們執行的作戰計畫已到了窮途末路；我們差不多已打出了最後一張牌，如不改變戰術就得輸掉。於是我決心採取解放（奴隸）政策。……」這段話聽起來頗爲可憐：情況愈來愈壞，於是才宣布奴隸獲得自由！

一八六三年一月一日公布的《解放宣言》在道義上的崇高精神完全像一張提貨單。其中對奴隸制未加任何譴責，解放黑奴僅僅是出於「軍事需要」。明文規定不適用於效忠的蓄奴州。最後，它實際上並沒有解放任何奴隸。因爲其中詳細列明維吉尼亞各郡和路易斯安那一些郡不在其適用範圍之內，而聯邦軍隊正占領著這些地區，政府眞正有力量推行自由制度的也是這些地區。它只宣布解放其居民參加叛亂的「各州及各州的部分地區」的全體奴隸——即其效力達不到的地區。【21】《宣言》除其宣傳價值之外，對國會已在《沒收法》中實行的規定並無任何增補。

西華德在論及《宣言》時說：「我們解放力不能及之處的奴隸，而在力所能及之處維持對奴隸的奴役，這表明我們同情奴隸制。」倫敦《旁觀者》雜誌嘲諷道：「原則並非一個人不得擁有他人，而是除非忠於聯邦，否則不得擁有他人。」

但是，《宣言》畢竟只能是一八六二年美國聯邦主義者一般觀點的體現。倘若當時的政治策略要求制定一份與《獨立宣言》並駕齊驅的人道主義宏文，林肯也會順應這一要求的。或許，在這樣的問題上林肯受到最適當的譴責，就是做了公眾輿論的追隨者而沒有成爲其領導者。林肯可能殘留了某些肯塔基窮苦白人的思想痕跡，他對奴隸的態度與其說類似於他對北部普通白人的感情，不如說更類似於他對受折磨的動物的感情。但是，他反奴隸制的情緒是真實的，只是其強烈程度不無疑問。他的保守態度部分應歸因於對歷史變革速度的合理認識。他知道，如果沒有準備，驟然以正式的方式使黑人獲得自由，這不會是真正的自由，就這方面來說，他比大多數激進派更理解奴隸制問題，正如他們比他更理解戰爭的革命性動力一樣。

《解放宣言》儘管有其侷限性，但是，或許正是這個宣言使真正的奴隸解放成爲不可避免之事。憲法第十三修正案事實上幾乎使所有州都實現了黑人自由身分的制度，只有五個州除外。林肯在該修正案獲得通過方面起了關鍵作用。他利用自己的全部影響力爲其在眾議院爭取必要的三分之二票數，最後終以超過三票獲得通過。沒有他的影響，修正案可能會長期拖延下去，雖然很難設想會遭到無限期拖延。有人主張或許他可以以解放者的形象留在人們記憶中，這與其說應歸功於《宣言》本身，不如說應歸功於他爲第十三修正案所進行的幕後活動。然而，若以心理價值而言，則非《宣言》莫屬，而且林肯在修正案通過前就已成了自由的化身。他相信自己的使命在於維護，但卻身不由己地轉變爲解放者：「我並未左右事態，我坦率承認，正是事態支配了我。」

七

總統的職務使林肯戰戰兢兢。在斯普林菲爾德，政治就像一場令人振奮的遊戲；但是，在白宮，政治就是權力，而權力就是責任。他過去從未擔任過行政官職。就公職而言，他一向只是人微言輕的議員，與別人一起投票，做出的決定本身既非不可更改，也非舉足輕重。作爲總統，他可以徵求別人的意見，但無數重大決策終究要他本人定奪，由此而擔負的責任令人生畏。

林肯入主白宮之後，他熱切追求個人成功，表面上追求名利的野心的心情平靜下來，終於可以獨自作一番自我評定。面對勝利果實，卻發現這只意味著需爲他人做出生死之抉擇，這一點具有極大的清醒作用。戰爭的道義重負落在他肩上，這就說明了他自一八五四年起已變得高度嚴肅的特點；或許正如查爾斯·拉姆斯德爾（Charles Ramsdall）教授所說，他意識到自己在促成危機中起了作用，因而深感不安。這足以解釋爲什麼他在戰爭結束時急於發布赦免令並將仁慈政策施於被征服的南部。他極少自我流露，但據報導，他有一次曾說：「我現在不知道靈魂是什麼，但無論它是什麼，我知道它是可以使自己自卑的。」在擔任總統的歲月中，使他極感乏味的就是那自卑的心靈。在這些歲月中，林肯完全沒有個人恩怨，他那仁慈的不偏不倚態度，對生活的悲劇意識，這在政治歷史中實屬絕無僅有。

[21] 其中還鄭重告誡「獲解放的」奴隸「除必要之自衛，不得採取任何暴力行動」，還告誡他們要「為合理的薪酬而忠實勞作」。後者實在具諷刺意味。

赫恩登說：「林肯是重感情之人——唉，像女子那樣溫和，那樣柔順……。」林肯爲士兵的死傷而動情，這種情感是一般居權力高位的人所不會流露的。他靠往往是粗暴的手段達到了高位，但一旦達到了高位，就感到不能堅持這種手段。他無法聽任自己養成官場中常見的無情態度，把人看作隨意擺布的小卒子，可按他人的意志「犧牲」掉。有一點很具象徵意義：他的辦公室經常是敞開的，因而在美國歷史上比任何一位總統都容易接近。他曾對卡彭特說：「整天不出官場圈子的人，思想上只會變得官氣十足——更不用說會變得獨斷專行，日復一日，逐漸容易忘了他們只是以代表身分在掌權。」近代史上還有誰能像他這樣既掌握這麼大的權力，又極少爲隨權力而來的隱蔽侵蝕所動？或許這就是衡量林肯個人在人類歷史上突出地位的最佳尺度——權力使他警惕而並不使他陶醉。在他第二次當選後舉行的一次白宮露天演奏會上，他幾乎帶著歉意說道：「我在這裡還未有意在任何人胸口栽過刺。」

人們在他的胸口卻栽了很多刺。批評之尖銳實在難以忍受（廢奴主義者的批評或許最難忍受，因爲他知道其中含有眞理）。多年喧囂的政治鬥爭並未完全消除他的敏感，在反對派報紙掀起的一場不留情面的攻擊中，一句未經斟酌的話揭示了這種敏感的驚人深度。演員詹姆斯·哈克特（James Hackett）發表了一封私信，無意中引起了一場懷有敵意的嘲笑，因而感到很內疚，林肯便去信安慰，並寫道，他對此已習以爲常了：「我受到過大量嘲笑，但並沒有多大惡意，也接受過大量善意的意見，但並不是完全不帶嘲諷。」

當總統絕不是享樂之事。只要考慮到他從中未得到任何樂趣，就可以相信林肯的精神生活幾乎沒有圓滿可言。桑德堡曾說，白宮共有三十一個房間，其中沒有一個房間使林肯感到自在。爲了這幢房子，他犧牲得太多了！

過了幾個月，林肯已感到疲憊不堪。一次，諾亞·布魯克斯勸他休息一下，他回答說：「我想，休息或許對身體有好處，但我感到疲倦的是內心，在那接觸不到之處。」在他的內心，在那接觸不到之處，他自己始終在超然地監視著自己的雄心，時時自問是否值得一搏。這時，他可以看清長期以來只是模糊認識的眞相並可能想加以壓抑——易動感情的敏感的人在危機時期執掌大權實在是一件艱巨痛苦的事情。他曾說，他並不感到榮耀，只看到「骨灰和鮮血」。對於他來說，這就是他那成功者的神話最終結出的果實，而他作爲這一神話的代言人又是如此令人信服！他終於實現了自己的抱負，而勝利中等待他的卻是痛心。

第六章　溫德爾·菲利普斯：來自上層的鼓動家

受過高等教育的人應該充當鼓動家，揭開問題並予以闡明，培養大眾的道德意識。

溫德爾・菲利普斯

溫德爾・菲利普斯在歷史上的聲譽極低。四十多年來，一般人寫的書對待他很粗暴，唯有弗農・路易斯・帕靈頓是個例外。歷史學家們主要將他用來襯托亞伯拉罕・林肯，千篇一律地將他描述成內戰危機時期頑固的激進分子——情緒激動、缺乏責任感；對肯負責任的人卻濫加指責；一貫主張公眾輿論不會支持的極端觀點；魯莽、愛玩鬼把戲、有報復心。

然而，傳統的歷史學家在譴責菲利普斯這類的人物時用了雙重的政治道德標準。學者們知道，進行政治鬥爭一般都要誇大、製造神話，也會帶有強烈的敵意。廢奴主義者在追求自己的目的中，在這些方面並不比傳統的政客犯更多的錯誤。不知爲什麼，有些歷史學家對那些因想當選而誇大其詞的人很寬容，但對那些因想解放奴隸而誇大其詞的人卻極爲嚴厲。

而菲利普斯是易受攻擊的。他是職業鼓動家，鼓動家往往易受攻擊。霍勒斯・格里利頗聰明——但不正確——地說他思想缺乏宏大的眼界，「無法想像茶壺之外的風暴」。從他的演講中可以挑出數十種不負責任的言論。他曾說，「南部是一個巨大的妓院，五十萬婦女被迫賣身」，這句話被記入了無數關於奴隸制爭論的史料，被用來證明廢奴主義者的意識。[1]一代歷史學家把這指斥爲歪曲，但同時又不願觸及人種混雜這個至關重要的問題，及其對奴隸制和等級心理的揭示。很難說哪一種歪曲更嚴重，但爭論起來總是學究式的歷史學家占上風，因爲他可以借助學者的公正姿態來加強自己的論點。

[1] 人們在引用菲利普斯的這句話時，往往刪去了句末的限定語：「或更有甚者，竟墮落到相信這是體面之事。」

在某些方面，菲利普斯的思想比指責他的人更老練深奧。就知識分子的自我意識而言，他無疑達到了更高的層次。菲利普斯深知，歷史學家和鼓動家都製造神話。然而，論及奴隸制爭論的歷史學家很少掌握歷史哲學理論，菲利普斯則掌握了鼓動哲學理論，他認爲，鼓動者的作用就是發表言論；他的職責不是立法或決策，而是爲了進行重大的社會改造在思想上影響公眾。與負責任的政治家相比，他的社會作用大不相同，原因在於：

> 改革家不計較回應者之多寡，對聲望並不在意，僅僅注重思想、良心和常識。他像哥白尼一樣，認爲正如上帝長期等待其闡釋者的出現，他也可以等待追隨者的到來。他既不指望也不過於急切地企求眼前的成功。政治家則始終著眼於眼前。他的格言是「成功」——他的目標是選票。他不求絕對權利，而如同梭倫的法律，追求人民所能認可的權利。因而，在英格蘭先是有改革者科布登提出觀點，然後有政治家皮爾把它確立爲法規。

鼓動家是一個共和國所必需的；他是與怠惰和冷漠抗衡的籌碼。

> 不斷鼓動才能使共和國得以生存。反奴隸制鼓動是國家機器的重要部分，而且是極關鍵的部分。……任何政府總會有腐敗的傾向。任何部長……必然是人民之敵，因爲自加入政府的時刻起他就傾向於反對民眾的鼓動，而這種鼓動實是共和國生命之本。共和國恰如不斷湧流的熔岩。……共和國若陷入沉睡狀態，把自由權利的保障託付給法規和國家機器，託付給政客和政治家，則將絕無自由權利可言。

菲利普斯和當時的許多美國人一樣，堅定不移地信仰道德進步。他相信自己處於一個有種種思想的時代——一個民主的時代，民眾的種種思想極爲重要。他認爲，最崇高的工作莫過於運用必要的精神創造力，陶冶大眾的觀念、情操，使之充分適應下一次歷史進步。「人民的思想總是正確的，他們終將如願以償。」一個人爲正義事業提出合理的論點，從長遠看必定會贏得勝利。「如今我們面臨的困難在於制度凌駕於我們之上……站在你們自己的獨立自主的、受人尊敬的地位上，把這些制度召喚到你們身邊，對它們做出裁判。」

菲利普斯的生涯揭示了一條原理：鼓動家很可能成爲危機時期的思想家。在社會相對安定的時期中，鼓動家的言行受實際情況和理論的制約，因爲他考慮的是社會衝突的終極潛力，而不是緩解這種衝突的眼前妥協。他以絕對價值爲出發點做出道義判斷，一般人對此難以愉快地實行。但是，當社會危機或革命時期終於到來之時，鼓動家重邏輯重理論的思想中的鮮明特徵便與現實合爲一體，人民在一夜之間就會轉變對他的看法，把他看作極有說服力的思想家。在階級合作時期堅稱一切歷史皆爲階級鬥爭史因而顯得和時代很不合拍的人，及至社會激盪著不調和的階級衝突時，便會成爲強有力的領袖；三十年來企圖要求廢除奴隸制而一無所成的人，到了奴隸解放成爲明擺著的實際政治議題時有可能成爲重要人物。溫德爾．菲利普斯的經歷就是如此：他雖然從未擔任公職，但在桑特堡陷落後的幾年中成了最有影響力的美國人之一。

菲利普斯是最引人注目的廢奴主義者。雖然他也有廢奴運動的大部分缺點，但他觀察事物比大多數同事敏銳，思想也比他們靈活，最終超越了葛里森主義[2]的思想限度。他的一生經歷包括內戰

[2] 指葛里森所宣導的理論。葛里森（一八〇五年至一八七九年）是當時激進的廢奴主義者，辦有《解放者報》（*Liberator*）：參看下文。——校者

前的廢奴宣傳鼓動和戰後工業時代的勞工運動，這在重要人物中是絕無僅有的。他開始宣傳鼓動工作時，沉浸在愛默生、帕克及梭羅時代的精神超越論之中；一八八四年去世時，他已是激進的勞工代言人，談的言論是經濟現實主義——雖然從未完全融會貫通。他雖然時有錯誤發生，但在別人大錯特錯之時卻又往往極其正確。他富於良知、洞察力敏銳，是極其寶貴的富有鄉土氣的正直作風的代表，在十九世紀中葉的美國，凡是清教徒的種子播及之處都洋溢著這種風氣。

菲利普斯家族的第一批成員於一六三〇年到達美洲；一代一代繁榮興旺起來，許多人都成了商人和公理會教士。溫德爾的父親是一位富有的律師，與商界關係極好，一八二一年波士頓市成立時當上了首任市長。生活爲他的兒子提供了一個波士頓男孩可以企及的一切——門第、相貌、財富、智慧，並且能在波士頓拉丁學校和哈佛大學接受教育。在大學裡，他是社交名流，貴族中的寵兒；托馬斯·溫特沃思·希金森（Thomas Wentworth Higginson）多年後回憶道，學生當中只有他家每星期六上午照例要派馬車來劍橋接他回波士頓過星期天。後來，燈塔街[3]因他參加廢奴運動而反對他時，他可以大擺紳士架子而把詆毀者稱爲「不是出身名門的人」。

菲利普斯在哈佛法學院隨約瑟夫·斯多利（Joseph Story）法官學習完成後，於一八三五年在法院街開了一間律師事務所。此時威廉·羅伊·葛里森（William Lloyd Garrison）開始出版《解放者報》已有四年。有地位的人士雖然可能會對奴隸制表示出紳士式的嫌惡——這種制度是南部所特有的，在麻薩諸塞州早已消失——卻絕不會與葛里森合流；愛德華·艾瑞特這樣穩健的公民見逃奴被捕獲竟會公開表示欣喜。南部生意人的嘈雜聲在州街和米爾克街上迴響。

菲利普斯開業後不久的一天下午，一群暴徒把用繩索綁著的葛里森拖到法院街上示眾。這位律師奔上街，詢問爲什麼不請波士頓駐軍團隊來保護被害者，一位旁觀者告訴他，這個團的大多數士兵就在人群中。出生在邦克山[4]附近、從小受獨立戰爭傳統薰陶的菲利普斯是一個有強烈愛國心的波士頓人，對這座有悠久歷史的城市中發生的侵犯公民自由事件深爲反感。他隨即迅速向廢奴運動靠攏，僅過了一年多便與安妮・特里・格林（Anne Terry Greene）結婚，她的父親是波士頓一位富有的貨運商，也是早期廢奴主義者中的堅定鬥士。菲利普斯後來曾說：「我妻子使我成了一個徹底的廢奴主義者，我宣傳過的各種主張，她總是比我先接受。」當時，他只是短時間在廢奴運動中起了一些小作用，但這就足以焚毀他與燈塔街之間的橋梁。他成了波士頓貴族圈子的棄兒，律師也無法做下去了。他的家庭認爲他精神失常，曾認眞考慮過是否要把他送到精神病院去。

一八三七年，菲利普斯二十六歲。這一年，他眞正發現了自己。一位叫伊利亞・洛夫喬伊（Elijah Lovejoy）的報紙編輯因堅持自己譴責奴隸制的權利，而被伊利諾州奧爾頓的暴徒殺害。威廉・埃勒里・錢寧在法紐爾大廈召集了一次抗議集會，當司法部長威廉・奧斯丁（William Austin）出來爲殺害洛夫喬伊的凶手辯護時，菲利普斯正站在人群當中。奧斯丁把這些凶手比作發動波士頓「茶會事件」[5]的暴民。沒有什麼比這種言論更能激起菲利普斯樸素的愛國心了。他跳上講臺，即席做了一次精彩的演講，駁斥了奧斯丁，這一演講受到熱烈歡呼。他感覺到了自己對聽眾的力量，這時就自然要全心全意地投身於廢奴主義的宣傳鼓動了。

菲利普斯加入運動對新英格蘭的廢奴主義者來說是最寶貴的收穫。他給運動帶來了良好的名聲、魅人的人格，帶來了對付滋擾的群眾和質問者的聰明才幹，而最重要的是，他爲運動發表演

【3】指波士頓上層。——校者

【4】獨立戰爭中波士頓保衛戰的重要制高點。——校者

【5】一七七三年，北美殖民地波士頓市市民為反對英國的茶葉稅法和東印度公司茶葉貿易壟斷，把停泊於港內的該公司運茶船的三百四十二箱茶葉傾倒入大海，史稱「茶會事件」。——校者

說。他可能是當時最有說服力的演說家。昌西・德普九十多歲時曾聲稱，從克萊、韋伯斯特到伍德羅・威爾遜（Woodrow Wilson），每一個重要人物的演講他都記得，其中菲利普斯是最了不起的演說家。在偶爾交往中，並不是人人都覺得他有多令人難忘；愛默生甚至說他不過是「存在於講臺之上」而已。但即便如此，他在講臺上的表現至少十分眞誠，無可比擬。他舉止隨便，直截了當，使聽眾感到親切，這與當時流行的誇誇其談的演講形成了鮮明對照。聽眾由於感到親近而與之產生共鳴，而韋伯斯特和愛德華・艾瑞特等一本正經的演說家是達不到這一點的。正如他自己在談到丹尼爾・歐康諾（Daniel O'Connell）時所說，他的演講輕鬆自如，不費力——「就像吃馬鈴薯片一樣」。有些演說者喜歡長篇大論和複雜的比喻，他卻懂得什麼樣的節奏最適合鼓動的需要。他的演講通俗易懂，往往像是在談家常，但有時他的一些富有靈感的段落也會用超越論的道德詞藻大談理論，漸漸激動起來，在熱烈的高潮中失去連貫性，唯有道德上的雷鳴電閃使之得以持續。愛默生描述道，他在演講時，「空氣中彷彿充滿了光彩」；「菲利普斯參加群眾集會如同他人走進藏書室。演講使他得到思想食糧。有血氣、熱情、遠見、決心」。人們都不願在他之後上臺演說；如果讓他先講，別人再講就會黯然失色。憑菲利普斯夫婦二人的財富，已足以使他無須認眞工作，但他卻把自己的才能也變爲金錢。菲利普斯加入廢奴運動後不久便關閉了律師事務所，投身於演說和講學。他在這方面的收入每年達一萬至一・五萬美元；他常做的一個優秀講座專題叫「失卻的藝術」，如今從無味的文稿來看似乎並不十分精彩——他自己也說「不值一聽」——當時卻從波特蘭到聖路易一共講了兩千多場，據他自己估計，在四十五年中一共爲他賺了十五萬美元。他對各種演講協會施加壓力，每次正式演講都要收取很高的費用，但做反奴隸制的演講卻分文不取。慈善成了他的一種職業，他的慷慨幾近病態。他去世後，在他的遺物中發現了一本舊的記事簿，其中列明了一八四五年至一八七五年的慈善性捐助。贈給個人的禮物價值超過六・五萬美元，其中每項均按收受者姓名開列：「約翰．布朗……一位貧窮的義大利人……加諾特夫人……貧窮……難民。」

在洛夫喬伊遇害後的紛擾歲月中，菲利普斯曾數十次外出「宣傳廢奴」，有時在麻薩諸塞州內的鄰近城鎮，有時則到其他州去。他的妻子因神經方面的疾病而無法離開躺椅，他每次都要回來向妻子報告情況。他們的友人都記得，她經常告誡他：「溫德爾，不要優柔寡斷！」而菲利普斯確實也毫不優柔寡斷。他在各個最不妥協的時期中，始終追隨葛里森，他詛咒憲法，不顧暴民的反對，要求解散這個奴隸主的聯邦。他支援各式各樣的事業，主張婦女的平等權利、禁酒、給愛爾蘭自由、公正對待美國印第安人、廢除死刑、改善精神病患者的治療等等。

從事鼓動的生活也有危險。菲利普斯走到哪裡，暴民就追到哪裡；過去，他出入於波士頓名門深院，備受歡迎，如今也學會從教堂和演講廳的後門溜出，穿過小街窄巷躲避危險。他成了經紀行職員和棉花商走卒的打擊目標，這些人常擠在他的演講會場中尋釁鬧事。一八六〇年至一八六一年冬季，在一個月的時間內，他曾三次遭到暴徒的襲擊，若不是有一批體育協會的剽悍青年圍起人牆奮力保護，他差一點就死在暴徒手中。一次，他的保鑣們不動聲色地站在臺下，他在臺上等了一小時，旁聽席上一群不懷好意的人在那裡拚命叫嚷、跺腳，他竟平靜地對臺下正對著他的記者們談起話來，吵鬧的質問者終於忍不住了，要他提高嗓門，讓他們也聽一聽。他把鼓動變成了藝術，變成了科學。維吉尼亞的一家報社抱怨說：「溫德爾．菲利普斯是一枚譜了曲的定時炸彈。」

二

廢奴運動的基礎是道義狂熱而不是經濟上的不滿情緒。大約在一八三〇年之後，廢奴主義者幾乎都是北部居民。他們之中的大多數都屬於中產階級，無論是保留奴隸制還是廢除奴隸制，對他們的物質利益都沒有什麼影響，完全可以說是與他們無關。既然奴隸制在經濟上對他們無害，只是一種道德上的罪過，他們也就不把它看成一種經濟制度，而是視爲違反上帝的安排。廢奴主義本是宗教運動，源於福音派新教運動中，與其他改革——女權、禁酒以及和平主義——有心理上的一致之處，內戰前的三十年中一直在攪動北部中產階級的心情。它的理論實際上類似於神學，手法類似於信仰復興運動，機構就是各鎮的教區。菲利普斯宣稱：「我們的事業有明顯的宗教性質，其成敗完全依賴於人民的宗教情緒。」並說：「確信奴隸制就是罪惡，這是我們航程中的直布羅陀。」廢奴運動中最有成效的西部領袖西奧多・韋爾德（Theodore Weld）曾寫道：

> 我在討論奴隸制議題時，總是強調這是一個道義議題，以喚起全國人民的良心。……我很少把這個議題看作或稱作政治議題和國民經濟議題，因爲我相信，廢奴主義者的事業是與國民的良心有關，而不是與錢袋有關。

由於無法在南部宣傳或討論奴隸制議題，他們既不能對這一體制進行直接的觀察，又不能與維護這一體制的人接觸，這一事實使廢奴主義者更加純粹地從道德角度來探討這個議題。實際上，他們只能在並不是奴隸主的北部人民之中進行宣傳，並力求使他們相信，奴隸制是一種邪惡，必須與之斷絕關係。誠然，他們原先計畫透過這一運動喚起奴隸主的良心，但仔細觀察了南部人士的心態後，很快證明這是徒勞無望的。奴隸主是肯定無法說服的，而廢奴主義者又極少有機會接觸奴隸們的思想——他們也不想挑起暴亂。因此，他們只能轉向內心的思辨，他們關於奴隸制的思想日益帶上神學和千年至福說的色彩。他們必然全面譴責並絕對地強加於人，這就觸怒了許多本來同情他們的宗旨的人。詹姆斯・拉塞爾・洛厄爾（James Russell Lowell）認爲，廢奴運動的領袖們「對待思想如同無知之人對待櫻桃一樣。他們認爲如不囫圇吞下便不利於健康」。

因此，廢奴主義者並不十分清楚應怎樣使奴隸獲得自由，也不十分清楚這些沒有文化、沒有土地、長期習慣於依附的人，如何能在南部白人敵視的環境中成爲自由自足的公民，這是可以理解的。葛里森派的廢奴主義者也誤解了英國廢奴運動令人振奮的情況。不列顛帝國在一八三三年就在法律上廢除了奴隸制；法律規定的延緩解放辦法證明不及安地卡頗爲成功地採用的立即解放辦法。美國的廢奴主義者從英國的先例受到鼓舞，得出結論認爲，對他們來說，唯一可行的戰略就是要求「立即」廢除奴隸制。這一結論肯定還吸取了他們的神學先入爲主的見解的力量：奴隸制是一種罪惡，滌除罪過不能慢慢來，只能立即予以袪除。葛里森說，廢奴不是權宜之計，而是權利問題——「如果奴隸有權獲得自由，就應當給予，無論後果如何」。

另一些廢奴主義者則認爲不可能從奴隸制一躍而實現自由，他們意識到美國的奴隸制從法律上看並不是一種全國性制度，而是因州而異的，可以在一州盛行而在另一州廢止。他們在「立即」上做文章，主張「逐漸實現的立即解放」。簡言之，應立即開始採用逐漸的辦法。詹姆斯·托姆（James Thome）就是這樣從葛里森派的要求高度向後做了退縮：「我們並不想讓（奴隸）不受管束，甚至不想用適用於知書明理的公民的同一法典來管束他們。」在葛里森的追隨者聽來，這似乎是提議讓黑人處於某種從屬地位，就像一種強制勞動的計畫——「以一種奴隸制替代另一種奴隸制」。況且，稍有些自由思想的人，很少會否認奴隸在遙遠的將來總有一天要以某種方式獲得自由——例如，林肯後來就成了這類人當中的一個——激進的鬥士們與這種費邊式的廢奴主義決裂是很重要的。因此，他們認爲，必須堅持主張立即解放的信條，即使無法將這種意見變爲行動計畫也罷。他們對這一宣傳和理論上的矛盾採取了一種神學方式的解決辦法：奴隸制是一種罪惡，制止罪惡無須計畫。葛里森大聲疾呼：「責任是我們的，裁決的結果是上帝的事。……你們只需讓奴隸獲得自由！」他的追隨者嚷道：「沒有計畫正是反奴隸制事業的眞正英明偉大之處！」

廢奴主義者更不清楚黑人自由後如何成爲一個獨立自主的人。南部的奴隸制維護者很快就抓住了這個弱點；他們十分清楚解放會造成什麼困難，並且執著地加以闡述。林肯曾苦苦思考如何對付奴隸制，最後還是難過地承認，即便給他全權處理奴隸制，也不知道該怎麼辦。廢奴主義者也不知道，但他們並沒有意識到這一點。結果，當黑人終於可名正言順地獲得自由時，許多廢奴主義者卻全然沒有意識到黑人需要多少進一步的幫助或需要什麼形式的幫助。然而，菲利普斯卻學會超越了葛里森思想。在「重建」（reconstruction）的關鍵時刻，他拋棄了教條，重新返回到現實之中。

菲利普斯很早就接受了威廉．羅伊．葛里森的領導地位，這成了他開展廢奴活動的最大障礙。近來的歷史學研究，尤其是吉伯特．霍布斯．巴恩斯（Gilbert Hobbs Barnes）所做的研究表明，葛里森在歷史上的聲望與他本人並不相稱，不應把他看成美國廢奴主義的崇高人物。廢奴運動不是一場有中樞組織的運動。它最大的活動單位是各州的協會，而不是全國性的協會。葛里森不僅不是整個運動的領導者，而且甚至在新英格蘭也沒有獲得領袖的地位。他於一八四〇年起奪取領導權以後並加以控制的美國反奴隸制協會（American Anti-Slavery Society）只是徒有虛名而已。[6]甚至有人懷疑他對運動起的損害作用是否大於好的作用，一八四〇年以後更值得懷疑。葛里森嚴厲狂熱，不必要地熱衷爲許多無關宏旨的事爭吵——其中包括：反對嚴守安息日習慣、婦女權利、不抵抗主義——並且非要納入廢奴活動不可，給運動造成了極大的損害，使許多潛在的朋友望而卻步。有影響的西部廢奴主義者對菲利普斯十分尊崇，但對葛里森則無法容忍〔詹姆斯．伯尼（James Birney）在一八四四年致伊萊澤．賴特（Elizur Wright）的信中寫道：「我眞不明白，菲利普斯這樣的人怎麼能安然吞下同道塞給他的那些破爛貨。」〕[7]

如果說廢奴主義者的理論中也有非宗教的成分，那麼這種成分就是從《獨立宣言》中取得的。

他們爲有色人種爭取天賦權利。這種理論在菲利普斯身上體現得尤其強烈。詹姆斯・奧提斯、約翰・漢考克（John Hancock）、山繆・亞當斯（Samuel Adams）和沃倫上校差不多都是他的同代人，他爭取他們參加自己的運動，就像爭取聽眾來到演講廳一樣自然。然而，天賦權利理論以及他受的基督教教育必然將他引向更高層次的法律理論，一八四〇年代，葛里森開始攻擊憲法，並敦促廢奴主義者爲解散聯邦而鬥爭——「不能與奴隸主在一個聯邦」——菲利普斯立即響應號召，關閉了律師事務所，因爲律師必須做效忠宣誓；一八四五年，他爲美國反奴隸制協會寫了一份小冊子，題爲《廢奴主義者能夠根據聯邦憲法而投票或任職嗎？》。答案當然是否定的。菲利普斯論述道，與邪惡作任何妥協只有死路一條。參加投票就意味著支持憲法，因爲這就等於同意任命官員作爲其政治代理人，該代理人必須起誓擁護聯邦憲法。憲法是一份贊成奴隸制的法案；憲法對國會代表名額的分配本身就是對南部奴隸所有制的贊同。聯邦的共同軍事力量可以被召集來鎮壓奴隸起義。支持這種政府的法案就等於參與奴隸制的道德罪惡。雖然菲利普斯並沒有說廢奴主義者絕不支持人類的任何政府（葛里森傾向於這一立場），但他主張廢奴主義者不得支持「這個以奴隸制爲基礎，並代表奴隸制的政府」。人人都是自由的道德行爲者，必須爲自己的政治行爲負責。人人都有義務不支持奴隸制，即便是間接支持也不行。「不道德的法律無疑是無效的，絕不應當予以服

---

[6] 傑西・梅西（Jesse Macy）在《反奴隸制運動》（*Antislavery Crusade*）一文中總結道：「即便是新英格蘭的廢奴主義者，接受葛里森派一八四三年之後特殊觀點的人或許也不到百分之一。」葛里森於一八四〇年控制美國反奴隸制協會後，該協會的年收入從四・七萬美元減至七千美元，直到一八五六年才回升到一・二萬美元。

[7] 參看梭羅一八四五年三月十二日的一封信，其中談到菲利普斯：「他毅然獨立，而一位正直之士所起的作用遠比一大群人大，當他請我們注意他所代表的美國〈反奴隸制〉協會時，我們只能感到他委屈了自己。……他既是一位雄辯的演說家，又是一位充滿正義的人。」

從。」

遵照這一信條，葛里森派要求北部各州與南部分離。這一要求有他們的宗教心理學的特徵：很難說透過北部脫離使聯邦解體對奴隸有什麼好處，但透過解散聯邦，廢奴主義者就可洗清自己個人參加蓄奴聯邦的罪惡。葛里森當眾撕毀或焚燒憲法的譁眾取寵做法很可能大大損害了廢奴事業；但是，葛里森派對待聯邦的態度中破壞性最大的一面，則在於使自己無法利用政治行動進行宣傳。別的廢奴主義者很好地利用了請願權做宣傳，要求國會在哥倫比亞特區廢除奴隸制。

一八四〇年後，非葛里森派的廢奴運動愈來愈具有政治性，雖然作爲獨立的政治力量從未召集到很多人，但對各大黨都產生了重大的影響。一八四四年，詹姆斯．伯尼以自由黨（Liberty Party）的綱領參加競選，從紐約州的輝格派得到了大量選票，使亨利．克萊失去了該州的選票，因而也就失去了競選總統職位的機會，這時的教訓已經很明顯：廢奴觀點具有重要的戰略作用，並且，隨著歲月的推移，這種作用愈來愈大。因此，正是伯尼這類人促使林肯這類人相信，對道義上反感奴隸制的情緒絕不可「等閒視之」。此外，廢奴主義者自己也從參與政治活動中獲得了極大的教益，其中很重要的一課就是，由道義上絕對不妥協思想指導的戰略，無論在邏輯上如何可以辯解，在實踐中也不如出於機會主義的戰略有效。他們終於懂得，奴隸制的廢除必須與其他較爲實質性的議題連繫起來才能獲得充分的政治力量。[8]從政治角度出發的廢奴主義隨著原則性的日益淡化，對奴隸制構成的實際威脅卻日益增強。兩次競選活動之後，自由黨消失了，但它只是被自由土地黨（Free-Soil Party）取代而已，後者在一八四八年又在紐約州取得了舉足輕重的地位，再次決定了全國選舉的結果。之後，自由土地黨的原則又成了共和黨的中心議題。菲利普斯受葛里森反政治觀點的錯誤影響，直到最後一刻才悟出政治鬥爭對反奴隸制觀點發展傳播的貢獻。他只看到各政黨對反奴隸制的強調愈來愈弱，在抽象原則方面愈來愈站不住腳。他在一八五八年說：「自由黨處於守勢，自由土地黨處於守勢，共和黨處於守勢，它們被迫後退、後退、後退，現今共和黨竟已退至無可防守的境地。」直到林肯當選之後，菲利普斯才意識到大政黨也可爲廢奴主義所用。此時，他正確地預言：「共和黨已接手處理一個議題，要解決這個議題，他們就必須採取我們的立場。」

菲利普斯在一個議題上終於與葛里森分手。葛里森的不抵抗理論與《獨立宣言》的天賦權利理論相牴觸。天賦權利意味著有權抵抗，有權造反。如果開國先輩們可以反抗，黑人當然也可以反抗。菲利普斯相信，必須以武力抵制逃奴追緝法，並且他願爲奴隸殺死緝奴者辯護。至於奴隸暴動：

> 我認爲……我們不會看到澈底廢除奴隸制，除非國事達到某種重大緊要關頭，奴隸利用他主人命運中的危機提出自己的條件。……必將出現一種時機——願上帝促其加速出現——美國人民將站在聯邦的甲板上，「日月失輝，黑色的詛咒降臨」。只要我活著見到這樣的時刻，我將告訴每一個奴隸：爲自由而戰的時刻到了！……我知道混亂意味著什麼，我也知道內戰意味著什麼。我可以想像造反的奴隸在奔向權利的道路上必將穿過的血腥場面。這種場面是可怕的。然而，我不知道，對一個有識之士來說，看到內戰的情景是否比想到一百五十年的奴隸制更令人厭惡。……不，我承認

---

[8] 伯尼的同事西奧多．福斯特（Theodore Foster）在一八四五年十二月七日給他的信中寫道：「經過思考，我愈來愈相信單靠反奴隸制情緒絕不可能為自由黨爭取到美國選民的大多數。我們必須向人民提出某些別的動機，直接迎合他們自己的利益。除非我們能在其他議題上獲得支援，否則我們作為一個政黨絕不會成為多數，我們的原則也會拋棄自由黨而找到某種其他的施展管道。」

我絕不是不抵抗主義者。我勸告奴隸依和平策略行事是因爲他並無獲勝的希望。

然而，即使是在約翰．布朗（John Brown）被處決以後，菲利普斯還斷言他相信奴隸制「不會在鮮血中垮臺」：「我相信道義說服。槍彈的時代已經一去不復返了。」即便在南部要脫離聯邦的危機中，他也仍寄希望於普遍的進步，他指出，這種進步有堅實的物質基礎。

你們所見正是我希望之所在。成長！……你們看到我對自由的希望寄託在這些磐石之上：第一，機械進步。起先，人學會了走路，以手挖土，撿到什麼吃什麼……後來，縫紉機解除了婦女的勞苦，輪船連結了各大陸，電報如同陽光把新聞迅速傳遍全球。每一步都使手的作用減小，大腦的作用增加；這就決定了奴隸制必死。……我相信你們不能使國家一半爲輪船、縫紉機和聖經，一半爲奴隸。而我希望依託的另一個磐石是總統競選活動——美國生活的狂歡節——奴隸們像西華德那樣……敢於任意冒犯主人。約翰．布朗的幽靈迫使維吉尼亞趕緊權衡奴隸制的得失。除此之外，正直的人雖少，但卻是時代的中堅。……

菲利普斯欣然歡迎林肯當選引起的危機：

如果電訊屬實，則我們有史以來第一次由奴隸選擇了一位合眾國總統。……林肯先生雖不是廢奴主義者，也不像是位反對奴隸制的人，但同意代表一種反奴隸制思想。……他似乎要執政；只是君臨而已。……林肯在其位，葛里森掌握著權力。

至於林肯的勝利對促進反奴隸制事業究竟有什麼作用，他並不清楚。重要的是，國家如今有一個大政黨「敢於說奴隸制是一種罪惡——在某些地方！」

菲利普斯與另一些廢奴主義者一起，堅決主張讓南部和平地脫離聯邦。因爲他曾鼓吹解散聯邦達二十年之久；究竟北部率先退出還是南部率先退出，這並沒有多大差別。聯邦是一種道義上的失敗，只有金融勢力才想加以維護。實際上，北部自成一體，在物質情況方面倒會更加富有。我們可能有權阻止脫離聯邦運動，但爲什麼要竭力維護一個人爲的、無利可圖的聯邦？他預見到，其他蓄奴州將隨南卡羅萊納而退出聯邦，但新建的南部邦聯中的墨西哥灣沿岸各州將開放奴隸買賣，從而使各「產奴州」和北卡羅萊納遭到破產，後者於是便會「倒向我們的自由」。南部及北部共同出資維持的常備軍隊幫助防止南部造反；讓南部自由行動，它就會造反。經濟進步終將破壞奴隸制——這是菲利普斯宣傳中新出現的強音：

> 目前，維吉尼亞的爭執是什麼？就是兩種人之間的爭執，一種人想使奴隸成爲技師，以確保收入增加，另一種人表示反對，擔心這會影響到奴隸構成的財產和白人咽喉的普遍安全。聯邦就是解體了，這一爭執將繼續下去。奴隸制將按貿易的法則壽終正寢。……
>
> 海灣沿岸各州事實上仍處於封建狀態，有一個建築在奴隸之上的貴族階層——沒有中間等級。要按我們時代付出巨大代價的模式來維持政府，就必須有一個具有貿易和製造業活力的中間等級。十九世紀的商人不屑於做附庸。引入這種中間等級將在沿岸各州引起不可壓抑的衝突，這是他們使我們得以避免的——現今各邊界州就是充滿這種衝突，因而不願脫離聯邦——一旦出現這種情況，就將迅速破壞沿岸各州的貴族階層，使這些州回到我們的自由制度一邊。

菲利普斯認爲南部邦聯力量太弱，不會「僅僅因爲我們可以給它的唯一煩惱——我們的更高尚文明的景象和影響」——而攻擊北部。然而，時隔不到一個月，邦聯眞的向桑特堡發動了進攻，他便對形勢有了新的看法。這是一場防禦性戰爭，因而是正義的；奴隸可能因這場戰爭而獲得解放。他在桑特堡事件後首次做的演講中承認，廢奴主義者曾經以爲思想和言論自由可以解決一切問題。

> 如果說我們有什麼錯誤，那就是過於相信群眾的智慧，過於相信作爲一個階層的政治家的誠實和明智。或許我們對於見到的事實不夠重視，即，我們這個國家是由不同的時代構成；並不整齊劃一，而是不同世紀的大雜燴。北部人的思想——能夠理解論點，——屬於十九世紀，——除工人階級和金融巨頭之間的鬥爭外幾乎不存在任何其他鬥爭。南部的夢想，——屬於十三、十四世紀，——爵爺和農奴，——貴族和奴隸。……因此，我們的鬥爭就是野蠻和文明之爭。這種鬥爭只有靠武力解決。

在菲利普斯看來，戰爭的宏旨不在於保住聯邦，而在於解放奴隸。林肯遲遲不肯採取措施，這激起了菲利普斯連篇累牘的激烈言論，從而大大損害了他的聲譽。與國會的激進派一樣，他也認爲打一場保守戰爭將勞而無功。南部爲保住奴隸制而戰；北部也在戰鬥，「卻也不想使奴隸制受到損害」。林肯無疑出於好心，但他算不上領袖——「他是第一流的二流人物……不過是像一柄等待供人使用的掃帚一樣的生活設施。」然而，如果說這位鼓動家對總統的攻擊十分激烈，但他對林肯策略的估計卻是正確的。「總統從未聲稱自己是領袖。總統只是公意的執行人。他想知道你們允許什麼，你們要求他做什麼。」林肯正在觀察輿論是否會支持奴隸解放。那麼，很好，溫德爾·菲利普斯將努力使輿論就只支持奴隸解放。[9]他在一八六一年七月說道：

> 我相信林肯作爲個人是眞誠的，也相信長壽保證蔡斯熱愛反奴隸制事業；但我不相信二者之一或其全體同志有膽量宣布一項奴隸解放政策，除非由我們施加壓力，全國迫使他們這樣做。……

菲利普斯不能容忍一種想法，即認爲可以在沉靜的防禦性的政治氣氛中進行戰爭。他認爲除非宣布奴隸解放，否則每一滴血都是白流的。政府是否執意既打仗又維持奴隸制？不解放其勞力，如何剷除發動戰爭的南部寡頭集團的社會基礎？「除非取而代之，否則任何社會階層都不會眞正滅亡。」

這位廢奴主義者看出了奴隸解放與外交的複雜關係。他在一八六一年曾說，英國和法國站在南部一邊。英國想分裂合眾國，「破壞北部的製造業和商業優勢」。英國中產階級內心無力抵制帝國野心的召喚。歐洲各國政府和沉默的奴隸大眾終將積極干預戰爭，問題在於哪一方率先行動。[10]林肯必須搶在歐洲干預之前行動；卡梅倫必須武裝黑人；麥克萊倫必須下臺。[11]

---

[9] 菲利普斯認為自己的任務是：「我必須教育、喚醒公眾輿論，使之成熟，從而迫使政府在推行我可助以一臂之力的政策時採納並支持這種輿論。我的做法是公開坦率地批評政府當前的行政和軍事政策。……我的批評絕不是像反叛者的報刊那樣，不是為了使政府癱瘓，而是要激勵它更加活躍，更加強大有力。」

[10] 之後，菲利普斯曾強調美國小麥在阻擋以南部邦聯名義進行干涉方面的作用。一八六三年七月，他說：「今天，情況必然是我們能夠保護國家不受英國和法國的干涉，因為伊利諾州小麥豐收，而英國收成極差；因為法國在饑餓之中，而密西西比流域糧食充裕，因此，法國不敢干涉。」他曾說，如果拿破崙三世（Napoleon Ⅲ）想在西半球扶植王室，美國就應津貼加里波底（Garibaldi）這樣的歐洲共和主義者，以便推翻歐洲的制度。

[11] 卡梅倫是共和黨的組建者之一，內戰時任林肯內閣的國防部長；麥克萊倫是聯邦軍隊的將領，屢戰屢敗。——譯者

菲利普斯竭力想迫使戰爭進行得較強有力，不再像過去那樣注重那一套罪惡說，而開始注意經濟議題。他支持林肯切實可行的主張：以有補償的解放方式在效忠的奴隸主中間廢除奴隸制。這使他的許多老同志大感驚恐。他不再蔑視聯邦在經濟上的吸引力——聯邦解體將「使我們失去和平、貿易及國家安全方面的共同優勢」。一八六二年三、四月間，他外出做了爲期六週的演講。他到了首都，穿過紐約、賓夕法尼亞、俄亥俄、伊利諾、密西根諸州，在其中的一些城市做了演講。他在華盛頓做了兩次演講，並訪問了國會。副總統哈姆林從參議院主席席上下來迎接他；他和眾議院議長共同進餐，並會見了林肯。這時奴隸解放已提上了議事日程，他也成了全國傑出的廢奴主義者、國會激進派的實地工作人員。格里利的《論壇報》估計，一八六一年至一八六二年冬，五萬人聽了他的演講和演說，五百萬人讀到了講稿。返回時，菲利普斯確信西部比東部更強烈地主張解放奴隸。他報告說，林肯是眞誠的，願意廢止奴隸制。不久，他在論及曾被其嘲諷過的總統時說：「林肯儘管遲緩，但畢竟達到了目的。我爲他感謝上帝。」

菲利普斯雖然對林肯的《解放宣言》深感欣喜，但對於解放的澈底性並不抱多少幻想。他說：「《宣言》解放了奴隸，但忽視了黑人。」宣布解放黑人是一回事，但武裝黑人和使用黑人又是一回事。共和黨人不夠澈底。他們受的是輝格派的教導，而輝格黨「不相信群眾」。菲利普斯預言，南部一旦感到精疲力竭，就會讓奴隸自由，並試圖加以利用。他提議從當時聯邦部隊占領的路易斯安那派一萬黑人部隊向東進軍，主要不是去參戰，而是去傳播解放的消息。他們很快就會把一支二十萬人的具有威脅性的大軍吸引到周圍來，南部將無法把白人士兵保持在前線上。政府應沒收收復的土地，

> 將其分解爲一百英畝一塊的農場，出售給佛蒙特和紐約的子弟，聯邦立約擔保所有權，擔保若

所有人被逐即給予補償，這樣便可形成一個州。……

這些北部白人可能會僱傭自由的黑人勞工。然而，到一八六四年菲利普斯開始批評林肯的「重建」計畫時，他開始把土地視為黑人福利的關鍵，並與索姆奈和史蒂文斯等國會激進派一起鼓吹把土地交給獲得自由的黑人自己。他在危機初起時表現出來的分析政治的經濟基礎的傾向如今已結出了果實。他爭論說，林肯的計畫將允許奴隸主收回原有的種植園，因而不足以改變南部的政治權力結構。他爭辯說：

這意味著什麼？人人皆知，土地支配政治。如果你擁有土地，人人都有自己的農場，這就是民主制度；沒有必要好奇地去查閱法典。如果土地為少數人擁有，這就是寡頭統治；沒有必要細察其法律。……一八二〇年，丹尼爾．韋伯斯特曾說，法國革命把貴族的莊園分成為許多小農場；王室與這些農場成你死我活之勢。……如果這些大地產仍留在剛被擊敗的寡頭手中，他們的力量便沒有被摧毀。但是，讓我沒收南部的土地，分給黑人和為之而戰鬥的白人，你們就可以帶著羊皮紙文件安然就寢了。

菲利普斯認為，國家必須給黑人「真正的自由——不應僅僅是法律上的自由」。為此，黑人必須有土地、公民地位、教育和選舉權。「一旦某人對政治家變得寶貴或可畏，他的權利就會得到尊重。如果讓黑人掌握選舉權，那麼上自亞伯拉罕．林肯，下至本城最低賤的懶漢，沒有一個從事政治的人敢不恭敬相待。」黑人必須有為工資契約討價還價的自由。對於那些主張今後逐漸向黑人平等地位過渡的人，菲利普斯預言般地回答說，緊張狀態很快就會鬆弛，會出現一種保守的反動，如要爲黑人爭得好條件，就必須立即著手。

當戰爭向南部逼近的時候，它將被變成一片土地肥沃的地區。……歡迎北部、東部和西部的勞工前往，使全國維持高工資。……南部使勞動遭貶，迫使每月應賺一百元的黑人爲八元而工作，沒有一個白人願去與之競爭。你可擋住北部的勞力；讓南部維持貴族統治，勞動者受壓受辱，一個貴族階層勢必凌駕其上。[12]

一八六五年六月，葛里森和菲利普斯在美國反奴隸制協會的一次會議上終於決裂了。葛里森提出，第十三修正案已體現了協會的宗旨，因此協會應當解散。菲利普斯則堅決認爲協會必須繼續爲獲得解放的黑人爭取普選權。葛里森認爲，指望南部各州會在重新被接納爲聯邦成員之前就給黑人普選權是沒有道理的；按照同一原則，北部的許多州，例如伊利諾，就必須被趕出聯邦。[13]菲利普斯的意見在會上占了上風，協會投票決定繼續存在，並選他爲主席。他敏銳地意識到已取得之成果的侷限性，繼續要求制定澈底的「重建」政策。一八六五年十月，他在波士頓做了題爲〈得勝的南部〉的演講，他斷言：黑人除了擺脫法律上的永久被奴役地位之外，仍在承受奴隸制的其他一切有特點的壓迫。種族附庸地位這一「南部的重大原則」，仍然保存著。一八六八年，他在總結「重建」的進展時指出，在他爲南部黑人和白人群眾確定的土地、教育和選舉權這三大目標中，黑人僅得到了選舉權，而且這是不牢靠的。他繼續爲第十五修正案獲得批准而奮鬥，而該修正案就是爲了使黑人獲得選舉權；但是，他已感覺到激進潮流的衰退。「立即」解放已經開始，但愈是仔細觀察，就愈發現它看來是「逐步」的。在勝利的果實中，他發現了失敗的苦澀堅果。

三

在內戰前的歲月中，羽毛未豐的美國勞工運動對廢奴主義者的幫助不多，廢奴運動中的中產階級人士或富有的博愛主義者也曾向勞工領袖求援，而勞工領袖往往回答說，何妨像同情眞正的奴隸那樣同情一下僱傭奴隸，說完就轉而自顧自己的問題去了。[14]反過來，廢奴主義者往往回答說，自由勞動者和奴隸勞動者的境況大相徑庭；對黑人的壓迫異常罪惡，因而更應特別關心黑人。菲利普斯對此表示同意。一八四七年，一位烏托邦社會主義者在《先驅報》（*Harbinger*）上就「僱傭奴隸制」議題向他發難，他答道：

> 我國工人與奴隸有兩大不同之處。第一，勞動者作爲一個階級既不受不公正對待，也不受壓迫；第二，即便受到不公正對待和壓迫，也有充分力量透過行使公認的權利保衛自己。法律過於苛刻嗎？他們可以透過投票來改變它。資本對待他們不公正嗎？節儉會使他們自己成爲資本家。……

---

[12] 參看撒迪厄斯·史蒂文斯（Thaddeus Stevens）一八六五年九月七日的蘭卡斯特演說：「必須改變南部的整個社會結構，如果失去當前的機會，則將絕無實現的可能。……在一個富翁與農奴混合的社會中，在一個莊園達兩萬英畝又有豪宅大院的地主和下層白人窮人以棚戶為家的混合社會中，如何能夠存在共和體制、自由學校、自由教會乃至自由社會交往？如果南部要成為無害的共和國，土地就應讓其所有者自行耕種，或讓明理的公民以自由勞動耕種。這是必須辦到的事，即便是要趕走它的貴族階層也必須做到。」

[13] 這是葛里森典型的刻板的推理方式。無論是伊利諾堅定地留在聯邦之內和南部各州堅定地留在聯邦之外，還是伊利諾僅有數千名黑人而南部各州有數十萬黑人，在他看來都沒有什麼不同。

[14] 全國工會第一任主席伊萊·摩爾一八三九年在眾議院說，解放奴隸將使黑奴進入勞力市場，與北部白人工人競爭。如果出現這種情況，「後者的道德和政治品性、自豪、力量和獨立地位將永遠失去。」

> 勞動階級和本國其他每一個階級的上升和改善都必須靠節儉、自我克制、節欲、教育以及道德和宗教品質。

二十四年後，菲利普斯轉而呼籲「推翻整個謀利制度」。

內戰結束後，大多數廢奴主義者紛紛重操舊業，對自己獲得的偉大成功心滿意足，並且，由於在人們眼裡，他們曾是一場偉大道義改革的預言家，因而沉醉於充當備受尊敬的公民的角色。但是，菲利普斯是職業鼓動家，除此別無其他職業可做。一八六五年，他不過五十四歲，自然要再尋找一個事業來發揮自己的才幹。

共和黨在一八六〇年及前幾個年頭中獲得的成功，使菲利普斯的思想方式開始發生變化，在內戰期間，他的思想變化過程完成了。廢奴運動的道義和宗教上的宣傳鼓動喚醒了人們的思想，但這一鼓動本身卻不足以形成一個解放奴隸的實際運動。儘管有葛里森理論，但奴隸制只有在成爲政治行動的主題、成爲一個主要政黨的議題後，才在美國人的意識中成爲重大議題，它從自由土地和保護性關稅等其他議題中汲取了力量。菲利普斯在桑特堡遭到襲擊前做的幾次演講中表示過一種希望，即廢止奴隸制的將是經濟進步而不是戰爭——「奴隸制將按貿易的法則壽終正寢」——並開始把美國歷史解釋爲一系列的階級鬥爭。他追溯到十八世紀，指出，獨立戰爭之所以會打起來，是因爲美洲商人想與西印度群島直接貿易，種植園主「想欺騙他們的債權人」。獨立戰爭使人民獲得了獨立並形成了國家。但是，北部仍然很保守，「受貴族階級的約束」。當時：

> 維吉尼亞的奴隸主熱衷於理論上的民主，征服了聯邦政府，解放了新英格蘭的勞動階級。對於眞誠的聯邦主義和艾塞克斯幫會[15]都是一杯苦酒。今日，麻薩諸塞僅將一杯同樣的苦酒舉在卡羅萊

納唇邊。[16]

菲利普斯很快就把內戰視爲第二次美國革命，視爲資產階級與封建文明的鬥爭。他從過去的單純的道德主義者逐漸轉變爲掌握了歷史哲學的道德主義者。

「重建」期間，菲利普斯集中注意了土地問題。他意識到，如果黑人要贏得政治自由和人身自由，就必須擁有生產資料。他不得不把奴隸制既看作是應洗滌的罪惡，又看作一種必須以新的經濟秩序取代的勞工制度。沒收貴族階層土地的要求，使他集中注意財產及其分配對人權和政治民主的關係；而獲解放的奴隸以潛在的農業僱傭工人身分出現，則把僱傭勞動的議題擺在他的意識中心。

一八六五年十一月二日，在一次爭取八小時工作日制的示威集會上，菲利普斯在法紐爾大廈首次以勞工的名義做了重要演說，他宣稱：

> 二十九年以來，勞動爲買與賣而競爭。南部並不完全將其制度置於這一擁有其勞動者的權利要求之上，而是據哈珀法官、亞歷山大·史蒂文斯、皮肯斯州長及約翰·卡德威爾·考宏所說，斷言勞動者必爲資本家或個人所有。勞力所有權之爭已近結束；我們及時開始另一場鬥爭：確定並安排

[15] 麻薩諸塞一些思想保守的聯邦黨人，在十九世紀初期曾策劃使新英格蘭脫離聯邦，成立新英格蘭邦聯，「以擺脫南部貴族民主政治的腐敗影響和壓迫」，但未成功。——校者

[16] 此處菲利普斯借用了北部歷史學家理查·希爾德雷斯的話，其中加有他自己的話，並感謝讓他引用這部著作。參看希爾德雷斯所著頗有意義的小冊子《美國的暴政》（*Despotism in America*）（波士頓，一八五四年），第十六至二十六、三十二至三十三頁。

眞正的勞資關係。

卡爾・馬克思從社會主義者的角度看待奴隸制，曾說只要黑人勞工仍受奴役，白人勞工就永遠不會獲得解放。菲利普斯從廢奴主義角度接近社會主義，逐漸總結出，除非所有勞工都擺脫僱傭奴隸制，黑人勞工就絕不會獲得眞正解放。「我們保護過黑人勞動者，如今，我們要保護一切勞動者，無論是北部還是南部，任何地方的勞動都要保護。」

菲利普斯對麻薩諸塞州的資本主義價值觀早就十分反感，如今更將金錢勢力視爲對共和政府的威脅。他說：「我承認，我對共和體制的唯一擔心就是，當代能否找到適當補救辦法來對付與日俱增的公司財富勢力。」紐澤西只不過是個「火車站」，紐約的法律是「在范德比爾特的帳房中」制定的，湯姆・斯科特掌握了賓夕法尼亞的州議會，[17]而在他自己的州內，根本無法要求鐵路勢力支配的州議會通過維護列車乘客安全的法律，或投票贊成撥出微乎其微的款額用於實際調查工人的情況。這絕不是他心目中的民主。他一貫主張，社會的每一種利益都必須在國家機構中有自己的代表。男子不會眞正爲婦女投票，白人不會眞正爲黑人投票，律師或資本家也不會眞正爲體力勞動者投票。開國先輩們的原則是：「除非對政府加以安排，使每一階級均掌握自我保護的手段，否則沒有一個階級感到安全。這就是共和國的思想。」如果公司可以買通立法部門，平等選舉權就毫無意義，共和原則也就失去作用。唯一有足夠人數並能團結起來抵制公司資本威脅的力量就是團結起來的勞工。菲利普斯說：「勞工運動……對我來說是實現民主的唯一希望。」

作爲廢奴主義者，菲利普斯過去對政治行動毫無興趣，如今卻堅定地投身於政治行動。一八六五年，他甚至把廢奴主義者的成功歸功於他們在選舉中擁有的力量。他相信唯有選舉投票才能避免階級鬥爭的暴力結局。在人民食不飽腹之時，絕不能只知等待和議論不休，這只會導致大爆發。「我們急於參與政治，因爲政治是安全閥。」他告誡工人：「避免一切暴力。採用討論和投票的方式。無論如何，你們的人數多於資本家。解決這類危機完全可以靠投票的方式。」罷工是一種有用的策略——「絕不讓任何人反對罷工」——但就眼前而言，勞動者的座右銘應當是：「在票箱前絕不寬恕！」

然而，從事政治也並不順利。菲利普斯很快就看透了共和黨，他在一八七八年終於將其稱爲不過是資產階級的工具。他鼓勵勞動者組成自己的政黨，並參加了麻薩諸塞州工人一八六九年至一八七一年的政治實驗。一八七〇年，工人黨推他爲州長候選人，一八七二年，差一點被全國勞工聯盟（National Labor Union）提名爲總統候選人。但這些實驗都是註定要失敗的。一八七一年，在麻薩諸塞州州長競選中，菲利普斯與不得人心的班傑明·富蘭克林·巴特勒聯合在一起，這使他失去了許多朋友的支持。據信，菲利普斯最終玷汙了自己，三十年來始終對他讚賞備至的愛默生也表示，不希望在他的住地康科特見到他。

弗農·路易斯·帕靈頓曾以同情的筆調對菲利普斯做過評價，發現他後期的理論中「馬克思主義的成分頗多」；但除了依靠工人階級和從一般的經濟角度對政治鬥爭做出解釋之外，這位美國勞工改革家的馬克思主義成分極少。菲利普斯信奉的社會主義是美國北部的土產，是由本地的幾股改革思想編織而成的，其中頗爲重要的成分就是合作運動。一八六八年，他呼籲道：

> 創立合作工業，讓乘客和雇員擁有鐵路；讓機匠擁有工廠；讓商人擁有銀行。使資本與社會的利益一致起來。否則，這個國家就不會有自由、自治。

【17】范德比爾特和斯科特均為鐵路資本家，范德比爾特還掌握哈德遜河水運。——譯者

一八七一年他在伍斯特召開的勞工—改革大會（Labor-Reform Convention）提上出的決議反映出他的觀點，這是最激烈、最著名的一段：

我們堅信，勞工是財富的創造者，有權獲得所創造的一切，這是一條根本原則。肯定了這一點，我們申明願接受如此激進的原則所起作用的終極結果——諸如，推翻整個營利制度、消滅一切壟斷、廢除特權階層、普及教育和博愛精神、完善交換自由，以及最佳的壯舉：最終清除我們所謂基督教文明的恥辱——大眾的貧困。……我們深知，我們的目標不可能一蹴而就。我們注意到人民領袖，乃至在很大程度上人民自己存在愚昧、自私、偏見、腐敗以及道德敗壞的情況；但我們仍要求朝上述方向採取某些步驟：茲

決議——我們向僱傭制度宣戰……我們向現行的金融體制宣戰，它剝削勞動，侵吞資本，使富人愈富，窮人愈窮，把共和國變成資本的貴族政治。……

起草這些決議的這位作者沒有掌握經濟理論。他的現實主義並不完整，因爲沒有以任何經濟進化的概念加以充實，菲利普斯用以解釋他的經濟觀點的少數嘗試也不得要領。雖然他是城市人，但他出生時波士頓不過像一個擴展過大的村莊，公地仍是供公共放牧之用。他從未懂得城市生活或工業，也從未用工業革命的事實來修正他的社會主義同情心。

我們需要的是財產均等——僅此而已。我對於文明的理想極高；但接近這一理想的是一個新英格蘭小鎮，居民兩千左右，不分貧富，人人同處一個社會，一切兒童都進同一所學校，沒有貧民院，沒有乞丐，機會均等，既無傲然超群的人，也無卑賤得被排斥在外的人。如同五十年前的新英

格蘭。……

菲利普斯辦的《國民旗幟報》以同情的筆調報導了第一國際的活動。當巴黎公社（Paris Commune）的試驗到來時，菲利普斯拒絕附和美國各界對公社的譴責，並爲公社社員的運動歡呼。他認爲，梯也爾（Thiers）應當對巴黎的流血事件負責，宣稱「法國唯赤色分子才有希望」，並把公社社員稱爲「法國最先進、最純潔、最高尚的愛國者」。

這種情緒使他在孤立中愈陷愈深。作爲「鍍金時代」社會主義的提倡者，菲利普斯甚至無法像當年廢奴主義者那樣感到自慰，因爲當年的廢奴主義者還有教會人士、詩人、百萬富翁這些同路人，並且還有一些知名紳士和虔誠的女士給予有限的支援。不過，一八八一年他曾應邀前往哈佛的大學優秀生聯誼會致詞。對於這位高齡的演說家來說，這至少是一次機會，可以彌合與劍橋學術界的舊裂隙，後者四十年來對他本人及其事業始終不屑一顧。但是，他卻藉此機會對體面社會發出了最後一次挑戰。他選擇的題目是〈共和國的學者〉。他的主題是指責美國學術界沒有承擔起社會領導責任，在道義上膽小怕事。

他在演講開始時說，學者的責任「是幫助生活中處於不利地位的人們」，並教育人民群眾。而關於社會的重大實情，很少來自學者的調查，「往往首先來自受迫害的愛國主義的莊嚴抗議和忍饑挨餓的受壓迫勞工的強烈呼聲。」世界在苦難中創造歷史，學者們書寫歷史則眞假參半，以自己的偏見加以塗抹歪曲，人民從生活的議論、鼓動中深受教益，而怯懦的學者們卻在其面前畏縮或對之橫加指責。「北部受過書本教育的階層中流行著不信任人民的頑疾。」他們甚至不考慮維護言論自由原則。事實上，美國學術界從未幫助解決過當代任何重大的社會問題。它指責反奴隸制運動，蔑視刑法方面的立法改革，對酗酒問題視而不見，嘲笑婦女權利。它從未同情過國外受壓迫的受害者——愛爾蘭人或俄國的無政府主義者（Nihilists）（此處菲利普斯變得尤其令人震驚），而且當時還在對其大加譴責。菲利普斯把無政府主義者作爲抵抗和反叛的極端代表，熱烈地加以維護，並怒斥：「那種令人作嘔的虛僞，三便士茶稅就把他激怒，在邦克山上堆滿花崗石和塑像，無時不在空談愛國主義和砍刀，同時卻像佩克斯尼夫[18]那樣，勸告俄國人一百年木然忍受，絕不反抗。而一百年來，俄國人看著自己的子弟成千上萬地被拖向死亡或流放……看著自己的女兒在街市上被鞭打致死。」他最後說，現在是學術界履行自己的義務，站在僱傭工人和婦女一邊，參加即將到來的正義鬥爭的時候了，「不要像銀幣上的人像，坐著不動、只顧朝後看。」

一位聽者說：「演講聽起來令人愉快，但從頭到尾十分荒謬。」比起這些同時代人，傳統的歷史學對菲利普斯更不寬容，認爲他一向十分荒謬，從不令人愉快。但這位從不寬容的鼓動家也不指望別人的寬容，或許已預感到未來的學術界將同當時的學術界一樣對待他，他從劍橋回到波士頓。我們可以想像，他一定興高采烈，極爲滿意地想到，在這座老城中，只要有人能夠不忘，就會記得他曾是那些自鳴得意之人身邊的一根利刺。

【18】英國小說家狄更斯的小說《馬丁·朱述爾維特》中的人物，是一個假情假意的僞君子。——校者

第七章　贊成政黨分肥制的人們：一個崇尚自私自利的時代

建立政黨不靠品行、婦女雜誌或洋溢的熱情。

羅斯科・康克林（Roscoe Conkling）

失去的只是榮譽！

詹姆斯・費斯克（James Fisk）

自阿波麥托克斯之役[1]至十九世紀末，美國人民在大陸領土的一半定居下來，建成了龐大的鐵路體系，並憑藉豐富的煤炭、金屬、石油和土地資源在世界上日趨強盛。在這段時期中，政治似已全然受制於經濟變化，國家命脈似已完全掌握在產業企業家手中，這在本國實爲史無前例。

「鍍金時代」工業家的崛起如人們所料想到的，要有這樣一種環境：允許爲巨大成功而大肆浪費，誘惑很多而約束很少。他們多數是暴發戶，行爲之粗俗與其身分頗爲相稱，但他們也是了不起的大膽探索開拓的天才。他們精明強幹、富有進取心，同時又作威作福、貪得無厭。他們引導國家財富的增長方向，抓住國家的各種機會，設法行賄收買；正是由於這些人，這個時代才獲得了特有的風氣和色彩。

在工商業和政治中，工業巨頭們做起事來大膽、不動聲色，且不顧一切。他們剝削工人、壓榨農民、賄賂國會議員、買通立法部門、刺探競爭對手、僱用武裝保鏢、炸毀資產，採用威脅、密謀和武力手段。他們嘲笑那些天真的紳士們之理想，這些紳士們想像靠體面和克制的辦法就能使國家在自由競爭的制度下得到發展。他們的功績使道德風氣大變，引起埃德溫・勞倫斯・戈德金

[1] 一八六五年四月，羅伯特・李率領的南部邦聯軍隊在阿波麥托克斯向格蘭特率領的聯邦軍隊投降，結束了美國內戰。——譯者

（Edwin L. Godkin）這樣令人尊敬的老派保守人士說道：

> 五十年前，我來到這裡，當時對美國抱著高尚美好的理想……如今，這些理想都破滅了，看來，若要對人類寄以哪怕是適中的希望，我也只能另覓他處了。

然而，如果因此而認爲工商業巨頭的良心已喪失殆盡，那就錯了。如果就良心依託的最終合理狀態而言，他們完全有理由相信他們的作爲必定有好結果。正是由於這個原因，他們才能興高采烈地以無度的貪欲活動於政治和工業的相鄰領域。如果說，他們在收買國會議員時毫無歉意的表示，甚至不感到內疚，那是因爲他們的活動——或他們自認爲——是爲著促成一場重大而溫和的改革。既然他們的作爲具有巨大而美好的意義，那麼就不必爲日常的詐騙行爲而煩惱。他們非但不謙恭自責，反而自信傲慢。柯利斯·亨廷頓（Collis Huntington）在給一位政治代理人的信中談到他爲南方太平洋鐵路公司行賄事件中的一些相關情形時寫道：

> 如需破費才能促成正當之事，則破費就是唯一的正當手段。我認爲，如果某人可任意爲非作歹，不受賄就不肯做正事，一個人的責任就是賄賂法官，這樣就可贏得失去的時間。大聲反對這種做法的人自己也會這樣做。如果沒有人做，我會毫不猶豫——

他並不是假裝神聖的僞君子，只不過表達了自己作爲美國人的一種充滿激情的信念，即他完全有權得到名下應得之物；並且，同時代的許多巨頭在原則上很可能與他沒有什麼分別。想像這些人如何不能心安理得入睡，這只是想太多的多愁善感而已。其實，在這個「鍍金時代」，就連天使也爲他們唱讚歌。

工業界巨頭們自有各種理由來證明自己行爲的誠實和合理，其中最重要的辯解理由大概是說自己正在建立一個偉大的工業王國，雖然浪費極大，但他們的美國認爲完全可以承受。他們當中有些人——傑伊·古爾德（Jay Gould）的名字最爲突出——是徹頭徹尾的投機者、剝削者或破壞分子，但大多數都可以自認爲不僅是投機與兼併的大亨，而且是具有劃時代意義的工業創新巨人。

此外，他們堅信機會人人皆有的美國神話。工業界巨頭們來自下層或中下層，多數有過早年窮困、艱苦勞作及節儉度日的經歷。安德魯·卡內基（Andrew Carnegie）在這段時期結束時曾聲稱：「那些掌握實權的百萬富翁原先都是窮孩子，他們經受了最嚴厲也是最有效的學校——貧窮——的錘煉。」就此而言，除了他本人的親身經歷以外，他還可列舉一打以上其他著名工業家的類似經歷。許多傳記證實了他的看法。[2]當然，也有不同的情況，像是威廉·范德比爾特（William Vanderbilt），人稱「准將」的父親給他留下了大筆財產。還有一些人是在相當不錯的背景下起家的，例如愛德華·哈里曼（Edward Harriman）和亨利·維拉德（Henry Villard）；另一些人則有一門好親戚，例如亨利·克雷·弗里克（Henry Clay Frick），其母親的娘家是著名的釀酒業家族奧弗

[2] 事實上，這少數幾個傑出工業家的事例多少有點引起誤解。賴特·米爾斯根據《美國人傳記詞典》所列工商界人士資料在專題論文《美國工商界菁英：肖像集》中指出，以（一八二〇年至一八四九年出生的）這一代人而論，百分之四十三的工商業菁英人物來自「較低」或「中產階級下層」的階層。如果統計同期的一流工業家，就會發現這個百分比偏低。然而，米爾斯的論文確實表明，對於較低階層的人來說，這一代人比美國歷史上其他各代人有更為廣泛的上升機遇。他們之前的一代人（生於一七九〇年至一八一九年間）中，只有百分之三十七·二的工商業菁英來自「較低」或「中產階級下層」，而他們之後的一代人（生於一八五〇年至一八七九年間）中只有百分之二十九·三。

霍特。但是，卡內基卻是一個一貧如洗的蘇格蘭織工的兒子。菲利普・阿莫（Philip Armour）、古斯塔夫斯・史威夫特（Gustavns Swift）、丹尼爾・德魯（Daniel Drew）以及傑伊・古爾德出身於貧賤的農民家庭，詹姆斯・費斯克的父親是一家小型「流動貨攤」的業主，而約翰・戴維森・洛克斐勒（John D. Rockefeller）的父親則是專利成藥的巡迴推銷員。傑伊・庫克（Jay Cooke）和詹姆斯・傑羅姆・希爾（James J. Hill）早年做過偏遠地區的小職員；利蘭・史丹佛（Leland Stanford）雖出身於中產階級上層，受過良好教育，但他來到加利福尼亞時幾乎身無分文；柯利斯・亨廷頓十四歲就開始自立。他們這樣的人不僅可以自信，而且也可以向全世界宣稱，他們的財富和勢力完全來自艱苦的勞動和非凡的聰明才智，並以自己的切身經歷爲楷模，向充滿進取心的中產階級展示這種具有宏大機會的經濟。而且，由於他們的成功之途正是人人嚮往的，所以無須像二十世紀人們痛恨地追憶的那樣感到良心受到譴責。他們自信有充分資格獲取可得的一切。希爾這樣的人完全是出自內心的憤慨才在北方證券公司反壟斷起訴中說出了下面一番話。他說：「回顧所做的工作，確實覺得不容易……我們當時不得不與那些不做實事、裝腔作勢、只顧領取薪金的政治冒險家們作生死搏鬥。」約瑟夫・華爾頓（Joseph Wharton）這位費城的鎳業寡頭十分憎恨人們暗示他的公司「依賴於」稅收優惠，他說：

> 我給予政府的支持和幫助大於政府給我的支持和幫助。我既不是乞丐，也不是律師。我只是某些人中的一員，這些人創造並維護了國家的興旺發達，使這個即使遭受思想錯誤和瘋狂的議員們折磨的國家也得以生存下去。

甚至那位手碰什麼就毀什麼的傑伊・古爾德對於那些竟敢調查他情況的參議員們也回擊道：「是

我們使這個國家繁榮昌盛，是我們開發了這個國家。」約翰・戴維森・洛克斐勒更是直截了當地說：「仁慈的上帝給了我金錢。」卡內基曾說喬治・普爾曼（George Pullman）「壟斷一切」，並說：「就該如此，能人出了頭，各種工具都歸他所有。」

這個時代的觀念也完全適於這些大亨。經濟學家、記者、教育家和作家爭先恐後地向他們致敬，並在一年比一年得到更廣泛接受的達爾文的生物學和史賓賽的哲學中，找到了極有道理的理論。達爾文的《物種起源》於一八五九年出版後，美國的知識界就一直在急切地研究這種新的生物理論，並爲自己確立新的宇宙論。從達爾文和普及他的理論的人那裡，他們瞭解到生活就是一場適者生存的激烈持久的鬥爭。他們把進化和進步這兩個概念混爲一談——這對一個上升階級和上升民族的樂觀代言人是自然而然的——以爲工業界的激烈競爭完全反映了達爾文筆下的自然界的狀況，因而正在緩慢而勢不可當地推動著文明向更高一級發展。那些在頂層嶄露頭角的人顯然最適於生存繁衍。赫伯特・史賓賽（Herbert Spencer）的進化哲學對自發的進步大加讚揚，並以其全部權威主張應當讓自然的經濟進程發展下去，不要改革者的干預。他在美國成了備受崇拜的哲學家，可以說空前絕後。他於一八八二年訪問了美國，受到隆重歡迎，東部知識界和社會賢達爭相出來接待，記者們熱情細述他如何像招呼最親密的朋友那樣招呼他的大贊助人安德魯・卡內基。

故此，洛克斐勒說「大企業的發展壯大只不過是最適者爭得的生存而已」，就是很自然的了，而培養出一朵鮮豔奪目的「美國佳人」種玫瑰也只有在初期將其周圍的花苞打掉才行。同樣地，詹姆斯・傑羅姆・希爾也自然會聲稱：「鐵路公司的興衰是由最適者生存法則決定的。」而喬治・赫茲（George Hearst）則可在進入參議院——由於實業界巨頭充斥其間而被廣泛稱爲「百萬富翁俱樂部」——時聲稱：

關於書本，我知道的不多；也沒有讀過多少書，但我到過許多地方，見過世面，根據這一切經驗，我斷定參議院成員必是最能適應的生存者。

「鍍金時代」的絕大多數百萬富翁並不感到需要立即大辦慈善事業來爲自己辯護。雖然許多大慈善基金會的財源都是一八六五年至一九〇〇年間創造的財富，但這些基金會幾乎都是一九一〇年之後成立的，成立時，這些財富的創造者不是已到老邁之年，就是早已過世。安德魯．卡內基認爲，「最糟糕的過分崇尚之一便是斂財」，而且，「百萬富翁中未犯使人淪爲乞丐的罪惡者極少」，他幾乎是唯一在初期就懷有犯罪感的人。知識界使這些工業富翁對他們工作的進步意義和文明價值信心十足；他們爲自己的地位成了機會均等規則的典範而歡欣鼓舞，興高采烈地認爲自己的奮鬥正在使國家昌盛起來。所有這一切使他們對剝削感到心安理得，對自己的統治地位感到合情合理。

從事政治的也學會了工業界的這種處事方式。以工業家爲楷模，顧慮較少的政治家們紛紛追求財富和富裕生活。工業家們獲取和享有的財富爲消費和仿效樹立了標準。財富大量湧入政界，政治家發財致富的機會成倍增加。檢驗政治上成功與否的標準變成了金錢，不再是典型的政治家們原先追求的純粹自我表現或爲公眾服務及榮耀。布萊斯勳爵發現美國政治中的凝聚力就是「做官及將官職作爲獲取利益手段的願望」。贊成政黨分肥制的政治家將政治權力作爲分享總財富的手段，作爲仿效工業巨頭的發財手段，只是規模較小、水準較低而已。如此強烈的動機是前所未有的，而如此大量的誘惑也是前所未有的。

二

內戰之後的時期中，各黨派均依後臺老闆的旨意行事，並無原則可言。他們的分歧不在論點上，而在爭奪官職上。雖然美國各政黨從未以尖銳的原則分歧而著稱，但政黨分肥制的偉大時代也有其突出之處：把公然索取官職提高到共同的信條的水準。布萊斯勳爵在《美利堅合眾國》（*American Commonwealth*）一書中寫道：「美國各黨派已經存在，因而還將存在下去。」遲至一九〇八年，一位著名的記者向他描述道：「兩個政黨就像兩個瓶子，各自貼有標籤說明瓶內裝什麼酒，但其實兩個瓶子都是空的。」一八七九年，年輕的伍德羅・威爾遜用短短數語就將他對美國政治墮落的厭惡表達無遺，他指出：「沒有領袖，則沒有原則；沒有原則，則沒有政黨。」

共和黨人不同於民主黨人之處主要是他們比後者成功。自內戰及「重建」時期以來，共和黨積極採納美國工業家的政策，力求加強自己的社會基礎，它與資本利益集團的關係很不乾淨而又相互懷有敵意。資本家要求撥贈土地、關稅、津貼、對其有利的貨幣政策、不受立法管制和經濟改革的約束，他們則提供競選基金、報酬、賄賂，使勁給予政客投資機會等等。西華德曾說：「從某種意義上說，政黨是一家聯合股份公司，貢獻最多的人可以左右全公司的行動和管理。」各種權益集團在兩黨中都擁有大量「股份」，但在他們認爲政客提出的要求過分的情況下，有時也會變得難以駕馭。事實上，一八八〇年代以前，政黨機器的運轉在極大的程度上依賴於任職黨員繳納的捐款；後來，工商業者意識到自己的力量，開始在較大的規模上親自參與政治，才真正對政黨有了較充分的支配力。工商界在學會整批買通政治家之前，先得零敲碎打地收買各種特權，爲此花了大量資金。一八七三年，來自俄亥俄的一位議員不滿地說：「眾議院猶如一個拍賣行，在議長的槌聲中處置的各種有價值的審議多於世上任何地方。」例如，一八六六年至一八七二年間，聯合太平洋公司花在賄賂上的金額達四十萬美元；一八七五年至一八八五年間，中太平洋鐵路公司（Central Pacific Railroad）的賄賂費用竟達每年五十萬美元。難怪葛禮山這樣的老派正直共和黨人會把共和黨稱爲「一個根本上腐敗的公司」，也難怪愛荷華的格蘭姆斯參議員——曾是一位重要領袖——在一八七〇年會說：「我認爲，本黨如今是有史以來最腐敗最墮落的政黨。」亨利·亞當斯的結論是：「查遍一八七〇年至一八九五年這二十五年間國會、司法和行政部門的全體名單，恐怕只能看到名譽掃地而已。」

美國動產信貸公司[3]醜聞案堪稱「鍍金時代」道德觀念的典型原始資料，該公司是聯合太平洋公司董事組織的一個建築公司。他們身爲聯合太平洋鐵路公司的股東，以動產信貸公司股東的身分爲自己索取極高的建築價格。聯合太平洋公司占用了近一千萬英畝的公有土地，因而國會有可能仔細調查這筆交易。爲了防止被調查，來自麻薩諸塞的議員、聯合太平洋公司的股東歐凱斯·艾姆斯（Oakes Ames）在有影響的國會議員中分發了一批動產信貸公司的股票。一八七二年是競選年，國會於該年對此案進行了調查，眾議院以一百八十二票贊成對三十六票反對的結果通過了一項決議，「斷然譴責」了艾姆斯的上述行徑。然而，議員們的態度卻相當說明問題，他們立即圍到艾姆斯的桌子周圍，向他保證，他們這樣做實在是不得已，並且完全相信他的動機是正直的。報界普遍同情艾姆斯及受賄者，而且這些人並沒有受到類似的懲戒。艾姆斯本人並不否認事實，但拒不認罪。他說，他在議員中分發股票「與接近工商界並以股份爭取工商界主要人物是完全一樣的」。他在給一位同事的信中寫道：「我認爲，國會成員有權擁有他想投資的任何財產。」在另一個場合，他還說：「在誘使人照料自己的財產方面並沒有什麼困難。」這些話的意思十分清楚：議員完全可以用自己的政治權力照料自己的投資，而且此事並無不當。

這種辯解的理由出於一種信念，即大部分公眾輿論會支持這種政治道義觀。班傑明·巴特勒

（Banjamin Butler）當年的估計就是如此。他在任紐奧良要塞司令期間曾向市內一家銀行徵收了八萬美元，並且始終沒有說明用途。銀行後來僱請一位律師對他提起訴訟——起訴獲得了勝利，這位律師指責說，他在洛厄爾的鄰居會看不起他，因爲他靠來路不明的錢生活，巴特勒卻答道：「人們只會把我看成傻瓜，爲什麼不要兩倍的錢。」瑪麗·艾比格爾·道奇報導說，當約翰·賓厄姆（John Bingham）遭到辱罵，稱他持有動產信貸公司免費贈送的股份時，他回答道：「再多十倍才好！」亨利·亞當斯的結論是，公眾無意於改革：「道義法律過期了——就像憲法一樣。」

當然，也有清白的政治家，並且十分受人尊敬。格蘭特很高興內閣中有漢密爾頓·菲什這樣一位人物，他極爲正直，在這群人當中眞像蛤蟆頭上的一塊寶石。卡爾·舒爾茨（Carl Schurz）的品行無可指責，他在海斯總統任內擔任內務部長。[4]這段時期的五位共和黨總統中，海斯和哈里森的名聲尚好；但他們雖不是腐敗透頂，也並無突出之處。他們之所以知名於美國史中，恰恰主要是因爲默默無聞。黨魁馬修·奎伊駁斥哈里森的一句話反映出他們與當時政治現實的關係——哈里森在一八八八年的競選中勉強當選，這位貴族氣十足的人一本正經地宣稱：「天意使我們獲勝。」奎伊不屑地反駁：「想想這個人，他應當知道天意與此事毫無關係。」他還說，哈里森絕不會知道，「爲使他當上總統，有些人已差不多要跨進監獄的大門了。」哈里森不久就意識到人們要他扮演什麼角色。他曾當著西奧多·羅斯福的面嘆息道：「當我掌權後才發現黨內的頭頭把權統統攬了過去，我連任命自己的內閣都辦不到。他們把所有職位都出賣了，爲的是償還選舉時欠的債。」

---

[3] 原文為Crédit Mobilier。——譯者

[4] 加菲爾曾在文章中述及這位知名的改革者被任命為內務部長一事，描述得彷彿是一場勇敢的實驗：「任命舒爾茨，這是不幸的，也是不明智的，但仍應認可，使總統有機會檢驗他的政策。」

另外三位總統更不必一提。格蘭特政府的腐敗臭名昭著。[5]海斯的繼任者，即那位裝得一本正經的加菲爾，雖然總的來說不失正直高尚，但仍參與過一些較小的醜聞。加菲爾遇刺後接任總統的切斯特·亞瑟（Chester Arthur），在獲得副總統提名前曾是康克林臭名昭著的紐約海關機構中的主要人物，一個徹頭徹尾的主張政黨分肥制的分肥政客（據說一位友人曾驚呼：「老天！切斯特·亞瑟進了白宮！」）儘管如此，亞瑟為了在任上有所作為，曾眞心實意地推行過一些少量改革，但成效甚微；具有諷刺意味的是，經他簽署，彭德爾頓文官制度法（Pendleton Civil Service Act）[6]正式成了法律。

推動政府機器的力量並非來自幾位總統，而是來自共和黨的派系領袖和黨魁，來自羅斯科·康克林和詹姆斯·布雷恩這樣的人物。現在看來，二者雖然相互極端憎惡，但確實有許多共同之處。最大的共同之處在於，二者都將生活看成一種有趣而且頗有利可圖的鬥智。

康克林其人簡直不可思議。此人身材高大，優雅瀟灑，風頭十足——身穿白色法蘭絨褲和花俏的背心——貪戀酒色，是個無恥的利己主義者，亨利·亞當斯說他極端滑稽，超越了可笑的程度。看他在參議院表演的樣子，使人很難斷定他究竟是一位扮演參議員的滑稽演員還是一位參議員扮作滑稽演員。加菲爾說他是「一位偉大的鬥士，恨比愛對他的激勵更大」；他在人們記憶中留下的最深刻印象是與布雷恩的猛烈交鋒和他對喬治·威廉·柯蒂斯及其他改革者的無情攻擊，他稱他們為「庸碌之輩、淺薄的萬事通、地毯上的政治騎士」。《紐約時報》（*The New York Times*）曾相當嚴肅地稱他為「一位典型的美國政治家——未來將根據他的生平業績和品格來判斷當今的政治標準」。

康克林出身於紐約的一個富裕家庭；他的父親是聯邦地方法院的法官，康克林剛當律師辦的第一個案子就是在他父親的法庭上審理的，並且辯護獲勝，這是很有特色的。他自己家裡很富裕，妻子家裡也很富裕，個人無須貪汙受賄就可專心於自己愛好的事業，他似乎從未接受過賄賂，但他生活在賄賂貪汙的環境中。他是格蘭特最有勢力的支持者，紐約海關最富有的後臺老闆，堪稱典型的機器產物，公然蔑視向正統政治提出挑戰的改革者。當然，政黨就是以機械方法開動的機器，婦女雜誌的老闆還有什麼其他經營的高招嗎？

> 人們對我們說，共和黨是一架機器。是的，政府是一架機器，教會是一架機器，軍隊是一架機器……紐約州的公立小學系統是一架機器，一個政黨也是一架機器。

康克林深陷於正統政治的卑劣做法之中，把改革者也想像爲一群競爭的經營者而已。他曾宣稱，「他們的眞正目的是取得官職和分贓」——他無法想像政治生活還有什麼其他可以理解的目的。因此，他說：「當詹森博士將愛國主義定義爲無賴的最後庇護所時，他並未意識到改革一詞尚未發揮的潛在能力。」

布雷恩極有魅力，是當時最得人心的共和黨人。共和黨只有在一八八四年提名他爲總統候選人，僅此一次，但是，在一八七六年至一八九二年的其他各次黨代表大會上，都曾極有可能獲得提

---

[5] 格蘭特比任何人都更崇敬大資產者，他認為總統接受富人的大筆饋贈並無不妥之處。他與卡內基和洛克斐勒完全一樣，認為他們在世界上能掌握多少地盤，上帝就交給他們掌握多少。其他時代的總統有誰能夠像他這樣大言不慚，在鼓吹奪占聖多明哥時宣稱，如果採納他的政策，「全部土地就會很快落在美國資本家手中」？

[6] 美國在聯邦政府僱用文職人員時捨棄政黨分肥制的具有里程碑意義的立法，一八八三年一月十六日通過。它規定公開遴選政府雇員，並保證公民不受政治、宗教和出生國的限制，均有參加競爭謀求政府文職的權利。——校者

名。他在財務方面的紀錄盡是汙點，但即便變成公開的事被有心人瞭解之後，他的聲望也長期未減；他的小過錯或許可能使他當不上總統，但人們並未因此而對他不予考慮。

按當時的標準來看，布雷恩並不算特別違法亂紀。作爲眾議院議長，他曾幫助否決了一項議案，如該議案獲得通過，就會妨礙阿肯色州將土地撥贈給小岩城—史密斯堡鐵路（Little Rock and Fort Smith Railroad）公司。此事完全出於他本人的意願，沒有人向他提出請求或勸誘，因而從表面來看並無公然收受直接賄賂之嫌。但是，事後他卻藉此在向緬因的朋友銷售鐵路債券方面得到了一筆十分優厚的傭金。不過，這筆債券交易未使他獲利，因爲朋友們的投資受到了損失，而布雷恩雖然公共政治責任感很薄弱，私人義務感卻很健全，他對朋友們的損失做了補償。然而，布雷恩參與過不少鐵路交易，這僅是其中的一件事；顯然，這位共和黨領袖的開銷大於他職務的工資收入：他家庭人口很多，有好幾處房屋，並且喜歡過優裕生活。

在這方面，關鍵不在於布雷恩與鐵路公司的關係，而在於由此導致的一系列公開的、大肆渲染的謊言。一八七六年，就在他有可能獲得總統提名的黨代表大會召開前不久，國會開始認真調查他與鐵路公司的各種交易。他竟大膽地隱匿了含有對他最爲不利的證據的私信，挑出一些無關緊要的信件在眾議院宣讀，並且以漂亮的手法，頭頭是道地反誣調查者策劃扣押可證明他無罪的證據。雖然這場戲演得使共和黨內的敬仰者相信他無罪，但這齣戲的主角也感到憂心忡忡，這時他正值躊躇滿志之時。蓋爾．漢彌爾頓（Gail Hamilton）是他的朋友，又是他的官方傳記作者，曾令人難忘地刻劃了他的形象：病倒在家裡的沙發上，舉起攥緊的拳頭，裝腔作勢，聲嘶力竭地嚷道：「當我想到——當我想到這廣闊的大地上居然還有人懷疑我的正直，我悔不該沒有留在——」話沒有說完，只是做了一個揮動的手勢。此後不久的一個星期天上午，他在前往公理會教堂時，竟故意恰恰「昏倒」在教堂門口。

一般人一定會認爲，這一切太過分了。《紐約晚郵報》在一八八四年競選活動期間發表了一份小冊子，其中毫不費力地列舉了布雷恩在其個人錢財方面之交易說的十次各不相同的謊言。布雷恩甚至炮製了一封假冒沃倫・費希爾（Warren Fisher）簽名的來信——費希爾是小岩城—史密斯堡鐵路公司的一位高級職員，布雷恩在這封假造的來信中讓他說了這樣一段話：

……你的行爲如白晝一樣光明正大。原企業破產之時，我意識到你在金錢上遭受了多麼嚴重的損失，也意識到你是多麼正直勇敢地承受了這一損失……你的行爲正直坦蕩之極。

詹姆斯・吉萊斯皮・布雷恩自造的證詞使人讀了深受啓迪，這就是共和黨的「自誇的光榮騎士」！這個名聲來自他對高額保護稅率的讚揚，他認爲只有高額保護稅率才是美國繁榮的眞正源泉；來自他關於嚴懲被征服的南部的主張，來自他敢於爲他的愛爾蘭裔及反英派追隨者的利益而觸犯英國巨獅，也來自他猶豫而不成功地企圖在南美推行帝國主義的計畫，這個名聲必須加以保護，彷彿是世上最珍貴之物，不惜竭力弄虛作假，大肆宣揚。

布雷恩的同時代人和後來的歷史學家，都認爲他具有政治家少見的思考能力。他的主要著作是一部兩卷本的歷史巨著《國會二十年》（*Twenty Years of Congress*），該書至今尚有某些參考價值；但其主導思想只不過是認爲共和國只有掌握在共和黨人手中才能安然無恙，這一點既可以根據書中敘述的內容來判斷，也可根據書中避而不談的問題來判斷。例如，布雷恩避而不談格蘭特政權的腐敗和醜聞。這是他獨有的特點：他一生中用了那麼多時間致力於隱瞞眞相，因而連他的歷史著作也充滿了謊言和遁詞。一般人認爲，他很有個人魅力，在私交中熱情溫和，在公開場合平易和藹，頗有號召力。然而，他從未取得過任何積極成就，甚至從未提出過任何積極建議；他對美國政治的主要貢獻就是降低了它的調門。一八八四年，當他請羅斯科．康克林為他進行競選活動時，康克林深惡痛絕地怒斥道：「謝謝！我可不做違法的事情！」康克林雖犯過很多錯，但這次卻做對了，因爲布雷恩作爲一般公民雖無大害，但擔任公職的身分則具有反社會的性質。這位「自誇的光榮騎士」曾對妻子說：「我想要什麼，總是非要不可。」當時整整一代美國人的格言可能就是如此，他們要什麼就非要不可，並且如願以償。

三

當時一般人的特點是不顧一切和腐敗，而改革者的特點則是孤立。黨棍們把巧取豪奪視同男子氣概，把政治中的「好」人視爲紈褲子弟，反常的怪人，他們未受世風影響並不是由於品德優良，而是因爲性情乖張——用康克林那句有名的惡言來說就是「庸碌之輩」。布雷恩在致加菲爾的信中說這些人「是一群新貴，自大愚蠢，虛榮狂妄……人數不多卻叫囂得很厲害，拘泥形式而不切實際，妄自尊大，自命不凡而力不足」。以言詞刻薄著稱的堪薩斯州參議員約翰．英格斯（John Ingalls）認爲政治中的廉潔純眞是「一場五光十色的夢」，說這些人：

> 婦人氣十足，男女難分；兩種生育機能無一具備；既沒有生育能力，又沒有男子氣；既受男子藐視，又受婦女嘲笑，註定不會繁育，與世隔絕，乃至最終消亡。

這種言詞過於刻薄，但也有一定道理：改革者們在政界中既孤立又一事無成。他們當中的知識分子沉迷於公共服務的抽象理想，實業界人士無法忍受賄賂的代價，有教養的人唯恐政府不夠廉潔清明，他們不瞭解人民，人民不瞭解他們也有充分道理。改革者們關注的是提高公眾的地位，農民和工人則一心想防止個人地位的低落。價格的穩步下跌毀滅性地打擊了農民，他們在這段時期中的經歷是一齣經濟悲劇，主要是徒勞無益地與金融和壟斷勢力做了各種抗爭。與各國工業革命的歷史一樣，工業化使勞動階級遭受壓迫和苦難，不時發生的慘烈的勞工鬥爭並未使壓迫和苦難有所緩解。實業界的劇烈波動起伏，一八七〇年代和一八九〇年代的大蕭條，以及一八八〇年代中期的嚴重危機，造成了廣泛的貧窮和不安全感。

因此，致力於文官制度法、稅率或揭露政治家較輕的犯罪行爲的改革者們，不能激起群眾的熱情就不足爲奇了。只有中層和上層階級才有閒情逸致去一門心思地追求公務廉潔。除非廉政眞的能帶來什麼人道果實，使生活的困苦能有較大緩解，大眾一般並不十分關心公務人員廉潔與否。如果必須做出選擇，美國的城市民眾在善心和廉正之間會選擇前者，本國歷史悠久的坦慕尼協會（Tammany Hall）[7]的情況就證實了這一點。農村群眾則會把眼光投向主張貶值貨幣的政治家。

在政黨分肥制的全盛時期，共和黨內曾兩度興起過有組織的改革運動——一次是一八七二年爲霍勒斯·格里利競選總統而興起的自由共和黨人運動，另一次是一八八四年幫助擊敗了布雷恩的共和黨獨立派拒絕支持本黨的退黨行動。戈德金一八七〇年的一番話表述了前一運動的主旨，他呼籲建立一個黨，「其宗旨應是稅率改革、文官制度改革和少數派代表權」。這場運動的時機尚未成熟，因爲格蘭特政權最肆無忌憚的腐敗行爲到一八七二年後才發生，公眾的不滿也是到一八七三年恐慌之後才激化。無論如何，這場運動對工人和農民沒有吸引力，其目的也不在於吸引工人農民。這一運動提出的候選人格里利性格古怪，甚至無法使有弱點的格蘭特退居守勢；競選結束

[7] 一七八三年成立於紐約市，最初是個慈善組織，後來變成民主黨的地方政治組織。——譯者

後，格里利發現自己成了總統競選史上最慘的失敗者，他悲嘆道：「我被罵得狠極了，簡直不知道我自己是在競選總統還是在競選進監獄。」

一八八四年，紐約州雙方選票十分接近，共和黨一批在關係重大的紐約州勢力很強的持不同意見的人，不能容忍布雷恩當候選人，幫助克里夫蘭當選。但無論這些獨立派對克里夫蘭的勝利做了什麼貢獻，激進的經濟主張都與此無關；事實上，他們之所以支持克里夫蘭，在很大程度上是因爲他在保守主義議題上絲毫不肯向共和黨領導層做出讓步。

政治改革的命運伴隨著經濟改革的失敗。在克里夫蘭政府的第一屆任期內，卡洛姆委員會對鐵路公司做了調查，結論是，「人民從來沒有在一個涉及大眾的議題上」像在國會應管制州際商務的議題上「那樣意見不一」。國會據此爲「人民」制定了州際商務法（Interstate Commerce Act）。但正如當時已成了大公司的監視者的尼爾森．奧爾德里奇（Nelson Aldrich）參議員所說，州際商務法是「一種欺騙和僞裝……對大利益集團的空洞威嚇，用於應付無知和不懂道理者的叫囂」；卡洛姆參議員是州際商務法的提出者，也將其稱爲以改革措施爲僞裝通過的「保守立法」。鐵路公司很快就毫不費力地繞過了州際商務委員會（Interstate Commerce Commission）制定的規章。該法令通過六年後，克里夫蘭政府的司法部長理察．奧爾尼（Richard Olney）曾勸告芝加哥—伯靈頓—昆西鐵路公司董事長，要求撤銷該法案是不明智的：

> 委員會之職能現已受法院制約，對鐵路公司用處很大，或者說可以起很大作用，它可滿足公眾要求政府監督鐵路公司的呼聲，而這種監督幾乎已完全名存實亡。況且，這種委員會存在的時間愈長，就愈傾向於爲工商業和鐵路公司著想。因此，委員會就成了鐵路公司與人民之間的屏障，並可預防倉促草率地制定出不利於鐵路利益的立法。

一八九○年選舉通過的謝爾曼反托拉斯法（Sherman Anti-Trust Act）可算第二次經濟改革，這次改革同樣是爲了應付公眾反對壟斷的呼聲，立意也同樣不嚴肅。康乃狄克州的共和黨參議員奧維爾．普拉特（Orville Platt）在就謝爾曼法案展開的辯論中指責道：

> 參議院的做法……並不是真心爲了制定一項禁止和懲辦托拉斯的法案。它不過是爲了做出一份有那個標題的法案，以使我們可向國人交差。至於法案能否起作用或是如何實施，這個問題在參議院的閒談中隨風去了，全部努力就是做一份向國人交差的法案，標上「懲處托拉斯法案」的題目就行了。

四

爲兩黨制辯護的最精彩論點是，雖然兩黨制按理允許占多數的黨掌握統治權，但同時也把反對派集中在一個少數派集團中，這樣，少數派的精力就不會消耗在派別爭端中，同時也可扼制「執政黨」獨攬大權的傾向，這一論點與美國的事實相去甚遠，因爲美國沒有深刻的黨派分歧，政黨的結構十分嚴密，少數派不可能匯集到在野的大黨中，只會切斷他們傳統的黨派紐帶，並且在多數情況下孤立無援地淹沒在政治的汪洋大海之中。

一八八四年，民主黨人獲得了內戰後的第一次勝利（當時得到了不支持本黨的共和黨獨立派的寶貴援助），這可算是美國特有的黨派忠誠事例中的少數例外之一；但隨之而來的民主黨政府只不過證實了共和、民主兩黨原則深處的一致性。不過，就格羅弗．克里夫蘭（Grover Cleveland）而言，民主黨內至少站出了一個人，如果僅從正直和獨立性來說，他不失爲自林肯至西奧多．羅斯福之間唯一可與之相提並論的重要總統。

格羅弗·克里夫蘭的父親理察·法利·克里夫蘭是一位貧窮而謹慎的長老會牧師，能力一般，靠鄉村牧師的微薄收入養活了一個大家庭，共有九個孩子，從不鑽營晉職，四十九歲去世，當時格羅弗十六歲。兒子承繼了父親的道德準則，並認爲他缺乏雄心是很正常的。在他看來，承擔義務遠重於施展抱負。他簡樸善感，缺乏想像力，工作只爲了舒適安寧，別無他求。四十五歲當選爲紐約州長，當選之夜，他在給弟弟的信中寫道：「你知道假如母親活著我會感到安全得多嗎？我始終認爲她的祈禱對我的成功幫助很大。」

少年自立謀生的艱辛並未使克里夫蘭形成懷恨或叛逆的心態。或許，他多少有一點心理學家所謂的道德自我折磨心態，這使他較易承受早年的負擔並安然對待往後招致的憎恨。他曾在文章中以懷舊的筆調敘述過早年在水牛城學習法律和做辦事員時收入不足的境況，說他「受盡苦難……實際上喜歡受苦」。他的工作習慣無規律：時而精力旺盛，令人難以置信，認眞嚴肅到近乎自我懲罰的程度，時而又表現出單身漢式的隨便鬆弛。他身材肥胖，形象粗陋，待人可親，很快就適應了水牛城的社會風氣，該城當時正處於興旺發達時期，城裡住著許多隨和的德裔居民，克里夫蘭加入了艾倫·尼文斯（Allan Nevins）教授正確地稱爲「旅店門廳和酒吧之徒」的人群。

克里夫蘭十分迅速奇特地上升到權力高位。一八八一年春，他還是水牛城的一位業務興隆的律師，生活舒適，擔任過兩個不重要的公職，時間不長，工作認眞但抱負不大。到一八八五年春，他已在華盛頓宣誓就任合眾國總統了。他被一系列偶然事件突然捧了上去。一八八一年，一位明目張膽的貪贓枉法的共和黨人獲得了水牛城市長提名，民主黨人則想找一個以正直著稱的人與之對壘，他們記起克里夫蘭過去任郡行政司法官時的事蹟，因而提名請他當候選人，他雖然接受了這一提名，但並不十分熱情。這位新任市長嚴厲打擊了地方上的貪汙分子，正好在紐約州長競選拉開戰幕的前夜，爲自己在全州贏得了良好的聲譽。州內的情況也恰巧十分有利：紐約郡代表團抵制坦慕尼協會，一心想找一個合適的候選人，曾一度爲兩位較有名望的人物爭持不下，結果把提名給了克里夫蘭。紐約州共和黨內康乃爾州長的追隨者和康克林的追隨者也意外地發生了分裂，這更保證了克里夫蘭的當選。一八八四年，蒂爾頓身體已趨衰老，民主黨領導層處境窘迫，克里夫蘭就成爲一八八四年黨內合乎邏輯的人選。他的競選對手布雷恩由於舊罪行被揭露受到損害，共和黨獨立派又臨陣倒戈，再加上薩繆爾·伯查德牧師（Rev. Samuel Burchard）發表的令人驚訝的〈甜酒、羅馬天主教教義和反叛〉的演說，以極少的選票之差輸給了克里夫蘭：紐約州只要有六百票左右發生變化就會使選舉產生另一種結果。正是一系列出乎意料的事件使克里夫蘭這樣的人在「鍍金時代」當上了總統。

克里夫蘭繼承了塞繆爾·瓊斯·蒂爾頓（Samuel Jones Tilden）的遺產。他的主要顧問都是蒂爾頓的門徒和副手，例如，他的第一任財政部長是報業老闆丹尼爾·曼寧（Daniel Manning），還有身爲百萬富翁的公司律師威廉·柯林斯·惠特尼（William C. Whitney），他不久前剛剛和美孚石油公司財富搭上夥伴關係。這些朋友只是堅定了克里夫蘭從一開始就形成的保守觀點，但他們很可能也使這位政治家無法接觸公眾輿論，從而不能開拓視野；而正是這種公眾輿論的影響使兩位羅斯福和伍德羅·威爾遜的觀點發生了巨大的變化。一八九二年惠特尼給克里夫蘭總統的一封信可以使人對此深信不疑：

> ……人民對你的印象是，你不關心他們的疾苦……你在思想上聽命於東部金融勢力，等等——這是尋常的廢話。……正如你曾對我說過的，不知道他們從何處接受了什麼思想。

然而，東部保守派將克里夫蘭看作自己人，許多通常傾向於共和黨的實業界人士甚至早在一八八四年就對他表示支持，這幾乎是明白無誤的。在州長任上，他最突出的事蹟就是否決了一項要求把紐約市高架鐵路車票從十美分降爲五美分的議案，儘管這項議案在市民中顯然是大受歡迎的。安德魯·迪克森·懷特（Andrew D. White）據此歡呼克里夫蘭克服了對「勞動人民的同情心」，稱讚他「毫無蠱惑人心之意」。克里夫蘭首次當選後收到傑伊·古爾德的賀電：「我感到……全國廣大工商界的利益在您手中將安然無恙。」當克里夫蘭扭轉了銀幣自由鑄造的潮流之時，人們感到此事可信賴而更加尊敬他。一八九四年，共和黨參議員艾利森對賀拉斯·懷特說，克里夫蘭一八九二年擊敗哈里森實在是「上帝的恩典」，因爲共和黨人當總統就絕不可能廢除謝爾曼白銀購買法。許多年以後，伍德羅·威爾遜已拋棄了克里夫蘭的民主思想，轉而信奉進步主義，他否認克里夫蘭政府有任何民主黨氣息——「克里夫蘭實質是一位保守的共和黨人」。尼文斯教授說：「（他）過於保守，無以廁身於有建樹的偉大政治家之列。」

克里夫蘭對待公職的責任極爲認眞。一八八五年六月，他在給一位老友的信中寫道：「我獻身於公務，就像宗教家拋棄了生活中的一切享受，專心致志於某種神聖的使命一樣。」他在任市長和州長期間因頻頻行使否決權而出了名，並且從一開始就把總統的任務視爲起反對作用的：他是公正的執行者，他的任務是監督其他政治家，防止他們施恩或受賄。揭示他的思想之關鍵是，他憎恨政府中的「溫情主義」。他認爲，人民有權要求政府節儉、廉潔和公正，如此而已。「一個沒有特惠的公平領域。」工業不應指望得到關稅過分的照顧；退役軍人及其家屬不應指望得到過高的年金；鐵路公司必須仔細說明贈撥土地的用途。克里夫蘭在關稅方面的體驗證實了其理論的誠摯，也證實了其理論的失敗。

卡爾·舒爾茨曾憶及，克里夫蘭在一八八四年當選後不久便向他請教應處理哪些議題。舒爾茨回答說，他應當以關稅爲打擊對象，這位當選總統顯然是動了感情，坦率地回答說：「我實在感到羞愧，但我對這個議題實在一竅不通……能否告訴我應當如何才能弄通這個議題？」他在一八八七年的年度諮文中用了大部分篇幅對高稅率進行了攻擊。一些政界人士提醒他，在關稅議題上咄咄逼人的態度會使他無法再度當選，他則以很有特色的語調回答說：「如果沒有什麼主張，當選或再當選有什麼用？」然而，他的改革鬥爭並無成效；威爾遜—戈爾曼關稅法（Wilson-Gorman Tariff）與州際商務法和謝爾曼反托拉斯法如出一轍。

克里夫蘭的自由放任理論，如同這一經典理論本身一樣，取決於一個大前提：一切事情必須在沒有政府干預的情況下順利發展，否則整個制度就會因前提的欠缺而垮臺，儘管在理論上並無不妥。克里夫蘭後來不得不在向國會提交的第四次年度諮文中承認這一切都是不現實的，這份諮文是他在一八八八年十二月擬出的，當時他剛剛敗給哈里森。諮文中的憤懣言詞讀起來彷彿出自平民黨人的筆下：

……我們發現，城市中的財富和奢華摻雜著貧窮、悲慘和無報償的艱苦勞作。城市人口擁擠，並在不斷增多，表明了農村地區的貧困和不安於從事農業的傾向……

我們發現，我們的製造業賺到的財富不再完全來自勤奮耐勞和遠見卓識，而是得助於政府的優惠照顧，並且在很大程度上依賴於對我國人民大眾的非法的勒索。雇主與雇員之間的鴻溝正在不斷擴大，兩個階級正在迅速形成，一個階級由財勢極大者組成，另一個階級則由辛勤勞作的窮人組成。……我們發現，存在著各種托拉斯、聯合企業和壟斷集團，人民則被遠遠地拋在後面，拼命掙扎，或遭到鐵蹄的踐踏，性命不保。公司本應是受到審慎約束的法律產物和人民的公僕，如今卻正在迅速成爲人民的主人。

儘管如此，克里夫蘭仍堅持認爲，對於造成這種情況的勢力，政府並沒有什麼可加以制約的辦法。他的唯一辦法就是呼籲工商界提高道德水準，受到公眾信託。一八八七年，他動感情地在費城商業交易所發問道：「難道——難道我們總是必須向工商界徵求政治意見，而這些意見恰恰就是他們認爲可以獲得直接經濟利益的所在？」工商界人士應當「以較好的動機爲主導，不要一味追求私利和獨占好處」。克里夫蘭由於不能從較爲積極的角度來看待社會行爲，因而在一八九〇年代的危機中自然就不聲不響地與利益集團走到了一起。他雖然認爲關稅和優惠是工商界不應得到的一種照顧，也是對正義和平等的公然違背，卻滿不在乎地派聯邦部隊去鎮壓一八九四年的普爾曼火車車廂工廠工人罷工，也就是讓他們在很大程度上歸公司代理人指揮。多年之後，他曾聲稱，他和這次罷工中的其他負責人士應當因所起的作用而受到「祝賀」。在白銀議題上，他也同樣堅決地拒絕了農民的要求。當然，不一定只有財閥才堅決主張金本位（gold standard）制，但由於克里夫蘭也同樣堅決地主張自由放任主義，這就要求他否認政府有責任提出任何辦法來取代銀幣自由鑄造的辦法，以挽救農村的困境。很少有人會像克里夫蘭那樣乾脆強硬地做這些事——或者說，不做他未做到的事。這要求他那遠不是聰敏的頭腦體現出一種理論上的愚蠢的公允態度，將關稅議題上的恐嚇叫囂者和可憐的受折磨的農民匯總在一起，都視爲對政府的非法請願者。有人稱讚克里夫蘭十分強硬，能夠抵擋他人無法承受的群眾壓力；但也可以說他極其不顧人民的疾苦，其他任何一位總統都不會冷酷到這種地步。

簡言之，克里夫蘭把自己的長處變成了短處。他並不是無情之人，但也十分固執己見和愚鈍。無論人們對他如何留有餘地，都很難想像一位總統竟會在一八九五年這樣的民眾受苦受難的年分中，給自己的經紀人寫這麼一番話：「你知道，像我這樣富有的投資者如今得說明收入情況。」此處他只是故作詼諧而已。他很快又接著寫道，「我發現自己賺錢的欲望變得很強烈」——並且竟然說：「我認爲目前是縱容這種傾向的好時機。」從這裡不禁使人想起卡內基一句若有所思的話：「恐慌時期保有錢財的人實在是一位明智而可貴的公民。」

確實，這就是虔誠的資產者的精神。克里夫蘭作爲良知和自助精神的產物，堅信純潔、效率和服務，堪稱是納稅人夢寐以求的楷模，也是他那個時代理想的資產階級政治家：出於眞誠的信念，他爲利益集團做出了無償的奉獻，而許多氣度較低的政客定會將其標價出售。他是「鍍金時代」美國政治文化的菁英。

第八章　威廉・詹寧斯・布萊恩：提倡信仰復興的民主黨人

提倡信仰復興的民主黨人一個人可以再生；生命之泉可以迅速得到澄清……假如這一點對一個人是正確的，那麼對任何人也是正確的。因此，如果人民的理想可以改變，一個國家就可以在一朝一夕間獲得新生。

威廉・詹寧斯・布萊恩

瞭解美國信仰復興運動的人都熟知這樣一件事：懷疑論者來到野營布道會上，本是要對布道加以嘲弄，但卻留下來被改變了信仰。布萊恩在一八九六年民主黨全國代表大會上發表的著名〈金十字〉演說也產生了同樣激勵人心的效果。當時正坐在旁聽席上的他的一位追隨者，彙報了坐在他旁邊的一位提倡金本位的民主黨人的行爲變化。此人對於任何友善提到銀本位制的話一向都嗤之以鼻。布萊恩呼籲演說結束之後，這位提倡金本位的民主黨人「再也控制不住自己，簡直緊緊抓住了我，把我硬拉起來站到椅子上。布萊恩演講一結束，他就對我大喊說，『歡呼吧！看在上帝的份上，歡呼吧！』」

布萊恩這個偉大的平民是政治上的一個巡迴福音傳教士。他的〈金十字〉演說具有宗教意象和復興運動的激情，感人至深，可以說是他生平的縮影。許多對他從政最初幾年提出的信條曾加以嘲笑的人，在經過一段時間後，卻接受了他的大部分看法，並當作自己口頭常說的話。在人們情緒憤懣的時刻，布萊恩向那些除《聖經》之外別無所知的受福音派新教義影響的頭腦簡單的選民宣講自己的使命，使自己一舉成名，促進了「大覺醒」運動的出現，一掃三十年來籠罩美國政治的無恥作風和冷漠情緒。

布萊恩對於宗教和政治都很熟悉。他曾在世界各地多次發表一篇題爲〈耶穌〉的演說，在這篇演說中他宣稱：

> 我對政治科學感興趣，但更感興趣的是宗教。……我喜歡發表政治演講，……但我更願意就宗教問題發表演說。我剛滿二十歲時就開始發表競選演說，但開始在教堂裡宣講要比這早六年——離開政界之後我還要在教會工作。

不幸的是，布萊恩的政治領導和社會理論就像他的福音派教友們的神學理論一樣粗糙不成熟。查爾斯·威利斯·湯普森（Charles Willis Thompson）曾指出：「布萊恩對西部的瞭解在於他本人就是西部大部分地區的一個普通人；他不僅僅像個普通人，而就是一個普通人。」這方面，布萊恩不同於進步時期的其他偉大領袖人物。西奧多·羅斯福具有有閒階級的背景和情趣，威爾遜具有學者的矜持，拉福萊特則倔強地獨行其是而對改革的技術細節具有手工匠人般的興趣，這些人都是不平凡的人。他們感受到人民的情緒，布萊恩則體現了這些情緒。

布萊恩的基本選民是西部和南部長期遭受挫折的種植主要農作物的農場主。這些農場主開墾大草原，並歷經了內戰後重建的艱苦歲月。他們種植的小麥和棉花爲城市日益增長的工業人口提供了食物和衣服。產品出口到歐洲之後，又爲美國工業發展換回了外國資金。一八六五年以來的三十年間，他們一直密切注視著價格的一般水準，眼看著價格不停頓地下跌，一直到最後美元的實際價值增長了兩倍。這對農場主們來說是一種長期、緩慢的痛苦。他們負了債，長期債務不斷上漲使他們難以忍受。一八六五年用一千蒲式耳小麥可償還的債務，現在需要用三千零二十蒲式耳。對於欠債而又難於獲得資金還債的人來說，經濟困難主要表現在貨幣短缺。於是農場主們得出結論，既然貨幣不足，那就應該增加貨幣供應。一八九六年的銀本位運動，就是要求貨幣貶值的人與要求貨幣升值的人們之間的一場鬥爭。

但在一八九六年，自由鑄造銀幣就像非法同居一樣被認爲是異端的做法。除了農業地區，無論在什麼地方，聚會的學者和富翁們都認爲這個問題不值得進行認眞討論。大學的經濟學家們反對，傳教士們反對，撰寫社論的編輯們也反對。在這一運動結束後近四十年的時間裡，單一金本位制是經濟正統觀念的天空中唯一的恆星，懷疑它不僅是錯誤的，而且也是不正直的（後來在一九三三年，富蘭克林·羅斯福在美國取消金本位制時，人們聽到劉易斯·威廉士·道格拉斯（Lewis W. Douglas）感慨地說：「唉！這下西方文明算是完了。」）

事實上，銀幣通貨膨脹論者的邏輯，並不像與布萊恩同時代的正統派所認爲的完全是錯誤思想。一些知名權威人士回過頭來都把單一的金本位制稱爲充滿錯誤的成見，[1]而且幾乎無人否認在一八九六年確有必要進行貨幣改革。當時農場主們因支付利息而深受剝削，這部分是由於銀根緊縮所造成的。在競選期間有人指控布萊恩力圖使美元失去信譽。他回答說：「當美元購買力趨於穩定時才能保持其信譽。」他的這種說法更能使人信服。

但是，提倡自由鑄造銀幣政策的人卻得出一個災難性的結論，即貨幣是造成他們苦難的根本原因，進行貨幣改革就可以結束這種狀況。關稅、鐵路、掮客、投機商、倉庫經營者及農業設備壟斷生產者以種種方式使農場主遭受損失的多種手段，都被置諸腦後；然而不久之前人們還在布萊恩的家鄉激動地議論這些事情；再次提出這些問題並非標新立異。一八九二年，當時的經濟蕭條尚未使人們的不滿情緒達到狂熱的程度，詹姆士·韋弗（James Weaver）將軍就改革問題制定了一項設想周密的綱領並以此參加競選，作爲平民黨候選人得到了一百多萬張選票。對南北戰爭之後比比皆

[1] 約翰·梅納德·凱因斯（John Maynard Keynes）認為金本位制是當代世界悲慘事件的主要原因之一。他在《就業、利息和貨幣通論》（*General Theory of Employment, Interest, and Money*）一書中說：「在國內實行自由貿易而國際上又實行十九世紀後半葉正統的金本位制時，一個國家的政府除了進行市場競爭之外，別無其他方法可以用來緩和國內的經濟災難。」

是的各種弊病發起全面攻擊的時機似乎已經成熟。不過在人們心目中，對自由鑄造銀幣日益高漲的要求壓倒了其他一切，使得他們只集中注意這一個充其量是很膚淺的問題，而忽視了改革的其他方面。這種忽視使當時最有才智和主見的改革發言人亨利·德馬雷斯特·洛依德（Henry Demarest Lloyd）抱怨說：

> 自由鑄造銀幣是改革運動中的椋鳥。等別的鳥兒辛勤勞作築成鳥巢，它就把蛋生在裡面，並把別的鳥蛋推出巢外，在地面上摔個粉碎。

爲提倡自由鑄造銀幣的政治家們辯護，必須指出，他們只強調在農場主中得到積極回應的問題。約翰·唐納德·希克斯（John D. Hicks）在《平民黨的反叛》（*Populist Revolt*）一書中寫道：「一八九二年的運動中，平民黨人已經瞭解到，他們競選綱領的各項政策中，具有最廣泛吸引力的是關於銀幣的一條。」這不僅對農場主來說是如此，而且也是布萊恩—阿爾特吉爾德民主黨聯合競選籌集資金的唯一辦法。這一政策吸引了西部急於想擴大市場的銀礦主，使他們慷慨地支援此運動，將威廉·霍普·哈維（William H. Harvey）貌似言之有理的關於自由鑄造銀幣的小冊子——《硬幣金融學派》（*Coin's Financial School*），散發了十二萬五千冊，布萊恩那點少得可憐的競選經費也大多是由他們提供的。

布萊恩一心強調自由鑄造銀幣，把其餘一切排斥在外，這就使這一民眾運動停留在最低的認識水準上。凡是讀過他題爲〈第一次戰鬥〉（First Battle）的競選演說的人，都會對他演說中執著於自由鑄造銀幣問題而把其他一切問題推開的做法感到驚奇。一位競選總統的人憑著對某一問題的偏執狂熱進行競選，這在共和國歷史上是絕無僅有的。布萊恩在哈特福市充滿激情地斷言：「爲了把一個人賺得的麵包轉給並沒有賺得麵包的人，人類智慧爲其所想出的各種手段中，我認爲金本位制是最主要的一種。」他在〈金十字〉演說中宣稱：「我們在恢復法定貨幣制之後，就能進行其他各項必要的改革；但……在做到這一點之前，其他任何一項改革均不可能實現。」

布萊恩最初接受自由鑄造銀幣理論似乎有些出於權宜之計。一八九二年他在競選議員時向聽眾說道：「關於自由鑄造銀幣，我一無所知。內布拉斯加的選民支持自由鑄造銀幣，因此我也支持。以後我再查找論據。」許多政治家都經歷過類似認識過程，但布萊恩的誠樸卻是獨一無二的：他並不認爲坦白承認這一點有什麼丟人的。人民的事業是正義的；因此，他們提出的糾正辦法必定是正確的。他的責任只是去查找論據。他後來眞誠地相信自由鑄造銀幣的正確性，這一點幾乎沒有什麼可懷疑的，他具有說服自己的非凡能力，這或許是他思想的唯一獨特之處。他曾說過：「如果心裡想做什麼事而頭腦卻不能找出似可信服的理由，這個人的頭腦就可憐得很。」

奥斯瓦德・加里森・維拉德（Oswald Garrison Villard）曾經寫道：「在新聞界工作三十一年來與我有過較密切接觸的所有人中，我覺得布萊恩先生似乎是最無知的一個。」這位平民的心中充滿質樸的感情，他的腦子裡也裝著同樣簡單的想法。要是他學會用批判的眼光看待支持他的人的話，他或許會失去政治上的有效力量，但將他自己與這些人打成一片的能力卻使他付出高昂的代價，使他與其說是領導他們，不如說是表達了他們的意見。他完全替他們講話，而從沒有向他們講點什麼。他一生做過多次充滿激情的演說，但只是表達了他們早已相信的東西。

如果說布萊恩在一八九六年未能爲支持他的農場主們提出一個全面的綱領的話，他爲工人做的事情就更少了。除了發表一次並不怎麼激動人心的演講以責備的方式對政府進行攻擊之外（這算是對普爾曼火車車廂工廠罷工工人的一次招呼），他並沒有利用競選這一年工人階級極度不滿的情緒而更多地改變做法。此後他對工人的態度是友好的，但他從未提出一個積極的勞工立法方案，而且他對工人階級爲生存所受的磨難是否有清楚的瞭解也是值得懷疑的。他在首次競選國會議員時對農場主聽眾們說，他「討厭聽那些爲工廠裡工作的人們立法的言論」。一八九六年他得到了美國勞工聯合會的支持，這是一個具有二十六萬成員的組織，當時正在艱苦奮鬥，但龔帕斯等勞工領導人清楚地知道，「我們不幸的根源遠不是金本位或銀本位的問題」。馬克．漢納（Mark Hanna）認爲布萊恩競選綱領範圍太窄：「他從頭至尾除銀本位外什麼也不談，正是在這點上我們卡住了他的脖子。」布萊恩在東部城市競選比在整個東部競選要占有優勢，但他得到勞工支持太少，因此無法在任何一個人口眾多的州獲得勝利。

從他在一八九二年至一八九六年所做的演說中可以看出，布萊恩的社會觀與民主黨的歷史上的思想意識沒有大的背離。他在抨擊政府背離人民意願時，以最直截了當的方式闡述了他對傑佛遜原則的深信不疑。

> 我斷言，不管我們的政府將會維持多久，美國人民的愛國主義和智慧將足以使他們對已發生或將要發生的任何問題做出判斷。大的政治問題歸根結柢是深刻的道德問題，使一個人能區別正確與錯誤並不需要大量的處理錢財的經驗。

布萊恩立論的前提是，社會問題本質上是道德問題，即宗教問題。很難設想勤勞而虔誠的基督教公民在道德問題上的眼光竟會低於東部城市中自私無恥的金融家們。在布萊恩看來，他們心地善良、道德高尚，因此也更善於管理經濟。在此後的年代當他小題大作地支持反進化論法律並認爲是在捍衛田納西州的民主時，他只不過是按其本身邏輯將這種政治上的尙古主義堅持到底罷了。

布萊恩理論的第二個原則可用他經常引用的一句傑克遜的箴言來概括：「人人權利平等，任何人不得享有特權。」布萊恩和一八二八年時的人們一樣，認爲他代表著一種無須政府特別援助就能站住腳的事業。他宣稱，人民的大多數在和平時期生產出了國家的財富，在戰爭時集聚於戰旗下英勇戰鬥，他們所求於政府的只不過是「公正的待遇」。「政府的責任是保護所有的人免受不公平待遇，不偏袒任何個人或階級。」

一些作者認爲布萊恩的理論標誌著美國自由放任政策（laissez-faire）終結過程的開始，然而這只有在最間接、最微弱的意義上講才是如此。民主黨一八九六年的競選綱領並未要求普遍限制私營企業；它的綱領中任何一條也不要求透過政府採取措施對經濟結構進行重大改革。[2]恰恰相反，綱領中的大多數要求可用「不干涉」三個字表示。恢復本位制的要求是要取消一八七三年才施加的對鑄造銀幣的限制，而不是什麼完全新穎的政策。勞工政策只是要求聯邦政府不干預勞資爭議，而由各州當局加以解決——這是約翰·阿爾特吉爾德對格羅弗·克里夫蘭的一次勝利。所得稅政策也不是在任何較大的規模上重新分配財富的一種手段，而只是強迫財閥們爲其所享受的服務進行支付。布萊恩重複著從前傑佛遜支持者們的觀點大聲說，需要一支海軍的是大商人而不是農場主；需要一支常備陸軍的是資本家而不是窮人，資本家「在與其雇員發生爭端時」需要常備軍隊「協助地方政府保護他們的財產」，那麼就讓商人和資本家來支付維持陸軍和海軍的費用吧！農民的精神從頭至尾都是防禦性的而不是侵略性的。瑪麗·利斯（Mary Ellen Lease）說，人民正「走投無路」；布萊恩本人也聲稱：「我們不是來進行侵略的。……我們進行戰鬥是爲了保衛我們的家園、我們的家庭和子孫萬代。」他們的話也充分反映了農民的這種精神。

---

[2]平民黨綱領包括關於失業救濟、公共工程以及國家所有制等方面的建議，其要求是比較積極的。布萊恩說他並不贊成平民黨綱領中的某些政策，然而對此未做很具體的說明，從而巧妙地表明了他與此綱領無關。

布萊恩認爲，「第一次戰鬥」的目的在於保存美國傳統的個人主義。他的〈金十字〉演說中有幾段話經常被引用，在其中一段話中，他力圖把人民的事業與美國企業的傳統說成是相同的——實際上透過強調資產階級的願望使其重新受到尊敬：

> 你們在我們面前指責我們會妨礙你們的商業利益，我們的回答是，你們的做法已經妨礙了我們的商業利益。我們告訴你們，你們的商人定義的應用範圍太狹窄了。賺取工資的雇員和他的雇主同樣都是商人。鄉村銀行的代理人和大城市的公司法律顧問同樣都是商人；路邊開店的和紐約市做生意的也同樣都是商人；農民早出晚歸，從春到夏，終日勞作，以其艱辛的體力勞動開發自然資源，創造財富，他們和到農產品交易所以糧食價格打賭的人一樣，同樣都是商人。

布萊恩到紐約去發表接受提名演說時，他的演講與傑克遜的銀行諮文極其相似：

> 我們運動的目的不在於重建社會。我們不能保證惡人享受有道德的生活的勞動果實；我們不會侵犯勤儉之家以供應揮霍者的需求；我們不想把辛勤勞動的報酬遞到懶漢的手中。財產現在是將來也繼續是激勵人們奮發努力的因素和對勞動的補償。我們相信《獨立宣言》宣告的人人生來平等的主張，但這並不意味著所有的人在財產、能力和品德方面是一樣的或可能是一樣的，這只不過是意味著人人在法律面前平等。……

經歷了上百年的社會變革後，傑佛遜—傑克遜的理論仍未受到絲毫觸動。在接受這種理論的人看來，這表明了信仰的堅定性；在反對者看來，則表明了思想的一成不變。

二

布萊恩在一八九六年受到東部所有體面人物的嘲笑和譴責，被指控為無政府主義者、社會主義者、宗教和道德破壞者，總之，擁有財富和才能的人們竭盡全力不惜以一切手段對他進行攻擊，結果使他在著名的美國反叛者中獲得了一席地位。但是在一個重要的心理觀念中，他從來不是什麼叛逆者——這是理解他思想遲鈍的一條線索。他所缺乏的是一種異化感。他從未感到過一個人發現與他所熟悉的環境不同的新天地時的情緒昂奮感。年輕人反對父親的權威、農村不信神明的人反對其家族的信仰、藝術家反對死板庸俗的生活、社會主義者反對整個資產階級社會——所有這一切對他來說都是不可理解的。在他去世之前，他所在的黨對他進行嘲諷並將他趕下歷史舞臺，但這情況發生得太遲了，因而不足以說明什麼問題。

不能期望政治活動家們具有知識分子的超脫性格，但很少有人在生命的任何階段會像布萊恩那樣可悲地缺乏超然態度或理智性。雖然他急於和對手們在政治舞臺上進行較量，但在內心深處卻不能與他們進行正面衝突。從他獨有的心理狀態來看，他不像一個經詳細考察而摒棄了他所在社會或本階級觀念的人，而倒像是自動接受褊狹的異端邪說，以至於這種異端邪說對他來說已成為另外一種正統觀念。豪斯上校回憶說，布萊恩經常告訴他：「不相信以十六對一的比價無限制地自由鑄造銀幣的人，不是傻瓜就是惡棍。」布萊恩在國家的一部分地區扎了根，在那裡人們把他提出的包治社會百病的靈藥視為福音，甚至西部殷實的農場主中也有他的追隨者。在《第一次戰鬥》這本書中，談到那些在一八九四年幫助他發動內布拉斯加州民主黨自由鑄造銀幣運動的人們時，他得意地說：「他們都是這個州裡有地位的人物，而且大多數人是有相當的資產的。」他稱東部為「敵人的國度」。因此，他在為西部農場主的利益進行戰鬥的時候，並不是按照解決國內爭論的精神，即以說服對方爲目的，而是在進行一場反對外國的戰爭，因而交換意見是不可能的。布萊恩無法對當時的問題進行分析，就像南部邦聯分子無法意識到奴隸制已經不合時代潮流一樣。

從智力發展角度看，布萊恩是一個從未離開家的孩子。他的父親賽拉斯．布萊恩（Silas Bryan）是位浸禮會教徒，來自南方的民主黨人，他在伊利諾州的「埃及」區事業進展順利，當了州法院的法官，買了一所很大的住宅，向家庭成員灌輸陳腐的文化，並使他們過著聊勝於無的舒適生活，一般來說以種種手段來實現清教徒目的時總會出現這種情況。一八七二年布萊恩十二歲時，賽拉斯．布萊恩在綠背紙幣黨（Greenback Party）的支持下競選國會議員。他相信盎格魯—撒克遜種族無比優越，相信教育作爲取得成就的手段所具有的價值，提倡平等的機會，信仰舊約中的上帝，並認爲應擴大貨幣發行量。兒子從未找到理由對這些信念提出質疑：布萊恩一家在思想意識方面相處得很和睦。威廉．詹寧斯後來脫離他父親所屬的教會，參加了長老會，放棄了做一個浸禮會牧師的抱負，這是由於他對浸禮會緊張的浸禮儀式感到恐懼；直到他父親去世很久之後，他才瞭解到他的改宗傷害了他父親的感情。

布萊恩在離開家之後，就被送到伊利諾州傑克森維爾市的惠普爾中等學院和伊利諾學院學習。在那裡的六年學習並未使他開竅多少。伊利諾學院的教職員工共有八人，課程表上除了入門課之外就是數學和古典文學，此外別無其他專門課程。上學期間，他在學院圖書館借過十八本書（該圖書館每天只對學生開放幾小時），主要是小說（布萊恩特別喜歡狄更斯的小說）。學院院長朱利安．蒙森．斯特蒂文特（Julian M. Sturtevant）寫過一本教科書，名爲《經濟學》（*Economics*），贊成自由貿易和複本位制。布萊恩高興地說：「院長贊成自由貿易，前院長贊成自由貿易，我本人也贊成自由貿易。」布萊恩從他父親那裡聽到的和從斯特蒂文特那裡學到的，使他覺得保護主義關稅和單本位制成了不可思議的東西。

布萊恩離開學院之後，在芝加哥的聯邦法律學院和萊曼．特朗布爾（Lyman Trumbull）事務所學習了兩年法律，然後回到了傑克森維爾市，和一個生意興隆的店主的女兒結了婚。此後五年一直從事律師業務，無甚名氣。他痛苦地意識到自己作爲律師才能平庸，於是跑到西部在內布拉斯加州林肯市安頓下來，並在民主黨鐵路方面負責人朱利葉斯．斯特林．莫頓（J. Sterling Morton）的庇護下很快進入政界。他喜歡說他以偶然的機會進入政界，但有一次他直爽地承認：「確實，從十五歲起，我就只有一樁雄心：到國會當議員。我爲此而學習，我爲此而工作，我所做的一切都是爲此目的。」

一八九〇年，他在奧馬哈市商業界和造酒業的支持下，當選爲國會議員。兩年後，經過好幾個月的精心研究，他在國會中發表了反關稅演說，給人留下了很深的印象，使他成了全國注意的中心。然後，他很快注意到關稅作爲一個政治問題的重要性正在減少，平民黨的主張卻在迅速受到人們的重視，這種趨勢在他所在的州特別明顯，於是他開始研究自由鑄造銀幣問題。內布拉斯加州各區已進行了重新調整，奧馬哈市不再屬於他的活動範圍。他開始像對待關稅問題那樣「尋求」關於銀本位制的各種「論點」，透過洽商從猶他州和科羅拉多州的銀礦經營人那裡得到了資金方面的支援，並在一個鄉村占比例較大的選區重新獲選。一八九三年，他在國會發表了另一篇著名的演講，反對撤銷謝爾曼白銀購買法，銀礦經營者們把這份演說稿散發了上百萬份。第二年他試圖競選參議員，但州議會不予理睬，於是退而在銀業界資助人的幫助下，獲得了奧哈馬市《世界先驅報》（*World Herald*）編輯這個收入微薄的職位。他沉著大膽，再加有相當的技巧，開始將《世界先驅報》變成他手中的一個工具，以實現他爭當總統的雄心大略，但當時除他自己之外，別人都認爲時機遠未成熟。

一八九六年之後，布萊恩的政治活動是長期堅持尋求一個其效果大致上可與自由鑄造銀幣問題相比擬的議題，並堅持不懈地進行運動，保持人們對他的注意力。一八九九年，反對帝國主義似乎是一個符合此條件的議題。民主黨和平民黨中反對擴張的人們，正計畫通過在參議院內否決與西班牙的和約而阻止吞併菲律賓。布萊恩認爲，作爲少數派組織來進行這種鬥爭似乎是錯誤的；必須由人民自己做出決定——在競選運動中必須對此議題加以利用。他認爲一九○○年提出一個反對帝國主義的競選綱領將會激發起美國人民的理想主義，就像戰前對古巴問題的態度一樣，因此他設法說服了剛剛夠數的參議員，使條約獲得通過。他提議在選舉中爲菲律賓獨立爭取一項授權。這是布萊恩畢生做出的最荒謬的錯誤估計——如果和約遭到否決，吞併菲律賓的問題仍然懸而未決，那麼反對帝國主義本會成爲一個更爲激烈議論的問題；和約一旦獲得批准，人民就會滿足於讓這問題擱置起來。布萊恩發現一九○○年競選期間反對帝國主義這一議題不能引起人們的興趣，於是日益轉向其他問題，如反托拉斯問題和自由鑄造銀幣問題，但繁榮已經恢復，他不能像從前那樣激發起選民們的熱情了。

布萊恩試圖在競選運動中重彈自由鑄造銀幣的陳舊老調，也產生了適得其反的結果。由於採用氰化物提取工藝和新礦藏的發現，世界黃金產量明顯增加，黃金價格上漲，但當布萊恩的支持者們——如社會學家愛德華．羅斯（Edward Ross）等人向他指出，黃金供應量增加已經緩和了貨幣缺乏的局面且削弱了提倡銀幣的運動，布萊恩對此卻無動於衷。羅斯回憶說，對實際經濟問題的研究在他來說是無足輕重的。「他……只是建議如何去迴避我們的對手根據這些考慮提出的論點。我看布萊恩先生一點也不實際。」從策略角度看，布萊恩不僅僅是不正確，而且是不切合實際的。他堅持在一九○○年競選綱領中包括自由鑄造銀幣政策，這樣做就可能使他失去了獲得東部某些州支持的任何機會，而要贏得西部和南部的支援，他又不需要提出這一議題。托馬斯．里德（Thomas Reed）嘲諷地說：「布萊恩寧願堅持錯誤而不當總統。」

一九〇二年，布萊恩到國外旅行，看到了歐洲各國實行了公用事業國有化制度。一九〇四年，民主黨把他踢到了一邊，而支持保守的奧爾頓．帕克（Alton Parker），但他繼續強烈要求推行更爲激進的綱領，包括政府接管和經營鐵路。然而在西奧多．羅斯福獲壓倒性勝利之後，他到白宮拜訪了這位昔日「第一義勇騎兵團」（Rough Riders）組織者，在表示祝賀時說了下列的話：「有人認爲我激進得可怕，但實際上我畢竟不是一個非常危險的人物。」他在《紐約論壇報》（*New York Tribune*）上撰文宣稱：「現在是停止在美國進行社會主義的時候了。這個運動走得太遠了。」一九〇六年夏季，他在周遊世界之後又談到鐵路國有化問題。這時他得出一種綜合邏輯：認爲政府接管是避免社會主義的一種方式：

> 有人認爲私營壟斷有其經濟優勢，這是在幫助社會主義運動；社會主義者認爲壟斷有其經濟優越性，並堅持壟斷的利益應由全體人民分享。如果接受其觀點，就不能否定其結論。如果我理解正確的話，民主黨的立場是拒絕承認私營壟斷在經濟和政治方面具有任何優勢，並承諾只要出現私營壟斷就進行反對。在可以進行競爭時，民主黨就提倡競爭，而在情況不允許競爭時就提倡國家壟斷。

和一九〇〇年自由鑄造銀幣一樣，鐵路國有化也未爲投票人所接受。布萊恩在爲他一九〇八年第三次總統候選人提名進行準備時，急忙偃旗息鼓，保證絕不「違背人民的意願在國內強制實行國有化」，並在致《華爾街日報》（*Wall Street Journal*）的一封信中表明，說他並「不急於實行國有制」。他於是一反其道而就托拉斯問題進行競選活動，提出了一個限制大型企業的粗略方案，這肯定在千百家俱樂部的常客中引起了恐慌。[3]競選運動毫無生氣，這位「平民」就敗在了龐然大物塔夫脫（Taft）手下，比一八九六年或一九〇〇年輸給麥金利（McKinley）時還要慘痛。

然而，儘管過去六十年中，民主黨候選人除帕克外，布萊恩是得票比例最小的一個，他的思想所產生的影響卻幾乎超過其他所有的人。西奧多．羅斯福在其連任兩屆總統期間，將布萊恩提出的較爲次要的主張一個接一個地付諸實施。因布萊恩的影響而保持團結的民主黨進步派，和共和黨內的進步派聯合起來折磨塔夫脫。最後在一九一二年，布萊恩出力促成了民主黨對伍德羅．威爾遜的提名。布萊恩這位「平民」一次又一次遭受失敗，在十六年期間透過探求競選運動中的爭論問題，卓有成效地將民眾的注意力從一項改革引向另一項改革；他的許多建議都有其核心價值。瑪麗．布萊恩（Mary Bryan）於一九二五年完成她丈夫的《回憶錄》（*Memoirs*）時，以可以理解的自豪感開列出了布萊恩提出的已經變成法律的議案：聯邦所得稅、民眾選舉美國參議員、公布競選的捐款、婦女選舉權、設立勞工部、更爲嚴格地對鐵路進行管理、貨幣政策，以及在各個州的動議權和公民投票權。

布萊恩並未把他多年連續遭受的失敗放在心上，就他認眞進行競選的態度和在競選中遭受的辱罵而言，這似乎很不尋常。但很有理由懷疑他內心深處是否眞的期望獲勝。他本來名望並不很高，曾在一夜之間就成了主要的總統候選人，這種經歷令他興奮而且心中充滿喜悅之情。使他感到高興的是他終於能參加總統競選，而且能夠一而再、再而三地進行競選，他能在肖托夸（Chautauquas）過上舒適優雅的生活，他能不斷博得全國人民的注意，以他優美的聲音使千百萬人激動興奮，並且說上一句稍微帶刺的話就能使民主黨的代表大會喧鬧起來。這位賽拉斯．布萊恩的兒子曾一度似乎在法律方面瀕於失敗的邊緣，能到這個地步可說是取得了輝煌的成就。隨著身價上漲和其追隨者的情緒日趨平和，布萊恩漸漸發胖而且心情愉快，有時還會調侃他那勞而無功的競選經歷。他所要求的絕不是成功，而是要有聽眾。直到聽眾開始嘲笑他的時候，他心中才開始充滿憤恨和不滿，如晚年在斯科普斯審訊[4]時的情況。

三

伍德羅·威爾遜勉強地任命布萊恩爲國務卿時，布萊恩平生唯一一次身居領導地位，國務院也才終於有了一位承諾反對帝國主義和金元外交的頭頭。但是那些記得布萊恩早期生平的人都想知道這在實踐上可能意味著什麼。布萊恩曾是一個能言善辯的基督教和平主義者，但西班牙戰爭爆發時，他實現他的「服兵役」思想，參加了第一批內布拉斯加志願軍，升任上校，和他的士兵一起住在佛羅里達州傑克遜維爾附近的灰岩坑內，直至戰爭結束。參加戰爭與充當基督的和平信使，這兩者是相互矛盾的，但這似乎並沒有使布萊恩感到爲難〔帕克斯頓·希本（Paxton Hibben）曾說過：這位「平民」「似乎不能理解一個士兵唯一要做的事就是殺人。對布萊恩來說，一個士兵的作用就是要被殺死——他認爲戰爭是一場比賽，獲勝的方法是做出犧牲」〕。

掌權的布萊恩和不掌權的布萊恩沒什麼兩樣：他做出同樣善意的姿態，在受到壓力或思想混亂

---

[3] 按照布萊恩的方案，從事州際商業活動的公司如控制了本行業百分之二十五的商業時，必須取得聯邦政府許可證。這種許可證辦法保證公眾得以反對增加面值而不同時增加實值的股票，並防止公司對其產品交易的控制超過百分之五十。

[4] 一九二五年，美國田納西州中學教師斯科普斯因在課堂上講授進化論學說而受到審訊，罪名是違反了該州同年早些時候通過的禁止傳播有悖《聖經》所載上帝創世論的任何學說的規定。布萊恩是該法案的積極支持者，並在本案中協助原教旨主義者起訴。參見後文（原書第二〇四至二〇五頁）。——校者

時也同樣願意放棄他曾一度承諾實行的主張，同樣缺乏將事情進行到底的能力。他最有見地的工作是促成了一系列國際仲裁條約，他完成這樁任務時的誠摯精神許多年來在國務院也很少見到。這些條約規定，當締約各方發生爭端時，應該有一個「冷靜下來」的階段，這樣可以使敵意逐漸減少，然後再進行仲裁。他對這些條約期望很高，認爲這些條約有助於實質上消除戰爭危險。他在一九一三年熱情地說：「我認爲在我任國務卿期間不會發生戰爭。我相信只要我活著就不會有戰爭。」

布萊恩不能堅持一條原則性路線，最明顯的表現於他在加勒比海推行的帝國主義政策上，如塞利格・阿德勒（Selig Adler）指出，對於這一地區「美國滲透的急劇加速進行」他「應負主要責任」。威爾遜當時正因墨西哥問題和有關中立的各種問題焦慮不安，在有關加勒比海政策上就在很大程度上放手讓布萊恩處理。這位從前反對帝國主義的人，在處理尼加拉瓜、海地和聖多明哥問題時和他的一些共和黨人前任一樣，徹頭徹尾的是侵略性的。魯特、諾克斯將軍和海約翰在面臨外國入侵時表現出的民族主義情緒，和對美國首都特權階層的提防可能也未過於此。一九一五年四月二日，布萊恩就海地形勢給威爾遜寫信說：

只要〔海地〕政府受法國或德國影響，美國的權益就會受到歧視，就像現在的情況一樣。……美國實業界願意留在那裡，以便購買控制性股份並將那裡的銀行變成美國銀行的一個支行……但只有美國政府採取必要措施保護他們才能做到這一點……。對於在那裡行使武力的事情我一貫是不贊成的，但有些情況使我相信，爲了強制實行有效的監督，可能需要使用盡所需要的武力〔原文如此〕。

布萊恩還想要制定一項對拉丁美洲的財政進行全面干涉的政策，他在一九一三年交給威爾遜的兩個備忘錄中對這項政策進行了扼要說明。他建議由美國政府對拉丁美洲各國進行「救援」，以抵銷歐洲債權國對這些國家的影響。美國爲這些國家的教育、衛生和國內發展提供所需的資金，使這些國家無須向其他國家的私營金融家借貸，從而使「我們能絕對控制形勢」。這將會增加美國在拉丁美洲的影響，使「我們能夠防止革命發生，促進教育發展，促進各國政府的穩定並進行公正的管理」。布萊恩建議將私營企業拋在一邊而由國家來行使經濟滲透的職能，用薩繆爾・弗拉格・貝米斯的話來說，是期望以此「制定當代新的美元外交路線」。然而威爾遜對布萊恩的計畫並不十分欣賞。

世界大戰爆發之後，布萊恩成了威爾遜政府中代表眞正中立觀點的主要人物。布萊恩來自中西部，而且一直是國際金本位勢力的反對者，他不像東部中上層階級那樣對英國含情脈脈。他的宏願不是要加強協約國的力量，而是要和雙方保持某種關係，從而使美國能夠進行仲裁。由於他不斷對政府政策提出批評，威爾遜傳記作者雷・斯坦納德・貝克（Ray Stannard Baker）認爲他是威爾遜顧問中「才能最爲卓越的政治家」。一九一四年九月，布萊恩在促請總統進行斡旋時有預見地寫道：

> 雙方中任何一方均不可能取得澈底的勝利而向另一方提出條件，如果一方果眞做到這一點，那可能意味著要準備進行另一場戰爭。似乎應爲實現和平尋求一個更爲合理的基礎。

當美國銀行家對政府施加壓力要求允許他們向協約國提供大宗貸款時，布萊恩主要負責制止這項計畫。他指出，貨幣應是最主要的禁運品，因爲用貨幣可以購買任何物資；對協約國做出此種經濟方面的承諾不符合中立精神，而且最終將導致參加戰爭。事態發展證明他是正確的，但當有人建議放棄他最初提出的禁止貸款的計畫時，他卻不堅持自己的立場而默許了，這正是他的典型性格。就像在反對帝國主義、和平主義及政府接管鐵路等議題上背棄自己的主張一樣，在貸款問題上他也放棄了自己的觀點。

布萊恩缺乏的既不是勇氣也不是誠意，而只是堅定性和自信的思想。美國漸漸放棄中立地位使他極其痛苦。當威爾遜允許美國公民乘坐有可能被德國潛艇擊沉的英國船隻從而引起與德國的一系列爭論時，只有布萊恩看到這種立場的愚蠢性。他指出，問題的焦點是「一個美國公民是否可以將本身的商業利益置於對國家的關心之上，爲了自己的利益而甘冒不必要的風險，從而將國家捲入國際糾紛之中」。他還促請有關方面接受德國的建議，即以緩和潛艇戰換取英國放鬆對德國的糧食封鎖，但英國不贊成這一主張。他當時質問威爾遜：「如果對於使一個國家的人民遭受饑餓的做法都不反對，那麼淹死幾個人又何必大驚小怪？」威爾遜因盧西塔尼亞號（*Lusitania*）被擊沉一事向德國提出抗議，這使布萊恩深感不安，於是於一九一五年六月八日辭去國務卿職務。

布萊恩晚年思想衰退很快。第一次世界大戰之後的年代裡，他的名字和美國生活中一些最惡劣的傾向連繫在一起——禁酒、圍剿進化論、房地產投機以及三K黨（Ku Klux Klan）。爲了照顧妻子的健康，他搬到佛羅里達州居住，隨後成了當地的一個房地產公司的廣告宣傳員，他那不可救藥的庸俗對他做這種工作很有好處——「我們如何看待神奇的邁阿密向何處去的問題？」——他進行房地產推銷和發表禁酒演說收費很高，這使他能把一筆不大的財產遺留身後。他在政治舞臺上最後一次露面是一九二四年在紐約市召開的民主黨代表大會上，當時民主黨因點名譴責三K黨的著名決議而意見分歧很大，布萊恩所在地區的代表團，成員盡是三K黨的支持者。對於一個曾經讀過傑佛遜關於寬容的觀點的人，這是一個對褊狹行爲進行譴責的大好機會。但布萊恩由於十分害怕自己的影響進一步削弱，只提出了一項有氣無力的呼籲，希望不要「分裂基督教會」，不要破壞黨的團結。他在談到三K黨時說：「消滅三K黨最好的辦法是承認他們的誠實，並向他們指出他們那樣做是錯誤的。」他已經發胖，開始禿頭，衣服皺折，炎熱的氣溫使他難以忍受，而且不再有昔日使他出名的悅耳的嗓音。聽眾席上的無情詰難使他難以應付。他在講臺上爲主張調和的候選人進行可笑的努力之後，走下講臺來時含著眼淚對赫夫林參議員說，他一生之中從未受過如此的屈辱。

代表大會由於在艾爾弗雷德・史密斯（Alfred Smith）和威廉・吉布斯・麥卡杜（William Gibbs McAdoo）之間爭執不下，於是提名摩根和美孚石油公司的律師約翰・威廉・戴維斯（John W. Davis）爲候選人。布萊恩曾在一次黨的祕密會議上對摩根派大加鞭笞，這時卻提出由他弟弟查爾斯做戴維斯的副總統候選人，並在競選活動中支持戴維斯。那一年代表布萊恩原先觀點的是獨立進步派候選人老羅伯特・拉福萊特（Robert Sr. La Follette），但拉福萊特卻未得到這個人的支持，雖然他的支持者們在國會鬥爭中常與拉福萊特站在一起。要布萊恩這位「平民」離開民主黨，就像叫他改信佛教差不多。他對民主黨提名的每一個候選人都表示支持。他在一九二四年代表大會上承認，他畢生熱愛民主黨；民主黨給了他無法報答的恩情，把他這個一文不名的年輕人從鮮爲人知的地位提拔到令人敬仰的高度，三次提名他爲總統候選人。

但布萊恩知道，甚至在民主黨內部，他的影響也在下降。他是一位農民領袖人物，他的力量在於他對窮鄉僻壤的某種清教徒心理具有吸引力；美國的日益城市化使他的地盤愈來愈小了。他原來的追隨者們並未忘記他，但正如他在一九二三年給一位朋友寫道：「不主張禁酒的人們都反對我，他們在北部城市中有組織也有報紙，我無法向公眾做宣傳。」

由於其政治力量江河日下，布萊恩很高興有機會從事一項新的工作，於是他熱誠地轉向他最初感興趣的事。他給一位通信者寫信說：

雖然我在政治方面的力量已經衰落，但我認爲我在宗教事務方面的力量卻增加了，我已接到各教會傳教士們的邀請。這種變化的一個證據是，我就宗教主題進行的通信多於政治主題的通信。我更熱衷於宗教問題是因爲，我認爲殘酷的理論已經使許多傳教士們的影響化爲烏有並且破壞了大學中許多青年人的信仰。

有一次他解釋說，他覺得他適合做一個反對進化論的帶頭人，因爲他畢生取得的成就足以排除人們對他「智力」的任何懷疑。他開始向全國各大學的青年學生們發表演說，演說的一條主旨是：「除非是基督教徒，否則不得在任何美國大學任教」。

約翰·湯瑪斯·斯科普斯因在田納西州上課講授進化論而受審，布萊恩作爲起訴人出庭，這對於一直注意布萊恩言論的人絲毫也不奇怪。對斯科普斯的審問向全世界宣告了布萊恩對於宗教的觀念是何等幼稚，他不完整的、粗淺的民主觀念在審訊中也變得荒謬絕倫。他對反進化論法進行的辯護表明，他多年的政治生涯並未使他更多地瞭解公眾輿論的侷限性。人民的聲音仍然是上帝的聲音。他認爲一般人解決各種問題的能力既可用於政治也可用於科學，而且同樣適用於管理學校，就像是適用於鐵路管理或法官罷免或金本位制一樣。在起訴斯科普斯時，人民只是表明他們有權「從政府獲得他們希望的東西，包括他們所希望的那種教育」。至於學術自由，這種權利「只要斯科普斯教授在力圖濫用，就不能不對其加以限制。一個人說了他的雇主不希望說出來的話就不能以此要求增加薪資……」。

老邁的布萊恩，這位受壓迫者的遊俠騎士，就是這樣講的。他的事業的結束和一八九六年開始時大致相同：一位褊狹的政客聽從持有褊狹觀念的褊狹民眾。一封封鼓勵的函件從全國各地——特別是從老布萊恩的故土，向他飛來。阿肯色州斯馬科弗的一位追隨者發來電報說：「我親愛的布萊恩兄弟，和那些進化論者們奮戰到底，直到冰雪封凍了地獄，然後和他們在冰上大戰一場。」斯科普斯審訊結束數週之後，布萊恩心臟病發作逝世，這使那些從反對金本位制到反對猿進化成人一直追隨著他的人們悲傷不已。人們焚燒了火十字來紀念他，他的一位選民把他稱譽爲「當代最偉大的三K黨人」。這種不很確切但令人痛心的描繪，突出表明了布萊恩的致命弱點；他眞不該活到六十五歲。

第九章　西奧多．羅斯福：充當進步派的保守派

啊，參議員先生，我多麼希望我不是一個改革者！可看來我這個角色還非扮演好不可，就像那化妝成黑人的歌手，全身必須塗個精黑！

西奧多·羅斯福致昌西·德普的信

美國南北戰爭之後的年代裡，出現了一種粗俗的、以追求物質利益爲目的的文明。這種生活方式使中產階級有文化教養的青年人中，產生出了一代孤芳自賞到處漂泊的知識分子。他們一般經濟條件優裕，往往是出身於高貴門第，或是俱樂部會員，或是上流紳士，或是作家，這是波士頓和康科特那些激動人心的歲月之後出現的第一批土生土長的精神貴族，他們發現自己無心參加貪婪的實業混爭，也不能心平氣和地接受到處受黨魁控制的政治局面。賺錢是貪鄙的；政治是骯髒的；他們當中最爲敏銳的人就從其他途徑開創自己的事業。那些對公共事務淡漠的人，一般在美國生活的空隙中求得生存。有一些人，如亨利·詹姆斯（Henry James）則躲避到國外，或像他弟弟威廉那樣，專心從事學術研究。小奧利弗·溫德爾·霍姆斯（Oliver Wendell Jr. Holmes）則在麻薩諸塞法律界找到避難所，最後升任最高法院法官。亨利·亞當斯[1]從事一種非常超脫的職業。有些人能克服對實業界的憎惡而投入實業界，發現並未能充分發揮自己的才能，最後離開時也不覺得遺憾。小查爾斯·法蘭西斯·亞當斯在辭去鐵路公司經理這個不愉快的職業時說，他所遇到的所有大企業家，「無論活著還是死了，我一個也不願再見到他們；在我看來，他們之中沒有一個人具有幽默感、思想或高尙的情操。」

[1] 亨利·亞當斯（一八三八年至一九一八年），歷史學家，著有歷史著作多種；與經濟學家和歷史學家查爾斯·法蘭西斯·亞當斯同為外交家與作家亞當斯之子。——校者

然而傳統政治可提供某種選擇，即或只爲實業家階層效勞，或過一種敲詐勒索的寄生蟲生活。[2]對於較爲謹慎的人來說，這點是難於做到的；至於愛吹毛求疵的亞當斯兄弟——查爾斯[3]和亨利，甚至名門望族的傳統力量和對政治事務的熱衷關注，都不足以抵銷他們的厭惡情緒。正如亨利所說：「用盎格魯—撒克遜傳統的某些法則來衡量，他們是不合潮流的，是某種固有的心理萎縮。」這一時代中，失意的政治家被迫轉向學術研究，在歷史著述中抒發他們對於政治的渴望心情。然而在較有膽識和較年輕的人們中，卻出現了一些從政學者，這一類人的典型代表是亞伯特·貝弗里奇、海約翰、亨利·卡伯特·洛奇（Henry Cabot Lodge）、西奧多·羅斯福和伍德羅·威爾遜，這些人雖很難說是典型的政客，卻也揑住鼻子做了一些必要的妥協，一步步打入政界，等待時機，直到社會環境使他們有機會執掌政權。在這一類人中，他們是一些講求實際、富有膽識、雄心勃勃、堅韌而又靈活謹愼的人。其中最突出的代表是西奧多·羅斯福。

羅斯福在他的《自傳》中談到，當他最初向朋友們透露他決心進入政界時，他們是多麼驚愕。他在書中寫道：「我最好的朋友都是具有社會地位的俱樂部的成員，是具有文化修養、過著安逸舒適的生活的人。」他們對他說，政治是酒吧間老闆或馬車夫幹的下流勾當，上流社會的紳士們是不會染指的。「我回答說，若事情果眞如此，這只不過說明，我所熟悉的人並不屬於統治階級，別人才屬於統治階級，而我打算成爲統治階級的一員。」於是羅斯福從最基層做起，參加紐約州第二十一選區傑克·赫斯共和黨人俱樂部，這個組織的聚會地點設在一個酒吧間上面有痰盂的會議室內。

羅斯福及其同輩進入政界的目的，並非只爲貪汙受賄或個人的擢升。他們尋求實現他們認爲之更爲崇高的目標，以及超越黨派階級的利益或個人物質利益之上的理想，致力於一些眞正有利於國家的工作，力求發現施展他們管理國家才能的更爲廣闊的舞臺；對於那些，如羅斯福所說，從未因慷慨之情而心胸激盪的人，他們以貴族特有的鄙視神情不屑一顧。毫無疑義，他們是某種意義上的冒險人物，那些「靈魂變得殘酷、而身體變得疲軟的以營利爲唯一目的的人，使他們感到厭煩」。羅斯福年僅二十八歲時爲《世紀報》寫過一篇文章，他在文章中對從政的美國富豪公開表示厭惡：

> 富豪們或如他們喜歡標榜的那樣稱自己爲「上層」階級，明顯趨向於資產階級類型，而處於資產階級發展階段的個人雖然誠實、勤勞並有良好的品德，但卻驚人地怯懦、自私而且目光短淺。商業階層總是只從「是否划算」的角度來看待一切事物，許多商人不參與任何政治，一是因爲他們太缺乏遠見，認爲只有單純地賺錢才更符合其本身的利益，再者就是太自私，不願意爲一種看不見實際利益的責任從事麻煩的工作。這類人中的年輕人則過分沉溺於各種愉快的社會交往，不願意爲任何其他事情犧牲時間。另外很不幸的是：……受過高等教育的有文化的人們一般趨於忽視甚至鄙視剛強的男子氣概，所以高級智力發展狀態經常與某種柔弱的女人氣質相連。

如果說羅斯福憎惡「被美化的唯利是圖的商人或當鋪老闆們」金錢至上的價值觀念，他並不是從社會民主的觀點出發，也並不是爲被壓迫者辯護。他鄙視富人，但害怕下層民眾。人民之中任何有組織的力量都使他感到恐懼；多年來他對勞工運動的痛恨與海約翰在其匿名出版的小說《養家餬

---

[2] 亨利‧亞當斯就自己的困境寫道：「誰也不要他，沒有人要他的朋友參加改革。正常情況下，政治像實業一樣只產生敲詐勒索者。」

[3] 原文為Brooks，疑有誤，亨利‧亞當斯的全名為Henry Brooks Adams，其兄的原文全名為Charles Francis Adams，故改。——校者

口的人》（*Breadwinners*）中所表示的態度相差無幾。最活躍的中產階級改革家也使他感到討厭。離開總統職位之後，他的思想才轉向激進，雖然爲時已晚，但仍可謂不失時機，然而在此之前沒有一次改革運動不在某些時候受到他的嘲弄。他的文章中，「極端分子」、「激進狂」、「專門揭露醜聞者」和「淺薄的狂人」等辛辣的描述比比皆是。他在論述本頓生平時斷言：「多愁善感的人道主義者們經常構成一個有害的團體，他們所產生的惡劣影響就是職業罪犯集團也很難超過。」

羅斯福所贊成並用以與富人殷實的實利主義和民眾的潛在威脅相抗衡的，是軍人進攻性的居高臨下的戰鬥氣概。他有一次曾說過：「無論商業多麼繁榮都不足以彌補英雄氣概的缺乏。」而他希望在美國生活中再度起主導作用的正是這種英勇的品質。他情不自禁地讚美獵人、牛仔、邊疆居民、軍人和海上英雄。赫伯特．史賓賽的思想在羅斯福性格形成的時期正處於美國思想方面的頂峰，他認爲西方社會正從以組織戰爭爲主要特點的軍事階段，走向以和平經濟發展爲特徵的工業階段。羅斯福決心扭轉這一過程，並恢復他喜歡稱之爲「戰爭優勢」的美國精神，這可能會被史賓賽稱爲返祖現象。儘管羅斯福對民主政治的目的是誠心誠意的，但這位現代美國軍國主義（Militarism）和帝國的先驅，在其政治氣質方面表現出類似近代的獨裁主義的許多特點——浪漫的民族主義、鄙視物質利益、推崇力量和崇拜個人領導、對社會中堅分子具有感召力、超越各階級和超越階級利益的理想、對命運的宏偉設想，甚至有些種族主義情緒。

人們在解釋西奧多．羅斯福的性格時，習慣地認爲這是爲彌補身體的缺陷所造成的。[4]他的視力一直很差，最後左眼全部失明。他幼年受到哮喘病的折磨，因身體瘦弱而感到羞愧，後來他對此日益敏感。十四歲時的一次遭遇在他腦子裡留下了難以磨滅的印象——他在乘公共馬車去穆斯黑德湖的路上，遇到兩個和他年齡相仿的男孩，他們逗弄他，使他難以忍受；當他試圖還手時，「我發現他們任何一個人都不僅可以輕而易舉蔑視地對付我，還可以在不過分傷害我的情況下使我絲毫不能傷害他們」。回到紐約之後，他就開始學習拳擊課，此後他的生活就與拳擊手套、啞鈴、單槓等各種體育器械結下了不解之緣。他在哈佛上大學時留下了一張穿著拳擊運動衣的照片，肌肉豐滿的雙臂做作地在胸前交叉，臉緊繃著，像是得了偏執狂症。他四十三歲時還在白宮練習拳擊。

此類心理補償大概沒有一個飽和點；但如果有的話，羅斯福應能比任何人更能發現自我解救的辦法。他與職業拳手揮拳比賽；和牛仔們並肩騎馬；他領導過一次著名的騎兵衝擊；他追逐過西班牙人，狩獵過兇猛的動物；一次他在一個西部酒吧間打倒一個歹徒，內心非常高興；他嚇壞過一整隊員警；他公然蔑視教皇；他當選了美國總統，衝著約翰·摩根的鼻子揮舞拳頭。如果所有這些是爲了獲得某種安全感，看來遠遠未能做到。在六十歲時他還在爲一團士兵搖旗吶喊。人們只能猜測，他正在逃避思想中對某種缺陷的意識，這種意識比幼年時代那種精神明顯受創傷的經歷所留下的印象要持久得多。他不肯稍歇，也不進行內省，那股拼命的緊迫感有時也真叫人可憐。一八八六年，他第一個妻子和他的母親同時去世後剛過兩年，他用四個月的時間寫完了《托馬斯·哈特·本頓傳記》。在此期間內，他大多每天在牧場工作十四或十六個小時，而且「總是睏得要命」。在這一階段他用五年時間寫了七卷歷史著作和一些雜文，同時還積極參加政治工作並管理農場。一次他充滿激情地喊道：「行動起來，要做事情，要清醒，不要浪費時間；創造，行動，要取得一個你應有的位置並成爲有相當身分的人——行動起來。」一種強烈的、難以避免的憂慮心情在折磨著他，

【4】「我們可以將下述作為一項基本規律：出生時器官具有缺陷的兒童在幼年時就為生存而進行激烈的鬥爭，其結果經常是扼殺了他們對於社會的感情。他們不願意改變自己以與夥伴們適應，而是一心致力於自己的心思並特別注意給予別人的印象。……一旦要人們承認的想法在思想中占了上風，……一個人就日益明顯地追求權力和優越地位，不惜開展激烈甚至暴力的運動去追求，這時他的生命的目的就是要取得巨大的勝利。」阿爾弗雷德·阿德勒（Alfred Adler），《理解人性》（*Understand Human Nature*），第六十九和一九一頁。

他的朋友們非常難以理解地注意到，羅斯福在和後來成了他第一個妻子的愛麗絲・李（Alice Lee）訂婚的時候，爲什麼會被一種恐懼心理折磨，唯恐有人把她拐走，威脅熟人要進行決鬥，而且爲了進行準備，還透過海關從法國走私進口了兩支決鬥用的手槍。他在回憶錄中坦白地說：「許多事情最初都使我感到恐懼，……但我裝作似乎不害怕的樣子，漸漸地就去掉了恐懼。」[5]

「男子剛強氣概」和「才幹卓越」是羅斯福文章中最常見的詞語，反映他一直希望凌駕於他人之上。當這種個人動機表現於公共事務上時，容易轉變成帝國主義的衝動。羅斯福參加了對西班牙的戰爭，義勇騎兵團聲威大振，這絕非偶然。一八九〇年代的美國經濟蕭條使美國中產階級坐立不安，心中充滿恐懼，這是因爲他們注意到一方面是托拉斯的力量在增長，另一方面是勞工和平民黨運動也在積蓄力量。對於中產階級來說，就像對他來說一樣，一場戰鬥就是一場消遣；美國在世界舞臺上崛起使他們感到國家仍有發展變革的能力。使人民能夠心甘情願地接受了對西班牙這場不必要的戰爭的情緒，也使他們同樣接受了羅斯福這樣氣質的人。斯圖亞特・謝爾曼（Stuart Sherman）還認爲，羅斯福之所以受到歡迎，在很大程度上是由於美國人在鍍金時代對於金錢和權力的追求非常激烈，因而已經失去了大部分尋求歡樂的能力；而羅斯福則變化多端、精力充沛、臉上總流露出充滿希望的神氣，使人們再次意識到還有能使生活過得有價值的其他目標。[6]這位上校在一八九九年宣稱：「總之，我們認爲最偉大的勝利尚有待贏得，最光輝的成就尚有待完成，爲我們的人民和我們爲之奮鬥的事業準備著的是迄今尚未取得的更加輝煌的勝利。」

羅斯福本人喜歡和粗魯、好打鬥的人在一起。他的《自傳》中最令人感到友好無敵意的一些章節是寫西部荒原他所熟識的牛仔們和一些性格暴烈的人。他在一篇短文中說：

> 每一個眞正有能力享受戰鬥喜悅的人都知道，當狼一般的野性在他心中升起的時候，他就會

感到這種喜悅；他不怕流血流汗，也不認爲這不利於戰鬥；他喜愛流血流汗、艱苦工作、痛苦和危險，並認爲這些只不過爲襯托出勝利。

戰鬥的喜悅可來自於對原始部族和劣等民族的戰爭。羅斯福身上第一次產生這種感情，是他在用牛仔的目光看待印第安人的時候，一八六六年，他承認他站在西部立場：

> 我並沒有過分到認爲所有的印第安人都死了才好，但我認爲每十個應該死九個，至於第十個命運會如何我不想過多過問。最歹毒的牛仔的道德觀念也要勝過普通的印第安人。

羅斯福的主要歷史著作《贏得西部》（*The Winning of the West*）是在三十幾歲時寫的，這是一部描寫種族衝突的史詩。他在這本書中將「說英語的民族向世界荒蕪空地的擴散」描述爲「世界歷史上最爲顯著的特徵」，只有從「一種歪曲的、邪惡的和愚蠢的道德觀念」出發才會譴責美國征服西部。「十分幸運的是，那些在野蠻的地區開展艱難之建設文明的先驅工作的人們，並不做虛假的故作多情。」

羅斯福讚揚西歐各國爲向外擴張所做的努力。一八九九年他在阿克倫說：

> 每一次擴張之所以發生，是因爲其民族是偉大的民族。這是擴張民族的優異標誌和證明，而

【5】羅斯福這裡在寫他狩獵危險猛獸時的心理，但這些話可用來說明更為廣泛的行為格局。許多情況下，獵人的獵獲物與他的恐懼相比是微不足道的。戰利品之所以受人尊敬是因為它們是克服危險和戰勝恐懼的見證。

【6】應該記住，他作為喜劇家的才能也是很不平凡的。

且要記住，每次擴張都爲人類帶來不可估量的利益……。當一個偉大的民族害怕擴張，不再進行擴張時，那是因爲這個民族已不再是個優異的民族。在我們仍處於血氣旺盛的青壯年階段，仍處於輝煌燦爛的盛年的開始時期，能夠和那些疲憊不堪的人們坐在一起，和那些軟弱的懦夫們摻和在一塊嗎？一千個不！

第一義勇騎兵團總是準備著和外國打仗，而且也並不缺乏他相信應具備的勇氣；正如給他寫傳記的最有洞察力的亨利．普林格爾（Henry Pringle）指出，他是個常年的義務兵。一八八六年，他因看到有可能和墨西哥打起仗來而受到鼓舞，精神振奮，於是向卡伯特．洛奇建議將他農場中那些「魯莽」的騎手們組織成一個騎兵營。九年之後，當克里夫蘭與英國就委內瑞拉邊境進行的爭論有可能導致戰爭時，他的心中又充滿了沙文主義的激情。他對《紐約太陽報》（*The New York Sun*）的記者有些不著邊際地說，寧願把美國城市炸成平地也不爲安全交給敵人一塊美元。與英國開戰肯定會導致征服和併吞加拿大——這眞是一種令人神往的前景。他在一八九五年給洛奇寫信說：「我國需要打一場戰爭。」當哈佛大學校長艾略特指責他是個沙文主義者時，他反過來攻擊這位校長是「一個沒有多大用處的故作多情者，只知道依賴國際仲裁」，他培養的學生將會是「軟弱、怯懦的人，這些人將會侵蝕我們種族的優良戰鬥品質」。幾年之後，他又在爲吞併夏威夷積極鼓動，甚至冒與日本發生戰爭的危險。一八九七年六月，他以海軍部長助理的身分在海軍學院發表了一個有名的窮兵黷武的演說，再次談起他心愛的主題，認爲軍事價值觀念高於金錢價值觀念。他堅持認爲對一個國家來說，危險的情緒不是好戰，而是和平麻痹。一個富裕國家「容易成爲仍保持最優秀品質——勇武精神——的民族的犧牲品」，一切「居於統治地位的偉大民族都是戰鬥的民族」。

> 以和平方式取得的勝利總不如戰爭的偉大勝利那麼輝煌。……我們這些美國人在國內生活的這些爲數不多的年頭，大多是在和平中度過的。我們尊敬我國高度物質繁榮的締造者。……但我們認爲，歸根結柢，那些在戰爭中表現出非常大膽或從事與戰爭有關的工作的人們，才最應受到我國人民的尊敬。

在古巴危機變得日益嚴重的時候，他對一位海軍軍官說，從兩個方面可以說明與西班牙的戰爭是完全有道理的。首先，無論從人道主義還是從本身利益出發，都要求我們以古巴人的名義進行干涉，並在把美洲從「歐洲統治」下解放出來這方面，邁出新的一步。其次，「使我國人民思考一下物質利益之外的事是有益的，特別是陸軍和海軍在實際戰鬥中經受考驗，會對他們特別有益」。大企業家們因經濟繁榮的恢復而對軍事冒險行動一時猶豫不決，這受到了羅斯福的蔑視。他警告馬克·漢納說：「儘管商業界十分怯懦，我們還是要打這場爲古巴爭取自由的鬥爭。」[7]他這話說完沒有多久戰爭就開始了。

羅斯福認爲，與西班牙的戰爭應盡可能具有進攻性，並建議派遣機動艦隊夜間通過直布羅陀海峽，襲擊巴塞隆納和加地斯。這些建議未被接受。但海軍上將杜威在菲律賓進攻西班牙艦隊，正是按照羅斯福的建議而未徵得他的上級約翰·朗（John D. Long）部長的許可所做的。羅斯福這次非常的倡議招致了歷史學家們的尖銳批評，但他本人卻認爲此事無可厚非。他從來沒有過很強的責任感。過了一些年之後，他對塞西爾·斯普林·賴斯（Cecil Spring Rice）抱怨說：「我們的將軍

[7] 他在《自傳》中回顧道：「反對戰爭的是大金融家們，以及那些談到金錢就神經過敏的人們，還有那些即使國家榮譽與其經濟繁榮只是暫時發生衝突也會置國家榮譽於不顧的人們。」

們……必須對付公眾的情緒，公眾因死亡一、兩千人就痛聲疾呼……這是一種荒謬的、不理智的令人作嘔的情緒。」

戰爭一旦開始，辦公室工作就太沉悶了。於是羅斯福離開了海軍部去組織義勇軍騎兵團，即著名的第一義勇騎兵團。他這一行動使朋友們和家裡的人大失所望，甚至認爲這是一場「絕妙的小型戰爭」的海約翰，也因他離開海軍部而把他叫作「亂衝亂撞的無頭蒼蠅」。他急於加快訓練速度，唯恐陸軍部還沒有把他送到前線戰鬥就已經結束；但偉大的時刻終於到來了；義勇騎兵團到了古巴並參加了幾次戰鬥，包括所謂聖胡安衝鋒。羅斯福氣派莊嚴，他問幾個落在隊伍後面的人：「當我騎著馬與你們在一起的時候，你們害怕站起來衝鋒嗎？」許多年之後他又回想起了「揮舞著帽子衝上山頭」的情景；「……我親手殺了一個西班牙人」，他自豪地如此向洛奇報告；「就像殺一隻長耳大野兔一樣」，他向另外一個人就是這樣說的。最後他勝利的時刻到來了，說出了人類最褻瀆神聖的話，告誡人們：「請看一看該死的西班牙人的死屍！」此後不到三年，他就當上了美國總統。[8]

二

羅斯福登上執政的寶座經歷了曲折的道路。他當過三任紐約州議會「改革派」眾議員，道義上評價很高。一八八四年競選總統過程中，他在洛奇的指導下脫離了改革派，並轉而支持布萊恩。兩年之後，他代表共和黨參加了一場毫無希望的競選，即三方競選紐約市市長的運動，結果排名第三，落在艾布拉姆·休伊特（Abram Hewitt）和亨利·喬治（Henry George）的後面。一八八九年哈里森總統指派他參加文官制度委員會工作，他在那裡爲建立功績制原則熱情工作，終於使克里夫蘭不分黨派再次任命他爲該委員會委員。一八九五年，他回到紐約擔任員警專員委員會主席。最後因爲洛奇的影響而使他當上了海軍部長助理，在麥金利手下工作；由於在與西班牙作戰中的蠻勇表現，他成了一位著名的英雄，並在一八九八年當選了紐約州州長。事實證明他在那裡給普拉特的黨的領導機關帶來了麻煩，黨魁們希望能有一個機會把他架空，於是一九○○年他的朋友們和敵人們結合起來，使他當了麥金利的副總統候選人。雖然他對競選一個只會是默默無聞的職位並不心甘情願，但仍全力進行競選。他最後得到的報酬是當上了美國總統。

羅斯福一來到這個世界就處於最有力的頑固力量的保護之下，他思想中灌輸的保守主義信條非常頑固，只有相當多的經歷才能使之有所緩和。根據他的描述，他父親「是我所瞭解的最優秀的人物……有一張雄獅般的臉龐，對那些需要幫助和保護的人們總是有著一副慈善的心腸」。他是從事玻璃進口和銀行業的商人，堅持共和黨大實業家們的傳統觀點，與政治改革不發生關係，不過倒是積極參加慈善事業。

羅斯福回顧說，在詹姆斯．勞倫斯．勞夫林（J. Laurence Laughlin）鼓吹極端自由放任主義的

【8】羅斯福在任總統期間，在外交政策的指導上比人們所預料的要節制一些。雖然外交政策仍是他關心的主要問題，但他並未尋求戰爭。他進行的三次重要活動是介入一九○五年的摩洛哥危機、調停日俄戰爭以及用陰謀手段取得了巴拿馬運河區，這三項活動的特點是相當轟動一時，但是從「國家利益」角度看卻並不是什麼意義深遠的成就。他為解決摩洛哥危機做出的貢獻，也許是他平生最傑出的成就，這並未給美國帶來什麼利益，相反，卻非常有可能引起敵意。關於調停日俄戰爭，薩繆爾．弗拉格．貝米斯（Samuel Flagg Bemis）教授指出，「對美國有害而無益」。關於與巴拿馬革命者透過陰謀活動使美國按羅斯福提出的條件獲得運河區一事（羅斯福對此感到非常自豪），多數研究此議題的美國歷史學家都從國家利益和國際道義角度對此加以譴責。其好處至多不過是使羅斯福多了幾個月的開挖運河的時間，但其代價卻是極大地增加了拉丁美洲各國對美國的惡感。

哈佛大學，他接觸到了正統的準則。除此之外，他對經濟政策幾乎沒有什麼具體的想法；羅斯福毫不隱諱地承認，擔任公職二十年之後進入白宮時，在經濟方面只有一點可憐的背景知識。大學裡要他交一篇作業，他就古希臘格拉古兄弟的性格寫一篇文章，這本可以使他對古代的一場偉大社會鬥爭進行認眞的研究，但如他本人所說，他卻進行了「一場沉悶的抵制，沒有提出任何新鮮見解」。然而一八一二年戰爭期間，美國和英國艦隻中護航艦和海岸炮艦的作戰，卻使他產生了濃厚的興趣——他在大學四年級動筆寫作的第一部歷史著作就是《一八一二年海戰》（*The Naval War of 1812*），該書敘事動人，其中有關技術方面的描述頗具眼光。

促使羅斯福決心進入政界並成爲「統治階級」的一員，與其說是爲了實現具有積極目的的計畫，毋寧說是由一種隱隱約約的獻身精神所鼓勵。在年輕的羅斯福身上，除了認爲心地純潔的人應更積極地參與政治，鄙視單純追求物質利益，以及爲國家獻身的精神之外，人們幾乎看不到有什麼深思熟慮的想法。他在一八九六年四月五日致姻兄威廉．考爾斯海軍上將（Admiral William Cowles）的一封信中扼要地敘述了他的大部分積極信念：

> 的確，我對於市政改革和文官制度的改革這類問題有自己強烈的感受，但關於我們對外部世界的態度及其一切含義我更有自己的看法，從海岸防衛和建設第一流海軍到適當有力的外交政策。……我認爲我們應該有足夠的遠見，穩步制定政策，以期最終將歐洲各國從它們在西半球占領的殖民地上趕出去。

最能說明羅斯福政治傾向的是他對待勞工的態度。一八八〇年代中期和一八九〇年代發生了多起激烈鬥爭的罷工事件。由於他所在的城市和州是日益強大的勞工運動的中心，因而他經常感受到勞工組織的壓力。

羅斯福在開始任紐約州議會議員的時候，曾被派去調查紐約市雪茄製造業中設在公共住宅中的血汗工廠。視察中發現的汙穢情況使他感到震驚，於是他支持當時被他的朋友們認爲是危險而具有煽動性的法案，以取締公共住宅中的雪茄製造業，雖然他也承認這種措施具有「某種社會主義的性質」。此後，他又投票支持限制工廠中婦女和童工工作時間法案，以及有關工業安全的立法。這是他做到的最大限度。他對於其他勞工法律的態度使他在勞工群眾中名聲很壞。他此時的觀點比艾布拉姆·休伊特及馬克·漢納等較開明的資本家還要保守一點。他在州議會待過一年之後不久就寫道，這是很糟糕的一年，「因爲爲了勞工階級的利益，不斷有各種煽動性議案提出」。有一項「煽動性」議案要求紐約、布魯克林、水牛城等市雇員的工資，不少於每天二美元或每小時二十五美分，羅斯福在阻撓提案通過方面起了作用。他反對這項議案使紐約市付出了代價，並把它描述爲「每年純粹爲了討好選民而提出的數十項荒謬議案之一」。他還反對取消罪犯生產合約的法案、提高紐約市員警和消防隊員薪資的法案，以及加快執行紐約市八小時工作制法令的法案；他憤怒地反對通過一項規定市內有軌鐵路系統內馬車夫最長工作時間爲十二小時的法案。

此後他與勞工的一項重要接觸是以警察局長的身分進行的。他以此身分使許多經濟公寓被取締，從而受到勞工和改革運動的歡迎。他經常由雅各·里斯（Jacob Riis）陪同到貧民窟巡視，里斯的話往往很有啓發；他開始閱讀有關住房問題的文獻，並對社會工作表示出興趣。但在派員警維持罷工秩序問題上，他與勞工組織一再發生衝突。一八九五年，《晚郵報》引用了他下面的一段話：

> 就像保護雇主的權利一樣，我們也熱心地捍衛罷工工人的權利。但如可能發生暴亂，情況就不

同了。進行暴亂的人們就得碰一碰他們的運氣。無論付出多大代價也要維持秩序。如需開槍，我們就對準目標射擊。我們不會放空槍或向人們頭頂上空開槍。

一八九〇年代的經濟蕭條所引起的工業騷動經常使羅斯福感到苦惱。臭名昭著的布拉德利・馬丁舞會（Bradley-Martin ball）計畫舉行的時候，紐約市正籠罩在饑餓和失業的陰影之中，羅斯福這位警察局長對此大爲惱火，認爲這一事件會對窮人構成不必要的挑釁，並巧妙地譏諷說：「我得像保護罷工一樣，派大批員警去保護這場舞會。」

到一八九九年的時候，羅斯福已經懂得透過在許多具體細節上做出讓步，就可以利用勞工運動（或其他人民運動）的某些政治力量。他任州長時與勞工組織打交道時，表現出了愈來愈多的靈活性。他努力工作，從而使議會通過了反對血汗工廠的立法；他是第一個到血汗工廠區巡視的州長；他定期就與勞工利益有關的事項和勞工領袖進行磋商；另外，似乎是爲了衡量他思想變化的幅度，對於他過去任州議員時一直激烈地反對的一項法案，即與政府簽訂合約的職工每天八小時工作制法令，他竟然簽字同意。雖然他視自己爲一州權力的化身，並且是財產的捍衛者，但也看到應該而且有必要透過社會立法，使權力機構顯得仁愛一些，並改善人民的生活條件。然而每當民眾，特別是透過罷工顯示出獨立的力量時，就會引起他強烈的反應。他在談論當時的一場勞資爭端時，扼要地說明了他當州長期間的態度：「如果克羅頓大壩罷工出現災難，我就會立刻命令民兵出動。但我也得簽署一項關於雇主責任的法令。」如霍華德・赫維茨（Howard Hurwitz）所說，他仍顯示出「動不動就願意使用軍隊……一涉及罷工事件時，他的思路就是單軌的，這條單軌總是把軍隊運到爭端發生的地點」。

羅斯福以類似的不耐煩心情注視著全國範圍內發生的事件，對於在他一生中這一階段國內出現的一次又一次突發的暴力事件他顯出同樣傾向。乾草市場事件[9]發生時，他在自己的牧場驕傲地寫信說，他的牛仔們希望「有機會向一群暴徒開槍。……我希望他們就在我身邊，即使面對比我們人數多十倍的暴徒，也可好好顯示一下力量；我手下的人槍法準，打仗勇敢」。一八九〇年代的不滿情緒引起了新的暴動，在普爾曼火車車廂工廠工人罷工期間（當時馬克・漢納對克里夫蘭聯合俱樂部憤怒的紳士先生們說，「不與自己的雇員妥協的人是個十足的傻瓜」），羅斯福給布蘭德・馬修斯（Brander Matthews）寫信說：「我對於平民黨人和工人們及其缺點很瞭解……我希望看到正規軍和好的州警衛隊對付這些暴徒，不要多過顧忌流血。」他和一些人一樣，認爲一八九六年的事態可能會導致類似法國大革命（French Revolution）的情況。他在七月份給他姐姐的信中寫道：

> 這不僅僅是就貨幣本位制發生的一場爭執，這是一起半社會主義性質的農民運動，自由鑄造銀幣只是一個附帶的部分，一些人支援它主要是希望以此損害富裕和節儉的人們。「勞工組織」是布萊恩在大城市的主要支柱；他的話既蠻不講理又極端愚蠢。社會底層各種躍躍欲試的罪惡力量都在支援他。

約翰・彼得・阿爾特吉爾德（John P. Altgeld）寬恕了三個芝加哥的無政府主義者，並對克里夫蘭派聯邦軍隊到伊利諾州去鎮壓普爾曼火車車廂工廠工人罷工表示抗議，羅斯福對這兩件事都不

[9] 一八八六年五月四日，為爭取八小時工作制，抗議員警槍擊示威者的暴行，勞工在芝加哥乾草市場舉行集會。其間有人向出面干涉的員警投擲了一顆炸彈，炸死七人，傷七十人。審查機構儘管未查出投彈者是誰，但認定八名無政府主義者有罪，並把其中四名處以絞刑。——校者

能原諒。他於是拒絕和阿爾特吉爾德會面，因爲用他的話說，他們可能不得不「在戰場上刀槍相見」。當漢納在訓斥他在聯合俱樂部的朋友們說「絕不會有什麼革命發生，你們是一幫十足的傻瓜」的時候，據報導羅斯福卻在講：[10]

> 使我國人口中很大一部分人活躍起來的情緒，只有像鎮壓巴黎公社那樣才能鎮壓下去，把他們的頭頭抓出十幾個，……讓他們站在一堵牆前面，然後把他們槍殺。我以爲事情會鬧到這一步，這些頭頭們正在策劃一場社會革命，企圖顛覆我們的共和國。

銀幣危機已經過去，與西班牙的戰爭又分散了他的注意力，而且繁榮時期又已出現，但這些均未能完全驅散羅斯福的憂慮情緒。一八九九年他還從阿伯尼寫信給洛奇說，他所在州的工人和小商人有一種「陰沉的不滿」情緒。這年夏天布魯克斯·亞當斯（Brooks Adams）來看望他，他們談到了工會的八小時工作制運動對國家的危害，以及國家受到托拉斯組織者「奴役」的可能性。他們非常感興趣的想法是可由羅斯福帶頭，「讓易動感情的人在某種程度上讓感情迸發出來，這至少可暫時壓制那些經濟人」。[11]

羅斯福對於麥金利的勝利並不特別高興。如果有什麼值得高興的話，那當然就是挫敗了布萊恩和阿爾特吉爾德；不過他把麥金利看成是一個懦夫，「嚴重危機到來的時候，無論是紙幣氾濫、大規模勞工騷動還是與外國衝突的危險」，都不能依靠他。一八九六年的勝利畢竟是他曾經常譴責的那些富豪們的勝利，他在參加了共和黨的慶祝宴會之後，心情低沉地給他姐姐寫信說，「布魯克斯·亞當斯悲觀地預見到我國將來會由金錢支配、資本家操縱、高利貸者掌管的情況」，他是「親眼見識到了這一切了」。

鑑於他既恐懼大公司又害怕有組織的工人和農場主，他就認爲自己代表的是一種中庸之道。在他以州長的身分提議對公用事業中的特許事業抽稅而在企業界引起驚慌的時候，不可思議的黨魁普拉特就指責他對勞工和托拉斯有點過分的「利他主義」。羅斯福答覆說，他只不過是想表明，「我們共和黨人要保持公正，一方面要堅決反對大公司的不正當影響，另一方面則堅決反對蠱惑民心的宣傳和聚眾鬧事。」他就帶著這些想法登上了總統的職位。他超越於一切抗爭的階級之上，是個一心只爲國家利益的不偏不倚的仲裁人，並維護各種嚴格的道德觀念；而若沒有這些道德觀念，美國就不能在世界舞臺上起到它預定要起的主導作用。

三

「華爾街對你這樣的人可眞是求之不得」，這是一八九六年布魯克斯．亞當斯挖苦羅斯福的話，當時他慫恿羅斯福去爲商界效勞。對於這位義勇騎兵團領袖來說，賣身給華爾街的想法令人反感，亞當斯的冷嘲熱諷肯定也使他感到很不舒服。但是，成爲一個更爲獨立自主的政治家，穩定已經形成的局面，當一個比一般保守黨人更爲明智的保守黨人，這個角色對他具有誘惑力。他執意要把資本的主人們從愚蠢的頑固中「解救」出來，這一主題一直貫穿於他當總統以來公開和不公開的

[10] 這些話是由威利斯．約翰．亞伯特（Willis J. Abbot）報導的，他是《紐約民主黨日報》的一名編輯，羅斯福則堅決否認說過這類話。

[11] 這可能是指兩年前亞當斯在《文明與衰敗規律》（*Law of Civilization and Decay*）一書中對富於想像力、易動感情和有藝術修養的人與經濟人之間的劃分。羅斯福於一八九七年一月在《論壇報》上為這本書寫過一篇重要的評論。

著作之中。如馬修・約瑟夫森（Matthew Josephson）所說，在他第一任期間，他清楚地知道，他是個「俘虜總統」，對他來說，掙斷那些束縛著他並使他爲商業界服務的鎖鏈是不明智的。「慢慢來」，漢納向他這樣建議。「我一定慢慢來」，這位新總統回答道。[12]

羅斯福聽從的顧問幾乎毫無例外的都是工業和金融資本的代表，如摩根家族的漢納、羅伯特・培根（Robert Bacon）和喬治・珀金斯（George Parkins）、賓夕法尼亞州鐵路公司的伊萊休・魯特（Elihu Root）、參議員尼爾森・奧爾德里奇、亞歷山大・約翰斯頓・卡薩特（A. J. Cassatt）、洛克斐勒財團的菲蘭德・諾克斯和詹姆斯・斯蒂爾曼（James Stillman）。當他的姻兄道格拉斯・羅賓遜（Douglas Robinson）從華爾街給他寫信，請求他不要做任何損害實業界信任的事情時，他答覆說：

> 我意圖採取最保守的路線，但爲了各公司本身的利益，特別是爲了國家的利益，我要謹愼而穩步地推行我公開承諾的路線，……我相信這條路線是正確的。

羅斯福在第一任任期即將期滿之際，感到一陣焦慮不安，害怕他的某些政策傷害了實業界，於是一九〇三年他竭力向企業界保證他的用心是光明磊落的。[13]雖然民主黨提名了貨眞價實的保守候選人奧爾頓・布魯克斯・帕克法官，但羅斯福仍在實業界保住了地盤。從摩根和洛克斐勒的公司，從哈里曼、弗里克、昌西・德普以及喬治・傑・古爾德（George J. Gould），慷慨的捐贈流入了共和黨全國競選委員會的金庫。羅斯福的對手毫無根據地指控他對各公司進行「訛詐」，或以免稅來報答他們的捐款。[14]但在民意測驗中，羅斯福對帕克占了壓倒優勢。羅斯福使人民相信，他是一個很好的改革家和實業家。

這裡需進行一點說明：的確有一些實業界人士恐懼和痛恨西奧多．羅斯福。然而，這些人和保守派報紙編輯們在表示反對意見的時候，就像杜邦後來幫助富蘭克林．德拉諾．羅斯福一樣。他們當了戲劇性的陪襯，使他得以似乎有理地作爲改革者留在政治舞臺上。他對待許多公眾關切的問題的態度與較爲精明的資本家實際上是一致的。特別是涉及勞工運動時尤爲如此，一九〇二年無煙煤礦工人大罷工中，羅斯福採取的調和態度就說明了這一點。在這次勞資爭端中，喬治．貝爾（George Baer）用他的話勾劃出了老式資本家的心理狀態，他說，「上帝以其無限的智慧使一些基督教徒控制這個國家的財產」，只有他們才有資格管理工人們的福利。更有政治家風度的實業家們的態度以摩根和漢納爲代表，他們都給煤礦經營者們施加壓力，要求他們接受羅斯福和魯特提出的仲裁方法。[15]爭端自始至終，總統都對礦主們的頑固態度大光其火。「……無論是從國家政策還是從高尚的道德標準的各種考慮出發，他們都應該做出一些輕微的讓步。」他在給漢納的信裡如此

[12] 羅斯福與漢納的關係一天天親密起來。一九〇九年，有人問菲蘭德．蔡斯．諾克斯是否見到過他們二人爭吵，諾克斯說見過，但只有一次：羅斯福認為農民協進會成員——即一八七〇年代的農村改革派——是一群瘋子，而漢納則認為他們是有益的公民。

[13] 一九〇三年六月二日，洛奇再次讓他放心，說：「資本家中反對你的人僅限於華爾街和芝加哥一群人，甚至華爾街也有許多人贊成你，在斯泰特街這裡我未發現有多少人因合併（北方證券公司）案而表示敵意，情況恰恰相反。」

康乃狄克州參議員奧維爾．普拉特在同一日晚些時候發現，羅斯福的反對派是「來自黨內的兩個極端——即華爾街的金融勢力和勞工運動煽動者——兩種勢力起著同樣的反對作用」。

[14] 奧斯瓦德．加里森．維拉德在《戰鬥的年代》（*Fighting Years*）一書中寫道，亨利．克雷．弗里克有一種錯覺，認為羅斯福為得到財政上的支援做出了積極的承諾。弗里克憤怒地回顧說：「他跪在我們面前，我們花錢買了他這個狗娘養的，可他卻不乖乖地聽話。」

[15] 羅斯福感謝摩根時說：「若不是因為你的介入，我不知道這次罷工如何能現在就解決。」

寫道。他還說：「毫無疑義，礦主們的態度使我們這些處於他們和社會主義行動之間的人的負擔倍加沉重。」多年之後，他回顧說：「我急於使大煤礦經營者們和豪富階級中的所有人——礦主們也是其中成員——免受他們的愚蠢行爲本會給他們帶來的懲罰，如果我不採取行動的話。……」

羅斯福在其兩屆總統期間對激進主義運動的興起非常擔心。專門報導醜聞的文章日益顯眼（而且「正在引起一種革命的情緒」），社會主義運動日益深入人心（「比以往的任何民眾運動或類似運動都更具不祥之兆」），像拉福萊特這樣具有戰鬥性的地方改革家的出現，以及布萊恩的影響持續存在——這些事情都使他感到焦慮不安。「我不喜歡目前的社會狀況。」他在一九〇六年三月向塔夫脫抱怨道：

> 非常富有的人們愚蠢呆笨而缺乏眼力；他們貪婪驕橫……生意經營上和政治上的舞弊行賄行爲，這一切使人們心中產生一種非常不健康的激動和憤怒情緒。社會主義宣傳的明顯增加就說明了這一點。

羅斯福對於「非常富有的人們」的厭惡，使他誇大了他們的愚蠢，並忘記了他們曾給予他多少支持；但他對人民激動和憤怒情緒的理解卻是十分敏銳的，而且他具有高超的技術，能夠將這種情緒引入採取溫和行動的管道（他的拳擊教練告訴他不要和對手的拳頭硬碰，而要與他周旋）。布萊恩在一九〇〇年大談托拉斯問題，羅斯福的反應是在一九〇二年提出了轟動一時的反托拉斯控訴——北方證券公司案。一九〇四年至一九〇六年期間，布萊恩鼓動政府接管鐵路，而羅斯福則報以支持赫伯恩法案（Hepburn Bill），這一法案使州際商務委員會開始控制鐵路運費率。在爭取通過這項法案期間，他給洛奇寫信，對鐵路方面院外活動分子的活動表示痛惜：「我認爲他們目光非常短淺，不理解挫敗這次法案就意味著增加要求政府接管鐵路的運動的聲勢。」羅斯福引用布萊恩書中的一些論述，極力說服國會通過關於工人補償和童工的法令，鐵路時間法案、所得稅和遺產稅收法令及限制各公司爲政黨捐款的法案；他對聯邦法院發動攻擊，譴責在勞資衝突中濫用禁令；他嚴厲批評商業上的欺詐行爲，使用了白宮中從未使用過的誇張語言。他的建議只有一小部分受到國會的認眞考慮，在一些情況下，特別是在涉及赫伯恩法案時，他在制定法律方面的作用，更明顯的是一種妥協的意願，而不是要與黨內保守派的頭面人物進行鬥爭。但他激烈的語言也有其本身的價值，這不僅使他在公眾眼中形成了戰鬥的激進派形象，而且實際上使改革的意見具有更大的力量。他對於「富豪中的作惡者」和「爲富不仁者」的折磨，也使那些讚賞他的人們能心滿意足地發洩他們的感情，因爲這個時候沒有幾件事是令人滿意的。

* * *

但現在回過頭來看，就很難理解羅斯福何以設法保持住他的熱心的改革家的聲譽。他與布萊恩不同，對於改革的人道主義的目標沒什麼強烈的興趣；他又與拉福萊特不同，對於改革的實際細節不能完全掌握。他在《自傳》中承認：「在國內事務方面，我初當總統時，並沒有什麼深思熟慮的或影響深遠的改善社會的計畫。」他認爲改革並不是澈底的淨化，改革的目的僅僅是爲了醫治國家最明顯的傷痛。然而很多人願意而且急於按表面價值就接受他在改革方面的作用。也許最能說明進步派容易滿足的證據就是羅斯福在破壞托拉斯方面的聲望。下面的情況就可以說明這一點。

羅斯福在對大工商業問題沒有什麼明確主張和堅定原則的情況下就當上了總統。早在一八九九年八月七日他就寫信給赫爾曼．亨利．科爾薩特（Hermann H. Kohlsaat）說，托拉斯引起的民眾不安「在很大程度上是無目的、無根據的」，並且直爽承認他不知道應該怎麼辦才好。但如我們已經看到的，他不相信且鄙視政治上不光彩的「資產階級」精神。大企業的宏大規模使中產階級因經濟方面的原因而恐懼，使羅斯福因政治方面的理由感到心驚。他不是一個小企業主，擔心會被吃掉，也不是一個普通顧客，害怕價格上漲，而是一個大政客，在獲得權力方面面對強大的敵手。他並不盼望恢復競爭條件以破壞大企業。總之，他並不具有小人物對小數量財產的熱愛，而正因爲如此，他獲得了布蘭迪斯、拉福萊特和威爾遜等人的同情。大規模企業使羅斯福感到一種不祥之兆，美國在某一天可能會被他一直鄙視的追求物質利益的人們所奴役，出現一種「庸俗的財富所有者專制」的局面。反托拉斯的措施對他來說，部分是要滿足人們希望政府管制大企業的要求，但更重要的是威脅大企業強迫他們接受管制。羅斯福解決托拉斯問題的方法就是要進行管制而不是摧毀。從心理角度來看，他把自己與國家的權威等同起來，在處理托拉斯問題時小心提防地把自己迫不及待「控制一切」的欲望表示了出來。無論何時均不能允許托拉斯比國家強大；托拉斯必須屈從於道義上更勝一籌的力量。

羅斯福從一開始就直截了當地把他的思想說了出來，也正是如此，才使他要逐步解散托拉斯的聲名顯赫起來。一九〇二年十二月二日他對國會說：

> 我們的目的不是要取消公司；恰恰相反，這些大型聚合體是現代工業發展不可避免的產物，取消這些公司的任何努力都會徒勞無益，反而會給整個國家帶來巨大損害……我們要反對的是不當行動而不是財富。

他曾一再強調這種思想。在他第二任總統任期一開始時就宣布：「這是一個公司合併的時代，任何阻止合併的企圖不僅無益，而且最終有害，因爲不執行法律最終一定會導致蔑視法律。」

羅斯福在其《自傳》中以非凡的歷史洞察力說明，解決問題的方法不是解散公司，而是加以管制：

> 現在一個主要麻煩是，看到並力圖糾正弊病的人們試著用兩種完全不同方式進行工作，而且大多數人採取的方法很難帶來實際改善的希望。他們試圖（用謝爾曼法）支撐早已證明無用而且有害的個人主義，用更多的個人主義代替集中，而這種集中恰恰是早已存在的個人主義不可避免的結果。他們看到了大的聯合企業帶來的禍害，於是就力圖摧毀它們，並恢復十九世紀中葉的經濟情況，用以進行補救。這是一種毫無希望的努力，而且儘管進行這種努力的人們把自己看成激進的進步分子，他們實際上代表著農村中一種不折不扣的保守力量。……
>
> 另一方面，少數一些人意識到公司和透過合併成立的大公司在實業界是必不可少的，試圖禁止它們是愚蠢的，但不對這些公司進行有力的控制也是愚蠢的。……他們還意識到政府現在必須進行干預以保護勞工的利益，使大公司屈從於社會福利，並懲治狡詐和欺騙行爲，就像過去多少世紀以來政府以暴力懲治罪惡的勢力那樣。……

當然，羅斯福明智地有選擇地提出幾起控訴案，這使他關於改進公司道德準則的談話有了實質性內容。一九〇二年，在他第一屆總統任期即將開始時對北方證券公司的起訴，就是其中最出色的一舉。

北方證券控股公司是由詹姆斯·傑羅姆·希爾、約翰·摩根（John Morgan）及其他人組成的。它建立了一個包括北方太平洋鐵路、大北方鐵路及芝加哥—伯靈頓—昆西鐵路等公司的巨型鐵路壟斷系統。其中有關路段一直受到公眾密切注視，因爲希爾與愛德華·亨利·哈里曼之間進行了激烈而廣爲宣傳的爭奪，但這段鐵路的壟斷無論對於整個實業界還是對於摩根公司，都並非生命攸關的大事。對之進行起訴是非常聰明的宣傳，而且即使較爲保守的政治家也幾乎難以抵制。[16]

儘管如此，北方證券公司案件一宣布還是在大實業家當中引起了巨大震動，並使摩根本人帶著德普及漢納參議員匆匆忙忙地來到華盛頓，看一看總統是否計畫「對我的其他企業發動攻擊」。他被告知說，只有當「他們做了我們認爲是錯誤的事情時」才會發生這種情況。

羅斯福絕不是熱衷於挑各個托拉斯的毛病。他在即將卸任時私下承認：「實際上，我只要能找到可能的藉口，一切案件我都中止進行。」羅斯福是在各公司大量捐款的幫助下經歷了再次當選的考驗的；在第二任期間他又進行了幾起有名的案件，但如美孚石油公司和美國菸草公司（American Tobacco Co.）這類明顯的反托拉斯行動的主題都未觸及。叫嚷的聲音大大地超出了實際完成的工作。歷史學家們不只一次指出，塔夫脫政府四年期間提出了九十件反托拉斯控訴案，而羅斯福在七年期間只提出五十四件。美國實業史上托拉斯增長最集中最迅速的階段發生在羅斯福政府期間。

從西奧多·羅斯福的托拉斯政策中可以看到模稜兩可的一面，他很自然而且不加掩飾地做到了這點。他年輕的時候有一種好鬥的本性，對於假想的情敵、西印度群島人、墨西哥人、英國海軍、西班牙士兵、美國工人及平民黨人，他都是擊中方休。但在當上總統之前，他懂得了一個有雄心的政治家應能自我控制感情並能深謀遠慮。因此，他對於暴力的狂熱只能透過語言發洩，向四面八方同時爆發才能使之平息。曖昧態度就像是他思想建築中的一件實用家具。他實實在在地反對大企業的胡作非爲，但他也確實反對一律將托拉斯解散。他贊成改革，但討厭好戰的改革家。他希望政府官員廉潔，買賣誠實無欺；但把揭露政府弊病和企業欺詐的人稱爲「專門報導醜聞的人」加以侮辱（當然，如果揭露的情況「絕對眞實」，他還是完全贊成的）。「我們既不支持窮人也不支持富人，我們支持的是正直的人，不管是貧是富。」這是他經常說的一句話。實際政治生活中充滿了此類含糊其辭的說法，但出自普通政客之口時，往往令人聽起來是軟弱無力、猶豫不決的，而羅斯福說出卻叫人覺得有膽有識，是會採取積極行動的。

羅斯福有一種一般政治家身上少見的廣博學識和修養。他讀書熱情很高，而且博覽群書，只是研究稍差。他記住很多東西，文章有時也很犀利，而且十分注重具體細節。他對各種事都有很高的熱情。他邀請布克．華盛頓（Booker Washington）到白宮來，將霍姆斯提升到最高法院，並給埃德溫．阿靈頓．羅賓遜（Edwin Arlington Robinson）一個政治上的閒職。細心有教養的人們發現他很迷人，用約翰．莫萊的話說，令人難以置信的是這僅僅是由於美國的各種自然現象中，羅斯福在引人注目方面僅次於尼加拉瀑布。但那些瞭解他的人，從精明的政界夥伴魯特等人到亨利．亞當斯、海約翰和塞西爾．斯普林．賴斯，都不用嚴肅的態度對待他。這樣做是完全有道理的，今天如果有人耐著性子閱讀他的作品集就會發現，除了偶有見地和一些譁眾取寵的內心表露之外，剩下的就是一套庸人對舊習的因襲，肌肉發達而好鬥的羅斯福卻有著一副波洛涅斯[17]的思想素質。他身

---

[16] 麥金利如果活著的話，他也有可能提出此類訴訟。漢納如往常一樣，對整個事件緘口不語，並拒絕代為求情：「我警告過希爾，告訴他麥金利去年可能對他那個倒楣的公司採取行動。現在羅斯福做了。我為希爾感到很抱歉，但你們這些先生們認為我又能做得了什麼？」

這起控訴雖然在技術上是成功的，但並未恢復競爭。很能說明問題的是，羅斯福聽到最高法院對北方證券公司一案的判決時，就宣稱這是：「我這一屆政府所能取得的最大成就之一。……這個國家最有勢力的人們也在法律面前負有責任。」霍姆斯法官在發表不同意見時不懷善意地指出，事情恰恰並非如此，因為根據謝爾曼法，應該對摩根先生、哈里曼先生、希爾先生及公司其他有關人員進行刑事控訴。為此羅斯福就永不饒恕霍姆斯。

[17] 莎士比亞《哈姆雷特》劇中奧菲莉亞的父親，是位口若懸河、喜用警句的御前大臣。——譯者

上有一種東西與有見識的懷疑、超脫精神以及任何不同一般的審愼都不相容。也許正因爲如此才使他將亨利・詹姆斯和亨利・亞當斯稱爲「迷人的人，但對性格堅強的人來說卻是極不理想的夥伴」，而且對「他們所讚賞的冷嘲熱諷態度」也很反對。他自認爲他的有關文學作品的意見很有分量而且很是重要，這些意見確實也有過一些影響，但它們不僅僅是因受他的政治觀點影響而產生的令人不能容忍的偏見，而且，儘管他自詡他的評論猛烈有力，實際上一點也未脫離舊框架，十分溫文爾雅。例如左拉（Zola）的「故意描述惡劣得不堪說的事」叫他感到討厭；他不喜歡托爾斯泰（Tolstory），因爲托爾斯泰宣揚了反對婚姻和戰爭的觀點；他認爲《克萊采奏鳴曲》（*The Kreutzer Sonata*）是「一部汙穢而令人厭惡的作品」；狄更斯因爲不喜歡美國而不是正人君子；高爾基到美國來時帶了一個不是他妻子的女人，這是不道德的，和許多歐洲大陸人一樣，而且在政治上，是一個「愚蠢的學究革命家」。

羅斯福想像自己所扮演的是一個道德家的角色，他對林肯・史蒂芬斯（Lincoln Steffens）說，美國社會生活中眞正需要的是「爲道德而進行的根本之鬥爭」。離職前不久他對雷・斯坦納德・貝克說，估計關稅、貨幣、銀行等經濟問題會變得日益重要，但他說他對這些並不怎麼關心。「我注意的問題是道德問題，我的學說完全是關於道德方面的。」這說得很對，羅斯福對進步運動的主要貢獻是說教。但他心中想到的只是把他的道德標準變爲現實；這是最好的理由，他在政治方面本質上很保守的全國性目標與他信口講出來的東西是矛盾的，但只要他的活動侷限於他所講的範圍之內，這種矛盾就不那麼明顯。

總而言之，通常情況下他的思想並不那麼深刻，但他卻代表了許多美國人的要求。拉福萊特挖苦地說：「特定時期內民眾會有一種目光短淺的情緒，而羅斯福則是最善於反映這種情緒的人。」梅迪爾・麥考密克（Medill McCormick）評論說，他之所以能成爲顯赫人物就是因爲他懂得「笨蛋的心理」。布萊恩只有在部分地區做到這一點，羅斯福卻說出了全國各地中產階級的觀點，從而得到了那些從未耕過田、從未長過繭子的人們的熱烈擁戴。對於這些人希望避免的現實他有一種特殊的感覺；以對於不可捉摸的虛妄現象的一種不可思議的直覺，他能以貌似有理的膚淺語言，道出這些人心中的恐懼。他政治上的上升時期正處於經濟繁榮時期，民眾的不滿不像布萊恩出名時那麼強烈。中產階級對於進步運動的增長出了很大力氣，他們對於政治權力和經濟權力的集中，以及政府中腐敗現象的持續存在深感不安，但是如果企圖拆散企業權力結構，從而就有可能危及一個營業興隆的企業，中產階級中是否有許多人比羅斯福更願意承受這全部含義，這是值得懷疑的。羅斯福在一九〇五年給喬治·特里威廉爵士（Sir George Trevelyan）的信中說，一般的看法是，「我們要盡力尋求控制大公司的方法，但同時又不削弱商業界的活力。」

這句話典型地反映出羅斯福的政治信仰背後有一種基本上是消極的傾向。這種想法常常是：我們不得不做這件事，目的是爲了防止那件事發生。他贊成控制鐵路運費率，主要是爲了糾正當時收費的不公平狀況，還是因爲他害怕國有化？他強迫礦主們對其雇員做出微小讓步，是因爲他同情礦工們，還是因爲他對「社會主義的行動」感到恐懼？他擁護工人補償法，是因爲他明確意識到受損害的工人們的困境，還是怕布萊恩得到更多選票？在回憶童年時代時他曾經說過：「有許多事開始令我感到恐懼，一旦我裝作不怕的樣子做下去，慢慢就不再恐懼了。」是他不再有恐懼心理了，還是他只是把這種心理壓抑了下去？他眞的成了一個不害怕的人，還是只是裝作不害怕的樣子？幫他寫傳記的亨利·普林格爾曾經指出，他實際上經常有一陣陣的焦慮感。實際上，在他的憂慮之中，在他的進步主義的消極和防護性的一面裡，可以看到他的政治力量的源泉。羅斯福一生中看到的美國迅速壯大和工業飛速發展激化了社會各方面的關係，產生了後遺症，使人們迷惑、憤怒、恐懼，一八九〇年代的經濟蕭條，一下子就把這些推到表面上來。羅斯福就是要透過突然採取令人興奮的行動，在心理上消除人們的焦慮，並以權威的口吻譴責使人們感到恐懼的惡魔，從而消除人們的恐懼心理。因長期處於與自己的不安全感進行鬥爭中，使他受到訓練並變得堅強起來，因而成了中產階級最理想的精神治療家。

四

塔夫脫是羅斯福選定的繼承者。羅斯福向吉爾森·加德納（Gilson Gardner）揭露了其中奧妙：「的確，他從未發起任何有點進步派氣味的事來，但他與本政府關係密切，足以瞭解政府的立場。」但塔夫脫不能操縱公眾輿論，也不能像羅斯福那樣兩面討好。一九一〇年，已卸任的總統羅斯福從非洲自我流放的旅行回來之後發現，過去從未特別背離黨的方針的共和黨內造反分子，現在壯大到足以和塔夫脫抗衡爭奪黨的領導權的地步。一九一〇年七月十一日，羅斯福對尼古拉斯·朗沃思（Nicholas Longworth）說：「肯定地說，政府完全未能保持黨的鞏固團結，我最擔心的是反抗不僅僅來自於黨的領導人，而且來自於廣大人民群眾。」[18]

羅斯福還很年輕，他不會對自己的名聲掉以輕心，也不會放棄政治上的宏願。他以常有的敏銳觀察力看到進步派的發展尚未達到最高峰。從一九一〇年八月發表有名的〈新國家主義〉演說開始，他就以「新」的政治人物出現。〈新國家主義〉實際上是羅斯福的舊思想與一些更具挑戰性的進步派觀點的明顯的混合物。羅斯福宣稱，民主的目的現在只能以漢彌爾頓式的手段才能達到。一個強大的中央集權的國家，政府增加對經濟生活的干預以及政治擺脫對特殊利益集團的關切——這就是發展的主要方針。羅斯福特別贊成創制權、公民投票和罷免權、民眾選舉參議員和直接初選候選人。他因攻擊聯邦司法機構阻礙人民意願的實現而使保守派感到震驚，他主張州法院使社會法律失效的決定可由人民撤銷。他支援賠償法令、限制勞動時間、有等級差別的所得稅、實際估量鐵路的財產以推行「誠實的」資本估價，以及政府監督在各州間進行商業活動的各類公司的投資。

羅斯福指出，民主政治不應僅僅侷限於政治方面，它必須表現在經濟方面。關於勞工，他贊成林肯的話：「勞工是優良的資本，應給予更高的考慮。」他補充說：「我希望看到勞工組織強大起來。」但根據羅斯福過去說的話，他曾清楚表明勞工組織強大起來之後，它們必須像大公司一樣接受政府的管轄。

這些建議中，羅斯福過去未表示贊同的爲數不多，而且爲了這些建議別人無不奮鬥十年以上，但去掉了一些人們熟悉的羅斯福慣用的模稜兩可的提法，又強調了他的家長式統治的國家主義，就使人感到面目一新。伊萊休·魯特發現羅斯福的新東西難以令人相信：「我並不懷疑，他認爲是相信自己所說的話的，但實際上他並不相信，他只是很隨便地撿起一些想法，就像人們打架時順手抄起一條撥火棍或一把椅子一樣。」羅斯福有時也不隱瞞地說，他仍舊在沿著以往熟悉的戰略方針在進行工作。他在一九一〇年說：「我所提倡的……並不是極端的激進主義，而是最爲高明的保守主義。」[19]

羅斯福的實際目標最初可能是圍繞著一九一六年的選舉。喬治·莫里（George Mowry）教授認爲，羅斯福估計共和黨在一九一二年將會遇到失敗，他將會很高興地看到塔夫脫首當其衝，而到

---

[18] 拉福萊特在《自傳》中說，進步運動在塔夫脫任職的前兩年內取得的進展，比在羅斯福兩屆任期內的進展都大。他得出結論說：「這在很大程度上是由於塔夫脫的路線是更為直接的，而羅斯福的路線則是迂迴的。」

[19] 弗蘭克·芒西（Frank Munsey）就羅斯福一九一二年進步派代表大會前的信仰坦白做了如下有趣的評論：「既具特別進步格調而又極為保守正統。」

一九一六年的時候他將作爲恢復活力和團結的黨的領袖重返白宮，那時他才剛滿五十八歲。但即使他有這種打算，後來隨著進步運動激烈展開，他改變了原來的想法。

羅伯特·拉福萊特由於在威斯康辛州和參議院中取得的成就，在一九一二年進步派召開代表大會時他似乎就成了當然的領袖。曾在一九○八年私下裡寫文章談論「拉福萊特式的愚蠢的激進主義」的羅斯福本人，在一九一○年卻讚揚拉福萊特，說他把他家鄉所在州變成了「爲援助社會和經濟正義而進行明智政府管理活動的試驗場所」。拉福萊特如能得到羅斯福的支持，他似乎很可能會獲得總統候選人的提名。他後來指責說，他曾得到羅斯福的明確許諾，雖然從未提出什麼證據，但有一點是肯定的：羅斯福最初的確非正式地鼓勵這位進步派領導人，但不肯在公開場合下表示贊成，後來則拒絕否認自己要爭當候選人，從而使拉福萊特的運動失去了活力。拉福萊特的朋友們感到憤怒。「此刻你要是在這個國家，你就會發笑。」布蘭德·惠特洛克（Brand Whitlock）一九一一年十二月五日給他在國外的一位朋友寫信說：「你將會看到保守分子們正在試圖再次把羅斯福搬出來做總統候選人，以阻止拉福萊特得到提名，因爲拉福萊特對塔夫脫來說是一個非常危險的敵手。」林肯·史蒂芬斯幾週之後報導說：「羅斯福的『猶豫不決』在整個進步派運動中造成了混亂。」

羅斯福表面上的猶豫不決使宣傳拉福萊特的熱潮受到壓制。到一九一二年一月，諸如平肖和梅迪爾·麥考密克等著名的進步派分子均已轉而支持羅斯福。二月裡，戰鬥中的羅伯特·拉福萊特疾病纏身，焦慮不安，暫時受到挫折。此後不久，這位前總統羅斯福應七位進步派州長事先安排好的「懇求」，宣布參加競選，於是宣傳拉福萊特的熱潮就徹底垮臺了。關於進步派分子們的心理狀態，有一次最爲有趣的評論是，他們當中大多數人在轉向羅斯福時不但毫無怨言，而且異常熱情，當羅斯福拒絕擁護共和黨代表大會決定的候選人並決定成立第三黨派時，這些人以一種一八九六年以來從未見過的狂熱和忠心對他表示支持。正像威廉・艾倫・懷特（William Allen White）後來回憶時所說：「羅斯福咬了我一口，我就發了瘋。」[20]

羅斯福喚起了進步派分子們的希望，同時又降低了他們最有能力的領導人的威信之後，就開始利用進步派運動來爲金融資本服務。與拉福萊特相比較，羅斯福有許多有利之處，其中之一是他能夠博得大富豪們的支持。這些人中最重要的一個是喬治・珀金斯，他是摩根家族以前的一個合夥者，國際收穫者公司（International Harvester Co.）的董事，還是一些托拉斯的組織者。珀金斯所從事的屬於由塔夫脫較爲激烈的反托拉斯政策所引起的商業活動，特別是由於對諸如美國鋼鐵公司這樣重要的摩根公司起訴所引起的商業活動。[21]因此他屬於那些喜歡羅斯福而不喜歡塔夫脫和拉福萊特的人。美國鋼鐵公司的大股東，有影響的出版商弗蘭克・芒西也持同一態度。珀金斯和芒西敦促羅斯福參加競選，據克拉普委員會揭露的資料，他們後來爲羅斯福的競選運動提供了五十萬美元的經費，間接支援所花的錢則更爲可觀。羅斯福未能獲得共和黨提名，他們就鼓勵他組織新的黨派，芒西還慷慨承諾：「我的財產、雜誌和報紙都是爲你服務的。」使阿莫斯（Amos）、平肖（Pinchot）等進步派人士深感失望的是，珀金斯在進步派綱領中強行寫入了一項政綱，闡明了珀

---

[20] 很有意思的是，直到一九一一年十月二十七日，羅斯福還在給海勒姆・詹森（Hiram Johnson）的信中寫道：「此刻沒有任何理由可以使我相信廣大的人民群眾真正地喜愛我或普遍信任我。」事實證明他是錯誤的，但情況可能是，他關於人民不喜歡和不信任他的推測表明在他的想像中，估計人民會對他持這種態度。

[21] 一九一五年，珀金斯在費城經濟俱樂部就「謝爾曼反托拉斯法」發表演說時，激烈地抨擊塔夫脫，說他背叛了羅斯福為塔夫脫一九〇〇年總統競選活動制定的有關托拉斯的溫和綱領，並闡述羅斯福和珀金斯在托拉斯問題上的態度。

金斯和羅斯福在托拉斯問題上的共同態度。[22]

進步派在競選中取得了良好的結果，羅斯福的票數僅次於威爾遜而居第二位，他比塔夫脫多出了快七十萬張選票，這對未來具有重大的意義。但羅斯福很快就放棄了這一運動。他斷言，保持黨的團結是不可能的。現在「沒有私利可圖」。四年之後，一些可憐的進步派分子提出要提名羅斯福做候選人，遭到他輕蔑的拒絕，並提議他們提名亨利·卡伯特·洛奇爲候選人，這無疑是對他們的最後一次侮辱，因爲洛奇的原則，是徹頭徹尾反動的。

羅斯福試圖推出洛奇是由於他對進步派運動的國內方針已失去興趣。戰火正在歐洲蔓延，羅斯福對於第三黨派多情善感的擁護者中流行的有關外交政策的意見並不怎麼看重。一九一七年春天他給洛奇寫信說，典型的美國進步派就像他們的英國自由主義的兄弟一樣，「是一群十足的不可挽救的廢物，他們在外交事務方面的愚蠢簡直令人難以置信。」

第一次世界大戰爆發時羅斯福雖然名義上引退，但他仍在尋求精神刺激。他有一種矛盾的心理，一方面是鐵心腸的現實主義情緒，冷眼看待各國之間的事務，另一方面是戰略家和實幹家們的心情，歡迎使美國得以展示其武力的機會，並希望看到實際戰鬥。他最初對於戰爭的評議，雖然心理平靜而且不偏不倚，但與美國國內大多數人們的意見相比，對德國更爲友好一些。德國入侵比利時，大多數美國人爲之震驚，他卻耐心地解釋說：「巨人們在進行生死搏鬥的時候，無論是誰礙了他們的事，都會被他們搖搖晃晃的緊張戰鬥的巨大身軀踩在腳下。」德國如不在比利時採取這樣的果斷行動，那它自己就要遭受災難，德國人已經證明，他們是「嚴峻、剛強而又成熟的民族」。美國應採取的唯一政策就是保護本國權益並「保持完全中立狀態」。

到一九一四年十月十一日時，羅斯福對於「這場偉大的危機」在德意志民族的靈魂中「揭示出來的嚴峻的勇氣和高貴的無私精神表示極度讚賞」，並且希望美國公眾在一旦需要的時候也會表現出類似品質。削弱德國或把德國降到軟弱無能的地步都會「爲人類帶來災難」。

然而在前一年八月份，羅斯福還給斯圖亞特·愛德華·懷特（Stewart Edward White）寫信說，如果德國戰勝，「過不了幾年我們就得和它打仗了」，並說他認爲「德國和日本盡棄前嫌，聯合起來對付美國或任何其他阻止他們的國家，是很有可能的」。到一九一五年初，他在公開演說中還在宣傳這種觀點。譴責威爾遜「苟且偷安」，指責他未能向比利時提供援助！從此之後他就致力於攻擊和平主義者並譴責威爾遜的中立政策。有一次他牢騷滿腹地對洛奇說，美國人民「缺乏熱情；過去十年中可憎的和平宣傳影響了他們，使他們採取一種怠惰和怯弱的態度」。

在美國參戰很久之前，羅斯福就在考慮加入戰爭。一位陸軍軍官於一九一五年一月在牡蠣灣拜訪了他，發現他在地板上走來走去，對美國的不採取行動表示不滿，渴望參加戰鬥。孩子般地尋求刺激的欲望——斯普林·賴斯十年前就寫道：「你必須牢記總統現在只有六歲」——像以往任何時候一樣強壯。他向陸軍部提出申請，希望能允許他召集一個師的兵力，同時由於意識到可能會遭到拒絕，就告訴朱瑟朗大使說，如果法國願意出錢，他願意率領一個美國師到法國作戰。威爾遜拒絕任命他，使他大爲氣憤，他說威爾遜是一個「十足的煽動家」、「空談家」、「徹頭徹尾自私的冷酷的政治家」。

但是他最終未能得到建立功業的機會。緊張的生活損害了他的健康，他的兒子昆汀

〔22〕當平肖向羅斯福抱怨珀金斯在黨內的影響時，羅斯福向他保證說，有關托拉斯的一項政綱的問題是「完全沒有重要意義的」，並把進步黨的失敗歸咎於「太激進了」。最後平肖公開聲稱黨內在對付珀金斯的態度上出現分歧，並指責羅斯福說他應對運動的失敗負責。羅斯福回答平肖時說：「我說進步黨有點像害了精神病的時候，我心裡特別想到的是你。」

（Quentin）在前線犧牲又使他心情悲痛，他突然衰老而且病魔纏身。洛奇長途跋涉來到羅斯福病床邊與他商討阻止威爾遜成立國聯（League of Nations）的計畫。一九一九年一月六日，他因冠狀動脈栓塞而逝世。

第十章　伍德羅・威爾遜：作爲自由主義者的保守派

事情的眞相是，我們都已被捲入無情的巨大經濟體制之中。

伍德羅・威爾遜

伍德羅・威爾遜的父親是一個長老會的牧師，母親是一位長老會牧師的女兒，因此喀爾文教徒的精神在他們的胸中燃起了明亮、經久不熄的火焰。他們的兒子自幼就懂得把人生看作是逐漸實現上帝意志的過程，而人則是道德規則總體的「個別執行者」。幼年時代的威爾遜坐在教堂內聆聽他父親向人們宣講基督教義的時候，他注視著的是他今後的事業要仿效的模式。他不曾有志於成爲一個牧師，但他把政治變成了一個傳播心靈的啓迪的手段，變成了表達新教徒強烈的「行善」願望的手段，因爲他自幼就受到這種教育。在他還很年輕的時候，他就爲一種並非出自私心的宏願所驅使，希望有朝一日成爲偉人，以便能做出卓越的貢獻。他爲人十分誠摯、刻板，而且對自己要求很嚴格，他所受的長老會之訓教使他吃了不少苦頭。「我太認眞了！」他在最初給愛倫・艾克森（Ellen Axson）的信中如此說；在他年輕的經歷中，內心裡難以名狀的強制心理帶來的壓力曾使他兩度中斷工作。他本人易於產生非常強烈的內疚心情，因而把對完美無缺的正義的要求突出提到國家事務中，使他逐漸失去寬容的度量。他在早期寫的一篇關於伯克的文章中慷慨激昂地說：「當一個人認爲是在與國家的敵人進行殊死決鬥時，你不能期望他心地平和而且和藹可親。」他在這一時期內寫的一篇文章中說：

> 寬容是令人讚美的天賦思想，但在政治上沒有什麼價值。政治是各種事業之間的戰爭，是各種原則之間的搏鬥，政治是一件極爲嚴肅的事，容不得毫無意義的禮讓。

威爾遜過分認眞，當不了隨和的夥伴或鬆散的戰士，但他還是非常需要感情的。他深感孤立，與人們交往的能力受到拘束，因而內心很痛苦而且感情生活的發展也受到阻礙。有一次他寫道：「當我與一個我從心裡特別喜歡的人在一起時，最難提出討論的問題是我心裡最想說的問題。」他坦白地說：「心中充滿激情並不是一件愉快的事，也不能使人感到合宜。……我有一種感覺，令我心裡很不舒服，那就是我覺得我在背負著一座大山。要獲得解救只有別人愛我。……我可以肯定，愛對任何人來說都不如對我那麼至關重要！」威爾遜對人態度冷漠，慣於拉上緘默的帷幕把自己隱藏起來；但如許多人所說，他並不是一個沒有感情的人。他對他的第一個妻子說過：「我得非常小心，不使自己感情過度流露而造成痛苦。」他還說：

有時我想到，我熟人雖很多，朋友卻無幾，心裡眞感到有點慚愧。不少人主動要和我交朋友，但部分是由於我謹愼且羞怯，部分是由於我交朋友時很挑剔，並且有一種狹隘的不隨和的觀點，所以我幾乎拒絕了所有人交朋友的請求；可是以後卻驚愕地回顧，看不到世界上有什麼人和我親近並眞正瞭解我，能夠對我表示同情或由衷地支持我。或許這是由於既然我要給予，我就把整個心都掏出來，可是我覺得很少人希望我這樣做，很少人願意將心比心。你認爲我的看法是錯誤的嗎？像我這樣渴望友誼和親密感情的人，能夠按照上述想法行事嗎？

作爲一個政治家，這種性格似乎有點古怪。但其實並不：當威爾遜和眾人在一起的時候，他的講話很精彩，在公共場合，即使不是受到人們的愛戴，也可以說他經常有一種與人們思想溝通的感覺，這是他多麼希望在私人會晤中能得到的。

〔他在一八八四年寫道：〕與人們集體交往時，我感覺到一種力量，而在與他們個別打交道時就感覺不到這一點。前一種情況下，那種高傲矜持的情緒並不太礙事。後一種情況下則不然。取悅於會眾並不像向一個個人討好那樣，會使自尊心受到很大傷害。

當他最後進入政界的時候，公眾愛戴的表示使他異常高興。一九一二年，他站在火車最後一節車廂的演講臺上在一個小鎮發表了演講之後，對記者們說：「我終於覺得自己是進入政界了。」記者們要求他解釋，他說：「那邊人群裡有一個人向我招手，並向我喊叫『伍迪，你好！』」他的私人朋友們也不准稱呼他爲「伍迪」。然而甚至從群眾那裡，他也沒有得到他所渴望的那種充分的愛戴。一天晚上他在白宮對圖慕蒂（Tumulty）滿懷憂思地說：「我希望人民熱愛我，可是我想，他們永遠不會熱愛我的。」他可以使人們尊敬他，也可以使一些認爲他是事業化身的人們對他忠心耿耿，但他卻不能得到愛。他與人民的關係中，有一些東西是不堅實的、不自然的；他費盡心力要成爲一個推崇民主的人士，這一事實恰恰清楚不過地證明他原本不是一個這樣的人。整個一生中他都懷著烈火般的激情，但這都用於思想方面的追求，而思想的收穫並未使他滿意。他說使他得救的方法是「得到愛」，但他並未說出要「愛別人」。他是多麼力求避免使「自尊心受到傷害」！他獻身於原則、獻身於抽象的人類，而不是有血有肉的人——留在他身後的就是一長串破碎的情誼和在公眾中格外與個人無關的聲望。雖然在戰爭把他拖垮之前他已取得極大的成功，但他地位上升的過程與美國發展的主要趨勢相似而並不相同。他是庸俗的大學圈子裡的一個嚴肅的教育家；是進步主義時代的美國的一個英國自由黨人；是一位想向被戰時的仇恨激得發狂的人們的世界宣傳明智和正義的傳播者，而對於各大國中極其鄙俗而又褊狹的人們來說，他又是一個宣傳爲世界服務的使命的傳教士。無論是處於成功還是失敗的時刻，伍德羅．威爾遜始終未能擺脫孤獨心態。

在威爾遜青少年時代，他們一家曾在南方許多地方居住過，雖然他父母都是北方人，他們住過的地方有：維吉尼亞、喬治亞、南卡羅萊納和北卡羅萊納。威爾遜孩提時代的最初記憶是林肯當選了總統，戰爭就要爆發；當謝爾曼奪占喬治亞的時候，威爾遜一家正住在奧古斯塔。過了許多年之後威爾遜說：「在這個國家裡，在這個世界上，只有一個地方的事情對我來說不用解釋就一目了然，這就是美國南方。」威爾遜作爲一個年輕律師在亞特蘭大的關稅委員會作證反對保護關稅的時候，曾宣稱：「南方的人民將堅持要求享受和平的果實，反對繼續承受戰爭的重擔。」這多麼像考宏和麥克達菲多年之前講過的話。

就威爾遜而論，出身於一個剛剛來南方不久的家庭的人，就這麼完全使自己認同，倒也並不奇怪。他從骨子裡就是一個多愁善感的傳統主義者。他的思想中最爲突出的一點就是急於要獲得某種歸屬感，將自己歸屬於某一傳統、某種文化，或某種有歷史意義的制度。作爲一個知識分子，他最爲突出的侷限性就是不能超脫——並不是超脫自己，因爲他常常能客觀估量自己，而是不能超脫他所生活的社會的各種政治價值觀念。他既不能進行咄咄逼人的批評，也無法在思想方面有所建樹。從本質上看，他只不過是過去的代言人。即使是作爲一個改革者，他提出以爭取贊成的與其說是他努力革新的一面，不如說是他努力在維持傳統的有機連續性方面的價值。因此，他全心全意地加入好戰的南方傳統政黨，且其第一件政治事業就是處理自由貿易這一長期存在的棉花種植者的問題，也就是很自然的事了。

就像威爾遜的政治根基在南方一樣，他遵循的思想傳統是英國式的。他喜歡英國思想家有意識的保守傳統。他所敬佩的政治家是保守黨人和曼徹斯特經濟學派：伯克、格萊斯頓、科布登和布萊特；他敬佩的思想家是沃爾特·白芝浩（Walter Bagehot）和《民族雜誌》（*Nation*）創辦者——移居美國的英國人埃德溫·勞倫斯·戈德金。他理想的政治行動楷模是具有浪漫色彩的英國治國方式：在這種體制中，按憲法選出的偉大而高尚的政治家們，對公眾的利益懷有積極主動的熱情，以字斟句酌的詞藻對重大問題展開辯論。他由衷地相信傑出人物的領導作用，而不喜歡美國的國會體制，因爲這使諸如韋伯斯特、海恩、考宏等偉大雄辯家的能力，不再能充分發揮，反倒爲卑劣的貪官汙吏的幕後交易創造了條件。多數重要事務都是在委員會辦公室內暗中祕密進行的。他的第一本書《國會制政府》（*Congressional Government*）就將美國體制與內閣體制的政府進行比較，得出了不贊成美國體制的結論。

威爾遜最敬佩的是白芝浩。威爾遜承認，這位倫敦金融界的知識分子有他的缺點，「對於那群筋骨強壯但卻無從表示意見的人們」缺乏同情，「而且對於構成平民主體的無組織的廣大群眾之權利和能力並非堅信不疑」。但在思想洞察力、認識和理解能力、智力和表達能力方面，白芝浩是別人無法比擬的。他是一位信奉達爾文進化論的保守黨人，毫無保留地贊成發展的必要性，認爲政治方面的成長就像有機體發育成長一樣，是一個緩慢的過程，有其自然的不慌不忙的發展速度。「他寧願……看到（社會）發育成長而不願承擔重建社會的責任。」威爾遜在一八八九年出版的《國家》一書中闡明了達爾文的社會變化是一個逐漸進化過程的觀點，他寫道：「在政治上，試圖推行任何激進的新東西都會有危險，除非透過緩慢的、漸進的發展，悉心適應且對發展進行合適的修改，否則不會達到任何有意義的結果。」

美國的民主傳統中，威爾遜最喜歡的就是其與英國傳統的大致相似之處。英美兩國的政治體制都是在從容不迫、深思熟慮的基礎之上，在習慣和慣例的基礎之上發展起來的。美國人由於意識到美國歷史始於一場褊狹的革命，於是就對自己有一種錯誤的看法，這是很不幸的。「我們把自己視作地道的民主派，而實際上我們充其量不過是進步的英國人而已。」美國的民主政治與中歐各國的那種爭取民主的狂暴行動在思想上沒有共通之處。

法國大革命期間爆發的民眾運動與我國政府的建立，這二者幾乎毫無共通之處。我們對於一七八九年的記憶與歐洲人對於這醞釀著風暴的年頭的記憶是完全不同的。早在一百多年前我們就已顯示出了我們具備歐洲人已經失去的東西，即冷靜和自我克制。在關起門來自成一體的瑞士之外，民主在歐洲總是作爲破壞性力量以反叛的形式出現的；甚至很難說歐洲的民主有一個有組織的發展時期……而在美國和英國各殖民地，民主在一開始就有著眞正的有組織的發展。運動過程中沒有急劇的革命；無須推翻其他政體，所需要的只是自身的組織。這種民主無須建立而只需擴展，進行自治。同時也不需要到處宣傳：除了使自己的生活方式更有條理之外，其餘的一切都不需要。

由此可見，威爾遜更接近於埃德蒙·伯克而不是湯瑪斯·傑佛遜。他甚至對於伯克所寫的《關於法國革命的感想》（*Reflections on the French Revolution*）一書也加以讚美。他發現伯克「痛恨法國的革命哲學思想，並認爲這對自由的人是不適合的。這種哲學是極其有害和腐敗的。任何國家都不能按照這種哲學的原則來管理」。「法國哲學」認爲政府可以任意改造，強調根據契約對社會進行合理的重組而不顧及習慣；認爲政府的目的在於實現自由而不是使各社會的階級都得到公正的待遇。伯克是一個眞正的英國人；「英國歷史有一個反對革命的連續的主題」。威爾遜認爲，傑佛遜未能理解這些道理是他的主要不足之處。傑佛遜是一個天生的信仰民主理論的人，對人民群眾的事業一片忠心，但法國思辨哲學「像一種虛假的音調貫穿於他的全部思想」，從而沖淡了他的思想。由於這種原因，「我們不得不宣稱，他雖然是一位偉人，但不是一位偉大的美國人」。[1]威爾遜在維吉尼亞大學學習法律的時候，他甚至不屑於爬上幾步山路到蒙蒂塞洛去參觀一下傑佛遜的故居，直到一九〇六年他注意到進步運動興起的時候，才在一次公開演講中說了傑佛遜幾句好話。該黨歷史上著名的領導人物中，最吸引他的是格羅弗·克里夫蘭這位東部財政界的領袖。

威爾遜在他的政治和歷史著作中，經常表現出和青年時代的西奧多・羅斯福所具有的同樣的一般偏見。[2]對於美國歷史上引起危機的事件，如謝司叛亂、普爾曼火車車廂工廠工人大罷工及乾草市場事件，他完全遵照統治階級的傳統觀點來論述。雖然他在一八八七年給約翰・貝茨・克拉克（John Bates Clark）寫信說：應該使經濟生活基督教化，「一個同情勞工組織的人，如果他頭腦清楚、正常，是會受到我的尊敬的」，但他對勞工組織的態度一般說來是敵視的。直到一九〇九年，他談到自己時還說，他「強烈贊同自由僱傭工人的工廠和商店的制度以及任何有利於個人自由的事情」。他同樣也不贊同農民激進主義，因爲平民黨的「粗魯無知的見解」使他感到非常反感。

威爾遜對於工商業界的事，不像對人民黨和工會那樣持嚴厲批評態度，這正像人們料想一個曼徹斯特經濟學派會相信有節制地誠實地追求個人利益會有益於整個社會一樣。正如威廉・戴蒙德（William Diamond）在研究威爾遜經濟思想的很有價值的論文中所指出的，這位教授認爲，貿易仍然是傳播思想、進步以及主要的、普遍的觀點的手段。他於一九〇二年在芝加哥商業俱樂部說：「每一位偉大的實業家總有某種理想……崇尚誠實的品德……把所有的人巧妙地連繫起來的思想……以及我們準備放棄事業以實現或獻出生命以證明的各種崇高的理想。」

然而，威爾遜對於托拉斯的發展卻遠不是滿意的。他在《美國人民史》（*History of the American People*）一書中寫道：托拉斯使「少數人控制了國家經濟命脈，這可被用於毀壞千百萬人的事業，甚至使社會本身和政府永遠敗壞下去……」。但是，儘管他言詞激烈，一九一二年以前卻

---

[1] 一個很有趣的事實是，威爾遜在後來開展進步派的活動時，他也對漢彌爾頓做出了相同的論斷，雖然由於不同的理由。

[2] 威爾遜對阿爾伯特・布什內爾・哈特（Albert B. Hart）說：「我自有獨立的判斷力以來就是一個聯邦黨人。」

很少繼續談論這一主題。

威爾遜在一九一○年以前露出的保守主義思想和西奧多・羅斯福在一九○二年前露出的保守主義思想之間的大致相似之處是引人注目的。這兩個人都出身於社會地位牢靠的階層，雖然威爾遜曾經歷過一段長時間的貧困和不如意的階段。他們在各自的黨的傳統範圍內，接受了傳統的自由競爭觀念。他們都認爲是在爲公眾福利而不是爲某一特殊利益而奮鬥，這種想法在中產階級及其政治代言人中是很普遍的。他們都鄙視勞工運動和平民黨運動；懷疑托拉斯，主要認爲它是一種政治威脅，但誰也不清楚應該如何對待企業的合併。後來他們都轉而接受了進步派的主要觀點。

無論在持保守觀點還是在持進步派觀點階段，他們之間的區別在於一個是充滿激情，另一個則是歇斯底里。威爾遜早期的保守主義是建立在對政治和社會變革進行審慎思辨的哲學基礎之上的；羅斯福的政治觀則像抽風一樣，極其急躁，蠢蠢欲動，總有一種壓制著要使用暴力的傾向。早期的威爾遜的哲學中爲變革和改革留有餘地，把這看成是固有的一條原則，因而他最終轉向進步派不是激烈的轉變，只不過是強調重點的改變而已。羅斯福雖然多次表明希望政治純潔，但改變的原則並未在思想中生根，而且他轉向進步派的大轉變，與其說是觀點的轉變，不如說是出於實現野心的需要而改用了激烈的言詞。在羅斯福的身上似乎看不到眞正的思想變化，因爲他的思想幾乎不能集中於一點。從威爾遜那裡，人們可以看到他眞心愉快地爲著新的東西進行探索，新舊之間有一種首尾一貫的連結。他們兩個轉而相信正在興起的進步思潮理論，部分原因是這種思想有利於他們的政治事業，這一點他們可能並未充分意識到。他們每個人都以自己的方式表示出誠心誠意，但眞誠的程度卻是千差萬別的。從威爾遜在一次抨擊教育的虛僞中可以看出他的眞誠，當時他說了一句有名的話：「我們必須相信我們用以教育孩子的東西。」他與公眾的關係就建立在這種道德上打動人心的力量上。

二

威爾遜有一次說過：「南方人似乎天生就關注公共事務。」威爾遜從小就受到南方酷愛辯論之風的影響，並以一種百折不撓的冷靜、沉著精神練習演說。他還在普林斯頓大學上學的時候就寫了這樣一些名片：湯瑪斯．伍德羅．威爾遜，來自維吉尼亞州的參議員。後來他從普林斯頓轉到維吉尼亞大學法律學院，期待著以法律爲手段來實現另外一個目的：

> 我選定的職業是政治；我學習的卻是法律。我學習法律是因爲我認爲這可以使我從事政治。這曾是一條有把握的路；現在的國會議員們很多仍是律師。

他「有時對高尚的法律學習」感到極其厭倦，但他還是修完了學業並於一八八二年開始在亞特蘭大市執行律師業務。這一職業他做得不怎麼成功，而且這一職業「詭詐和討價還價的做法」使他沮喪，所以只待了一年就離開了，然後到約翰斯．霍普金斯大學研究院。他對他未來的妻子說，他的目的是爲了接受訓練，以實現「我的雄心，在政治思想界起到激勵和啓蒙的作用，並在不及政治那麼嚴肅的文藝的一些分支中成爲一個大師」。那時他就感到他註定要完成偉大的事業：

> ……我們經常談論的這些模糊的計畫在我心中愈來愈具有重要地位，直到我充滿信心要完成偉大的事業，至於要做什麼樣的事我自己也不清楚。我不知道這是我過度自負的一種虛構，還是我能夠實現的一種根深蒂固、無比堅定的決心。

從某些方面看，威爾遜在霍普金斯研究院就像在法律學院那樣不稱心如意。當然，大學辦得很不錯。赫伯特．巴克斯特．亞當斯（Herbert Baxter Adams）正在組織有名的歷史研討會；理查．伊利（Richard Ely）剛從德國讀完研究所回來，正在教政治經濟學。弗雷德里克．傑克遜．特納這時是大學的學生。當時常到學校訪問的著名人士有埃德蒙．戈斯（Edmund Gosse）、詹姆斯．布萊斯和喬西亞．羅伊斯（Josiah Royce），威爾遜把羅伊斯說成是「我所見到的最爲罕見的人物」。但亞當斯的研討會所引起的對於歷史和體制的興趣，並不合威爾遜的口味。霍普金斯大學的教授們正在研究體制機構的歷史，探尋市鎮會議、地方組織及土地制度的起源。威爾遜覺得這些令人厭倦，「遠不及我打算研究帝國政策的宏偉的探討。」在經濟學方面，他從伊利那裡學到的德國著名的經濟學思想似乎對他只有少量影響，他從根本上對自由放任原則傳統的信仰並未受到嚴重的損害。

威爾遜一八八六年獲得博士學位，並開始了他的學術生涯，此後幾年內這位有才幹的年輕教授的經歷是人們都很熟悉的：微薄的工資、結婚、生兒育女、工作過度、靠寫作賺錢來增加收入，逐步提高社會地位。他從布林莫爾學院（Bryn Mawr College）換至衛斯理安大學任教，並在三十四歲時當上了普林斯頓大學的法學和政治學教授。

威爾遜擔任教師時產生了一種日益強烈的沮喪情緒。他本來打算要做一個政治家的，可是像在他之前的亨利．亞當斯一樣，發現自己無非是大學生們的一個智力奶媽，而才能低下、動機不良的人們卻在管理著國家。一八八七年至一八九七年期間，威爾遜定期訪問約翰斯．霍普金斯大學並發表演說。弗雷德里克．豪（Frederick Howe）經常去聽他演講，有一次他回顧道：「他的演說中有一種道德說教的激情。」威爾遜經常說，偉人已從國會山離去。美國的政治生活已經變成了爭奪庸俗利益的鬥爭；在政治鬥爭中就像在私人關係中一樣，美國人已被置諸腦後，賺取金錢已經壓倒了一切，必須從那些以政黨謀取私利的人手中把民主政治解救出來。一次威爾遜向一個朋友道出了他的心思：

> 我至感遺憾的是我心中第一個——首要的——志向和目的尚未如願以償，這就是積極參加政治生活，如果可能，起到領導作用，要是我有能力，就爲自己開創政治家的生涯。……我有一種很明顯的領導本能，明白無誤的擅長演說的素質以及對管理公務的極大樂趣；要使我安於學者和文學家們的冷靜穩重的方法，就得不斷進行嚴格的訓練。對於令人厭煩的所謂「研究」界，我實在無法忍受；我渴望把各種偉大的思想向世界闡明；如果我能激發一場偉大的輿論運動，如果我能借鑑以往的經驗來解釋當今人們的生活，從而把思想傳給億萬人民，從而推動他們取得偉大的成就，那麼我就完滿了。……我一向認爲我所具有的文學才能比起我爲從事其他事情具備的能力來居於第二位；我寫作的本領應是演說和組織活動本領的陪襯。……

威爾遜在普林斯頓的地位還是迅速上升了。他出版了六本書；在許多地方發表演說，並會見了一些有影響的人物。他莊重、思想充實、情操高尚，毫無疑義還有他的外表，都給大學的董事們留下了很深的印象。一九〇二年六月，法蘭西斯·帕頓校長退休之後，董事們一致選舉威爾遜擔任校長職務。

這位新的校長對於改進大學教育有著雄心勃勃的宏偉計畫。他從老校友那裡取得大宗款項，新聘了五十名年輕教師，制定了十一種新的有學位的課程，這些都完全獲得成功。埃德溫·斯洛森（Edwin Slosson）教授在其《美國的名牌大學》（*Great American Universities*）一書中，稱普林斯頓大學是「目前最吸引人的學校」。威爾遜提出一項大膽建議，取消普林斯頓大學神聖的飲食俱樂部，以使大學生們的生活有一種更爲民主的制度，但遭到失敗；不過這場論爭使他提高了名望，使他在進步運動興起的時刻作爲一個促進民主的人而受到人民歡迎。

威爾遜在教育方面進行奮戰的時候，他在公開演說和文章中宣傳的政治觀點受到了有影響的民主黨人的注意。他在不多的幾個場合批評了尤其是銀行家和投機商們積聚的財富。和進步派一樣，他認爲大量積聚資本造成的權力是在「數量較少的一部分人手中」，這些人爲了本身的利益「近年來已能夠控制整個國家的發展，這是前所未有的」。一九〇八年，他以下列的話表示了中產階級的不滿心理，他宣稱：

> 人們有時說較量是在資本家與勞工之間進行的，這一概念太褊狹了。毋寧說這是一場大量積累的資本與所有其他集中較少的、更爲分散的、更小和更多屬於個人的經濟力量之間的較量；所提出的每一項新政策，其直接目標或最終目的都是爲了有利於並保護不能利用積累資本的人們而限制積累資本的權力。

但這位普林斯頓大學校長也一再表明，他並未放棄他正式的政治著作中的保守觀點。他並不贊成平民黨人的民主觀點。他在私下裡建議「澈底擊敗」布萊恩，在公開場合則說，雖然這位極天眞的演說家有著「最逗人可愛的男子的個性」，但「他的理論信仰都是愚蠢而危險的」。他也批評了勞工組織，說它們是「平等而自由地獲取機會的可怕的敵人」，和「所謂資產階級」同樣的可怕。後來他在競選紐澤西州州長時，遭到州勞工聯合會的反對，威爾遜幾次做出熱情的保證說，他是作爲一個朋友而不是作爲一個敵人對勞工進行批評的，但這不能使勞工聯合會平息胸中怒火。

威爾遜認爲，國家必須設法走一條介乎財閥和群眾之間的中間道路。政府必須是一個公正的機構，在各種極端之間進行調解並代表共同的利益，然而，經濟問題的解決不在於政府進行干涉或管制的極端措施。社會主義代表著一種「我們力求避免的危險，一種會產生中央集權的易腐敗的控制的危險」。另外，向所有大型聯合企業開刀並不合乎需要，而且也不可能；不是透過關稅保護或不公平競爭手段，而是由於「自然力量」發展成的大型聯合企業是合法的：「現代社會如欲取得成功，這些企業是必不可少的。」如試圖嚴加管制這些企業的業務活動，則需要建立一系列專家委員會開展工作，而專家委員會的工作往往趨於超出控制的範圍而去實際進行業務活動。一九〇七年，威爾遜說，美國早已「近乎實行許多種類的國營所有制，或其控制方法的完善程度達到實際擁有的程度」。在有必要對企業實行控制時，適當的方式是制定適當的法律並由法庭加以實行，而不是把很大的任意決定的權力交給各委員會，這樣做是很危險的。他說，作爲一個保守的民主黨人，他確信應進行強有力的，而且是有效的管制，但他不同意「現在流行的管制原則，即共和黨制定並已使之變得如此激進的各種原則……」總之，他不會像西奧多．羅斯福一樣走那麼遠。

解決方法呢？必須開展一場道德革新運動，其源泉在於人民心靈之中，而仲裁者則是政府。懲罰必須落在罪惡的個人身上，即必須針對個人而不針對公司。他經常用來解釋的一個比喻是，公司就是一輛汽車；做壞事的公司高級職員則是不負責任的司機。對機器施加懲罰是毫無意義的；懲罰公司只能使無辜的股東受害。應該追究駕車兜風的人的責任；如果告誡不能使他接受教訓，則必須強迫他就範。「把一個眞正應該負責任的人關進監獄，把一個制定違背國家利益的計畫和交易的眞正肇事者予以法律懲處，比懲罰一個個公司有價值，如果要長期眞正進行改革就必須如此。」社會只有透過「個人的叛逆行爲才能得到拯救……他們會說，『不錯，我是這個組織的成員；但我不允許他毀掉我的道德意識』」。

對於有經驗的保守派來說，這種解決經濟問題的方法似乎還不錯，可以在採取重大行動的場合使人民不滿的情緒消失。北部和東部民主黨中的保守派注意到如此大力宣揚這種穩健的理論的人所具有的政治潛力。威爾遜認可的傳記作者寫道：「他們甚或更感興趣，因爲他們根本不相信『個人罪行』能夠實際上確定下來，也不相信『有錢的犯罪分子』會被關進監獄。」（北方證券案[3]證明他們是正確的）。威爾遜宣揚的觀點雖大致與西奧多．羅斯福相似，但與那位難以預言的義勇軍騎手相比，他更可靠、更冷靜一點；民主黨人卻認爲他毫無疑義地比布萊恩可靠。

就這樣，威爾遜彗星初次出現在具有西摩—蒂爾頓—克里夫蘭傳統的民主黨東部資本家一翼的軌道上。最早把威爾遜介紹入政界的是喬治．布林頓．麥克萊倫．哈維，他是《哈潑斯周刊》（*Harper's Weekly*）的編輯、哈潑兄弟出版公司的總經理，並且是約翰．摩根的股份不多的合夥人。透過哈維的介紹，威爾遜受到了一些人的注意，如：托馬斯．福瓊．瑞安（Thomas Fortune Ryan），他在有軌電車、投機商業和採礦業方面積累了巨額財富；銀行家奧古斯特．貝爾蒙特（August Belmont）、極其保守的《紐約太陽報》編輯威廉．拉芬（William Laffan）、《紐約時報》的老闆阿道夫．奧克斯（Adolph Ochs），以及東部民主黨其他有勢力的人物。哈維於一九〇六年十二月十七日給威爾遜寫信說，那些認爲「全國已對政府之過度管理感到厭煩的穩重的銀行家們」，急於提名一位像威爾遜這樣的人選，他認爲他們會選他。一九〇七年威爾遜接受瑞安和拉芬的個人考查，準備了一份關於他的信念的說明，重申了他在公開演講中發表的較易於被人接受的信條。

然而威爾遜並未放棄自己的感情和獨立性。一九一〇年一月，他在紐約的一場銀行家集會上發表一次廣爲宣傳的演講。約翰．摩根就坐在他的旁邊。他宣稱：

現在的問題是你們這些銀行家們心腸太狹窄。你們不瞭解這個國家，也不瞭解國內發生的事情，因此這個國家也信不過你們。……你們不關心小額借款人和小型企業，可是這些人會影響到國家的未來；你們特別關注的是早已成功的大宗借款者和富有的企業。……你們這些銀行家們……只看到自己的利益。……你們應該放開眼界，注意從長遠角度來說最有利於國家的事物。

當黨魁吉姆·史密斯（Jim Smith）組織嚴密的紐澤西民主黨機器向他提議競選州長時，他感到有些迷惑不解。他認爲黨魁們瞭解他是「一個絕對獨立的人」，然而當他問他們爲什麼要他競選州長時，他並沒有得到滿意的答覆，「所以我不得不自己找出一個答案，我的結論是，這些先生們被迫承認，美國政治已經到了一個新的階段，他們將不得不以一種新的方式行動。」這樣他使自己相信，可以在公正條件下與他們合作。但競選運動一開始，他的情況就發生了微妙的變化。他的候選人資格是該州民主黨核心集團以高壓手段強加給民主黨的，因此進步派分子厲聲疾呼，表示不滿。霍博肯的《觀察家報》（*The Observer*）不滿地說：「正是那些進步派所反對的人們結合在一起引誘威爾遜博士參加競選……這些人應對威爾遜的競選資格負責任。」威爾遜開始感到這一批評涉及他個人，而且他認爲進步派並非無足輕重，於是決定予以答覆。競選接近尾聲時，他在一封信中寫道：「現在很多人都相信這樣一種說法，似乎我不同情普通人的意見，把傳統的財產權利看得高於人權，並對事情持有僵硬的學究觀點。」他對此表示關注。在此之前，爲了在政界取得立足之地，他不得不取悅於資本家和黨魁們；現在要保存這塊立足之地——以及他自己的自尊心——他必須得到人民的歡心。年輕的進步派分子開始拭目以待威爾遜對他們提出之質疑的直接回答。威爾遜宣布如他當選，就將在「絕對不帶任何諾言的情況下」就任州長一職，青年進步派分子對此欣然同意。

【3】參見（原書頁碼）第二二七頁。——譯者

在度過了較爲安靜的二十五年學術生涯之後，威爾遜取得了第一個官職。他原計畫要稱之爲《政治哲學》的一部巨著被收進私人卷宗中保存了起來。當吉姆·史密斯和他的一些親信訪問普林斯頓大學並被引進威爾遜的安靜、舒適、四壁書櫃上擺滿了精裝書的書房時，他們感到這位奇特的新合作者的志向令人難以理解。「你能想像竟然會有人如此愚蠢，放棄這麼好的條件而去從事令人頭疼的政治嗎？」黨魁史密斯不解地問。

三

威爾遜對選民們說，他絕對「不帶任何諾言」。老闆們毫無疑義只把這些話看作是競選拉選票的言論而予以勾銷。他們習慣於政界虛假的一團和氣，對於心地純潔的無情卻知之甚微；這位教授很快就給他們上了一課。黨魁史密斯曾一度當過參議員，現在希望再次當選。雖然人民在初選中表示希望推選另外一個人，即托馬斯·馬丁（Thomas E. Martine），但最終決定取捨的是州議會，而且除了州長的反對之外，誰也不能阻止史密斯再次當選。但被史密斯稱之爲「長老會牧師」的威爾遜卻拒不合作。他在競選期間表示贊同人民選舉參議員的原則，現在他不願食言。他號召州議會推選馬丁，結果馬丁當選了。威爾遜說，這些黨魁們是「國家政體身上的肉瘤」，人民要把他們除掉。

坦慕尼協會的黨魁理查·克羅克發表議論說：「一個政治上忘恩負義的人是不足取的。」但威爾遜並非眞的是一個忘恩負義的人。對他來說，對國家的義務遠遠高於對私人的承諾；原則比對個人攻擊更重要。他與史密斯個人的關係是無足輕重的，但如果不能使自己確信他的所作所爲服務於一個崇高的理想，那麼他的人格就萎縮了，他的權力也就會喪失了。正像有的人靠飲酒來使精神得到鬆弛一樣，他習慣於依仗精神力量來激勵自己。這段時間他對親近的人說心裡話時談道：「有時……我的整個生命似乎是扎根於夢想之中——而我也不希望我生命之源枯竭。」他在另一封信中寫道：「我可能會犯錯，但我相信我絕不會違背我的責任感而犯罪。」

威爾遜擔任州長期間取得的成就遠遠超出他的期望。在他任職期間的州議會第一屆會期，他所實現的目標比他預期的還要多——初選和選舉法、反貪汙受賄法、工人補償規定、公用事業條例、學校改革，以及一項使城市以委員會形式管理市政的授權法令。最初對他抱持懷疑態度的青年進步派分子，如德夫林、雷科德、克尼和圖慕蒂，這時都成了他的積極擁護者。很多人在談論他競選總統的問題，威爾遜以平常的穩重態度對待此事。他在一九一一年四月二十三日寫道：

> 瞻念前程，將是充滿嚴峻的時日。一考慮到在這些嚴峻時日中要起到舉足輕重的作用，就使我感到膽怯。前程如何艱難，現在尚難說清。貪婪的勢力和正義與人道的勢力就要進行一場較量，捲入其中者將會付出整個生命。願上帝保佑，使我具有左右局勢的力量，改變這場力量懸殊的巨大鬥爭的格局。

威爾遜的演說中漸漸出現了一種新的更具進攻性質的語氣，響亮地提出變革要求，但這種變革要保留「既定的目標和概念」。從這種觀點中，即我們必須既向前看而又堅持舊有信念的觀點，可以看出威爾遜新舊觀點的連繫。一九一一年春到一九一二年總統競選期間，威爾遜在其所發表的演說中闡述了他的新信念：

> ……政治控制的機構必須置於人民手中……目的是爲了恢復似乎已經失去了的東西——在管理

他們自己的事務方面，行使經常自由選擇的權利。……

國民政府對人民的服務範圍必須更爲廣泛，不僅要保護人民免受壟斷的危害，而且要便利人民的生活。……

我們並不是要打破任何基本經濟布局，我們只是要讓人們看到有哪些人是政府政策的受益者，而且要他們回答他們根據哪些有利於國家的原則而不是私人的特權來享受向他們提供的特殊幫助。……

我國的巨大壟斷是金融集團的壟斷。只要這種壟斷存在，我們舊有的多樣化的生活方式、自由以及個人發展的能力就都是不可能的。……因此，國家的發展以及我們所有人的活動都爲少數幾個人所操縱……他們正是出於其本身的侷限性，必然會挫傷、限制和毀滅眞正的經濟自由。所有問題之中，這是最重要的。……

今晚我們在這裡所主張的是什麼呢？我們畢生支持的又是什麼呢？我們主張使我國政府能放手行事，這個國家的實業界獲得自由。……

目前美國最困難的問題……不是大型個體聯合企業的存在——它們在所有的國家都是相當危險的——眞正的危險在於聯合企業的聯合，眞正的危險在於，同是這一群人控制了銀行系統、鐵路系統、整個製造業、大型採礦企業，以及開發本國水利資源的大型企業，把一系列的董事會的成員串聯在一起的是比美國任何可以想像的企業聯合更可怕的共同利害關係。……

我們必須做的事情就是打散這個巨大的共同利益集團……把他們分開，溫和但是堅定且堅持不懈地把他們分割開來。

當我思考我們正在政治領域進行的活動時，我是這樣想的，操縱某種利益的人總是聯合在組織中，在任何一個國家裡，危險的情況在於只有特殊利益集團的人組織起來，而爲共同利益奮鬥的人們卻沒有組織起來對付他們。政府的職責就在於把爲共同利益奮鬥的人們組織起來反對追求特殊利益的人們。

威爾遜表示贊同進步派的信條之後，就和最初支持他的人決裂了，而且他得到支持的社會基礎也徹底改變了。當他的公共關係顧問們告訴他說哈維的支持正在西部招惹來批評時，他便告訴哈維說他的支持給他帶來了嚴重的損害，於是兩人之間的關係就日益冷淡下來。在與哈維關係破裂的同時，與布萊恩的關係卻改善了。對威爾遜來說幸運的是，布萊恩特別寬宏大度，使這位州長得以滿意地彌補他一九〇七年給喬林的信所造成的損害，他在這封信裡曾揚言要使布萊恩「完全失敗」。哈維的支持可能已證明是一個不利條件，而布萊恩的支持無論在一九一二年的民主黨全國代表大會上，還是在總統選舉中都是極爲寶貴的。正如布萊恩於這一年之初在《平民期刊》上發表的文章指出，威爾遜「現在在政治上的力量與〔民眾〕對他徹底改變的信心是恰恰相稱的」。

在一九一二年的競選運動中，威爾遜是以中間派候選人的面目出現的，在其右面是塔夫脫，左面則是以全新姿態出現的羅斯福。左翼改革派大多贊成進步黨，而許多持溫和觀點的共和黨人則似乎已不再支持塔夫脫而轉向威爾遜。既然塔夫脫已明顯無獲勝希望，於是威爾遜集中火力對付西奧多·羅斯福，著重宣揚他與羅斯福觀點的主要分歧，即托拉斯問題。威爾遜的競選方案是他對托拉斯問題首次嚴肅思考得出的結果，競選演說取自於路易斯·布蘭迪斯（Louis Brandeis）的宣講，並且是在這位律師的指導下擬就的。威爾遜演說詞最精彩的部分載於《新自由》（*New Freedom*）上，聽起來像整個美國中產階級的哀鳴。

威爾遜告訴選民們說，目前美國的情況是由於法律不能防止弱肉強食，工業已經失去了自由。美國民族中最優秀、最有天賦的人，勃興的勞動者和勤儉而又雄心勃勃的資產者正在受到擠壓和限制。「人們教給我們的稱爲通向繁榮的進程正在日益把中產階級排擠出去。」已經站穩了腳跟的利益集團同心協力把剛開始建立的企業排擠出去；它們毀壞新企業的信譽；在新企業所在地區的市場壓價出售。直到使新企業夭折：對從它們的對手進貨的零售商也予以排斥；它們不供給小企業原料。總之他們進行不公平競爭。

批評競爭制度的人們斷言，自由競爭本身使得大企業可以壓垮小企業。威爾遜對此持否定態度。「我的回答是，能起到這種作用的不是自由競爭，而是不正當的競爭。」一個透過資訊、效率和節儉得以從競爭中生存下來的大型企業是應該得到生存的權利的。但是托拉斯是一種「取消競爭的布局」；托拉斯「以金錢的力量毀壞企業的效率」。威爾遜說，「我是贊成大企業的」，「但我反對托拉斯」；[4]政客們在討論托拉斯問題時都毫無例外慢慢地含糊其辭起來，威爾遜也屈服於這種含糊其辭的說法。

威爾遜接著說，把中產階級排擠出去的利益集團就是那些控制著政府的利益集團。「當今的美國政府不過是這些特殊利益集團的養子。」但是人民將重新控制並恢復原來民主競爭的原則。美國將堅持恢復實施它一直申明的這些理想。新秩序將和舊的交織在一起：「如果我不相信成爲進步派就是要維護我國體制的基本原則的話，那麼我就不能成爲一個進步派成員。」

《新自由》政綱專門研究當代的重大問題。「目前本國壓倒一切的需要是制定一整套法律，保護正在努力向上的人，而不是早已獲得成功者。」「正在努力向上的人，而不是已發跡的人，會對美國發生的事情做出判斷，……因此我希望以努力向上的人的判斷作爲指導。」國家的希望和眞正的創造能力，從來都是存在於那些「出身於無名的家庭」而又獲得成功的工業家和政治家的人們。

威爾遜承認，進步黨的綱領中有許多宏偉、高尚的改革建議，這些建議激起了熱心人們的共鳴。但它對於最基本的問題，即與托拉斯進行鬥爭的問題，甚至未置一詞。相反，倒是建議透過托拉斯開展工作，而且似乎是擔保托拉斯會對人類憐憫；「我們會使這些壟斷資本家對你仁慈。」威爾遜回答道：「但是，我並不需要托拉斯對人類的同情……不要他們屈尊俯就的援助。」羅斯福提出的辦法只能是死路一條。[5]「你不能透過造成社會改革非進行不可的勢力來進行社會改革。」進步派的方案「完全適合壟斷資本家的胃口」，正因爲如此也就「完全不是一個進步綱領」。進步派裝模作樣地控制托拉斯的方法，與那些「意圖維護美國現行經濟制度的人們」到處建議的方法如出一轍。

威爾遜十分精明地戳穿了他稱之爲「羅斯福計畫」之下的企業與政府權力盤結交錯的結構：

> 隨後，我發現他們的主張原來是這樣：主人將有兩個，一個是大公司，在它之上是美國政府；那麼我要問誰是美國政府的主宰者？現在它已經有了一個主宰者，這就是那些聯合起來控制壟斷企業的人，如果被壟斷企業控制的政府又反過來控制壟斷企業，這種合夥關係最終就算是告成了。

在威爾遜執政的最初四年中，他於一九一二年演說中提出的構想，都相當成功而且較爲忠實地

[4] 這種立場很像阿爾伯特·貝弗里奇（Albert Beveridge）在進步黨大會上的態度：「我們的意思是使小企業變大，並使所有企業公平交易，而不是力求使大企業變小同時卻允許它繼續欺詐。」

[5] 羅斯福反唇相譏，指出紐澤西州是美國因大公司活動最厲害而臭名昭著的一個州。選舉之後，威爾遜設法通過了「七姐妹」法，對該州的大公司嚴加限制。這些公司把其所在地遷往殷勤熱情的鄰州德拉瓦州，紐澤西州就失去了一筆稅收。後來紐澤西州再次成為著名的大公司集中地區。

變成了法律。實際上，威爾遜第一屆任期的政府在有積極意義的立法方面取得的成就，比自亞歷山大·漢彌爾頓以來的任何一屆政府都要多。林賽·羅傑斯（Lindsay Rogers）教授曾指出，威爾遜這位從前做過教授的總統「對於國會的絕對權威勝過了他之前的任何一位總統」。威爾遜政府是南北戰爭以來第一個成功地通過了明顯削減關稅的關稅修訂法的政府。通過聯邦儲備法（Federal Reserve Act），威爾遜政府整頓了全國銀行業和信貸體制，將其置於國家控制之下。爲了農民的利益，威爾遜政府通過了聯邦農場貸款法（Federal Farm Loan Act），使政府從事爲農業提供貸款的工作；還有倉儲法，其中包含了過去平民黨獨立財政方案中的若干條款。它控制大企業的中產階級綱領體現在克萊頓法中，以補充謝爾曼反托拉斯法；還設立了聯邦貿易委員會，這是爲了禁止威爾遜所謂的「非法競爭」。勞工也獲得了利益，這首先表現在克萊頓法，使工會免受反托拉斯法起訴的條款的煩擾，同時也表現在拉福萊特海員法（La Follette Seaman's Act）、亞當森法（Adamson Act）（在鐵路大罷工威脅下獲得通過）、規定在州際商業工作的鐵路工人實行八小時工作制、童工法（但不久就被最高法院在一項奇怪的決定中宣布違憲）以及文職人員補償法。[6]

在金融資本主義制度之下，美國政府至少也要有金融界的消極合作，否則就難以維持下去。威爾遜第一屆政府在盡可能的範圍內，以獨立的精神進行工作，堅持這種方針是由於受到了黨內布萊恩一翼和路易斯·布蘭迪斯等顧問的壓力，對於布蘭迪斯等人的意見，威爾遜是很尊重的。[7]到一九一七年爲止，政府與企業界之間的關係實際上倒也不是一場戰爭，但卻是一種特別令人不安的和平。在經濟秩序方面，威爾遜並未建議實行根本性變動。他的目的仍是要維護競爭、個人主義、進取心和機會——他認爲這些是美國傳統中最爲重要的東西。但關於政府管制問題，他卻改變了主意。他所採納的由聯邦政府進行管制的立法的做法，表明他放棄了早期主張的自由放任政策。布蘭迪斯在一九一二年競選運動期間曾經說過，現在的爭端是管制的競爭還是管制的壟斷的問題，除了頑固守舊派之外，人們都已經放棄了這樣一種觀點，即政府不應插手經濟制度問題。威爾遜建議利用國家的力量恢復美國原有的理想，而不是要標新立異另闢新徑（「如果我不相信成爲進步派就是要維護我國體制的基本原則的話，那麼我就不能成爲一個進步派。」）

克萊頓法通過並成立了聯邦貿易委員會之後，威爾遜認爲他的基本綱領已經實現。他在一九一四年十二月八日致國會的諮文中宣稱：

> 我們在管制工商業方面的立法方案現在已經完成。這個方案是按照我們的意圖作爲一個整體提

【6】威爾遜的一項未能制定成法律的重要建議，是授權州際商務委員會管制各鐵路公司的證券發行。

【7】銀行家們試圖控制擬議中的聯邦儲備委員會時，爆發了一場激烈的鬥爭，他們大批地來到華盛頓，坐在威爾遜桌子對面，擺出一副內行的架子，向總統座位上對金融瞭解較少的人提出了他們的論點。他們說完了話，威爾遜向這些領袖們問道：「你們哪位先生能告訴我，世界上哪一個文明國家政府的重要管理部門有私營企業的代表？」一陣長長的沉默沒人回答。他接著問道：「你們哪位先生認為鐵路方面應選舉出州際商業委員會的成員？」關於銀行家控制聯邦儲備系統的討論就以這些未能回答上來的問題而告終。

銀行家們對威爾遜的不滿情緒日益強烈。奧斯瓦德·加里森·維拉德在回憶錄中談到，一次與摩根公司的托馬斯·威廉·拉蒙特（Thomas W. Lamont）共進午餐時，拉蒙特告訴他說，威爾遜最近已經毫不含糊地拒絕接受該公司的任何成員。拉蒙特談話指責「獨立」政府的古怪立場。他說，使他感到迷惑不解的是，為什麼國務院會要求摩根公司發行公債以推進其中美洲政策。「我們只能二者居其一。」他抱怨道，「或者是能和政府打交道的體面的商人，或者是我們不宜與政府發生任何連繫：我們不能兼有兩種身分。」

實際上，政府和金融界的關係繼續存在，只不過保持一定距離。馬修·約瑟夫森曾強調指出：銀行家們是透過威爾遜非常信任的顧問豪斯上校來和威爾遜保持連繫並瞭解威爾遜的思想的。銀行家們經常見到豪斯，豪斯像傳送帶一樣地把他們的觀點傳送給威爾遜。這一辦法使威爾遜得以保持其獨立和尊嚴，這對他來說是至關重要的。

出的，因此無須推測往下還有什麼要提出。擺在各企業之前的道路是光明而穩妥的……這是一條陽光明媚、通往無限成功的大道。

從根本上講，《新自由》政綱是中產階級在農民和勞工的支持下所進行的一場努力，目的在於制止對社會的剝削、財富的集中及知內情的人愈來愈多地操縱政治，並盡可能恢復競爭機會。沃爾特·李普曼（Walter Lippmann）當時信奉社會主義，他把《新自由》政綱描述成爲「小工商業者和農場主利用政府反對工業大型集體組織的一種努力」。他以嚴厲但基本上準確的語言抱怨說，《新自由》政綱並不贊成「世界就要開始的大規模集體生活」。它「是小奸商們的自由，並未擺脫褊狹、可憐的刺激、小競爭者們的目光短淺……未擺脫混亂、紛擾、工業戰爭的戰略」。

但是在美國參加第一次世界大戰期間，人們就把《新自由》忘掉了，而新自由政策的成果大部分也因隨後產生的反動而被清除掉了。威爾遜關於競爭和進取心的經院哲學，不是在「常態」下而是在進行戰爭與實現和平之中經受了最大的考驗。

四

威爾遜長大成人的時候，南部正在緩慢地從內戰的破壞中恢復過來；所以他自幼厭惡暴力，後來在教育中又受到十九世紀英國思想家們愛好和平的自由主義之薰陶，這使他年輕時的想法更加堅定。查爾斯·卡倫·坦西爾（Charles C. Tansill）教授在其對威爾遜的戰時外交所做的極其吹毛求疵的研究中指出：「在如此眾多的美國總統中，最爲眞誠的和平主義者要屬那個一九一七年四月領導我們參加戰爭的總統了。」然而身爲國家最高領導人的威爾遜卻認爲，是各種主要力量把美國拉入衝突之中的。

威爾遜告訴美國人民說，美國必須成爲和平的榜樣，「因爲和平可以使世界和解、改善，而衝突則不能。」他這樣說表達了他銘刻於心的道德傾向。戰爭開始幾星期之後，他給查爾斯．克萊恩寫信說：「我讀了許多關於大洋那邊的戰爭報導，愈讀愈覺得這場戰爭應澈底遭受譴責。」他在國會演講時，稱這是「一場與我們無關的戰爭」。他對斯托克頓．艾克森（Stockton Axson）說，戰爭不能使任何一個問題獲得澈底解決，並對豪斯上校說，他預計戰爭「將會使整個世界倒退三、四個世紀」。他在演說中所表露出的有關美國適宜發揮的作用的思想是高尚的。美國是唯一沒有捲入戰爭的西方大國；做一點其他國家在這場危機中沒有做到之事，即保持「完全自制」的態度，是美國的責任和使命。美國與涉及戰爭的各種問題毫無關係，而且也毫無私利可圖，因此應隨時準備做出貢獻，進行公正的調停，使戰爭儘早結束，幫助治癒戰爭創傷並爲實現持久和平而努力。他在戰爭初期寫的一封信中說：「如果我們積極地被捲入衝突，從而失去爲促進和解而施加無私影響的能力，這對整個世界來說將是一場災難。」

戰爭開始時，威爾遜勸說美國人民「在思想和行動上保持公正」，但他和他的主要顧問們卻完全未能做到他們自己提出的訓誡。在導致美國參戰的許多事件中，有件事情可看作是一種徵兆，即美國政府人士中普遍存在一種對協約國壓倒一切的同情，而且威爾遜及其顧問們的態度也是設法使戰爭的結果有利於協約國。威爾遜對協約國的同情就像他對和平的熱愛同樣重要。他是個徹頭徹尾的親英派。他從英國思想家那裡學習到很多重要的東西；他把英國政治家奉爲楷模，並把英國憲法看成是治理國家的最好的法律：在任普林斯頓大學校長期間所做的工作，在很大程度上是爲了向美國人民介紹英國人辦大學的思想；甚至他喜歡的娛樂活動也是口袋裡裝著一本《牛津英語詩歌選》（*Oxford Book of English Verse*）騎著自行車在湖區閒逛。他周圍的顧問們都是心向協約國的，特別是國務院顧問和後來當上國務卿的羅伯特・藍辛（Robert Lansing），以及豪斯上校（他把豪斯上校稱爲「我的親信……獨立的自我」）。他派駐英國的大使沃爾特・海因斯・佩奇（Walter Hines Page），更是把向美國人民介紹英國的事業作爲己任。

這些人對德國可能獲勝的前景深感憂慮，他們認爲德國的勝利將會迫使美國人離開和平和進步發展的軌道。一九一四年八月二十二日豪斯給威爾遜的信中寫道：

德國的勝利最終意味著給我們帶來麻煩。你現在正爲後代開闢一條道路，以持久和平爲目標，以國際道德標準爲指導，德國獲勝將迫使我們離開這條道路而去建立一個規模龐大的軍事機器。

一週之後豪斯在日記中寫道，威爾遜贊成這一分析，而且在譴責德國扮演的戰爭角色方面，他「甚至比我還情緒激烈」，他的譴責中還包括了德國人民。威爾遜告訴他說，德國哲學「基本上是自私的，而且缺乏崇高的精神」。[8]「英國正在爲我們而戰。」威爾遜當著圖慕蒂的面這樣說道，「……我不會採取任何行動使英國爲難，因爲英國正在爲本身的生存而戰，爲世界的生存而戰。」威爾遜的司法部長回憶起，一九一五年初有些內閣成員要求他禁止對英國出口時，他回答說：

先生們，協約國正在面對兇猛的野獸進行背水一戰。除非嚴重違反公認的權利，否則我將不允許我國採取任何行動妨礙和阻止協約國進行這場戰爭。

一九一五年十二月，布蘭德・惠特洛克在訪問他時宣稱：「我全心全意支持協約國。」威爾遜回答道：「我也是這樣。任何一個既瞭解目前形勢又瞭解德國的高尚的人都不會採取其他態度。」總統對塞西爾・斯普林・賴斯爵士預言道，如果德國人打勝的話，「我們將不得不採取措施在本土進行防禦，這對我國政府和美國的理想都將會是致命的打擊。」一九一五年九月他對豪斯承認：「他從未肯定地認爲我們不應加入這場衝突，而且如果事態清楚表明德國及其軍國主義思想將要得逞，我們肩負的義務將更加重大。」

這種感情，這種在必要情況下將美國放入天平一端使力量對比發生對德不利變化的願望，使眞正的中立完全沒有可能；威爾遜因此制定了有利於協約國的差別對待的法律，並加強了美國與協約國經濟上的連繫；而他自己制定的政策最後捆住了自己的手腳。英國像德國人一樣損害了美國在公海上的利益，並且踐踏了威爾遜政府意欲實行的國際法的概念。美國一次又一次地向德國和英國提出抗議，但對英國的抗議往往不是充分有力的，而對德國的抗議卻充滿了威脅的口吻。英國無限制擴大關於禁運品的定義：極其隨意地使用在公海上登輪和搜查權利，使美國貨主遭受巨大損失；違反了傳統的「合法」封鎖概念；在北海布雷，嚴重妨礙了中立國的利益並給它們帶來巨大損失；搶走美國與其他中立國的貿易；沒收寶貴的美國商業情報資料；並把英國所指控的和德國通商的美國公司列入黑名單。但是英國外交家們清楚，他們得到美國政府的同情（威爾遜親自對斯普林・賴斯說過：「我們兩國之間發生爭吵將會是天大的災難」）；佩奇駐在倫敦以減輕美國抗議所產生的影

【8】威爾遜的「親信」豪斯不斷地提醒他關於保持戰爭各方力量平衡的概念。一九一五年六月十六日豪斯給他寫信說：「我不講你也清楚，如果協約國打不贏這場戰爭，那我們的整個政策將不得不徹底改變。」一個月後他勸說威爾遜做戰爭準備時警告道：「我覺得完全依賴協約國的勝利來保障我們的安全是一場可怕的賭博……。」

響；美國似乎不大可能採取任何嚴厲行動以行使自己抗議英國做法的權利。豪斯於一九一四年十月給佩奇的信中說：「從我們大家目前的感情來看，我覺察不出英國和美國之間會有任何嚴重的麻煩。」[9]

由同情轉變爲結盟的一個關鍵因素是，美國與協約國之間經濟上的關係日益加深。一九一四年，美國已開始出現嚴重的經濟衰退，一些跡象表明，這有可能發展成爲一八九三年以來的第一次嚴重經濟蕭條。然而到一九一五年，協約國軍需品訂貨的刺激開始發生明顯的影響；到一九一七年四月，價值二十億美元的貨物已出售給了協約國。這時的美國和協約國，無論是從戰爭還是從經濟繁榮角度，都已是生死與共、休戚相關。協約國依賴美國物質供應，就使威爾遜有了巨大的討價還價的手段，他本來可以利用這種力量使協約國的封鎖有所緩和，但正像愛德華·格雷爵士（Sir Edward Gray）不願和他的軍火供應者吵架一樣，威爾遜也不願意和美國最好的主顧鬧翻。[10]

事實上，種種情況使得威爾遜清楚地瞭解美國對於協約國軍火訂貨的依賴。協約國最初購買軍火是依賴他們在美國的貸方餘額，但這些餘額迅即告罄。當是否允許美國銀行家們向協約國政府提供貸款的問題提出時，美國政府根據布萊恩的理論，即「貨幣是最壞的禁運品，因爲它可控制其他一切」，不鼓勵銀行家們借出貸款，於是銀行家們決定沒有政府的批准就不採取行動。但是協約國急需貸款以維持繼續採購，這就使美國花旗銀行（National City Bank）代表與藍辛重新展開對此問題的討論。藍辛和財政部長麥卡杜都向總統說明，布萊恩禁止貸款的做法會妨礙美國持續繁榮。一九一五年八月二十一日麥卡杜寫道：「美國十分繁榮的時期就要到來了。如果我們能向我們的主顧們以合理的方式提供貸款，將會非常有利於經濟繁榮的發展。……爲了維持繁榮我們必須爲之提供資金。否則繁榮就會中止，從而帶來災難性後果。」兩星期之後，國務院顧問藍辛又補充說：

如果歐洲國家想不出辦法支付的話……他們將停止購買，我們目前的出口貿易將會相應萎縮，結果就會使產量受限制，工業蕭條，資本閒置，勞動力過剩，出現種種衰退現象，金融混亂，社會普遍不穩定，勞動階層生活困苦。……我們國家的利益似乎要受到嚴重威脅，我們能夠讓宣布諸如堅持「眞正中立精神」之類的思想使國家的利益受到損害嗎？

於是不准貸款的禁令就解除了，軍火採購又得以進行，美國的繁榮也就繼續下去。很容易想像，威爾遜是如何在自己的內心裡爲自己的行動辯護的。如果協約國停止購買，出現經濟崩潰現象，到處是失業，全國到處瀰漫著不滿情緒，一九一六年讓人民把他的政府趕下臺，而讓一個羅斯福和洛奇等人爲高級顧問的政黨恢復掌權——要是這樣，那麼依照公正而又高尚的綱領實現和平或實現對世界的領導還有什麼希望？不，最好的辦法還是讓美國人民和平地從事戰爭時期的工作——製造軍火，既有事做又可保持美國的繁榮。

在美國的供應源源輸入英國和法國半年之後，德國政府於一九一五年二月四日宣布：德國將摧毀任何進入規定的不列顚群島周圍之戰區的任何敵人的艦隻。公海上德國的潛艇是行之有效的武器，威爾遜對這一新型作戰方式不切實際的態度導致了一系列的爭論。潛艇是一種不堅實的船艇，禁不住武裝商船甲板大炮的攻擊，因此不適於用來進行登船搜查的認可的辦法。因爲英國的許

【9】然而威爾遜有時簡直要大發脾氣。一九一六年七月二十三日他給豪斯寫信說：「我承認，我對英國和協約國的忍耐心快到了極限。」「我正嚴肅考慮請國會授權給我，禁止向協約國貸款並限制向他們出口……。」

【10】查爾斯．西摩（Charles Seymour）教授評論說：「美國除了損害自己的商業利益付出極高昂的代價外，沒有其他方法可以對協約國施加有效的影響。」

多商船都裝有大炮，潛艇要想有效作戰，則必須一直潛藏水下，而且打了就跑，這就使敵船上的人無法保障自己的安全。英國的封鎖是要使德國平民無法得到供應而挨餓，德國就用這種辦法進行報復，雖然不太人道，但卻效果顯著。一九一五年春盧西塔尼亞號被擊沉，使美國人愈加認爲德國人是惡魔的印象得到證實了。德國人當時有一項仍舊願意實行的建議，即如果英國解除糧食封鎖，德國就將放鬆利用潛艇進行作戰，美國政府和公眾都不爲這一建議所動。

面對這種形勢，威爾遜繼續允許協約國的武裝商船隊結關出美國港口。[11]儘管國會強烈反對，他還堅持美國人乘交戰國商船在作戰區域內旅行的權利。參議院對此提出質疑時，他給參議員史東的信中說：

> 我不能贊成在任何方面剝奪美國公民權利的任何做法。……一旦接受人家奪去我們某一項權利的做法，其他屈辱的事會接踵而至，完美的國際法體系就會在我們的手下逐項逐項地失效。我們在這件事情中所爭取的，是使美國成爲主權國家的種種事情中最爲根本的東西。

這種解釋實在是最站不住腳的，因爲威爾遜接受英國繼續「奪去」遠遠不止「一項權利」的行徑，而從未考慮其對於「完美的國際法體系」的影響。在和協約國打交道時，他的壓倒一切的考慮是如何給予方便；而在和德國人打交道中，則極其專橫地爲法律上的權利辯護。對於這種歧視性做法，他和藍辛提出的理由是，英國失當的行爲只涉及財產權利，德國的行動則涉及人權並危及人的生命。但是眾議院議員克勞德·基欽（Claude Kitchin）等人指出，如果美國人願意放棄登上交戰國船隻進入潛艇活動區的權利，就像他們十分樂意地放棄了闖入英國在北海「非法」布雷區一樣，那麼德國也不至於犯了傷害美國人的罪行。如果說威爾遜法律方面的論證顯得特別站不住腳，那是因爲他不得不爲自己的政策尋求法律根據，但這種政策並不是建立在法律之上，而是根據力量平衡和經濟需要而制定的。

由於受到一系列令人惱火的事件的壓力，一九一六年春，威爾遜似乎傾向於要和德國作戰了。一九一五年冬和一九一六年春，威爾遜發表了一系列演說，強調要求制定備戰計畫。但德國政府在答覆美國的實質上是威脅斷絕外交關係的最後通牒時，於一九一六年五月四日做出了一項令人滿意的保證：「自此之後德國的潛艇戰將按照美國的要求[12]進行。」[13]隨後的九個月內，關於潛艇戰的爭論平息了。在民主黨全國代表大會上，威爾遜派的一位演說家吹噓說：威爾遜使美國未流一滴血，就「從最好戰成性的國家那裡得到了對於美國的要求和美國權利的讓步」。他的話獲得了熱烈的歡呼和鼓掌。但這種讓步實際上是靠戰爭威脅獲得的，這樣威爾遜就把自己置於這樣一種境地，一旦保證被撤銷，就只好宣布參戰。

一九一四年夏天，威爾遜的第一個妻子去世之後，他發現他的職務使他痛苦不堪。這年秋天他寫道：「這個職位沒給我個人帶來任何幸福，只有不可彌補的損失和極端的痛苦。」他對總統這一職位愈來愈不喜歡，並且常常沉思默想，他不能把自己想像成是總統，而只不過是在總統的位置上暫時行使一下權力罷了。這表明他有一種希望，希望心中始終保持伍德羅·威爾遜和美國總統之間的區別，從而使伍德羅·威爾遜減輕了責任的重擔帶來的壓力。

---

[11] 做出這項決定時是有些疑慮的。威爾遜十分天真地寫道：「這個問題涉及許多方面，使我和藍辛有時也感到很複雜。」

[12] 當時威爾遜要求德國潛艇必須按照國際公法事先檢查和搜查商船，事先警告要襲擊的目標才能襲擊。——譯者

[13] 這項保證附有一項警告：除非美國能迫使英國放鬆對德國糧食供應的封鎖，否則德國保留恢復潛艇戰的權利。威爾遜非常聰明地對這項保留置之不理。

〔他寫道：〕一切事情都是與個人無關的。我掌管著重要的職務……但我似乎和這一職務並不能融爲一體：總統不是我，我也不是總統。我只不過是一個長官，管理著政府的機構，生活在它的辦公室裡，負責使它發揮各種功能。我生活中的這種與個人無關一面是一種很古怪的東西，這或許使生活不那麼熱烈，正如也肯定使生活失去驕傲和自我意識（可能還有愉快），但至少使我沒有成爲一個蠢人，認爲自己就是總統！

隨著時間的推移，總統的職責在他心中占有愈來愈大的分量，並把他自己的個性不斷排擠出去。「我以前從來不知道，一個人在必要的時候還可能失去自我的存在，並且似乎除了公職以外，他的個人生活已不復存在。」

但威爾遜也像他以前的每一屆總統一樣，希望並且爭取連任。一九一六年的競選口號是：「威爾遜使我們免於捲入戰爭。」這個口號不是他自己制定的；實際上，這個口號使他感到很吃驚。他心中似乎產生一種毋寧說是言過其實的意識，因爲自己無力實現這種承諾。[14]「我不能做到使國家免於戰爭。」他對約瑟夫斯．丹尼爾斯（Josephus Daniels）抱怨說：「他們把我說成像神仙一樣。但任何一個小小的德軍中尉隨時都可以進行一些預謀的違法行動，而把我們投入到戰爭之中去。」由於共和黨分裂的時期已經過去，兩黨在競選中實力相當。但在民主黨競選名單中，威爾遜遙遙領先。現在已滿有把握連任四年，而且關於潛艇戰的爭議也暫時平息，同時，與英國的衝突卻又較前加劇，於是威爾遜的態度日益趨向中立。一九一六年末至一九一七年初的那個冬天是威爾遜認爲最不可能加入戰爭的時候。雖然不能絕對肯定地排除參加戰爭的可能性，但就對他的理解，情況似乎是，威爾遜只要有其他辦法符合他的總目標，那麼他是不會甘心於參加戰爭的。

一九一六年耶誕節前夕，威爾遜向交戰雙方分別發出照會，要求他們陳述實現和平的條件，同時還以公正的態度指出，「交戰雙方的政治家們心目中關於這次戰爭的目的基本上是一致的，他們向本國人民和全世界都基本上表明了這樣一點。」一九一七年一月二十二日，他在參議院發表演說，分析了如任何一方慘遭失敗會引起什麼後果，並且斷言，持久的和平必須是「沒有勝利者的和平」。

> 勝利意味著把和約強加給失敗者，把勝利者的條件強加給被征服者。戰敗者是在屈辱之中，在強迫之下，在做出難以忍受的犧牲的情況下接受的；這將使人感到痛苦、感到不滿、留下了痛苦的記憶，建立在這上面的和平條件不會長久，只能像流沙上的建築。只有平等的國家之間的和平才能長久維持。

要交戰各方提出條件並呼籲實現「沒有勝利者的和平」的做法，使協約國極度不滿，因爲過去給他們造成的印象是，美國始終對它們承擔有義務。[15]豪斯上校在他的日記中不無抱怨地寫道，總統的「衝勁」已經沒有了；現在辦事毫無目的，任其自由發展；威爾遜現在要「不惜一切代價換取和平」。當豪斯再一次提出備戰的問題時，威爾遜直截了當地告訴他：「不會參加戰爭。」

正在這時收到德國政府發來的一份通告，通知說，德國將恢復潛艇戰，而且將不受任何限制，

---

[14] 威爾遜在一九一六年一月二十一日的密爾瓦基演說中宣稱：「隨時都可能發生一些情況，使我不能維護美國的和平與榮譽。不要要求我做不可能的事和矛盾的事。」

[15] 威爾遜的顧問們對於要求交戰國提出和平條件是有顧忌的，國務卿藍辛清楚地表示出這一點：「假如我們出於國家的利益以及為了將來在全世界推行自由和民主的原則，而最不願意坐視其失敗的交戰國給我們的答覆是令人難以接受的，那麼下一步該怎麼辦？」

既針對交戰國的船隻，也針對中立國的船隻。威爾遜在戰爭最初的兩年中未能嚴守中立，這時立刻得到報應了。德國人已經意識到美國早就以其雄厚的生產能力和德國作對，並且認為除非給協約國一個致命的打擊，美國只會以其他方式進行有效干預，因此德國人有心讓美國參戰。[16]

當圖慕蒂把美聯社載有德國這一決定的新聞稿拿給威爾遜看時，這位總統表情陰鬱，用沉著的語調說：「這就意味著戰爭。我們一直在盡力避免的決裂現在看來已經不可避免。」但威爾遜仍在等待，似乎在等待著出現某種奇跡般的形勢變化，以免他做出進一步決定。[17]在此期間，協約國的困境使他感受到很大的壓力。實際上，交戰國雙方的情況都已十分緊張，只不過威爾遜瞭解協約國的情況而已。俄國已經發生了三月革命，[18]將來它能否作為一個協約國成員發揮有效的作用，是極沒有把握的事情。法軍的士氣極為低落（豪斯提出警告說：「如果法國在德國的進攻面前投降的話，那將是無法預料的災難。」）潛艇戰很快就會給英國的供應線造成極大威脅，使英國處於饑餓的邊緣。同樣重要的是，協約國的信貸能力已經耗盡，經濟即將崩潰，似乎只有美國參加戰爭才能挽救危局。佩奇在其著名的三月五日致威爾遜的電報中，對這種形勢進行了扼要的敘述：「也許只有參加戰爭才能保住我們優越的貿易地位並避免經濟恐慌。潛艇已為發生世界金融崩潰的危險添上最後一把火。」情況看來是，要是德國戰勝，美國會受到戰勝國和戰敗國兩方的仇恨，美國對歐洲的前途和世界和平的影響將降到最低的程度，而近年來所獲得的一切成就都會因軍備競賽而喪失。最後還有一點，即德國外長齊默爾曼建議德國、墨西哥和日本結盟並贊成把德克薩斯、新墨西哥和亞利桑那歸併給墨西哥的密電被揭露之後，美國公眾輿論已被煽動起來，完全贊成參加戰爭。照威爾遜看來，不參加戰爭引起的後果，他是擔當不起的。

不過他仍在拖延做出決定。甚至在德國開始攻擊美國船隻、藍辛因感到「他在抗拒事態發展不可阻擋的規律」而離開他時仍然拖延著。三月底豪斯來到華盛頓，看到威爾遜極其困惑地一遍又一遍地重複：「我還能做什麼事？有什麼別的事情是我能做的？」威爾遜告訴他的朋友，他認爲自己不適合做戰時的總統。《紐約世界報》（*New York World*）的弗蘭克・科布（Frank Cobb）是威爾遜在新聞界的好友，於四月一日夜晚對這位難以成眠的總統進行了拜訪。這是威爾遜向國會遞交宣戰諮文的前一天，他發現總統這時仍然猶豫不決。總統又一次發問：「我還能做什麼？有什麼別的事情是我能做的？」他擔心德國要是被打敗了，和平的實現就會是戰勝者向戰敗者提出條件的和平。那時就不會有一個局外人具有足夠力量來調和條件。「到時候也就不會有任何和平標準需要討論。」科布回顧道：

> 那天晚上伍德羅・威爾遜真是令人莫測。他心中想到了事態發展的全域……。

【16】保羅・伯索爾（Paul Birdsall）寫了一篇題為〈中立和經濟的壓力：一九一四年至一九一七年〉的文章，強調指出潛艇戰的恢復不僅是軍事上的現實，而且也是經濟上的現實。德國人認為，如果美國參戰，它能給協約國的主要援助是經濟方面的——但協約國已經得到這種援助。正如霍爾岑多夫指出：「美國能夠採取的行動，不會比到目前為止它所採取的行動更具敵對性。」德國下的賭注是，在美國能集中其軍事力量對準德國之前，用饑餓的辦法把英國拖垮；而這一賭博在一九一七年夏天幾乎獲得成功。

【17】大約兩年之前，盧西塔尼亞號被擊沉使美國群情激昂，當時很多人因威爾遜發表了〈為保護榮譽而不參戰〉的演說而對他進行謾罵攻擊，他警告圖慕蒂不要挑起人們採取行動。他解釋說，他只要到國會就可以使國會發表參加戰爭的聲明。可是當傷患從前線運回來時，人們會問：「在這件事上威爾遜為什麼行動這麼快？……他為什麼不能再等一段時間？」美國作為唯一一個能夠代表和平與理智的大國，應該堅持到最後時刻。「當我們採取行動反對德國的時候，我們必須有把握，整個國家不僅願意與我們一起走，而且充滿熱情，願意和我們一直走到底。」

【18】即俄國二月革命。——譯者

他開始談到戰爭對美國引起的後果。對於我們可能以何種方式進行戰爭，他沒有絲毫不切實際的幻想。

他說，戰爭一開始，打仗就是打仗，不會有什麼兩種不同的樣子。這需要在國內實行非自由主義的政治，以增援前線的兵員。我們不能一方面和德國作戰同時又保持一切思想家們贊同的關於理想政府的主張。他說，我們將盡力去做，但恐怕是無能爲力。

他說：「一旦領導人民參戰，他們就會完全忘記什麼叫寬恕。要戰鬥，人們就得殘酷、無情，而這種殘酷無情的精神將會滲透我國國民生活的各個領域，影響國會、法院、巡邏的員警、大街上的行人。」……

他認爲憲法將不能保存下去；言論自由和集會的權利將會取消。他說一個國家一旦全力以赴投入戰爭就不能保持頭腦冷靜；過去沒有哪個國家做到了這一點。

他大聲說：「如果還有什麼別的辦法的話，看在上帝的分上，我們還是不要參戰吧。」

威爾遜和科布談話的時候，他的宣戰諮文就放在辦公桌上，第二天他就向國會宣讀了這份諮文。他承認：「領導這個偉大的和平的人民投入戰爭，投入一場最爲可怕和充滿災難的戰爭，是一件可怕的事。」但是「權利比和平更值得珍視」。美國在並沒有什麼深仇大恨、沒有半點私利的情況下將爲它向來珍視的原則而戰鬥——「爲民主，爲了使那些屈服於當權者的人獲得在政府中有發言的權利，爲了小國的權利和自由，爲了人們能普遍行使權利，從而使自由人民和諧一致，使所有國家得到和平與安全並使整個世界充滿自由」。

伍德羅．威爾遜過去也曾改變過手法，但接受戰爭就迫使他第一次背離了他原來最深刻的價值觀念。就是這個威爾遜過去曾說過和平可醫治世界的創傷，對世界產生美好的影響，現在卻發誓要「使用武力，最大限度地使用武力，毫不吝嗇不加限制地使用武力」。他既然已經把國家交給一種他自己並不相信的力量來支配，現在就比任何時候都急於爲自己的行動找出理由，他擔任公職的後一段時間就成了一種尋求自我辯白的過程。只有民主與和平的力量獲得最後的勝利才能洗掉他心頭失敗的感覺——在他以充滿信心和正義感的腔調宣讀他響亮的宣戰諮文時，他就已經意識到這種失敗的感覺。他離開國會的時候，耳朵裡還迴響著議員們和人民贊同的鼓掌聲。他轉身對圖慕蒂說：「我的諮文對我國青年來說是一張索命文書。人們竟然鼓掌表示贊同，眞是令人難以理解。」

五

威爾遜在美國保持中立期間舉棋不定的方針，反映了兩種前後矛盾的戰略思想。第一種是美國必須保持中立大國地位，維護和平時期清醒而公正的價值觀，並且宣導「沒有勝利者的和平」；第二種則是協約國不能戰敗，「德國的軍事專家們」必須打倒。

這種相互矛盾的思想一直跟著他到了和平會議。他真正需要的並不是簡單的「沒有勝利者的和平」，而是勝利之後不出現一個耀武揚威壓倒另一方的戰勝者的和平。他希望協約國與德國以勝利者和戰敗者的身分坐到談判桌旁來進行協商談判。事情的發展很快就使他意識到，這種事是不可能做到的。他對陪同他去巴黎開會的一位美國專家說：「在和平會議上，我們將是唯一的無利害關係者，和我們打交道的這些人並不代表他們本國人民。」這第二句話是一種不恰當的看法，但第一句話卻是眞的：美國，部分由於受到威爾遜約束的影響，是戰勝國中唯一沒有提出一套只從本國利益出發的目標的國家，它沒有提出有關領土、賠款或戰利品的任何一個要求，它唯一的要求是協約國爲實現公正和較爲持久的和平而對自己有所克制。和會就開成了一個三方會議：戰勝國、戰敗國和威爾遜。

由於美國沒有提出任何要求（其實美國本可以用以達到一些貿易方面的目的），威爾遜手中就有兩張牌可以打：威脅要單獨與德國締結和約，以及美國絕對的金融優勢。一九一八年十一月，豪斯上校只是暗示一下單獨媾和，就使協約國的代表們驚慌失措，急急忙忙地接受了十四點（Fourteen Points）作爲停戰（armistice）的基礎；但這種威脅沒有得到進一步的利用。正像他未曾能利用美國的經濟地位在封鎖措施上對英國施加影響一樣，威爾遜在和平會議上也未能利用這一經濟優勢地位。雖然一九一七年七月二十一日他給豪斯的信中寫道：

> 對於和平的看法，英國和法國與我們的觀點完全不同。戰爭結束後，我們可強迫他們同意我們的想法，因爲到了那時，別的不說，它們在金融方面將受我們控制。

但這一戰略也被忽視了。美國政府給協約國的大部分貸款都是戰爭結束之後才簽訂的，這些貸款在施加影響方面的潛力都未能利用。

威爾遜關於公正和平的概念要求美國起一種獨立的領導作用。但他認爲持久的和平的實現有待協約國的勝利，這就把他和各協約國透過經濟和道德的支持連繫了起來。很難設想參加和平會議只是爲戰敗國說話，從而甘冒與自己以前的盟國關係破裂的危險。一個渴望在國際合作的基礎上實現世界和平的政治家，對於他特別賴以進行合作的國家，是不會提出太苛刻的條件的。威爾遜可以迫使克里孟梭和勞合·喬治（Lloyd George）接受十四點作爲實現和平的理論依據，然而一旦談判開始，形勢的變化使威爾遜落入他們的手心，因爲威爾遜的希望和理想使他在談判時一籌莫展。在巴黎他意識到他對弗蘭克·科布講過的話的先見之明：戰爭已經破壞了和平時期的準則和價值觀念，這是甚至連伍德羅·威爾遜也無法維護得了的。[19]他曾經說過：「只有彼此處於平等地位的和平才能持久。」但隨之而來的和平卻是主子與奴隸之間的和平，而且這位美國總統發現自己也和別人一起在手執皮鞭。「這些條件對於德國來說是非常嚴厲的。」他在一九一九年九月說：「但沒有哪一條不是德國自己招來的。」

威爾遜帶到巴黎去的方案，是設想在國家自決、自由貿易以及由國際聯盟維護和平的基礎之上建立起世界秩序。他解釋說：「我們所尋求的，是在被統治者同意和人類有組織的輿論支援的基礎上實行法治的局面。」民族自決，這是國內政治中的民主在國際上的同義語，因此應體現被統治者同意的原則。自由貿易可以緩和國家間的敵對競爭並促進經濟繁榮。國聯就是透過互相保證領土完整和採取共同行動反對侵略來保證這整個體制的實施。

非常明顯的是，十四點中沒有提出任何關於大幅度改變國際經濟關係的重要要求。十四點中有八點是在歐洲某些特殊地區應用自決原則。其餘六點是一般性規定，而這六點中只有三點涉及經濟事務：戰時及和平時期海洋自由；取消各國之間的經濟壁壘；公正地處理殖民地的要求。這三點充其量不過是虔誠的希望，事實上，這三點中沒有任何一點有可能實現。國聯的委任統治制度幾乎沒有觸及整個殖民地的權利要求。海洋自由問題在一開始就由於英國的堅持而不得不擱置起來，英國連虛偽地表示原則上贊同也不願。[20]如果不能消除造成不可避免的貿易壁壘的經濟和社會結構、國

[19] 美國參加和會代表團成員塔斯克·布里斯將軍（General Tasker Bliss）說：「為什麼欺騙自己呢？我們並不是在巴黎締造和平。這裡哪有什麼締造和平的條件？」

[20] 克里孟梭對於這一問題的觀點說明：「我不懂得什麼海洋自由的原則。如果有海洋自由，戰爭就不成其為戰爭了。」

內商業力量的利潤動機和體系，那麼取消經濟壁壘只是一種空談；威爾遜甚至不敢使本國保證進一步取消貿易壁壘，而且戰後時期實際上掀起國際關稅戰的正是美國。最後，增加主權國家並隨後要求降低國際貿易壁壘的主張肯定要招致神譴天罰。

在凡爾賽簽訂的和約是一項政治和約，這項和約把十九世紀歐洲的基本經濟安排視爲理所當然。威爾遜自己就對美國專家代表團說，他對於可能在巴黎討論的「經濟問題並不感興趣」；約翰·梅納德·凱因斯曾經說過：「擺在他們面前的饑荒和分裂等歐洲的基本經濟問題，是不可能引起四強感興趣的問題。」托斯丹·韋伯倫（Thorstein Veblen）在一九一九年寫道，這個國聯盟約

> 是按照十九世紀帝國主義的模式制定的一個政治和約，一個實力政策的和約。和約是由政治家們根據政治理由，爲實現政治目的，利用能起到政治效果的政治機構制定的。……一如以往的政治傳統，盟約透過訴諸武力和商業戰爭來強制實現和平，但沒有考慮任何措施，透過避免那引起這場大戰的現狀來避免戰爭。

總之，威爾遜又一次未能解決經濟問題，就像他在大學研究政治理論的時候未能解決這個問題一樣。在從事實際政治生涯中，他學會了遵循集團和階級的利益來決定他發出的呼籲，並將政治衝突轉化爲經濟問題加以解決，可不知什麼原因，一登上世界舞臺，他就又退了回去，又成了那思想古板的知識分子，帶有紳士氣派的老式教授，那個教授曾爲他所認爲的偉大英國政治家的超脫無私精神所迷住，並認爲鍍金時代的美國參議院「脫離了階級利益」。威爾遜生涯的最後階段充滿了矛盾，著有《國會制政府》的威爾遜與在美國黨派鬥爭中受到教育、變得更成熟、更實際的威爾遜在相互鬥爭。他對戰爭起因的看法和他實現和平的方式之間幾乎沒有什麼連繫。

一九一八年九月二十七日，他在一次演講中宣稱：

特別的結盟及經濟上的敵對和較量，是當代世界導致戰爭的種種計畫和情緒產生的沃土。如果不能以明確而具有約束力的條件將這類因素排除在外，那就不會有眞正而穩固的和平。

既然在凡爾賽締造的正是這種不穩固的和平，他回到美國後就爲這種和平辯護。在爲這種和平辯護的過程中，威爾遜又於一九一九年九月五日在聖路易說：

是啊，我的同胞們，這裡有哪一位先生或女士，或者有哪一位兒童不知道當代世界上戰爭的根源是工商業競爭？我們剛剛打完的那場仗之所以發生，究其實際原因，不過是因爲德國害怕他們商業上的對手超過它；一些國家之所以參加對德國的戰爭，也是因爲他們認爲德國會取得勝於他們的商業的優勢。……這場戰爭自一開始就是一場工業和商業的戰爭，而不是一場政治戰爭。

難怪，威爾遜的國聯，由於沒有打算或設法改變工商業競爭的制度，因此也就不能有力地制止戰爭。處於大規模工業技術之下的歐洲急需經濟統一，但卻被分割成數目日增的經濟上不穩定而且戰略上難於防守的小國家。作爲歐洲大陸經濟中心的德國，已被英國和法國竭力削弱了。對於這個被相互競爭的各民族主義企業破壞得破碎、瓦解的世界，人們指望國聯來加以維護，並使之穩固。國聯本身並不代表一種重大的變化，它只不過是想使舊的混亂狀態變爲秩序井然的一種嘗試而已。

無論歷史學家們如何誇大威爾遜與克里孟梭及勞合·喬治之間的鬥爭，這也不是新舊秩序之間的鬥爭，而只不過是關於如何在舊秩序內解決各種事務的一場爭吵。威爾遜在試圖組織和調整這個由各種競爭力量組成的江河日下的體制時，又在世界範圍內重彈了他在國內領導的老調。正像《新自由》是在爲普通人爭取權利和機會的理想主義之形式下，努力恢復已經過時的十九世紀之競爭條件一樣，和約和國聯盟約也是大談民主、和平和自決，來保留十九世紀各國競爭性的制度而又不消除公認的產生競爭和敵意的根源。威爾遜一向是打算透過改革來維護現狀中基本的東西；但由於從根本上未能改革，最終也就不能維護現狀。

一九一九年三月，威爾遜在紐澤西時期交的一位老朋友喬治·雷科德（George Record）——此人在他轉向進步派方面起重要作用——給他寫來一封有名的信，分析了威爾遜對當今時代認識的不足之處。雷科德直率地寫道：

> 威爾遜忽視了逐漸提到前面的重大問題，經濟民主問題，取消特權、保障人們享受勞動和服務的全部成果等。
>
> 贊成政治民主的原則……就像贊成聖經十誡一樣……並沒有什麼光榮可言。……政治民主問題已經過時。現在的問題是工業或經濟民主。
>
> 無論是從現在還是從歷史角度看，你建立國聯的主張都幫不了你的忙，因爲這和你制定的其他政策一樣，都不能觸及問題的根本。戰爭是由特權引起的。而每一個現代國家都由受有特權的人們所統治，這些人即是由於擁有鐵路、土地、礦山、銀行和信貸而控制了工業的人。他們因而獲得了大量的不勞而獲的資本，而在其本國這些資金又無用武之地，因爲工人的貧窮使國內市場受限制。這些控制剩餘資本的人們必須尋求新的國家和人民以進行剝削，而私利之間的衝突就引起戰爭。消除戰爭的辦法就是要實現正義的統治，即在各大國內取消特權。我認爲在對本國人民都不能公正對

待的各國政府之間，你是不能建立起一種維護公正的國際關係的機構的。只有當國聯各成員國內正義得到伸張的時候，國聯才能發揮作用。由目前協約國政府建立起這樣一個聯盟，如果擁有眞正的權力，就很可能被利用來作爲保障特權者們的國際堡壘。的確，即使不像是眞的，也完全是可能的。而且在你退出舞臺之後，危險就會增大。……

雷科德勸說威爾遜除了國際計畫之外，還要提出一項國內的社會民主方案，包括要求公用事業的國有化並限制巨額財富。他承認，這項方案也許不能實現，但威爾遜的失敗將只會是暫時的。後人將會承認他的智慧並稱他爲「眞正偉大的人」。

威爾遜對雷科德的信表示衷心的感謝。大約在收到信一年之前他就向艾克森教授表示了類似的想法。當時他們正在談論下一屆總統的資格，威爾遜說，他必須是明達的人，能夠從世界的角度考慮問題。目前，「眞正有國際思想的人是勞動人民」。

世界將發生急劇變化。我確信，現在由個人和公司經營的許多事情，將來會不得不由政府辦理。譬如，我確信，政府將不得不接管所有的重要自然資源……所有的水利資源、所有的煤礦、所有的油田等。這些均應由國家所有。

如果我在外面講這些話，人們會說我是個社會主義者，但我不是一個社會主義者。而且正因爲我不是一個社會主義者，我才相信這些。我認爲採取此類措施是防止共產主義的唯一方法。……

然而，如果說威爾遜個人的信仰的確從美國進步派發展到國際社會民主派的觀點，他制定的國家政策並沒有表明這一點。威爾遜事業中最後一部分工作完全像一個夢遊者做的，每天按指定路線不差分毫地重複兜圈子，而思想卻在一個與世隔絕的幻境中遊蕩。如果他眞的相信他那分析深透、重點鮮明的優美演講，那麼可以說他作爲一個世界政治家的一生是接連遭受失敗。他從思想和行動上呼籲美國堅守中立，但他推行的外交政策卻是典型的結幫分派的外交；他說美國參戰對世界將是一場災難，但卻領導美國參加了戰爭；他說只有彼此平等的和平才能持久，但卻參與了凡爾賽的一方強加的和約；他說世界未來的安全有賴於消除導致戰爭的經濟根源，但在巴黎和會（Paris Pease Conference）上甚至沒有討論這種種根源；他宣布說，他相信國有化是有著光明的前途的，但在他的政府結束時卻允許放肆實施相反的做法；他渴望使美國加入國際聯盟，但卻採取了一種行動方針使美國不可能參加。這樣看來，他在憂慮的時刻對喬治·克里爾（George Creel）坦白地說出下面的話也就不足爲奇了：「我似乎看到的是一場失望的悲劇——我衷心希望我是錯誤的。」

正是威爾遜的希望和許諾，使他的政績顯得十分黯淡。由於四周都是黑暗的現實，所以倒也並非不可辯護的。威爾遜提出的十四點，即使並未爲和平打下一個持久堅實的基礎，但與任何其他交戰國相比，卻爲和平的實現提供了一個較合乎情理和寬容的基礎。由於投合德國的希望，他促進了早日實現停戰，雖然和約的條款是苛刻的。但是如果沒有威爾遜的影響，情況本會更加糟糕。他這次到歐洲，一九一八年國會議員選舉中的挫折給他增加了障礙，他的盟國的要求以及它們的祕密條約限制了他，他因對國聯的期望所做的妥協辦法束縛了他，同時他對資本主義和民族主義的信仰又使他不得不接受資本主義和民族主義所引起之災難帶來的嚴重後果。他在巴黎遇到了一件又一件難以解決的左右爲難的事，戰線太長，需要進行的戰鬥太多；於是，用查爾斯·西摩的話來說，他就爲「事態發展所愚弄」。儘管由於當時形勢的壓力使保羅·伯索爾的著作受到種種嚴重的限制，但他在其《凡爾賽和約二十年後》（*Versailles Treaty Years After*）一書中談到，他發現「威爾遜在面臨極其巨大困難的情況下，爲實現自己的綱領而進行了堅韌不拔的鬥爭，同時在把綱領中的抽象原則變爲具體實施方案時又具有高度的政治才智」。

在會議審議與法國安全無關的問題時，克里孟梭經常是閉起眼睛打盹。勞合．喬治則不止一次輕鬆地承認，對於有關歐洲經濟和地理的一些基本事實，他一無所知（一次他問助手：「我記不清了，我們要放棄的是上西里西亞還是下西里西亞？」）威爾遜請求他的專家們：「告訴我怎麼做對，仗由我去打，給我一個有保證的地位」，然後就趴在地板上工作至凌晨，研究地圖和圖表，盡力熟悉談判涉及的各種錯綜複雜的事實。雖然他覺得不得不維護美國國內的和平，甚至有時使用令人難以置信的措辭，如「人民的和約」、「有史以來最人道的和約」，但他也清楚知道這種和約有多麼脆弱。他認爲遭到眾口批評的山東問題解決辦法，[21]是在「骯髒的過去」的基礎上能夠找到的最好的解決辦法，這個意見大概也可以算是他對整個條約的看法吧。

他認爲有一件事可以挽救這整個局面，即國聯盟約。努力拯救國聯對於威爾遜來說，是一樁具有心理上的十分緊迫性的事情。[22]他的計畫被弄得支離破碎，他的希望一個接著一個放棄了，最後剩下的就只有國聯了。正如他所預計，《新自由》的綱領隨著戰爭的到來而消逝，寬宏民主的和平理想在巴黎會議桌上也消失了。國聯現在已經成了不是道義拯救就是滅亡的問題，因爲他所贊成的

【21】日本代表團在和會上要求和會同意他們接收德國在中國膠州灣的租借地和在山東半島的特權，威爾遜接受了其中大部分的要求。這就是所謂山東問題解決辦法。當時中國人民因和會無視中國主權和戰勝國的地位，反對和會非法決定，掀起了偉大的「五四」愛國運動，迫使中國代表團拒絕在和約上簽字。——校者

【22】認為美國或整個世界也同樣瀕臨危險的說法是令人難以置信的。開明的國際主義派提出的一種觀點是，只要美國參加國聯，整個歷史的進程就會根本改變，第二次世界大戰也可避免，這種主觀臆斷沒有多少根據，無須在這裡對其加以討論。這種論點在當時為促使美國加入聯合國是有一定作用的。現在聯合國作為一個促進和平的機構已開始顯示出毫無效力，上述觀點的簡單化也就十分清楚了。

一切，都成敗未決，如果不能實現持久的和平，他將如何說明他帶領美國參加戰爭是正確的？內疚的心情像烏雲一樣籠罩了他的整個思想。在蘇里斯尼斯美軍墓地，他痛苦地喊道：「我把這些孩子們弄到這裡來送死。我曾經到這裡來給他們做出保證。現在我還能說一句與這種保證前後矛盾的忠告嗎？」在普韋布洛中風那天發表的長篇演說中，他令人驚奇地坦白說：

一次又一次……在法國戰場上失去了兒子的母親們來到我身邊，拉住我的手，不僅眼淚滴在我的手上，而且還對我說：「總統先生，願上帝保佑你！」她們為什麼……乞求上帝保佑我呢？是我要美國國會造成了參戰的形勢，結果導致她們的兒子們陣亡。是我把她們的兒子送到海外。是我同意把她們的兒子放在最艱鉅的戰線上，如極為艱難的阿爾貢森林地帶，那裡死亡是無法避免的。她們為什麼拉住我的手哭泣且請求上帝賜福給我呢？因為她們相信，她們的兒子為之犧牲的事業遠遠超出了戰爭的直接明顯的目的。她們相信她們的兒子拯救了世界的自由，她們的想法是正確的。

良心的譴責、一系列挫折的刺激、勞累、病痛終於使他失去了政治判斷能力。為制定盟約已經做出了一系列讓步，所以他拒絕再做略微一點讓步來使美國接受盟約。然而要使美國加入國聯則絕對必須做出讓步。為了使載有國聯盟約的凡爾賽和約（Versailles Treaty）得到批准，威爾遜必須得到參議院三分之二的贊成票，而在參議院中，反對黨擁有比民主黨多兩席的多數。他拒絕接受就美國加入國聯問題提出的十分微不足道的保留意見，甚至那些只是重申了美國憲法條款的保留意見也不行，這樣在使美國不能加入國聯這一事件中，他所起的作用與孤立主義者博拉（Borah）等人和黨派觀念很強的洛奇等人所起的作用類似了。當有人向他提出，參議院可能會否決時，他厲聲吼道：「誰在這事上反對我，我就壓扁他！」朱瑟朗大使告訴他一個消息說，如果一些保留條件能使有勢力的共和黨參議員們感到滿意，協約國成員願意在接受這些保留條件的情況下，接納美國爲國聯成員國。聽到這之後，威爾遜直率地說：「大使先生，我什麼也不會同意的。參議院必須受到懲罰。」在爲批准和約而進行的鬥爭中，威爾遜與洛奇之間的仇恨下面卻存在著一種違背意願的合作，博拉是意識到這一點的，當時他說，他與那些不能調和的人是支援威爾遜的，目的是使和約遭否決。他冷嘲熱諷地說：「總統與我本人之間的諒解恰恰就像麻薩諸塞州參議員〔洛奇〕與我本人之間的諒解。」

威爾遜在華盛頓遭到失敗，於是周遊全國做有史以來最爲艱難而無益的巡迴演說，把問題訴諸全國人民。即使威爾遜的努力能擊敗每一個希望在一九二〇年重新當選的共和黨參議員，他也不能期望使民主黨獲得三分之二的多數，既然如此，他這次巡迴演說的客觀原因就很難理解。但是對他本人的作用卻是清楚的：他在進行殉道式的追求。他的醫生警告他說，經過戰爭年代和巴黎和會的緊張工作之後，他可能經受不了擬將進行的活動之艱苦，但他對圖慕蒂說：「在我現在的情況下，即使是結束生命，我也願意爲拯救條約而做出這種犧牲。」他在斯波坎市的演講詞中宣稱：「我已準備好從現在一直戰鬥到生命的最後一刻，以恢復美國的信念和諾言。」

威爾遜是否僅是在進行一種自我滌罪的儀式？或者他是否自覺不自覺地希望以殉道來換取人民的同情，從而贏得參議院的這場戰鬥？不管他企圖如何，一切都事與願違。如果他因心勞力竭而死去，或許會激起廣泛的同情；然而他卻得了中風，這使他長期不能處理日常事務，並引起了人們惡語中傷，說他精神失常。擺脫威爾遜理想主義的趨勢有增無減。他希望一九二〇年的選舉運動會是對於國聯問題「莊嚴的公民投票」，但最後成了令人厭倦的毫無希望的鬧劇。民主黨要撇開威爾遜，提名從未和威爾遜政府有過密切連繫的詹姆斯·米德爾頓·考克斯（James M. Cox）爲總統候選人，威爾遜本人則把這稱爲一場「笑話」。考克斯爲威爾遜的豪俠精神所感動，最後決定以國聯爲題進行競選，結果失敗之慘甚於任何其他的候選人。正如富蘭克林・奈特・萊恩（Franklin K. Lane）所指出，擊敗他的人「並不是那些不喜歡他的人，而是那些不喜歡威爾遜及其一夥的人」。

一九二一年三月四日，威爾遜參加了華倫・蓋瑪利爾・哈定（Warren G. Harding）的就職儀式。哈定與威爾遜完全相反，十足的土生土長類型，漂亮、和藹、厚道、無知、自鳴得意、性格懦弱，典型的平庸之輩。威爾遜在孩童時代就曾在父親的教堂裡，面對一排排空座位練習演說，以掌握向世界解釋偉大思想的本領，現在用眼瞥了一下車裡坐在他旁邊的這位由空前多數選出的總統，知道他說不出人們想聽的話。於是這位卸任總統在他即將離任的最後一刻，向一位他所痛恨的眾議院議員發出了最後一道具有象徵意義的口信，從而結束了他的政治生涯：「洛奇參議員，我沒有什麼要做進一步的連繫。」

第十一章　赫伯特·胡佛和美國個人主義的危機

> 要考查我們的決定是否正確，必須要看我們是否支持和促進了……繁榮。
>
> 赫伯特·胡佛

一九一九年秋天，約翰·梅納德·凱因斯出於對凡爾賽和約條款的憎惡與痛恨，寫了一本令人不知所措的書，題爲《凡爾賽和約的經濟後果》（*The Economic Consequences of the Peace*）。凱因斯對締結和約的人們態度很嚴厲，但是關於赫伯特·胡佛，他卻寫道：

> 經受了巴黎的考驗而名聲較前更好的只有胡佛先生一人。他有著複雜的個性，經常有一種疲勞的巨人的樣子（或某些人所說，疲勞不堪的職業拳擊家的神情），十分密切地注視著歐洲形勢的眞實情況和基本事實。在他參加巴黎委員會工作的時候，他帶來的正是一種求實、知識、寬宏大量和公平無私的氛圍，如果在其他方面也有這種氛圍，那我們就會有眞正的和平。

關於美國救濟管理局在胡佛領導下的一年中前六個月的工作，凱因斯寫道：

> 從來未有過如此無私和友善的高尚工作，進行得如此堅韌不拔、誠摯而且具有熟練的技巧，但卻很少要求人們感激，人們也沒有表示多少感激。不知感恩的歐洲各國政府從富有政治家風度和洞察力的胡佛先生和他領導下的美國工作人員所受的恩惠，遠不是它們現在已表示的感謝或將來表示的感謝所能衡量的。美國救濟委員會，而且是只有這個救濟委員會，才在這幾個月中看到了歐洲的眞實情況，並對歐洲表示了人們應有的態度。正是由於他們的努力、他們的幹勁以及總統分配給他們支配的美國財力，他們經常是在不顧歐洲反對的情況下進行工作，不僅使大量的人免受苦難，而

且避免了歐洲制度的普遍崩潰。

在一九一七年的時候這些話似乎並不過分；無論在歐洲還是在美國，人們對這些話都是很熟悉的。胡佛以一個高大的形象出現在人們眼前。倫敦的《民族雜誌》稱胡佛是「戰爭期間協約國一方出現的最偉大的人物」。胡佛是從一個既引人注目又鮮爲人知的背景，上升爲國際上受到稱譽的人物——稍遜於威爾遜，但影響可能要長久得多。戰爭爆發的時候，胡佛正安安靜靜地住在倫敦，任何國家的公眾都沒有聽說過他，是個名氣不大的國際商人和採礦工程師。四十歲時他已經積蓄了可觀的財富；這倒並不是什麼值得注意的事；但他在世界範圍內的經歷倒是很值得注意的。

一八九九年到一九一一年期間，胡佛除在本國從事了爲數不多的幾樁工程項目外，在四大洲進行了採礦工作，管理過各式各樣的企業，並且握有一些企業，首先是一八九七年到一八九八年在澳大利亞，一八九九年部分時間在中國，一九〇一年在日本，一九〇二年在紐西蘭，一九〇三年在印度，一九〇四年在羅德西亞和川斯瓦，一九〇五年在埃及，一九〇七年在緬甸、馬來亞各邦及錫蘭，一九〇八年在義大利，一九〇九年在俄國、朝鮮和德國，一九一〇年在法國，一九一一年再次回到俄國。他在舊金山、紐約、倫敦、墨爾本和上海有辦事處，有些時期在聖彼得堡和曼德勒也有辦事處。他成年之後有很大一部分時間是在海輪上度過的。他與二十幾個企業有連繫。在俄國，他在一個擁有七．五萬名佃農和工人的莊園內經營過各種企業；在中國他親眼見過義和團叛亂並曾視察爲保衛被包圍的天津而構築的工事；在西伯利亞的托木斯克，他感受到了俄國一九〇五年革命的反響；在緬甸他因患熱帶瘧疾而病倒。他還找時間出版了兩本書：一本是關於採礦原理的教科書；另一本是在他妻子幫助下翻譯的格奧爾格．阿格里科拉的《論礦冶》，這是一本十六世紀關於金屬冶煉的專著。

胡佛的第一件戰時工作，是將戰爭爆發時被困在歐洲的數以千計的美國旅遊者解救出來。然後他擔任了比利時救濟委員會主席的職務。四年之中，儘管受到德國和協約國的嚴重阻撓，胡佛還是使一千萬人免於挨餓。完成任務的效率是令人吃驚的，在救濟委員會工作結束結算帳目時，發現管理費用僅爲全部支出費用的百分之零・三七五，結餘贈給了比利時政府作爲和平時期建設之用。一九一七年，胡佛擔任美國食品管理局局長的職務，在未獲授權實行糧食配給的情況下，非常成功地執行了一項糧食供應和保管方案，使他的名字家喻戶曉。戰爭結束時，胡佛負責歐洲經濟恢復工作，他給三億人分配了兩千萬噸糧食，管理一個船隊，支配中歐鐵路和煤礦，並且恢復了被破壞的交通。

在混亂和相互仇恨的時期，胡佛的名字，對挨餓的人來說就意味著糧食，對病人來說就意味著醫藥。在他周圍工作的人形成了一批狂熱的崇拜者。幾個歐洲國家，有些街道以他的名字命名。戰時五年工作中，他既無薪俸又不能照管自己的事務，財產數量有所減少，但在人民中的威望卻很高。

剛過了十年，胡佛在戰時的業績就被人們遺忘得一乾二淨。曾經使歐洲有飯吃的人已成了餓的象徵，卓越的局長成了災難的標誌。停戰期間的胡佛繁榮已讓位給蕭條時期灰暗的胡佛貧民窟。這位偉大的工程師離開白宮時因遭公眾厭棄而處境之陰鬱，是自從一百年前的昆西・亞當斯總統以來，所有總統中最甚者。

二

人們宣揚的胡佛能力並不是什麼不可思議的事。單是胡佛的主要經歷就表明，那些讚賞這位救濟委員會主席、食品管理局局長和內閣部長的人，如果認爲他們所發現的這個人精力超人，富有主動精神，而且辦事效率高的話，那並沒有錯。毀掉胡佛在社會上的事業的並不是他個人能力的突然衰退，而是造就他這個人和形成他的哲學的世界瓦解了。

胡佛所信仰的事物——效率、事業心、機會、個人主義、眞正的自由放任政策、個人成功、物質福利——都屬於美國主要傳統。他所代表的思想，那些在許多人看來是使他一九二九年之後變得可恨而且可笑的思想，也正是那些在遙遠的十九世紀和不久之前的「新時代」中，對大多數美國人具有幾乎是不可抗拒的引誘力的思想。由傑佛遜、傑克遜和林肯口裡說出，這些思想就新鮮且令人鼓舞；但從胡佛口裡說出，這些思想就顯得陳腐且令人感到壓抑。一個有意義的事實是，在一九三○年代的危機中，那個代表了這些思想的人，發現自己甚至不能表達自己所贊成的觀點。幾乎是一夜之間他的基本信念就變成陌生和難以理解的了。他認爲沒有政府的巨大支持，資本主義也有力量生存下去並且繁榮起來，但自己卻成了這一信念的受害者。胡佛是放任的自由主義這一神聖學說的最後一位總統身分的發言人，他離開華盛頓標誌著這一偉大傳統沒落的開始。

胡佛社會哲學最鮮明的特點是對這種哲學的信守不渝，即使因之受到責備也心甘情願地忍受。一九二九年出現經濟崩潰之後，胡佛政府所經歷的是一個漫長的自殺過程。沒有任何一位總統，甚至格羅弗·克里夫蘭，在堅守信念蔑視多數人的意見方面能超過胡佛。在這方面，胡佛從來不會被指責因遷就群眾情緒而修正自己的觀點。

胡佛對於他稱之爲美國制度的信心，在很大程度上是由於他事業初期的各種境遇所造成的。他是古老的美國神話中靠自己努力取得成功的人，他年輕時候的作爲，要是林肯能知道將會非常欣賞。安德魯·詹森（Andrew Johnson）的父親是一個搬運工，他幼年時期做過一個不識字的裁縫的學徒；自他之後，沒有哪一位白宮的主人出身像胡佛這樣卑微。胡佛的父親是一位鐵匠，兼營一個農業機器代銷站；他是殖民地時代以來多年一直從事低微勞動的拓荒者家系的後代。在十九世紀，胡佛家族從北卡羅萊納州搬到俄亥俄州，繼而搬遷到愛荷華州，胡佛就於一八七四年出生在那裡，他的父母是從事職業的貴格會教徒。

胡佛六歲喪父，不到十歲時又失去了母親，父母留給他們三個孩子的積蓄只有一千五百美元。少年的胡佛向西遷移到奧勒岡的威拉米特，由他的舅父約翰·明索恩博士（Dr. John Minthorn）照管。他舅父不久在西北部興旺的土地交易中發了財；胡佛在他舅父的企業中擔任一個小辦事員。

根據一個視察工程師的提議，胡佛於一八九一年參加了新成立的史丹佛大學的入學考試。他準備並不充分，但學校爲了招夠新生而放寬了條件。大學裡一位敏銳的主考人員發現胡佛在數學方面的天資有可取之處，於是胡佛就被錄取了，有一點小小的障礙就是英語需要「補考」才能隨班讀書。此後的一生中，散文一直是他必須想方設法認眞對待的事，一看到散文彷彿就像看到荒涼原野上移動著的一團薄霧。

在史丹佛大學，胡佛在著名地質學家約翰·布蘭納（John Branner）教授的指導下進行學習。爲了賺取學費、維持生活，胡佛不但做了不少零雜活，而且尤爲重要的是，暑假期間擔任布蘭納地質考察的助手，上學期間任布蘭納的秘書。他還投入了校園的政治活動，站到反大學生聯誼會或「民主」派一邊，把最窮的學生——即住在校園邊上被捨棄的破舊工棚裡的學生組織起來。在承擔這種使人變得比較外向性格的工作中，胡佛部分地克服了他的羞怯性格，並且很快就贏得人們的尊敬。他的一位大學同學威爾·歐文（Will Irwin）回憶道：「要確切描述他對同伴們的作用和影響，說他『很受歡迎』是不夠的，應該說他『盛譽不衰』。」一八九三年，他當選爲該學生組織的司庫，在一九二八年競選總統之前，這是他唯一的一次競選公職了。在史丹佛大學他還結識了蒙特雷一位銀行家盧·亨利的女兒，並在一八九九年與她結了婚。

史丹佛大學對於胡佛幫助很大，後來胡佛成了史丹佛大學的贊助人、理事和胡佛軍事圖書館的建立者。但在一八九五年胡佛取得工程學畢業證書時，經濟蕭條日漸嚴重，他短期內的前途並不怎麼光明。由於不能謀得一個工程師的職位，年輕的胡佛在內華達附近的礦上找到一個普通工人的工作，他畢業之後的這年夏天，就在深山裡工作，鏟礦石、用手推車裝運，每天兩塊半美元。

但胡佛的前途並沒有埋沒在礦坑裡。幾個月之後，他成了舊金山著名工程師路易斯．亞寧的辦公室助理，隨後又迅速提升到更爲重要的職位。後來英國一個大型礦業公司要亞寧派一個美國工程師，去指導澳大利亞庫爾加迪新發現的金礦的開採工作。於是年紀不滿二十四歲的胡佛就登上前往澳大利亞的輪船，要去承擔起一個年薪爲七千五百英鎊的工作，此後時來運轉，開始了他那神話般的實業，不到四十歲就成了一個百萬富翁。

對於一個要作爲巴黎和會顧問的人來說，胡佛的背景可以說是很合適的。他參加戰爭時具有一個貴格會的家庭傳統。不像主持、指揮戰爭的老資格政治家，他沒有什麼政治觀點，也不必擔心選區的選民。戰爭挑起的可怕的激情，他受影響較少，他親眼看到協約國一方關於敵方暴行的故事是不眞實的，他也深知殘忍冷酷的並不只有德國一方。他的觀點很像未參加戰爭的一方的觀點，除了實際經濟考慮之外，其他一切盡可能不考慮。過了許多年之後他談到巴黎和會時說：「我當時處理的是在會議外面徘徊的貧困的現實。」

然而胡佛的和平方案不僅侷限於救濟飢荒。他與威爾遜持有同一觀點，即應在自由資本主義原則之上重建歐洲。除非協約國贊成接受十四點，否則他就贊成完全撤出歐洲，而且他一點情面不講，決定使美國在所有經濟事務中保持行動自由。凡是涉及糧食救濟問題，胡佛同時也注視著美國剩餘農產品的市場，這使他在批評自停戰至一九一九年三月對德國的封鎖時既有實際理由又有人道主義的理由。一九一八年十一月當協約國經濟合作的建議提出之後，胡佛打電報給他在巴黎的代表，要他否決：

> 在實現和平後任何甚至看上去似乎是協約國間控制我國經濟資源的做法。……實現和平之後，世界糧食出口供應的一半以上將會來自美國。聽由糧食購買者就價格和數量分配向我們提出條件是完全不可思議的。這個意見同樣適用於原料供應。

這種務實的回答就決定了所有協約國間經濟活動的可能性。

整體看來，胡佛給威爾遜的信件和備忘錄的內容是獨具慧眼的。他確信，如果摧毀了德國的經濟，在歐洲保持資本主義和民主的任務將會困難百倍，所以他力爭一種不帶報復性的解決辦法，並且反對最後條約中最糟糕的部分。爲了賠償協約國，掠奪德國或許是必要的，但他知道這應有一個政治和經濟方面的限度。一九一九年六月五日他給威爾遜的信中寫道，即使可能使德國在一個世代的時間內不得有盈餘，但是超過這個限度是完全不可以的，否則就會使德國失去實行民主政治的機會，「德國將會轉向共產主義或反動，從而在政治或軍事上展開攻勢。」條約將會破壞德國民主政治的種子，並阻礙世界恢復的進程。關於停戰後封鎖，這是「絕對的不道德之舉。……我們把一個人打倒在地時，就不應再用腳去踢他的肚子」。

胡佛工作的一個重要部分是在協約國最高理事會（Allied Supreme Council）的熱情支持下執行反布爾什維克政策。美國救濟的最高目的是使挨餓的人們有飯吃，除此之外，胡佛後來解釋說：

> 我的工作是培育歐洲民主這棵脆弱的植物，反對……無政府主義或共產主義。一旦瘋狂的人民爲饑荒和各種瘟疫所迫，各國政府都有墮入共產主義的陷阱的危險。

他在一九二一年寫道：「在停戰清算期間內，美國的整個政策是盡其最大努力防止歐洲布爾什維克化或受其軍隊侵略。」他向威爾遜建議說，在戰後時期，如果蘇聯停止軍事活動，就可以給蘇聯分配糧食。

一九一九年末，胡佛自歐洲返回美國時，他是兩黨急於爭取的重要政治人物，但他的政治觀點卻鮮爲人知。一九二〇年三月，他在一次公開演講中說自己是一個「獨立的進步派」，既反對「共和黨中的反動派，也反對民主黨中的激進分子」。他首先否認自己在謀求公職，然後宣稱，如果共和黨在「和約及我國經濟問題上採取一個向前看的、自由主義的、建設性的競選綱領」，他將接受共和黨的提名（對於國聯，他表示贊同，但有某些保留意見）。

胡佛就這樣宣布了自己的黨派傾向，但並未獲得任何黨的委託，從而丟失了自己手中的王牌。共和黨的職業政客們，確信民主黨不能利用胡佛在人民中的崇高威信，而且也覺得這位工程師對他們沒什麼用處，於是就放開手去提名一位正式黨員。胡佛受到很多人擁護，有大量的資金和很高的聲望；他比哈定更爲人們所瞭解，比洛頓和伍德具有更大的號召力。但是黨魁們勝利了，哈定登上了總統寶座。無論情況如何，胡佛都不大可能獲得共和黨的提名，但溫德爾．威爾基（Wendell Willkie）在一九四〇年獲得提名的事實表明，胡佛獲得提名是可能範圍之內的事。如果胡佛一九二〇年當上了總統，人們都會相信，美國將不必經歷哈定政府那場令人厭惡的鬧劇，胡佛將連任兩屆，一九二九年離任，那時他會成爲美國歷史上最受人尊敬的總統。但胡佛卻成了哈定「智囊團」中的一員，在內閣中當了商務部長。

胡佛接任商務部長之後竟成爲一個大官僚，考慮到他後來這種態度，是具有諷刺意味的。商務部長的職位過去被認爲是內閣中最不重要的，但在胡佛任職之後，這個部門對於一九二〇年代華盛頓大實業家們的政府來說，其重要性竟與梅隆的財政部並駕齊驅。商務部的職能迅速增大；幾個下屬部門迅速成立起來，其他一些是從內政部劃過來的，制定了建立新的辦公大樓的計畫，活動的加速達到了驚人的地步。胡佛在多年之後說道：「在政府中稍有經驗的人就會意識到，在所有官僚機構中都有三種難以抑制的精神——想盡辦法保留自己的官職，擴展勢力和無止境的權力追求。」

對於官僚最常見的批評是低效率，但胡佛所主宰的商務部卻從未聽到這種批評，因爲它取得的成就遠遠超過了經費和人員的增加。研究商業趨勢並提出報告，這是過去從未做過的，現在做了。部裡有一個較小的部門叫作簡化業務局，它把每年節約下來的錢用於工商業和社會，只此一項就比償還國家給商務部的預算還要多，而簡化業務只不過是這位前工程師爲反對經濟浪費，而掀起的巨大廣泛宣傳運動之一個小小的組成部分。

商務部長的職位對於胡佛進而實現做美國總統的偉願，是個具有戰略意義的位置，他展開一種行動，引起了新聞界的廣泛注意，其聲勢與柯立芝不相上下。在一九二〇年代那些美好的日子裡，既博得公眾的歡心同時又得到大企業的賞識並不困難。胡佛特別討好公用事業權益集團，發表了幾次措辭激烈的演說，反對聯邦政府管理電力而贊成州政府管理，認爲州的管理效力因法院裁決而大大被削弱。各公用事業公司的宣傳機構——全國電燈協會（National Electric Association），將這些發言印成小冊子分批散發，從二．五萬份至五十萬份不等。

胡佛力圖促進工商業發展，辦法是鼓勵向國外投資，並爲美國購買者爭取最適宜的市場。他如此捍衛美國貿易就證明助理國務卿威廉·理查茲·卡斯爾（William R. Castle）在一次出口商會議上的吹噓言之有理，他說：「胡佛先生是你們的先遣代理人，凱洛格先生則是你們的代言人。」然而，向國外投資的擴展結果證明是自食其果，引起了國內通貨膨脹。向國外投資的每一個美元都要產生利潤。當國外投資總額變得十分巨大，一定時期內年度利息支付和其他利潤超過了向國外的新的投資，這些無形項目的國際收支餘額就會回到美國，而本國的某些外國市場最終將會喪失。向世界銷售貨物，向世界各國貸款，但又拒絕從世界各國購進貨物，這種做法最後不可能不引起災難。

但是當時共和黨帶來的繁榮正如日中天，很少有人擔心這類事情，胡佛的內閣部長職務繼續享有很高聲望。一九二七年對密西西比洪災的救濟工作，又使選民們想起了他早年的人道主義事業。在公眾心目中，他是柯立芝合適的繼任者。然而，職業政客們仍然對他持有疑慮，而且似乎很奇怪的是，華爾街的政客們竟然畏懼他，希望靠得住的柯立芝再次獲得提名，如果不行，或提名安德魯·梅隆（Andrew Mellon）。威廉·艾倫·懷特在柯立芝的傳記中寫道，華爾街政客們聯合起來反對胡佛，就是因為他們知道胡佛「對市場發了幾句牢騷」；最高法院首席法官塔夫脫對此既迷惑不解又感到厭惡。

人們一般認為胡佛是哈定—柯立芝內閣中「最寬厚公正的」成員。對於哈定時期的各種醜聞他均未置一詞。即使他未做任何事情去制止那些做錯事的人，但他自己並未做什麼錯事。[1]在某些方面人們在竊竊私語，對他表示懷疑，特別是農場主們，他們懷疑他有解決農業方面之不幸的辦法，但在一九二八年，他的這些短處都不那麼突出。雖然對於一九二〇年代自由主義的提案，除了童工修訂案和失業保險之外他並未表示支持，但他看上去像是很寬容地暫時不做出判斷。也許是他進步主義的觀點藏而未露；也許當他不再受哈定和柯立芝政治束縛的時候，他會是個較開明的人。一位自由主義經濟學家說：「在這樣一種環境下，他做得很不錯，誰在這個地方也只能做到這個樣子。」在胡佛獲得共和黨提名時，人們對他的看法就是如此的。

三

胡佛在總統的職位上兢兢業業，他希望在任職期間獲得最輝煌的勝利。他一定夢見了他將留給歷史學家們的形象——一位在工商業上取得成功、在人道主義事業上取得巨大成就、在作爲總統領導國家方面又取得輝煌成績的人。就像傑佛遜是民主的象徵，林肯是解放的象徵一樣，胡佛這位工程師是即將到來的物質完善的時代的象徵。

然而作爲一個政治家，胡佛在處理與其他政治家的關係和與民眾的關係方面，都被證明是失敗的。他不習慣於競選公職，也不習慣於回應民眾的意志做出變更。他來自實業界，對於實業界的同儕他具有無上的說服力，但在與民眾交換意見方面他卻缺乏訓練。他一生的大部分時間是花在對東方人發號施令，對他自信地稱之爲「劣等種族」的人們發號施令。[2]採礦和礦產推銷是艱辛而冒風險的職業，要求在人的價值觀念方面做出很大的犧牲，胡佛在這一職務上也未養成外交風度和社會交際的靈活性以補償職業本身的缺陷。情況表明，在他那講究實際的外表下面已養成一種高傲的氣質。一次與英國一家礦業雜誌通信時，他拒絕評論公司官員們錯誤使用投資者的資金的問題，認爲這些行家們把錢「用於更有利於生產的目的，比把資本放在白痴手中花掉強多了」。[3]他習慣於獲得成功而且經常受到人民的尊敬，習慣於卓有成效地管理著人和機器，而對世界之大和困難他未必曾感到束手無策。有一些精明且精力充沛的實業家，恰恰由於他們在自己的切身經歷中輕而易舉地獲得成功，對於自己領域之外的事就拒絕進行深入學習，胡佛就是這樣的一類人。

---

[1] 像哈定執政時期其他有名望的人士一樣，胡佛也受到批評，因為他未能揭發或制止內政部中的腐敗行為，而且據說「他一定是知情的」。阿爾伯特·福爾（Albert Fall）參與了茶壺山醜聞案。當他在醜聞被揭露前辭職時，胡佛給他寫信說：「就我所知，沒有哪一位部長像你這樣給予〔內政〕部如此具有建設性和正當的指導。」（轉引自薩繆爾·霍普金斯·亞當斯（Samuel Hopkins Adams）：《不可思議的時代》（*Incredible Eva*），第二〇四頁）。

[2] 見《採礦原理》（*Principles of Mining*）（一九〇九年）。

[3] 《礦業雜誌》（*Mining Magazine*），一九一二年五月，第三七一頁。

從心理上來說，胡佛很不適應政治生活的特殊要求，他仍然很靦腆，仍然不能清楚地表達自己的思想，他絕不是一個活躍的政界人物；他厭惡政治及政界無數的無聊的侮辱人的言行，他遇事常常擔心，對批評很敏感。他不具備使人際關係隨和的本領，這使他甚至在繁榮時期當總統也感到這個職務很不自在。因此無怪乎他在任期接近尾聲時竟然滿腹牢騷地說：「總統這職務簡直是令人痛苦至極。」然而胡佛的最大障礙不在於個人性格的侷限性，而是在他的哲學觀念。他虔誠地相信他成長時期所處的控制較少的利潤制度。他不會說這一制度是無懈可擊的——錯誤的思想和愚蠢的舉動可使這制度陷於混亂；他也知道這一制度會發生週期性動搖，但他認爲這種動搖可以減小。這一制度的基本原則是完全「正確的」。如果在這一制度運行中，可以讓政府適當地稍加管制，以便防止「各種濫用職權的情況」，它可以愈來愈有效地造福人類。從一八九三年的蕭條至一九二九年的大崩潰，這一制度確未受到嚴重挫折，而這三十二年正是胡佛成熟的階段。的確，一九〇七年出現了「銀行家恐慌」，但爲時很短，而且正如這一名稱所表明的，很容易歸咎爲不適當的做法。世界大戰前夕，工商業出現下降趨勢，但表現得不是很充分。一九二〇年代初有一陣短時期的蕭條，但這是由於戰時經濟打亂引起的，並不是「正常的」經濟形勢天然要素。很顯然這一制度是行得通的，而且運轉得不錯。

但事情還不止於此。胡佛從童年時代起，就看到了美國工資大幅度上升和生活水準明顯提高，美國工人的技能和技術所創造的生產率在穩步提高，電話、收音機、汽車、電燈、電冰箱，所有這些發明已在人民中普遍使用。胡佛相信，美國的天才和創業精神將繼續更有效地製造出更爲廉價的生活用品。價格將會下降。生產率的提高和成本的降低將會使工業部門有能力支付較高的工資，而較高的工資又會爲商品銷售擴大銷路。透過巧妙地促進國外市場，剩餘產品可銷往國外。這樣整個經濟就會螺旋式上升，永無止境：會有愈來愈多的電話、收音機、汽車，愈來愈多的學校，提供給每個人的機會也愈來愈多。黃金時代即將來臨。一九二八年他喜氣洋洋地在接受提名的演說中宣稱：「我們今天的美國比任何國家歷史上的任何時候都更接近於最終戰勝貧困。……在上帝的幫助之下，我們不久即將看到在我國最終消滅貧困的一天。」他已經成了一個激進的空想資本家。

胡佛總是把他自己的經濟學觀點稱之爲「眞正的自由主義」，與從左邊批評他的人們的僞自由主義相對，由於他的經濟學觀點更接近於十九世紀的經濟學理論，從這意義上來說他是正確的。他出生於政治方面有明顯共和黨傾向的愛荷華州農場環境，後移居至西部開放的經濟環境中。他的國際商業經歷及長期居住國外，只是改變了他典型的美國中部的口音，卻並沒有改變他思維的天生傾向。正如傑佛遜歐洲之行堅定了他的政治偏見一樣，胡佛對歐洲經濟生活的瞭解使他更加強烈地反對國家控制經濟，更加相信「美國」式處理事情方法的優越性。大體上來說，他同意傑佛遜和經濟個人主義者的看法，認爲控制最少的政府是最佳的政府，而他在一些地區的和自願的行動方式中獲得的成功又加深了這一信念。即使在華盛頓當官，胡佛所關心的事也是發揮私人企業的主動精神而不是進行家長式管制。雖然他的政府經歷和對進步派的贊成——一九一二年他曾是雄麋黨[4]中觀點溫和的成員——在某種程度上限制了他對自由貿易抽象原則的忠誠，但他還是將中央集權化的政府管制活動，限制在他認爲是合理的最小限度內。[5]

[4] 指西奧多·羅斯福那一派的進步黨。——譯者

[5] 胡佛在一九〇九年著《採礦原理》一書，其中一節贊同商業聯合原則。他在這一節中說：「雇主可以對工人橫行霸道的日子正在消失，這種做法所根據的『自由放任』原則也正在消失。愈早地認識到這一事實，就對雇主會愈有利。」胡佛一向贊成把對純粹自由放任政策的干預作為進步時期的國家社會福利法律。但國家管制原則，最初是針對過去無限制的剝削所採取的一項進步措施，現在卻日益趨於變為更有效的聯邦管制的似有道理的保守的代替物。到了胡佛成了全國知名人物的時候，對於那些代表實業界觀點的人來說，捍衛國家福利法而反對聯邦法律，已經成了一種陳腐的論點。

此外，胡佛所受的訓練是當工程師，他的社會哲學受到一種職業偏見的影響。節儉和效率本身就成了目的。對他來說，非常重要的不僅僅是實現什麼樣的目標，而且，還在於如何去做某一項工作。這種手工藝匠人式的對於技術的關切，其本身倒是無可厚非的，但在大蕭條時期，卻使他在政治上處於非常不利的地位，因爲人們不管採取什麼方法，著重的是取得結果。

胡佛在戰後反對布爾什維克以保護西方資本主義方面的作用，似乎對他的思想方式也產生了影響。他最經常談的主題之一是關於社會主義是行不通的說法，他的另一個趨向是把每一項國有化措施都看成是布爾什維主義的。一九二二年他宣稱，俄國社會主義的失敗儘管隨之帶來各種災難，對於整個人類來說也不能算是一種絕對的不幸，因爲「讓全世界看到這一事實是必要的」。他不僅拒不承認蘇聯政府，而且也拒絕承認蘇聯的經濟學。[6]他在一九二〇年代宣布，與俄國進行貿易是不可能的，因爲蘇聯在其經濟制度下，絕不可能「恢復生產」，絕不會有產品出口，因而也絕不能購買產品。[7]

甚至由拉斯科布資助的民主黨的一九二八年競選綱領也代表著國家社會主義，因爲其中載有關於動力及農業救濟方面開明的政綱。後來胡佛在《對自由的挑戰》（*Challenge to Liberty*）中解釋說，國有制不論在工業的多麼小的一個部門中實行，都會迅速接著採取其他步驟。他憤怒地否決了參議員諾里斯的提案，該提案建議在馬斯爾肖爾斯（Muscle Shoals）建立一座政府擁有的發電站，政府有權售出電力和硝酸鹽：

> 我堅決反對政府參加其主要目的是與公民進行競爭的任何企業。……〔動力〕工業行爲的弊端，糾正的辦法在於實行管制。……如果我國的官員們關心的不是促進正義和平等機會，而是一心一意進行市場交易，那麼我們的機構、政府及我國的前途無論如何是令人感到憂慮的。因爲那不是

自由主義，而是墮落。

田納西河流域資源的實際開發和工業的眞正發展，只能由那裡的人民來完成……其目的也只能是爲了這一地區人民的利益，而不是爲了實現某種社會理論或國家政策。任何其他辦法都會剝奪這一地區人民的自由。

一九二二年，胡佛因世界範圍的動盪而感到不安，於是寫了《美國的個人主義》（*American Individualism*）一本小冊子，闡述了他的社會哲學觀點。他承認，不加制約的個人主義將會產生許多不公正的弊病，但他斷言，幸運的是，個人主義在美國受到機會均等這一偉大原則的制約。

我國的個人主義不同於其他國家的個人主義，因爲它包含有下列偉大理想：雖然我們的社會建立在個人所獲得的成就之上，但我們保證使每一個人有平等機會享有他的才智、性格、能力和願望，使他有資格占有的社會地位；我們使社會問題的解決不依仗固定的社會階層；我們鼓勵每一個人努力取得成就；透過加強責任感和理解協助他實現這一目的；但與此同時他必須經受得住競爭這塊金剛砂輪的磨煉。

胡佛繼續說，美國人已明白，強者不一定是最適者，在強者受到約束時社會才能順利地發展。但我們也很清楚，「人類進步的源泉之一」是個人有機會盡最大可能發揮個人的能力。人人眞正

【6】一九一九年三月二十八日他寫信給威爾遜說：「只要我們對這殺人放火的布爾什維克暴政稍有承認的表示，就會在歐洲各國引起激進主義的行動，而且這也違背我們各國自己的理想。」

【7】胡佛在理論上認為蘇聯不能做好生產，但這並未妨礙他把蘇聯在世界市場的傾銷列為蕭條的重要原因之一。

平等地主張「是法國大革命譁眾取寵的空話」。個人能夠從政府那裡得到的最多只是「自由、公正、思想安寧、平等的機會及鼓勵」。作爲美國仍然存在大量平等機會的例證，胡佛說：「包括總統、副總統及內閣成員在內的十二人中，有九個人沒有得到遺產，靠自己個人奮鬥起家，有八個人是從體力勞動開始的。」胡佛曾主持過世界上最大的統計機構，那麼他的這種關於適當的統計抽樣的觀點實在是太差勁了。但他選擇了哈定內閣來表明凡是靠自己努力成功的人均能獲得機會這件事則充分顯示出他的剛愎自用。

胡佛在與史密斯競選總統時，再一次申明美國的個人主義並不是說人人可以恣意妄爲，這要求實行「經濟方面的公正以及政治和社會公正。這並不是一個放任自由的制度」。

> 這恰如我們組織一場比賽，透過免費的普及教育，就使參賽者受到訓練；我們提供相同的起點；我們透過政府進行公平裁決。那些訓練最認眞、最有能力而且性格最堅強的人，就是比賽的勝者。

由於有公立學校免費教育體制，銀行家的兒子和分成制佃農的兒子在生活中就有同等的機會，哈定、柯立芝和梅隆等政府只不過是競賽中「公平的裁判」，這些想法眞是有些離奇，但對胡佛來說，倒並不多麼離譜。胡佛所屬於的那整個一代實業家在如何理解二十世紀方面，都有許多非常不利之處。他們是在內戰後實業巨頭們的精心培育之下成長起來的，並且繼承了這些人的思想體系。上一代人的成功給人們印象至深，儘管這些思想有其固有的弱點，但只要美國個人主義仍在人們心中點燃起希望的火花，這些思想的聲勢也就相應地升高了。在胡佛一八九一年進入史丹佛大學的時候，那種認爲生活是競賽而強者勝的觀點在許多人看來還是有道理的，而且維護現狀的有名的發言人，如威廉．格雷厄姆．薩姆納等人，仍在耶魯大學向大學生們大談特談諸如百萬富翁正是競爭文明的結果。雖然進步運動時期的激烈批評使這些觀點稍有些失色，但在一九二〇年代的新時期又修整一新重放光彩。一九二九年可怕的突然崩潰，使舊傳統的繼承者沒有可依賴的成熟而可理解的思想體系，而他們又缺乏靈活性和勇氣去醞釀新的思想體系。這些人過去大肆吹噓在實業中要趕時興、實際、精明，現在又不得不一遍又一遍地重唱著他們過去吸取的，現在已經愈來愈無用的陳舊信條，在政治活動中也顯露出迂腐、不切實際和愚蠢的思想，這結果就使自由同盟得以成立。

對於胡佛認爲經濟生活是一場勝利屬於跑得最快者的賽跑的觀念，如果有人提出異議，說這是絕對難以置信的，胡佛就會以自身的經歷來進行回答：他原來不是以一個貧窮的孤兒的身分走上生活的嗎？一開始他不是在礦上工作拿著微薄的工資嗎？難道他不是成了百萬富翁而且當上了美國總統嗎？有時候個人的經歷是最易令人得出錯誤結論的；如果這個人的一生中只有成功，當他的整個世界開始衰敗時，他就很可能會成爲一個被遺棄的異己人物。

四

一九二九年十月，胡佛已經不再是唱繁榮高調的哲學家，而是在執行爲失敗做出理論解釋這樣一項事先未預料到的令人傷心的任務。他對於蕭條的解釋簡單得很：美國制度雖然基本上是健康的，但由於主要是來自國外的各種偶然的或意外的影響，暫時陷於困境。

胡佛總統一九三〇年十二月致國會的諮文中承認：「這次蕭條的根源，從某種意義上說存在於國內，是由於一個時期的投機活動所造成的」；但他接著又說，如過分無限制的投機活動是其唯一的原因，那麼這次蕭條本來就容易克服了。但這是一次世界性的蕭條，其根源在於世界大戰。他得出的結論是：「促成這次蕭條的各種主要力量存在於美國之外。」

一九三二年競選總統時他進一步闡述了他的理論。他提醒民主黨的對手們不要忘記世界大戰在人力和財力方面造成的巨大損失，不要忘記政府的巨額外債，「使人喪失信心的」政治不穩定狀況，常備軍人數的增長，中國、印度和蘇聯的革命及騷動，以及西印度群島、古巴、巴西、厄瓜多、剛果、緬甸、澳大利亞及世界其他地區主要產品的生產過剩。生產的過剩「撞擊著供求的不變規律」，並且「不可避免地使物價猛跌……一系列破產及對美國貨物購買力的破壞」。恐慌萬狀的各國把他們握有的證券傾入美國市場，黃金大量外流，「因而引起我國人民的恐懼」，使他們從銀行提取巨額存款。所以，認爲這次大蕭條主要原因是在於美國國內的看法是多麼錯誤。胡佛最後說：「開啓這場大戰或歐洲恐慌的並不是我們。」胡佛關於大蕭條的最後一條說明是，他所推行的政策終於減輕了蕭條的情況，[8]只是由於一九三二年競選引起的不穩定，以及羅斯福的政策未能恢復人們對於工商業的信心，才使得大蕭條又繼續下去。

如果（如胡佛所說，「其敵人稱之爲資本主義制度」的）美國制度基本上是健全的話，那麼諸如喪失信心等心理因素對於延緩恢復的到來，是可能會起重要作用的。胡佛特別認眞看待保持人們信心的重要作用，所以他於一九三一年那個陰鬱的秋天從華盛頓到費城，部分原因是他認爲他參加一場美國棒球世界聯賽將會向廣大公眾表明，他的心情是沉著平靜的。正是由於這種激發人們信心的願望，才使得大崩潰之後的幾個月裡，報刊上充斥胡佛及其他一些人毫無根據的樂觀的言論。市場崩潰後不久，胡佛說了他最有名的一句話：「美國的基本實業，即商品的生產和銷售，是建立在健全而繁榮的基礎之上的。」其他一些充滿希望的言論也接著而來。一九三〇年三月八日，他向全國保證，危機在六十天內就會結束。

人們曾普遍認爲，由於白宮發出的這一系列樂觀的發言，可見胡佛根本不瞭解當時情況有多麼嚴重。然而對胡佛私下活動進行的仔細研究，表明這種看法是不正確的。私底下他對於這場危機的性質及可能延續的時間都抱有悲觀的看法。聯邦儲備委員會的官員們一開始就警告他說：「目前情況是……到處有毛病，簡直千瘡百孔……。重新調整好需要數月的時間。」然而「自信」經濟學的心理要求向公眾提出澈底的保證，於是總統就以他在料事方面尚存的名聲進行賭注。不幸的是，他的後半生背上了這樣一個笑柄：「繁榮即將來臨。」

實際上，胡佛最初對這場危機的估計並沒有錯，成爲問題的是他後來對自己採取的補救措施的估計。一九二九年十一月二十一日，他召開了一次企業巨頭高級會議，根據邁爾斯和沃爾特·牛頓（Walter Newton）對他的發言草稿所做的摘要，他祕密地向他們講了下列問題：

> 他認爲這次危機比一場股票市場崩潰要嚴重得多；沒有人能向我們說明問題及災難的嚴重程度；這場大蕭條將會延續一段時間；由於工商業活動突然壓縮，出現了兩、三百萬失業者。

他繼續說，必須採取措施防止災難發生，「保障社會秩序和工業上的和平局勢」。不能把負擔直接加在勞工身上，否則就會削弱購買力，引起「工業方面的鬥爭、怨恨、秩序混亂和恐懼心理」。相反，工資倒是應「暫時維持現狀」，直到激烈的競爭和需求的縮減使物價下降。[9]然後當工資降低

---

[8] 一九三一年夏天，商業活動出現好轉的趨勢，使得這種說法像是真的，但如果認為按胡佛的綱領就會使這種好轉趨勢繼續下去，使經濟從蕭條中完全恢復，那可只不過是一種信念。

[9] 對工業的一個主要部門來說，這是一種虛假的設想。在壟斷性的重工業部門中，價格結構彈性很小。許多經濟學家把這場蕭條的嚴重性及恢復的困難歸咎於堅持價格的做法。

時，其降低速度不要快過生活費用降低的速度或超過其降低的程度，這樣，各種價值就會逐漸降低而不至於造成不必要的困難。[10]資方和勞方都支持這一綱領，資方同意維持生產和工資，而勞方則撤回已經提出的一些提高工資的要求。胡佛相信，如果忠實地堅持他的計畫，可以使價格降到足以降低生產成本，從而又可獲得利潤，膨脹的資本價值將會降低，一直到價值與實際情況大致相符；隨後正常的上升趨勢將會恢復。胡佛對美國人民說：「我們過去每度過一次蕭條，就會進入較以前任何時候都更爲繁榮的時期。這一次也將如此。」

胡佛在要求企業家們發誓放棄他們所有的固有的傾向。工業家頭一個衝動是減少生產，裁減雇員，並盡可能維持價格。政府部門中最講究實際的反應來自安德魯・梅隆，他在一九三〇年秋天說：「毫無疑問，透過削減產量可在短時間內糾正目前的狀況。」他正在他自己的巨大企業系統中以極大的熱情削減產量。但按照胡佛的計畫，工業家們要繼續生產並支付一般工資，即使看不見產品市場的影子也要堅持這樣做。也許使人感到驚奇的是，他們竟然同意執行他的計畫，而且也許更令人驚奇的是，在工資問題上，他們一般也是盡力照辦。直到一九三一年夏季之後，工廠主們才開始普遍降低工資標準。但生產則是另外一回事了。他們不願意爲一個根本不存在的市場進行生產；總產量和工資總額於是急劇下降，蕭條進一步加劇。

如果本國基本工商業情況眞的不錯，人們或許會期望胡佛的綱領產生作用。[11]不顧現實的跡象，胡佛似乎的確認爲他的綱領正在產生作用，而且不久，在他那奇特固執的心裡，就產生了一系列脫離現實的想法，這使他愈來愈深地陷入空想的境地，認爲事情正在按他預料的方向進展。因爲按照他的假設，他的綱領本應是成功的，所以他喋喋不休地談論自己的綱領，彷彿是這項綱領正在帶來成就，而且他的想法愈是行不通，他就愈要以藐視一切的精神維護他的主張。十一月會議開完的半年之後，當一些實業家、銀行家和主教來勸說他採取積極行動制止失業現象時，他說：「先生們，你們晚來了六週。」在一九三一年那個令人痛苦的夏天，胡佛不顧就業人數減少和工商業即將削減工資而陷入恐慌之中的局面，卻吹噓著他的政府曾「不斷地敦促維持人們的工資和薪水」。

按照合乎邏輯的結論，要以通貨收縮的辦法來解決這場大蕭條，就需要使數量較大的一批經營失敗的企業破產，過去一直如此。在物價下跌時，這一辦法是清理大量債務負擔並減少不斷膨脹的對資本的要求的最重要辦法。但隨著這場大蕭條的加劇，人們愈來愈清楚地看到，這種辦法有使整個社會經濟結構傾覆的嚴重危險。很大一部分債務是握在儲蓄銀行、抵押和人壽保險公司手裡，千百萬人把他們的積蓄投在這些機構中，如果這些機構倒閉，後果就會是致命性的。爲了用政府貸款支撐這些制度的金融結構，胡佛最終於一九三一年十二月請求國會創立復興金融公司，這樣在這方面就放棄了不干預政策。

如果說胡佛的經濟學並不要求政府採取強有力的行動，那麼他的經濟學卻要求比任何以往的總統克服蕭條狀況時具有更多的主動精神。歷史上出現大蕭條時，所採取的政策幾乎完全是自由放任的政策，胡佛是美國歷史上第一位使用聯邦的領導力量來應付這種緊急形勢的總統。但他像一頭怯弱的野獸，甚至按他自己的溫和綱領也需要強制行動時，卻不願意以聯邦的名義對各企業實行強制。沒有合法的權力，他就不能保證各企業的領導人會維持生產和工資水準；保證就業問題自然就更談不上了。但對於一個具有像他這樣的政治理論的人來說，這種強制是難以想像的。企業家拒絕

【10】前面一段引言並不是直接摘自胡佛的草稿，而是邁爾斯和牛頓的解釋。十一月二十一日會議的綱領在此後十二月五日的會議上被批准通過。

【11】胡佛很可能是希望出現類似一九二一年至一九二二年短暫的蕭條情況，當時價格急劇下降，致使有工作的工人的工資大幅度上升。

進行生產的權利，使工廠停產的權利，畢竟是胡佛熱心捍衛的私有制的幾項重要傳統權利之一。破壞這項權利將會使承襲下來的法律和道德觀念發生革命性的變化。

然而使胡佛退縮不前的不僅是他政治上的顧忌，還有他的經濟理論。他的理論認爲大蕭條是由外國的原因引起的，自然就不會尋找大蕭條產生的國內原因，從而也不會積極地採取國內的彌補措施。從這樣一個很少有辦法加以批駁的前提出發，即這場世界性的蕭條加劇了美國國內的蕭條，胡佛得出了一個完全可疑的結論，即美國國內經濟沒有什麼嚴重的缺陷。在胡佛的公開演講中，到處是對於中國革命和厄瓜多可可生產過剩的悲觀論調，但如要從中找出詞句表明他意識到這樣一種事實，即這場大蕭條有其深刻的國內原因，即使不出現金融市場崩潰也會以其他方式表現出來，則是徒然的。與歷史上任何時期相比，一九二〇年代的商業繁榮更多地建立在消費品生產增加的基礎之上，因而也就比任何時候更依賴持久不衰的消費。美國的消費水準是很高的，但其增長跟不上美國工業巨大的生產能力的增長。在一九二〇年代繁榮的表面現象下面，掩藏著農業的長期蕭條不振。工業方面，失業人口有所增加，工資增長數量不大。一九二九年股票市場崩潰之前，繁榮賴以存在的各種重要因素都已在減弱。例如繁榮重要來源之一的房屋建設投資，從一九二五年就開始縮減，一九二八年至一九二九年間則急劇下降，繁榮的最後一年，減少的已不僅是民用住宅，工業和商業建築也呈下降趨勢。汽車製造和道路修築在大崩潰到來之前已開始走下坡路。所有這些都反映在資本貨物的投資數量上，在市場崩潰前一年其數量就開始下降。國內存款過多需要尋求投資市場，有大量的貨物需要銷售市場，而不能在工業上爲迅速充滿市場的儲蓄存款找到良好的投資出路，就使資本轉向投機管道。胡佛看到了這種不正常的投機情況而且也不贊成這一做法，但他寧願向國外而不願在事情本身去尋求原因。

胡佛在做商務部長期間，對於美國巨大的生產能力問題，他的指示是：把貨物賣到國外；對於積累的大量資金問題，他的回答仍然是：向國外投資。胡佛認爲這場蕭條開始於世界其他地方而後才擴展到美國的理論，如果是眞的話，也是自食其果。在促使美國把資金投入這個步履踉蹌的世界經濟方面，沒有誰比胡佛更積極的了。但認爲解救美國經濟的辦法在於國外市場和向國外投資，這又是基於對國內經濟的錯誤認識。

胡佛從來沒有承認過，美國人民的購買力與其所創造的生產力相比是多麼之低。在《對自由的挑戰》（一九三四年）一書中，胡佛得意地說，在美國並不存在財富分配嚴重不當的情況，這話符合他的思想。而且他宣稱：散布有關財富分配不當這種陰險的思想，是「那些試圖摧毀自由的人們」的一種伎倆。「進行充分的研究將會發現，百分之九十以上的國家收入分給了年均收入一萬美元以下的人，百分之九十七以上的國家收入分給了年收入在五萬元以下的人。」這裡爲說明情況而選擇的收入階層是如此之廣，以至於有關收入分配和購買力情況的事實都被掩蓋了。與《對自由的挑戰》一書同年出版的題爲《美國的消費能力》（*America's Capacity to Consume*）的布魯金斯學會（Brookings Institution）研究報告則表明，美國六十三·一萬個最富有的家庭的總收入，比處於貧困底層的一千六百萬個家庭的收入總額還要多得多。布魯金斯學會經濟學家的結論是，就購買力而論，這一千六百萬個家庭的收入已經少到連「基本生活必需品」也買不起的程度。在胡佛部長竭力工作擴展美國國外市場的那些年，美國國內潛在市場的情況就是這樣。

從兩項重要的政策中可以看出胡佛對待這場大蕭條的僵化心理狀態：即他的解決農業弊病的措施和對待救濟的態度。對農業他陷入了一種錯誤的樂觀估計；而對於救濟，他則過分地忠實於關於自救的美國民間傳說。

胡佛的農業政策主要體現在一九二九年通過的農產品銷售法（Agricultural Marketing Act）中，這項法令設立了聯邦農業委員會。在農產品供過於求期間，農業委員會將進入市場購買「生產過剩的」農產品，以便在市場恢復正常之前維持農產品價格。胡佛的典型看法是，可以理所當然地認爲任何生產過剩都是偶然的，而不是長期形成的；總之，美國農業的基本狀況是健全的。這種推測沒有任何事實爲根據。自第一次世界大戰以來，美國農業的增長已經完全超出了其國內和國外市場需求的總和。造成這種情況的部分原因是——胡佛有時也很明白——世界其他地方出現了新的競爭場所，部分原因是美國由債務國變成債權國，使其他國家購買美國出口貨物產生了困難，還有部分原因是消費習慣的改變，以及胡佛堅持捍衛的很高的關稅。[12]胡佛政策的結果是，大量難以銷售的小麥和棉花庫存日增，使政府背上沉重的包袱。政府倉庫中每年的大量未銷售掉的過剩產品都壓在第二年的市場上，[13]結果是價格驟然跌落到災難性的新的低價。最後到一九三二年，棉花公司開始請求農場主們只耕種三分之一的土地。胡佛政府極力透過自願行動來實現這種協調配合的減產，但是沒有實現，而羅斯福政府卻透過大量誘導工作及不時施加強制的手段做到了這一點。

更爲重要的是他對於救濟的態度。他的這種態度造成的形象至今仍存留於人們心中，胡佛總統曾經在各種情況下向整個西方世界一．五億人口成功地發放了救濟，於是就自認爲是這方面的權威，這是可以理解的。像在其他領域中一樣，他這方面的觀點也是不可改變的。在他公開討論救濟問題時，一般是把這視爲一個政治理論或道德理論問題，而不是作爲經濟或人民的需要的問題。他眞誠地相信，救濟是「志願機構連同地方和州政府」的工作。一九三一年二月，他清楚說明了他之所以把救濟視爲地方工作的理由：

> 任何一個社會，特別是在經濟和社會問題方面的責任，一旦由本國任何地方轉到華盛頓，那麼這一社會就使自己處於一個遙遠的官僚機構的控制之下。……對於自己命運的控制就失去很大一部分發言權。

對於這一政治理論的論述正確與否實無必要進行辯論。各地方政府枯竭的財源實在不足以承擔在危機中救濟的要求。胡佛確實做出保證，說一旦地方機構無能爲力——他認爲這種情況不會出現——他就「要求聯邦政府提供各種人力物力的援助，因爲正像參議員和眾議員一樣，我也不願看到我們的同胞忍饑挨餓」，但從沒有答應給以直接的聯邦救濟。總統堅決地說：「我反對任何直接或間接的政府救濟。歐洲經濟崩潰和失業人口的增加部分是由這種做法造成的。」大量救濟撥款會使預算收入不平衡，而他認爲收支平衡「對於恢復人們的信心是必不可少的」。

在胡佛對於救濟問題的態度背後有一種奇特的經濟神學，一九三〇年旱災產生的政治後果突出表明了這種神學。一九三〇年十二月，胡佛同意國會撥款四千五百萬美元，以挽救受災的阿肯色地區的農民的牲畜，但反對再撥款兩千五百萬美元救濟農民和他們的家庭，堅持說紅十字會可以救濟他們。最後國會投票贊成再撥款兩千萬美元救濟農民時，爲消除總統的顧慮，規定這筆錢將作爲貸款而不是一份禮物。胡佛在批准貸款時說，如果聯邦政府贈款救濟，這「將會損害美國人民心靈上的反應。……我們處理的是生活中無形的東西和人們的理想」。他補充說：「對於我國的精神和理想，一個自願的行動比從國庫中拿出上千倍的錢還要寶貴。」

就算是對一個經常受到這種同樣民間傳說薰陶的人來說，胡佛的奧妙也愈來愈難以理解。胡佛從未如此關心過商人們「心靈上的反應」，而他們是聯邦補貼和梅隆部長的慷慨退稅的受惠者。另

【12】一九二八年競選期間，胡佛堅定地認為高關稅並未傷害農場主。他承認需做某些變動，建議對進口農產品徵收更高的關稅！兩年後他簽字批准了斯姆特—霍利關稅法案，這實際上是對世界其他地方宣布展開經濟戰。

【13】對於這類經常聽到的批評，威爾伯和海德的解釋是很有意思的：「部分的回答是胡佛的政策連續兩年獲得成功，但大蕭條持續時間太長了。連續幾年豐收使情況更糟。在其他情況下本來會好轉的。」

外，認爲聯邦政府給的錢會使受救濟者精神頹唐，而由他們的鄰居、紅十字會和地方政府的救濟則不會，這種說法實在太玄虛，令人難以認眞看待。胡佛在政治上的笨拙舉動加劇了人們的不滿。在這陰晦饑餓的日子裡，他讓新聞記者們拍下了他在白宮草坪上餵狗的照片。他在華盛頓接見要求補償金的請願者又爲這一情況添上最後的一道筆觸。

五

胡佛離開總統職位之後已經不再是一個烏托邦式的空想家，而是充當了一個有希望的希伯來耶利米式的預言家。他利用一切可利用的機會提出警告。現在國家的事務掌握在一些辦事不顧後果的人們手中。在他嚴肅認眞的著作《對自由的挑戰》以及共和黨全國代表大會之前的一系列演說中，他預言羅斯福新政中將推行的加以管理的經濟，必定會摧毀經濟自由，而經濟自由又是其他一切自由的基礎，並預言玩弄「社會主義方法」只會導致中產階級向法西斯主義反動方向的發展。

當人們的注意力已經不再是新政執行者們國內事務的超越行爲，而是外交政策時，胡佛開始是完全站到孤立主義者一邊，在第二次世界大戰爆發之後則退卻，態度不明朗，而珍珠港事件後則成了一個有限制的國際主義者。[14]

一九三八年。這位前總統對歐洲十國進行訪問。希特勒接見他達四十分鐘之久，確屬罕見。會見之後胡佛向新聞界發表了一項聲明，重申他相信自由和人民的政府。返回美國之後，胡佛立即發起一項運動，反對美國干預歐洲事務。他斷言，無論是透過經濟行動或者軍事行動實現集體安全的主張「已經過時」。另外，軸心國的侵略將是針對別的國家而不是美國。「德國人的臉更多地是面向東方而不是向著西歐；日本的臉是朝西向著亞洲的。」即使各民主國家聯合起來反對極權主義國家，美國也應置身於歐洲戰爭之外，否則美國政府就會「實際上」變成爲「一個法西斯政府」。

「如果世界要保持和平，」胡佛提出勸告說：「我們則需既與專制政府又與人民政府保持和平。」他認爲極權主義不是什麼新東西；它很像過去歷史上的由個人進行獨裁專制國家，我們一向是「被迫與這些人共處」。民主國家的人民「必須承認這樣一個事實，這樣的國家將會繼續存在」。即使是獨裁專制國家的人民，也有權在他們喜歡的政府領導之下追隨自己的命運，而不管美國人對此有多麼反感。他確信法西斯主義，像其他異端邪說，如馬克思主義的社會主義一樣，在「一定時候肯定會失敗」，因此要求美國人民堅持其傳統的自由，並讓國內的民主政治「重新煥發活力」。慕尼黑會議（Munich Conference）之後不久，他再次表示相信，「與過去一些時候相比，今後數年內以軍事力量實現和平是更有實際希望的。」

【14】胡佛還是總統時，日本、義大利和德國就已經開始侵略活動，首先是日本侵入滿洲。當時，胡佛在內閣說：「整個事件是不道德的……是令人不能容忍的。」但他又補充了下列數點，平息了他的憤怒：第一，這件事「本質上是中日間的爭吵」；第二，日本無論如何不能征服中國；第三，「日本也有一定道理」。關於這最後一點，他說，中國不能阻遏布爾什維主義和無政府主義，而這對日本的經濟是至關重要的。他最後說，我們對於國聯進行的每一項談判與和解的努力，應予以合作，「但僅此而已。我們不參戰，也不走任何通向戰爭的道路。」

一九三二年春，包括國務卿史汀生在內的一些國務院人員，贊成美國參加某種程度的經濟制裁。胡佛堅決反對。他建議了另一項辦法，即被威爾伯和海德二位先生稱之為「偉大的道義制裁」的辦法：一切國家應一致拒絕承認在違反凱洛格公約情況下獲得的領土。世界各大國均對此表示同意，而且，如威爾伯和海德無可奈何地說：「只要各國明確地譴責能起到作用，這就起這個作用。」任何既面臨國內危機又須處理外國侵略的政治家，其在歷史上的名聲肯定要受到損害。如果胡佛採取一種好戰的態度反對日本的侵略，批評家們立即就會暗示，他在利用國外的摩擦轉移人們對國內危機的注意力。

不到一年，歐洲已是戰火紛飛。但胡佛並未洩氣，他向出版商羅伊·霍華德（Roy Howard）預言說：「盟國能保衛他們的疆土。我看他們不會失敗。他們可以控制海洋，坐等到敵人精疲力竭爲止。」他在戰爭早期的一篇演講中，建議美國只向盟國出售防禦性武器，排除諸如重型轟炸機之類的武器，因爲一旦捲進損害平民的進攻性戰爭，就會引起持久的惡意。

法國向希特勒投降三天之後，胡佛在共和黨全國代表大會上發表四年一度的演說。也許是爲了制止當時流行的一種謠言，說他要與林德伯格（Lindbergh）[15]以孤立主義爲綱領參加總統競選，他承認美國再也不能與世界大戰決然分開了。「經濟孤立是根本不存在的。……道德上的孤立也是不存在的。」但他再次警告不要參加民主世界十字軍。「不管這場世界災難的結局如何，也不管我國國內危機如何解決」他陰鬱地說：「世界的格局將不會再是老樣子了。專制政府、極權的經濟制度以及軍國主義將會在世界很大一部分地區長期存在。」美國在這場危機中的正當任務，就是武裝自己保衛西半球。與此同時，我們可以小心謹慎地幫助那些「正在爭取自由的」國家。

離珍珠港事件前還不到兩個月的時候，胡佛又勸告美國人民既不要執行澈底的孤立主義的外交政策，也不要執行干涉主義的外交政策。我們只應集中進行武器生產，送武器給英國，以「等待事態的發展」。有美國武器的援助，英國將能夠抵擋德國的入侵；我們無須派士兵去。繼續保持和平，我們就能保存實力，而且「當希特勒因手伸得過長而垮臺的時候，我們就可以給復興工作以眞正的幫助並使和平穩定」。胡佛清楚表明，即使納粹（Nazis）政權沒有遭受軍事失敗，他也期待德國垮臺。在另外一次演講中他警告說，如果美國和英國一起作戰並承擔義務派兵去歐洲，單是準備工作就需要五年或更長的時間。

一九四二年胡佛與一位美國老外交家休·吉布森（Hugh Gibson）合作，寫了一本題爲《關於持久和平的若干問題》（*Problems of a Lasting Peace*）的著作，其中就如何實現持久和平問題提出不下五十多條意見。胡佛—吉布森方案的基礎是將極端孤立主義的主張與美國統治世界的主張調和起來，並接受「美國一九一九年的主張，即和平應建立在促進建立代議制政府的基礎之上」。這些建議的整個基調使人很容易想起一九一九年第一次世界大戰結束時胡佛的主張。這些主張要求培育而不是扼殺敵國實現代議制政府的機會的解決辦法，要求沒有掠奪與報復的和約，要求裁軍，要求建立一個國際組織，這個組織透過一個國際空軍部隊來實現和平。

然而，實現和平的關鍵在於經濟，而胡佛和吉布森所設想的戰後經濟世界，和胡佛過去在國內尋求實現的東西一樣，都是那麼不可捉摸。奇怪的是，這五十項意見中有幾項竟來自於一個批准斯姆特—霍利關稅法的人，特別是他還同意這樣一項建議，即關稅不得過高至妨礙「進口貨物與國內產品之間的公平競爭」。胡佛和吉布森還贊成穩定國際貨幣體制，透過公平價格和開放市場較爲容易地獲取原料、打亂壟斷和獨占、取消貿易限額和特權。

〔他們宣稱，〕持久的和平必須有調節防止弊端的經濟自由。……長期的目標應是將國際貿易回復到企業自由經營。……

如果國內有一定程度的控制經濟從而扼殺了自由經營，那麼國際經濟自由就不會起作用，因爲這樣私營企業就會缺乏實力，而國家就不得不接管。

人們不免會認爲，這兩位作者建議實現的和平並不是針對這場戰爭的。他們是否又在建議一項避免威爾遜錯誤的，但基本上是威爾遜的解決方法？胡佛對威爾遜曾多次提出批評，但這些批評只

【15】另譯林白。——校者

涉及手段而不觸及目的（他在一九四二年說，威爾遜「爲美國最崇高的理想而進行了一場偉大的戰鬥」）。有一些事情對威爾遜來說是至關重要的，而胡佛卻不大關心，例如關於小國的獨立問題。[16]但整體來看，他們之間的相似之處遠遠超過不同之處。海洋自由、（在一定程度上）消除各國間的貿易壁壘、建立某種形式的聯盟、公開外交、「公平」地調整殖民地的要求、裁軍、明智而寬大的和解、既不吞併也不要賠款——所有這些原則無論在一九一八年歷史上有名的十四點中還是在一九四二年的五十條建議中都有。

這樣，胡佛對待世界事物的基調就像對國內事物一樣——退回到過去的狀況，無論這種狀況是眞實的還是想像的。自由貿易、自由興辦企業、競爭、開放市場、機會均等，這就是《美國的個人主義》和《對自由的挑戰》兩本書在更大程度上表現出來的邏輯。將來與過去毫無二致，或甚於過去；我們將退回去，退回到一九一三年那美妙的世界中去——或甚至更早的時候，因爲一九一三年時，人們到十九世紀中葉去尋求治國之策。

一九四〇年胡佛在共和黨內演講時，解釋了他一九三八年到歐洲旅行的成因，他說他到國外是去研究獨裁制度形成的原因。他承認這涉及各種複雜因素，但找出其主要原因並不困難：這就是經濟計畫，「每一極權政府出現之前都有一段由經濟規劃者控制的時期。」

這些話揭示出了胡佛完全僵化的對於無計畫的世界自由貿易市場的虔誠信仰。控制管理經濟已在世界上所有工業化國家裡發展了有一代人的時間。第二次世界大戰極大地促進了這種趨勢。兩年之前胡佛也曾經說過，控制管理經濟將「繼續長期在地球上很大一部分地區存在」。難道他眞的相信私營企業自由競爭將在第二次世界大戰後得到恢復嗎？縱觀整個歷史，還沒有人建議過如此偉大的倒轉時鐘辦法。既然計畫經濟已成爲如此普遍的現象，人們自然會問：「如果經濟計畫引起專制，是什麼促成計畫呢？大概也許是在胡佛之類的人們管理之下的無計畫經濟造成的經濟普遍衰退吧？」如胡佛所堅持認爲的那樣，新政可能成爲美國將產生法西斯主義的前兆，這至少是一種可能性，是傳統的自由主義者一般不承認的；但胡佛主義是新政的倒退卻是歷史上確定的事實。胡佛的政治生涯建立在這樣一種理論前提之上，即無控制的資本主義是一個沒有重大缺陷的經濟制度，[17]如果不放棄這種想法，胡佛無論如何也不會承認向控制經濟發展的趨勢是自然的，更不用說是不可避免的這一結論。不，這必定是建立在時髦和錯誤的思想之上的不明智的選擇；事情本來很可能會有另一種發展的；這只不過是令人不解的巧合，一個奇怪的普遍的錯誤。如果我們準備進行新的嘗試，如果我們有足夠的勇氣和智慧，如果我們思想更簡單一些，工作更努力一些，或許我們就可能跳出二十世紀這個消亡的世界而進入胡佛心目中的那個無比繁榮的世界。

似乎在一些情況下，胡佛本人也對他自己這些沒有人理睬的警告感到厭倦，在一九四四年共和黨全國代表大會上他就暗示出了這種厭倦的心情。他在談到他在前兩次代表大會上的發言時說：

> 每次甚至在演講之前我就知道，我國人民不相信我國的自由制度會受到破壞。但隨後的每隔四

---

[16] 正是由於胡佛和吉布森對於小國的敵視態度，使麗貝卡·韋斯特（Rebecca West）說：「恰恰是給我們提供食物的手卡了我們的脖子。」

[17] 一九三二年十月三十一日，胡佛在麥迪遜廣場花園中說：「這三十年中生活水準空前提高……要歸功於產生於美國制度之中而又在活躍著美國制度的各項正確原則。能夠因為那些撈取選票的人們為了投合貧苦的人們而說什麼現行體制整個是錯誤的，因而必須放棄或予以削弱，就把整個制度扔掉嗎？是否應該更明智地認識到下列簡單事實，即有一種特殊的力量闖入了現在的機制，從而暫時打亂了它的運轉？」如卡爾·曼海姆（Karl Mannheim）在《意識形態與烏托邦》（*Ideology and Utopia*）一書中指出：「沒有任何東西比封閉的理性體制更脫離實際情況。在一定情況下，沒有任何東西比充分獨立的知識分子的世界觀包含更多的不合理的傾向。」

年表明那些警告是過分小心謹愼了。

認爲自己的預見是那麼確鑿無疑，然而卻一再發現實際上沒有人聽自己的話，這是多麼令人沮喪！就在他做出這種坦白說明的全國代表大會上，該黨的政綱實質上贊同了羅斯福的國內計畫。這眞的是因爲美國人民拒絕聽從傳統信仰的發言，人從而使偉大的美國傳統近於喪失嗎？眞的是如此清晰可見、伸手可及的解救辦法被盲目地摒棄了嗎？假如事情果眞如此，赫伯特·胡佛至少可以開脫自己。他曾試圖盡力領導這個國家，使它走出荒原回到舊制度的舒適和繁華的境地。他曾提出警告而他們卻不加理睬。也許歸根結柢，是人民的精神基本上不那麼健全。

第十二章　富蘭克林・德拉諾・羅斯福：有教養的機會主義者[1]

我國需要，而且除非我對它的氣質理解不正確，我國也迫切要求不斷進行大膽的試驗。選擇一種方法去進行試驗，這是人之常情。失敗了，就坦率地承認，然後再選擇另一種方法去試驗。這裡最爲重要的是，要去試驗。

富蘭克林·德拉諾·羅斯福

在威爾遜政府初期，有一次愛蓮娜·羅斯福（Eleanor Roosevelt）和她那當時是海軍部長助理的丈夫與亨利·亞當斯共進午餐，羅斯福正在十分認眞地說到一件與他有關的政府事務，這時上了年歲的主人突然憤怒地對他說：「年輕人，我在這座房子裡已經住了多年，看到廣場對面白宮的主人多次更換。你們這些小官吏或是白宮中的總統，無論做什麼事情，都不會對世界歷史產生久遠的影響。」

亞當斯有些誇張的諷刺很少不是有感而發的。雖然偉人們的影響經常被誇大，但人們不得不承認羅斯福至少對於歷史進程是產生了一定的影響的。沒有哪個有名人物像他這樣澈底、清晰地表達出了美國人民的情緒。在進步運動時期，西奧多·羅斯福、威爾遜、布萊恩和拉福萊特分別擔任全國改革的領袖。在新政時期，改革的領導則完全由一人承擔下來，他的逝世使美國的自由主義者們情緒沮喪，無依無靠。

新政的核心不是一種哲學而是一種氣質。這種氣質中最本質的東西是羅斯福的信心，他覺得即使在不熟悉的領域中行動，他也不會錯，不會犯嚴重錯誤。從經濟專家的角度來看，這種自信有

[1] 這裡所用「機會主義」一詞與我們一般意義上的「機會主義」含義不同，它是指利用機會或情況的策略或實踐，為此很少顧及原則或最後結果。——校者

時近乎於發了瘋，譬如有一次，他忽然揚起頭，對一些主張銀本位制的參議員們大笑著說：「我曾用金本位做試驗，徹頭徹尾地失敗了。那我爲什麼不可以用銀本位制進行一下試驗？」但在這種魯莽輕率的方法的表層之下閃爍著直覺的智慧的火花，在他就職的時候，美國人民已經看到停滯業已發展到危險的程度。他們希望試驗，希望進行各種活動，反覆試驗，只要能顯示出運動或新穎事物的意思就行。羅斯福在剛開始爭取提名爲候選人一事時，就不拘傳統和禮儀，乘飛機直抵一九三二年的總統候選人提名代表大會並親自發表演說，而不是按傳統的禮儀，佯做不知，等待數週。這件事本身並不大，但這種充滿活力和獨創精神的舉動，給人們留下了難以磨滅的印象。下面我們將會看到，雖然他所受的社會哲學和經濟理論方面的教育與胡佛大致相似，但他很快就讓人們瞭解到他的氣質與胡佛恰恰相反。當胡佛說一切只需恢復信心的時候，國民報之以慘痛的大笑；當羅斯福說：「我們唯一需恐懼的是恐懼本身。」基本上還是那種似乎有些道理的陳詞舊調，全國人民卻爲之振奮。胡佛缺乏的是行動，而羅斯福缺乏的是方向。然而羅斯福爭取發展，至少是爭取變革的能力是很了不起的。靈活性既是他力量之所在，又是他的缺點。胡佛待人冷淡且令人難以捉摸，是死守固定原則的教條主義者，而且是在經營管理人員的精細氣氛中謹慎行事的；羅斯福則待人熱情、親切、注重實際，感情衝動。胡佛對於受尊重的朋友，態度是很謹慎的。羅斯福能用十一種語言說「我的老朋友」。他不大重視抽象的原則，但對於人民群眾的情緒有著敏銳的直覺理解。由於他較樂於聽取公眾輿論，所以他能夠對其加以引導和必要的推動，把群眾的願望變成政策。胡佛從來不能向人民群眾講清楚他正試圖做些什麼，而羅斯福卻往往能在一項政策實際並不存在的時候就清楚而有力地說明這項政策的指導方針。

雷蒙德・莫利（Raymond Moley）講了一個很有啓發性的故事，故事說的是羅斯福在當選之後到就職之前這段時間內與胡佛的一次會見。在羅斯福與胡佛之間安排了一次會議，討論關於令人煩惱的外國欠債問題的政策連續性。羅斯福由於對情況瞭解不多，就帶了莫利作爲助手以使心中踏實些。同時手裡還拿著一疊小卡，上面記著他要向胡佛提出的問題。胡佛談了一段時間，對這一問題的各方面瞭若指掌，這給莫利教授留下了深刻的印象。但這兩個人的神態卻與他們對情況的掌握恰恰相反。與在競選運動中打敗了自己的對手會見，胡佛顯然是心煩意亂，神情窘困，很不自在，兩隻眼睛盯著這個紅色房間的地毯圖案；羅斯福則很從容、隨便，而且很熱誠。他正在未知的領域中活動，但這似乎沒有使他感到有絲毫苦惱。

讚美羅斯福的人，心目中只把他看作智慧、仁慈，深謀遠慮的慈父，把他描述成一位熱情的社會改革家，有時也把他描述成偉大的社會設計師。批評羅斯福的人們，則冷眼審查他各項措施的逐步出現的過程，研究這些措施實行時往往是極其隨便的方式，從而發現他實際上與他如此眾多的「成績」並無多少關係，因而得出相反的結論，說他取得的成就純屬偶然，就像隨隨便便地放上幾槍也會有可能擊中靶子一樣。果然不錯，也必然是這樣，在羅斯福本人形象與羅斯福神話之間存在著巨大的差距，但並不是每一件隨隨便便做的事就一定是偶然性的。羅斯福任總統期間，美國面臨一個全新的局面，爲人們普遍接受的傳統的理論不能給他任何指引。這樣就必然會出現一個摸索、在紛亂和失敗中尋求解決辦法的時期。只有具備勇於試驗精神的領袖才能實行「新政」。

而且，羅斯福極易感受公眾的情緒。他的思想雖然缺乏深度，但卻有很寬廣的廣度。他身居顯位卻熱情而又待人隨和，不拘禮節，不願讓人們失望，喜歡充當慷慨的朋友。他認爲如果很多人迫切希望得到某件東西，那就應該讓他們得到某種程度的滿足，而且他不會讓經濟教條或政治先例來束縛自己。工程興辦署文化專案的事，集中表明了羅斯福處理問題的獨特方式及所取得的成果。新政初期組織救濟工作的時候，有人向他指出，一大批頗有才幹的畫家們日子貧苦不堪，生活極爲窘迫。羅斯福不太愛好繪畫藝術，對於畫家和作家們整體來說並不怎麼關心，對於國家在文化福利方面的責任事先也沒有什麼理論，但他立即爽快地決定幫助這些藝術家們。「爲什麼不幫助他們呢？」他說：「他們也是人，他們也得生活。我估計他們只會繪畫，肯定有些公共場所需要他們的繪畫。」於是畫家們就從民政工程署（Civil Works Administration, CWA）那裡得到救濟。最終在工程興辦署操辦下，向音樂家、舞蹈家、演員、作家、歷史學家，甚至還有尋求經濟自助的大學生，都提供了救濟。一代的藝術家和知識分子在艱難時期就這樣受到了照顧，與新政息息相關，並對羅斯福的自由主義忠心耿耿。

二

羅斯福的雙親，詹姆斯・羅斯福（James Roosevelt）和薩拉・德拉諾・羅斯福（Sara Delano Roosevelt），使人想起伊迪絲・華頓（Edith Wharton）小說中的二流角色，這些角色對於書中可憐的女主人公抱著一種體面但不友好的態度。詹姆斯・羅斯福是幾個公司的副總裁，這位漂亮的鄉間紳士也多少涉獵一些民主黨的政治活動，養了滿滿一廄小跑步的馬，在他海德公園的莊園裡過著悠閒的生活。薩拉・德拉諾是詹姆斯的第二個妻子，她來自於一個與美國歷史關係很深的上層社會家庭。她父親開辦過銅礦、鐵礦和煤礦，並在紐約港占有一塊地，而且還有一支快速大帆船船隊。他們結婚的時候，薩拉二十六歲，詹姆斯五十二歲。兩年之後，即一八八二年一月三十日，詹姆斯・羅斯福的日記上記載著「一個漂亮的個子很大的男孩」誕生了。

富蘭克林是獨生子，母親溺愛，父親也待他像小孫子一樣，所以是在受到異常嬌縱的環境中長大的。他有男女家庭教師、有家庭背景相同的小夥伴一起玩耍，也有一匹小馬和一艘二十一英尺長的小帆船，成年之前就被帶到歐洲去遊覽八次，十四歲時進了恩迪科特・皮博迪牧師（Rev.

Endicott Peabody）辦的格羅頓公學（Groton School），這是高貴人物的一個小小的希臘民主政體，如其校長所說，這學校主張「一切眞、善、美的東西」。格羅頓公學的學生百分之九十來自社會上有名望的家庭，在學校生活於受到慈父般親切關懷的氣氛中，他們從皮博迪每週的禮拜儀式中狼吞虎嚥地吸取神的啓示。

在格羅頓畢業之後，羅斯福就沿著前人走過的老路到哈佛大學學習。雖然他受到特許可以聽詹姆斯、羅伊斯、諾頓、沙勒以及其他名師的講學，但他取得的成就主要是在教室之外。他參加驚人的課外活動，是好幾個校園俱樂部的成員，而且他在《哈佛深紅報》（*Harvard Crimson*）的工作使他在學校名聲顯赫。在《哈佛深紅報》，他的很大一部分工作是致力於促進校園改革的小小的運動。像他這樣年歲的許多孩子可能正是不受駕馭、追求異端邪說、蔑視權威，從而附帶地加深了他們的思想洞察力，然而羅斯福卻在撰文頌揚「學校精神」和足球士氣。一次他儼然以長者的口吻說：「我們一生中應緬懷祖先並保持學校的傳統，而且在今後的年代裡要忠誠地傳給我們的子孫。」他最嚴肅的政治興趣是參加學校內對布林人（Boers）的救濟運動，這可能是他第一次對被打敗者表示同情。一九〇四年他離開哈佛大學。他母親用這樣的話總結了他青年時代的生活：「畢竟他的許多有利條件是別的學生所沒有的。」

家庭決定要富蘭克林將來當個律師，於是他就進了哥倫比亞法律學院。第二年和早就與他祕密訂婚的遠房堂妹愛蓮娜結了婚，搬到紐約市一所住宅，在他母親照管之下。他在法學院並不愉快，他憂鬱地給皮博迪校長寫信說：「我正在試圖對這種工作有所理解。」法律的繁瑣精細之處使他感到厭倦，結果幾門功課不及格，沒有拿到學位就離開學校了，儘管他學到的知識足以使他通過律師考試。他進入了紐約著名的卡特．萊迪亞德與米爾本律師事務所，當了一名管理人員。在海德公園，他承擔了一種與其地位相稱的具有獻身社會的精神的工作，當了一名義務消防隊員、當了波基普西第一國民銀行的董事，還成了一九一〇年紐約民主黨代表大會的代表。

在哈德遜河谷居住的大多是富人及其隨從者們，所以共和黨在這裡占壓倒優勢。民主黨候選人的提名一般是給那些能夠支付競選運動花費的知名人物。一九一〇年，波基普西市民主黨市長對這個來自哈德遜河上游的年輕和藹的鄰居印象不錯，就使他獲得民主黨提名在區內競選州參議員，自一八五六年以來這個區只有一個民主黨員當選過。但一九一〇年共和黨運氣不佳，而羅斯福呢？則沾了他妻子的叔父——著名的第二十六屆總統西奧多．羅斯福名聲的光，一反傳統做法，開著汽車進行了熱火朝天的競選，獲得的選票遙遙領先，在民主黨興起的浪峰中當選。

在州議會中，羅斯福立即成了民主黨內反叛者的領袖，他們阻止了提名坦慕尼協會的黨魁墨菲選定的候選人作爲美國參議員候選人。他的表決紀錄表明他是一個典型的進步派分子，贊成改革文官制度、保護自然資源、直接初選、民眾選舉參議員、婦女普選權以及社會立法。他滿懷希望地預言：「從政治機器的廢墟上，我們可以重建更近於民主政府的東西。」一九一一年他去翠登拜訪了威爾遜，回來後成了威爾遜的積極支持者。一九一二年的競選運動他表現得很出色，於是就被任命爲海軍部部長助理。當時他年僅三十一歲，在政界才剛做了三個年頭。

羅斯福自童年時代駕駛著他的小帆船的時候開始，就喜歡船和大海。他蒐集船隻的模型和畫片，貪婪地閱讀海軍的歷史，特別是馬漢的著作，並曾想進入安納波利斯海軍學院（Annapolis Naval Academy）學習。在美國對西班牙戰爭期間，他逃離格羅頓公學去參加海軍——這次逃跑因猩紅熱而夭折。當了海軍部長助理之後，他透過演講和在雜誌上發表文章，開展了一場擴展海軍的運動，顯示出了某種民族主義的和好戰的精神。他說，除非美國安於做「一個在世界的偉大事務中無足輕重的國家，在商業或在發展和平的文明方面無所事事」，否則美國就不能失去對海洋的控制。雖然美國人民可以指望最終會對國際上的軍備加以限制，但現在他們應「念念不忘可能發生的海戰的種種原則」。在威爾遜向國會發表戰爭諮文的時候，《斯克里布納雜誌》（*Scribner's Magazine*）在顯眼位置刊登了羅斯福一篇題爲〈我們的責任〉的具有警告意義的文章，要求把海軍的人數增加四倍。羅斯福在文章中說，誰也不能認爲我們就不存在戰爭危險。「我們知道，每個上學的孩子，不管他性格多麼和善，遲早有一天會和某一位同學打起來。具有一億多人口的偉大的民族已經進入了學校。」後來他要求對婦女也像對男子一樣實行國家徵兵制度。他認爲在海軍中服役可以消除派別糾紛和階級感情，同時教導人們相互平等。作爲一個行政人員，羅斯福積極採取行動，效率很高；他態度和藹，置規章條例於不顧，打破文牘主義，不顧海軍將領們的勸告，在促進協約國在北海進行的史無前例的布雷措施方面起了重要的作用。

一九二〇年，民主黨需要一個名聲好且能幹的人參加競選，於是提名羅斯福爲詹姆斯·米德爾頓·考克斯的競選夥伴。他競選的足跡遍及全國，發表了近千次競選演說，對於國際聯盟這一基本問題，他的論證很有力，但熱情不很高，未盡全力。「國聯也許不會結束戰爭」他說：「但是各國需要進行這種試驗。」在競選中有一次說漏了嘴，表明了他贊成的是帝國主義的實力政治而不是理想主義的國際主義精神。在比尤特，有人說英聯邦聯合起來在國聯的表決票數將會超過美國，他回答道：「事情恰恰相反……，美國在國聯中大約會有十二票表決權。」他進而解釋說，在設想的國聯大會中，拉丁美洲國家會把美國看成「保護人和老大哥」，美國可以控制他們的表決權。

> 直到上週我還有兩票（表決權），現在由丹尼爾斯部長所具有。你們知道，我和兩個小國家的管理是有關係的。事實上，海地的憲法就是我寫的，而且如果讓我說，我認爲那是一部不錯的憲法。

共和黨立刻反擊。羅斯福所說的只不過是某些政治現實，但他譏誚不恭之詞外露，這些話很像一個不友好的鄰國說的。他盡力爲自己辯護，說他的意思只不過是說，拉丁美洲與美國有著相同的利害關係，因此投票會是相同的。至於一個外國官員爲毗鄰的共和國寫憲法之事，則怎麼解釋也不能令人滿意。[2]

但在這場競選運動中，錯誤並沒有產生多大影響。哈定獲勝之後，三十八歲的羅斯福十年來第一次成了普通公民。他恢復了不太興隆的律師業務，在哈佛大學當一名校監，重新過起了往日的生活。他的賽艇夥伴范利爾·布萊克（Van Lear Black）給他在馬里蘭誠信儲蓄公司紐約辦事處謀了一個職位，年薪二·五萬美元。到一九二一年八月，無論是羅斯福的政治生涯還是個人業務似乎均告結束。在紐約市經過了一段令人精疲力竭的高溫天氣之後，他到坎波貝洛島的夏季別墅去度假，不久就感到劇烈的痛苦難以忍受，臀部以下的肌肉失去了活動的能力。

三

變成一個軟弱無力的病人，是一件令人感到屈辱的事。久病不癒常會使人顧影自憐。羅斯福本來可以放棄自己的政治抱負，在海德公園舒適的住宅裡過著幽靜的生活。但他拒絕放棄正常的生活方式，這表明了他的勇氣與決心，以及實現自己雄心的志氣。還在臥床的時候，他就開始恢復盡可能多的工作。到一九二二年春天，他已經可以架著雙拐走路，有時甚至敢於走到自己的辦公室。一九二四年他發現溫泉池這個地方後，他的體力就恢復得很快了。除了雙腿是軟弱無力外，他軀幹的肌肉強壯有力。

從長遠觀點來看，這場脊髓灰質炎反而大大加強了羅斯福的政治號召力。他是特權階級的一分子，上過的學校是格羅頓公學到哈佛大學這樣的名牌大學，確實是太幸運了。現在與最殘酷的令人痛苦的逆境做頑強的鬥爭，這比人們平常聽到的暴發致富的故事更激動人心；而且此時期人們已經對白手起家的人和他們管理國家事務的方法感到厭倦，所以羅斯福的這種經歷就使他更適合做民主政治的領導。

對於羅斯福的疾病所引起的人們對他的同情，曾經有著種種推測。弗朗西絲·珀金斯（Frances Perkins）對羅斯福的評論富有理解力且不夾雜個人感情，她在他生病以前就認識他，知道他是個待人友愛但多少有點傲慢的青年人，這場病使他經歷了一場「精神方面的轉變」，一改過去偶爾表現出來的「對人有些高傲的態度」，她發現他這時對人是「一片熱心腸」，認爲「他理解遇到困難的人們的各種問題」。喜歡編出種種傳說奇談的人則進一步得出結論，說他在患病期間廣泛閱讀，深入研究，形成了一種堅定的社會觀念，把他與社會底層的人們永遠連結在一起了。羅斯福在一九二〇年代繁榮時期的經歷並不支持這種觀點。他通達人情的度量雖可能變得更大，但既未形成一種新的哲學，也未增加他對於改革的興趣。

對於任何一個具有羅斯福那樣的家庭背景和性格的人來說，轉而進行嚴肅認真的社會研究或贊同非正統的政治觀點，是非常罕見的。從童年時代到他患病之前，他過的是一種戶外運動的生活，在家裡的閒暇時間多是進行各種消遣，如集郵、玩各種航船模型或研究海軍史等，而不是研究有關社會學的書籍。他的思想方法是從經驗和印象出發的，而且是實用主義的。剛進入政界時，他傾向進步運動時期有教養的人的改革思想，而且接受了一種社會觀念，如果用一個短語說明這種

【2】這種吹噓既不真實也不明智。羅斯福並未寫過海地憲法，只不過是對國務院送交海軍部的憲法草案表示同意而已。

觀念，那就是「位高則任重」。[3]他喜歡擔任公職，喜歡從事個人慈善事業以及針對政府中的欺騙行爲發表一些言詞並無惡意的聲明，他爲人豁達、待人寬容大度，對各式各樣的人都有一種發自內心的喜愛；他喜歡在政治和社會場合顯示一下自己的魅力。從他一九二〇年代的著作和演講可以看出，他心懷寬廣，思想明智，但卻有些膚淺和沾沾自喜。羅斯福接受政治教育的時候正是進步派樂觀主義思想流行的時期，當時人們普遍認爲，一旦政治由誠實的人們掌握，社會最嚴重的弊病也可透過法律得到克服。如果說婦女在血汗工廠工作時間過長，工人們常爲失業問題和意外事故感到擔心，老年人感到沒有保障，那麼善意的人們就會透過法律來幫助他們。羅斯福在當州參議員和州長的時候，就試圖做到這一點。但各州的社會立法，不管多麼仁慈多麼有益，只能在州的活動舞臺上起作用，解決的只是後果而不是原因，對於就業、住房、稅收、銀行及農業救濟等一些重大問題，只能觸及問題的表面。倡議這些法律的一代人從這些立法中得到在實際政治工作方面和福利工作方面的很多鍛鍊，但並沒有提出強有力的質疑，以思考社會的根本弊病。

羅斯福的傳記作者們對於羅斯福一九二〇年代的經歷，大多只注意到他爲身體康復所做的奮鬥、他爲受派別糾紛折磨的民主黨所起的調解作用，以及他重返政治舞臺當上了紐約州長，其餘的就都忽略了。但約翰．托馬斯．弗林（John T. Flynn）卻以幸災樂禍的心情談到了羅斯福在商業方面的失敗，這當然是值得注意的，這類失敗並無反映羅斯福的道德觀念或個人的能力，而只是反映出他在繁榮年代的社會觀點。人們推測，羅斯福和這些冒險事業發生連繫主要是爲了提高個人的名氣。這些企業的投機性都特別強，除一家之外，都倒閉了。這些企業中最能說明羅斯福的情況的也許要數聯合自動售貨公司，他與小亨利．摩根索（Henry Jr. Morgenthau）都是這個公司的創辦人和董事。這是一家控股公司，公司的這些發起人非常嚮往這樣一個典型的美國主張，即建立一系列無人售貨商店，由自動售貨機來出售標準規格的貨物。公司董事長於一九二八年宣布，用這種機器裝備起來的大型商店將很快在紐約開張。儘管公司向投資者們保證可獲得巨額利潤，但在三年時間裡公司就虧損兩百多萬美元，只好宣布破產而關閉。羅斯福一當上州長之後就對此事失去興趣，所以與這個公司的關係是短暫的，而且實際上也不怎麼重要；但是開辦無人售貨商店的社會含義，更不要提開辦這一企業時鬆鬆散散的投機方式，似乎在他心中並未引起什麼不安的感覺。一九二二年，羅斯福成了美國建築理事會（American Construction Council）的主席，這是建築工業的一個行業組織。這一理事會是按照商務部長胡佛的企業自動調節的理論建立起來的，而且挑選羅斯福任主席的會議也是由胡佛主持的。羅斯福在理事會的發言對胡佛的理論表示贊成：

> 現在有一種向工業管制發展的趨勢。某一部門的工作出現問題，公眾立刻譁然，新聞界、各種論壇和公眾都要求進行調查。這是很好的，是健康的做法。……但政府控制卻不是可行的做法，因爲這種做法是笨拙的，而且需很多資金。這意味著要僱用一些人來從事這一工作；這意味著要增加稅收。公眾不需要這種做法，工業界也不需要這種做法。

七年之後，羅斯福州長在坦慕尼協會的一次紀念美國獨立日的演說中，警告人們注意「資本的大聯合」本身所具有的危險。但他解釋說：「工業聯合本身並沒有什麼過錯。危險在於吸收政府參加。」他演講的主旨可用這樣一句話說明：「我要宣傳一種新的理論——企業和政府完全分離。」對於這位未來新政的設計者，這眞是令人啼笑皆非的資訊。

---

〔3〕一九二〇年八月，富蘭克林·奈特·萊恩給羅斯福的信中寫道：「直率、慷慨、質樸以及嚮往正確事物的高度熱情是人們必須保持的一些美德，除了羅斯福和德拉諾家族之外，還能在哪裡找到這類美德呢？」

甚至弗林先生也承認羅斯福州長是一位「公正的行政官員」。他在社會正義和人道主義改革方面取得了良好的紀錄，但對於經濟的深入理解和責任心稍遜一籌。他誠摯而頗有成效地與懷有敵意的共和黨人占多數的議會合作，以推進由艾爾弗雷德·史密斯開始的改革。他設法通過了一項關於養老金、失業保險及勞動立法的方案，在電力問題上制定了一項十分開明的方案，[4]並發起召開一次東部諸工業州州長會議，討論失業和救濟問題，在採取實際步驟減輕人民困難方面，紐約州走在了最前列。

然而像大多數美國人一樣，羅斯福對於他在任州長的時候就開始的這場大蕭條也未能預見到。金融崩潰之前六個月，他發現紐約工業「處於一種非常健康和繁榮的狀況」。在他的演說和通信中，他對這場大蕭條的嚴重性估計不足，直到後來後果極爲嚴重時才意識到。他的重大失誤是在金融政策領域。

一九三〇年十二月十一日，設在紐約市的合眾國銀行爲州的銀行監督官員所關閉，因爲它無力支付四十萬存款戶——這些人多是少量儲蓄存款戶——的大量提款。紐約的一些商業銀行長期以來實行一種辦法，即設立特別「節儉帳戶」，這雖然和普通的儲蓄帳戶沒有多大區別，但它不受管制儲蓄銀行投資的州法律的約束，使銀行家能更自由地利用別人的款項。另外一個辦法是設立一些分行，以各種錯綜複雜方法進行巧妙操縱，以便爲銀行內的人從存款戶和股東頭上謀利。

在合眾國銀行崩潰之前的幾個月，城市信託公司的倒閉導致了對本州銀行部的調查，羅斯福不在，代理州長赫伯特·萊曼（Herbert Lehman）就指定羅伯特·摩西（Robert Moses）爲調查員。摩西的調查報告直截了當地譴責了許多銀行做法，特別是「儲蓄帳戶」和分行的做法，並指責合眾國銀行是最明目張膽地進行這種活動的一個。

羅斯福對摩西的報告置之不理，卻又成立了一個委員會對同一個問題進行研究，指定亨利·波拉克（Henry Pollak）爲一委員會成員——亨利・波拉克是合眾國銀行的董事和顧問；這個新的委員會駁回了摩西的意見，這是毫不足怪的。隨後不久，當合眾國銀行倒閉的時候，羅斯福卻十分自信，滿不在乎，毫不悔悟。他不客氣地給州議會寫信說：「你們身上肩負著加強銀行法律的責任。」他堅持將法律保護擴大到儲蓄帳戶的存款者，非常義憤地說：「本州的人民不僅是期待著這樣做，而且他們有權要求這樣做。採取行動的時刻已經到來。任何拖延都是不能容許的。……」這一事件，特別是羅斯福突然改變態度贊成以前他反對的改革，這就預示著新政的大部分歷史也將突兀多變。有一件事不可否認地說明了這一點。羅斯福上臺時，全國的銀行都陷於癱瘓狀態。在他舉行的第一次記者招待會上，有人問他是否贊成對銀行存款實行聯邦保險時，他給予了否定的回答，理由是，這樣一來，不僅好銀行，連壞銀行都得到保險，那麼政府就得承擔損失。但是由於西部參議員集團的堅持，作爲對他們的讓步不久就建立了聯邦存款保險公司。這一公司成了新政改革的一個部分，給羅斯福增添了光彩，大概歷史學家們也會把這作爲羅斯福明智計畫的一個例子。

當競選總統的責任落在羅斯福的肩上之後，他對於經濟的無知就暴露了出來，只有一點一知半解的知識。雷蒙德・莫利在一九三二年四月十二日的家信中寫道：「我發現他在經濟問題方面的書讀不多，羅斯福所採取的方法令人吃驚的一面是他非凡的接受能力。就我所知，對於我或其他人告

【4】羅斯福認為應開發聖羅倫斯河巨大的發電潛力，以降低電力公司收取的不合理的電費。他要求由聯邦或州政府開發聖羅倫斯河、馬斯爾肖爾斯、博爾德大壩等大水力發電站，以便把這些地方「作為永久的衡量標準、測量發電和輸電的費用」。用這些標準可以檢查私人經營的公用事業收費率是否合理。他建議紐約建設電力生產建築物並透過與私營公司的合約銷售所生產的電力。如果州裡不能得到令人滿意的合約，則直接向用戶銷售電力。一九三一年州議會通過議案成立紐約電力局，以便羅斯福的建議具體化，但因必須與加拿大簽訂條約一事首先受到胡佛政府的阻撓，後來在參議院中，這項條約因未能獲得必要的三分之二多數票而未獲通過。

訴他的東西，他從不花工夫去核實。」有時候，羅斯福很隨便地處理複雜問題的做法，使他的顧問們感到吃驚。有一次正在為他準備關於海關關稅的競選演說詞的時候，擺在他面前的是兩個完全不能相提並論的建議，羅斯福卻輕描淡寫地說，他將把這兩個建議「揉在一起」，這眞使莫利目瞪口呆。然而，羅斯福這種使莫利感到吃驚的「非凡的接受能力」，正是羅斯福政治天才祕密之所在。他變成一個對人民之疾苦和國家尋求的種種補救辦法都反應很靈敏的人，他試圖把這一切都納入一個在政治上會是首尾一貫的方案，即使從經濟角度來看並不協調。

一九三二年羅斯福的競選演說表明，當時新政的概念還沒有在他心中形成。但有兩個前提他是明確的：他反對胡佛的大蕭條始自國外的論點，堅持認為是本國的情況釀成的，並且指責胡佛花錢太多。他把胡佛政府稱之為「我國有史以來在和平時期開支最大的政府」。他指責道，目前的赤字就足以「使我們緊張起來」。他勸告大家「鼓起勇氣來，不要用借債的方式來解決不斷出現的赤字」。但他又不願意「以饑餓的人民的犧牲為代價來厲行節約」。可是他卻未指出以何種方式救濟饑寒。公共工程嗎？即使在這上面花費數十億美元，充其量也不過是一種權宜之計。他很堅定地把大蕭條的原因歸結為國內很低的購買力，並且宣布政府必須「採取明智的管制措施將購買力恢復到正常水準」。另一方面他卻聽信胡佛的說法，認為美國生產力需要有較大的出口市場。「如果我國工廠的開工率為百分之八十」他說（這是十分錯誤的說法），[5]「它們所生產的產品就超過了我們整個國家自己所能消費的。解決的方法是……我們必須把有些貨物銷售到國外。」

羅斯福對農場主們許下過幾項具體的諾言。胡佛農業政策中，有一個方面使他感到特別痛心——農業委員會做出種種努力，有組織地壓縮生產，羅斯福把這稱為「殘酷荒謬之舉，勸告農民閒置百分之二十的麥地、犁掉三分之一的棉田、殺死十分之一的奶牛」。他的方案包括「有計畫地使用土地」、重新植樹造林、以進行雙邊談判降低關稅來支援農民。但是後來他在關稅問題上倒退了，說「要繼續既保護美國的工業，也保護美國的農業」。

羅斯福的所有許諾——恢復購買力、解決群眾失業問題、發放貧困救濟、援助農民、提高農產品價格、平衡預算、降低關稅及繼續實行關稅保護——加在一起，對於那些希望有一個首尾一致的自由主義綱領的人們來說就形成了一個令人沮喪的實現前景。《新共和》（*New Republic*）把這場競選稱之爲雙方都是「令人厭惡的景象」。

然而，羅斯福在舊金山聯邦俱樂部的一次演說，卻的確大致指明了新政所將遵循的新道路。他在演說中清楚地說明，美國在其發展過程中已經到達一個新的分水嶺。他認爲人民管理的政府和可供開發的廣闊大陸，爲美國早期歷史發展提供了無比優越的條件。隨後，工業革命又爲所有人帶來了物質豐富的希望。但美國的生產力是由一些殘酷而又很浪費的人所控制。國家具有自由開放的土地和日益增多的人口，並且需要建設工廠，因此願意爲「具有雄心壯志的人們」取得成就付出代價，而且，「只要他們建成了國家急需的經濟企業」，就爲他們提供了「無限的報酬」。「隨著新世紀的到來事情已發生了變化。」由於美國疆土開拓已經完成，人民要求加強對經濟生活的明確控制，因而就產生了西奧多·羅斯福的公平施政（Square Deal）政策和伍德羅·威爾遜的新自由政策。一九三二年國家仍然面臨工業控制問題。

> 只要看一眼今天的情況就會最清楚不過地看出，我們所瞭解的機會均等已經不復存在。我們的工廠已經建立了起來；目前的問題是考慮到在現有條件下工廠是否已經過多。我們很久以前就已經

【5】《美國的消費能力》一書的作者們說：「美國的經濟發展尚未達到這樣一個階段，以至於美國的生產超過了全體美國人民希望消費的物品的產量。」

達到了最後的疆界，自由開放的土地實際上已經沒有了。我國半數以上的人並不靠種地謀生，透過耕種他們自己的土地也不能維持生計。現在也沒有一個像西部草原那樣的安全活門，那些被東部經濟機器拋棄的人，可以到那裡開始新的生活。我們現在也不能請歐洲的移民來分享我們無窮的財富了。我們爲我國人民提供的是一種單調乏味的生活。……

正如開闢農場的自由已經停止了一樣，從事工商業的機會也已經減少。……過去三十年無情的統計數字表明，獨立的實業家們正在進行一場毫無勝利希望的競賽。……最近對美國企業的合併做了一次詳細的調查研究。研究表明，我國的經濟生活爲六百多家公司所控制，這些公司控制了三分之二的美國工業。一千萬名小企業家掌握了另外的三分之一。更令人吃驚的是，如果這一過程按目前同樣的速度進行下去，到另一個世紀末所有美國工業就會落入十幾家公司手中，由一百個左右的人經管。直截了當地說，我們正在逐步走向經濟寡頭統治，如果說現在還不是的話。

顯然，所有這些情況要求我們重新評價各種價值觀念。一個要建設更多工廠的人，一個要修築更多鐵路系統的人，一個要組建更多公司的人，他們可以起到有利作用，但也同樣可能是一種危險。當年對於那些傑出的創辦人或者金融巨頭，只要他們建設或開發什麼，我們就什麼都可以給，這樣的日子已經一去不復返了。我們現在的任務不是探測或開發自然資源，或必須生產更多的商品。這是一項較爲審愼而不那麼轟轟烈烈的工作，管理好已有的資源和工廠，爲我們的剩餘產品重新建立國外市場，解決消費不足的問題，根據消費水準調整生產，更公平地分配財富和產品，使現有經濟組織服務於人民。開明管理的時代已經到來。……

在我看來，政府在其與企業之關係方面的任務就是協助制定經濟權利宣言，建立合乎憲法的經濟秩序。……

令人高興的是，現代已經指明，建立這樣一種秩序不僅是政府的正確政策，也是保證我們的經濟結構免除風險的唯一方法。現在我們都已知道，如果不能實現均勻一致的繁榮，也就是說，如果購買力不能在全國人民各種集團之間很合理地分配，那麼這些經濟單位就不能存在。

用冷然乏味的話來說，美國資本主義已經發展到成人階段，自由放任主義、擴張得到處是機會的偉大時代已成過去。再者，「自然」經濟力量的枯竭要求政府介入並指導創建新的經濟秩序。就此而言，羅斯福就把他一九二九年在坦慕尼協會演講中闡述的理論置諸腦後了。但在聯邦俱樂部的演說中，也包含著政府行動方面兩條不同而且可能不協調的路線。一條路線的觀點是，工廠已經開設「過多」，再建工廠將會構成「危險」，必須「調整」生產使之與消費狀況相適應；另一條路線則認爲「要解決消費不足的問題」，要使繁榮「均勻一致」，分配購買力，以及制定「經濟權利宣言」等。第一條路線包括限制貿易和國家管制壟斷等體現的一種經濟倒退；第二條路線則強調社會正義和戰勝貧困。一九三二年美國商會的延續企業與就業委員會用與羅斯福的演講近似的言詞發表聲明說：「在上個世紀較爲簡單的生活中可能是有道理的行動自由，在今天則是不能容許的。……我們已經不再處於極端個人主義的時期。」該委員會後來提出一個方案，這個方案於一九三三年通過時與全國復興法（National Recovery Act, NRA）非常近似。可以清楚地看出，羅斯福立論的前提本身遠非進步的，它能適應很保守的目的。他的「成熟經濟」理論，雖然也披上了自由主義和「社會規劃」等華麗辭藻的外衣，可以很容易地被同業公會或鼓吹限制產量保證利潤的人們所利用。這樣一種政策與使繁榮均勻一致和分配購買力之間的正相反的性質預示了新政基本上是模稜兩可的。

四

羅斯福在最早舉行的一次記者招待會上把自己比作橄欖球的四分衛。四分衛知道下一次如何打法，但超過這一點他就不能預測或硬行安排，因爲「之後的打法將取決於下次取得的結果」。他用比賽進行比喻，一個人在比賽中機遇要占很大比重，這就是他心理氣質的一種象徵，誰要是希望看到一種單一的政策，希望執行一種意義深遠的高瞻遠矚的計畫，那就永遠也不能理解新政。新政是一系列的臨時措施，許多措施的採取是相當突然的，許多措施又是相互矛盾的。新政所具有的一致性是在政治策略方面，而不是在經濟方面。

經濟學家就其專業智慧來說，並沒有怎樣受到羅斯福的尊重。他在第三次爐邊談話中說：「我偶然瞭解到，專業經濟學家們最多每五年或十年就要改變一下他們經濟法的定義。」在他認爲是「健全的政策」的廣泛範圍內——這一範圍的限度確是極爲廣泛——他理解到除非能將各式各樣的相互矛盾的利益「交織在一起」，否則他的政府在政治上就不能持久。靠著他調解或對相互對立的分子不表明態度的辦法，在民主黨內他取得了輝煌的成就，而且他非常實際，不會因爲一些「五年或十年」就可能放棄的反覆無常的經濟理論就拋棄政治協調這塊堅硬的基石。弗朗西絲·珀金斯曾談到過，凱因斯的消費理論在一些新政經濟學家中很有影響，他在一九三四年對總統進行了短時間的拜訪，討論了經濟理論問題。羅斯福對於凱因斯「冗長無聊的數字」感到困惑，對他的勞工部長說：「他更像一個數學家而不像政治經濟學家。」而凱因斯則感到有些失望，說他曾「想像總統在經濟方面會懂得更多一些」。這位英國佬的錯誤可能成爲那些羅斯福神話的編造者們的模式。

雷蒙德·莫利在其《七年之後》（*After Seven Years*）一書中，就羅斯福政策的急劇轉變，開列了一個很長但還不夠詳盡的單子。爲了更簡單有利於說明問題，我們只要談談羅斯福在聯邦俱樂部演說中已預示的兩種新政就夠了。在某種意義上講，這兩種新政是同時並存的；但是大體上可以較爲精確地說，從羅斯福宣誓就職到一九三五年春夏，第一種新政占主導地位，第二種新政是在此期間出現的，持續到人們改革的熱情消失爲止。

第一種新政，即一九三三年至一九三四年實施的新政，其目的主要在於復甦。改革的成分及立即進行救濟的人道主義措施，對於由商會、農業管理局和全國農民協進會等所提倡的有組織、有補貼的限產量保利潤的做法，都是次要的，這體現在全國復興法和農業調整管理局（Agricultural Adjustment Administration）的工作中。這些大型機構是第一種新政的核心，代表了其關於工業和農業的基本計畫，體現了透過限制產量使經濟復甦的倒退的主張。

農業調整管理局明顯地說明了實際進行的有組織的減產的做法。雖然這一機構成功地提高了農產品價格並且恢復了農場的收入，但這一機構所做的正是羅斯福認爲胡佛的農業委員會中非常壞的做法。在一般明白的人看來，這種政策似乎已經透過消滅富足的辦法解決了富足之中存在饑餓的矛盾。一九三五年十一月，羅斯福在亞特蘭大的一次演說中，含蓄地承認，全部政策都是與美國經濟的失敗連繫在一起的。他指出，一般美國人所吃的，是「醫生們會稱之爲三等的飲食」。如果使全國人民吃到一等飲食的話，「我們必須將更多的土地用於種植生產，以向美國人民提供更多可食用的東西。」他非常直率地說，美國人吃三等飲食，是因爲他們無力購買一等飲食。[6]

第一種新政的主要推動力是全國復興法，羅斯福把它稱之爲「美國國會所頒布的最重要、影響

【6】一九三八年頒布的常年穀倉計畫（Ever Normal General Plan），被認為是更令人滿意的政策而受到普遍歡迎。雖然計畫保證使價格更加穩定以及其他利潤，但仍包括了人們熟知的銷售限額計畫，而且籠罩著豐收會使計畫受影響的陰影。計畫制定者亨利·華萊士承認，「幾年風調雨順」，作物豐收，政府就會處境「尷尬」。

最深遠的立法……爲永久鞏固使國家繁榮的諸種因素而做出的最偉大的努力」。根據這一法令，政府批准各企業制定的一攬子價格協議及生產定額，而企業則接受提高工資的各種規定，使許多收入最低的工人改善生活條件。[7]全國復興法從本質上來說體現了許多實業界人士的這樣一種思想，即應透過系統的壟斷、提高價格和減少生產來實現復甦，這個說法是公正的。[8]儘管法令的「計畫」特徵受到熱情歡迎，但正如布魯金斯學會經濟學家指出，這項法令推遲了經濟復甦，只是在一九三五年五月最高法院廢除了這項法令之後，經濟方面才出現了持續的蓬勃進展。[9]但羅斯福對於放棄全國復興法還是不大情願的。一九三五年二月，他在要求將該法令延期兩年時說，放棄這項法令的「基本宗旨和原則……將會使企業及工人方面重新出現混亂的局面」。

最初執行的新政是基於這樣一種方針，羅斯福在競選運動中把它稱之爲「各種利益的眞正協調」，其目的在於使人人在實際中都得到一些好處。農場主們有農業調整管理局。企業有全國復興法。工人有工資和工時方面的規定，以及復興法第七條第一款關於集體與資方談判的許諾。失業工人則有各式各樣的聯邦救濟措施。中產階級則有房產主貸款公司、證券管理及其他改革。一些債務人因通貨膨脹而受益。如果在其他方面又出現不滿意的情況，政府就採取其他的臨時應付措施。

然而，儘管羅斯福進行了種種努力，全國還是日益明顯地分成左右兩派，他模稜兩可的態度也更加難以維持。來自精神振奮的左翼組織的壓力增加了；但頑固的保守分子的態度也使他思想向左轉。上層階級對他的攻擊使他吃驚，同時也感到受了傷害。經常聽到有人說他背叛了自己的階級，但如果說他的階級是指整個制定政策和行使權力的階層，人們也完全可以說他的階級背叛了他。考慮一下他就職時的形勢吧！全國的經濟機器已散了架，政治結構開始要崩潰。有產者唯恐失去自己的財產；只要讓他們保住自己的財產，他們願意接受任何能夠使他們仍然擁有財產的方法。在這段緊急時間裡，羅斯福事實上曾擁有獨裁的權力。他撥正了經濟生活之舟的航向，又使政治安全地回到了正常的軌道，雖然他採取了一些新的或許有些危險的權宜措施，但他避免了對各利益集團有重大的侵犯。例如，他放棄了透過國有化來解決銀行危機的容易的做法，而採取了一項胡佛都可以接受的正統政策。他的工農業基本政策是按照巨大既得利益集團提供的模式制定的。當然他採取了好幾項救濟和改革措施，但任何明智而具有人道主義精神的保守分子都會承認這些措施大多數是必要的。的確，他說過幾句關於「貨幣兌換商」和騙子的激烈言詞，這使得群情激憤，但他非常小心地說明這些人不過是實業界人士中的少數。歸根結柢，使群眾怨聲載道的不是羅斯福而是大蕭條帶來的可怕的苦難，每一個諳於世故的人大概都應該知道，在這種情況下，說上幾句反對為富不仁的話，對於加強一個政治家鼓動的力量是很有必要的。

羅斯福所做的一切都不應該受到他不久就在保守派報紙上受到的辱罵。那些瘋狂憎恨羅斯福的人們，也沒有理由在他們的俱樂部和餐廳中對他進行下流的攻擊。自然這就使羅斯福開始感到，那些嚴厲批評他的人是一些忘恩負義的糊塗蟲。一九三六年的競選運動中，他把他們比作一個剛救上來的溺水老人，責怪救他的人沒有打撈上他的帽子——還把他們比作剛出院就詛咒醫生的病人。

[7] 有必要指出，全國復興法並不是一項得到普遍支持的商業政策。一九三五年的民意測驗表明，商會成員以三比一的票數贊成繼續執行這一法令，而美國全國廠商協會（National Association of Manufacturers, NAM）則以三比一的票數反對。

[8] 全國復興署署長休．詹森（Hugh Johnson）在較早的一次記者招待會上宣布：「對於增長的生產能力來說，我們將要求實行一種類似停戰的東西，直到經濟出現螺旋上升的趨勢為止。……我們將非常誠懇地請求……不要採取節省勞動力的辦法，或使目前生產提高的措施。」

[9] 全國復興法的停止施行當然並不是一九三五年夏天經濟復甦的唯一因素，但無可爭辯的是，新政執行中經濟發展最為穩定的時期，是出現在表示雇主願意合作的藍鷹標誌取下之後的兩年裡。

一九三五年以前，他參加過不少政治爭論，但一般總是設法與自己的對手保持友好關係。由於從幼年時代起，羅斯福就生活在充滿友愛、鼓勵和遷就寬恕的環境裡，他本來可以接受以善意的精神提出的批評，或者是具有建設性內容的建議（這些他的確會加以採納），但批評他的人們的惡意和故意做蠢事使他感到憤怒，他和那些「保守的經濟巨頭」之間的政治鬥爭很快就變成了激烈的個人攻擊。莫利教授曾在一九三二年讚美羅斯福，說他沒有那種「對個人命運的過分關注」，卻因在一九三六年聽到他說出下面這樣的話而感到悲傷：「這次競選中有一個問題。那就是我自己，人民必須明確表示，或者擁護我，或者反對我。」在公開場合他變得咄咄逼人。他說，他希望別人在談到他的第二屆政府時會說，在這屆政府中，「自私與渴望權力的各種力量……適得其主。」

羅斯福與左派關係的發展情況對羅斯福神話是至關重要的。羅斯福的政治關係中，使人忘卻最快的一面也許就是他最初制定的勞工政策。在羅斯福政府初期，他與勞工組織只是一般交往，而並不是他們的朋友。雖然他急於通過全國復興法來爲收入最低微的工人們做一些事情，但他對工會的態度並不十分熱情。全國復興法本身的匆忙制定，部分地是爲了防止布萊克—康納利法案（Black-Connery Bill）對勞工極有利的條款獲得通過。全國復興法第七條第一款雖然保證了集體談判的權利，但並沒有禁止單獨談判、公司工會或自由僱用制企業。起初，工人們熱情地擁護全國復興法，並在「總統要你們參加工會」這一貌似有理但實屬虛假的號召之下，成千地加入了較爲激進的工會。但當涉及第七條第一款的爭論出現之後，休·詹森將軍和唐納德·里奇伯格（Donald Richberg）提出的解釋卻是，用布魯金斯學會經濟學家們的話來說，「在反對工會的雇主與工會的鬥爭中，使全國復興法實際上支持雇主。……這樣在談判各方的力量對比中，全國復興法就以其本身的力量來反對勞工。」羅斯福堅定地支持他的政府官員。另外，他最後指定的全國復興署署長塞繆爾·克萊·威廉斯（S. Clay Williams），是勞工組織的一個臭名昭著的敵人。到一九三五年初，勞工組織中已經沒有什麼人希望從白宮獲得幫助，工人們把全國復興法稱爲「全國團團轉」。二月二日，威廉·格林（William Green）警告說，整個勞工運動將反對羅斯福。[10]

與此同時，另一政治威脅正在出現。休伊·朗（Huey Long）透過煽動「共用財富」運動，在內地的群眾輿論中取得舉足輕重的地位，現在正談論要建立第三黨。詹姆斯·阿洛依修斯·法利（James A. Farley）在其《選票背後》（*Behind the Ballots*）一書中談到，民主黨全國委員會對一九三六年的選舉感到擔心，於是祕密地進行了一次全國性民意測驗，以便弄清楚朗到底有多大力量。調查的結果使他們吃驚。法利說：「朗在一九三六年選舉中很可能出現勢均力敵的局面。」民主黨也收到私人報告說，如果他進行競選，他會得到大量的資助。到春季過了一半的時候，莫利教授就非常驚訝地聽到羅斯福在談論有必要採取行動，「以便搶在朗的前面。」[11]

正在此時，最高法院宣布全國復興法違憲，從而使最初的新政失去了支柱。展望一九三六年，羅斯福現在發現自己困難重重。最高法院已毀壞了他關於勞工與企業的整個計畫。勞工似乎要撤回他們的政治支持。休伊·朗深得民心，這表明了很大一部分選民對羅斯福的不滿。工商業尚未出現眞正復甦的跡象。結果就是他急劇左轉，開始了第二種新政。

一九三五年六月，在總統「必須」制定的立法清單上又增加了兩項引人注目的議案：全國勞資關係法和爲了搶在朗前面制定的一項大量徵收的新「財富稅」。一九三五年國會會期結束時，最初

[10] 一九三五年二月三日的《紐約時報》上有一篇文章，標題是〈工會與新政破裂〉。該文寫道，「面對強大的工業集團和一個沒有同情心的政府」，勞工領袖們「幾乎已經絕望，不再期望在使工會得到承認方面取得任何進展」。

[11] 湯森養老金運動雖未採取政治形式，但仍構成了相當重大的威脅。

的新政除了農業調整管理局外，已經面目全非。取代全國復興法法規和第七款第一條這一僞裝品的是勞資關係委員會和對集體談判的堅定許諾。一項嚴厲的控股公司法和一項嚴格的財富稅徵稅法載入了法典。這些最後制定成法律的議案，沒有一件是羅斯福年初時曾想到的。在工程興辦署中安排了一個新的救濟方案，增加了開支，改善了工資級別。社會保險法也得以通過。到了年底，總統對莫利說，他計畫起草一個「戰鬥的演說」，作爲明年國會諮文，因爲「他掛念著要使左派支持者感到滿足」。

羅斯福與左派的結盟並不是事先計畫好的，甚至也沒有發展過程；這種結盟是突然冒出的。全國勞資關係法是他與勞工親善的基本原則，從某種意義上講也是第二種新政的核心，它制定的過程相當說明問題。全國勞資關係法從未成爲行政措施，這項法案在議會裡推來推去，折騰了一年多的時間都沒有引起羅斯福的興趣。他的勞工部長回憶說，羅斯福未參與制定這項法案，「制定過程中也幾乎沒有人和他磋商」，「當向他介紹這一法案時，也並不怎麼特別吸引他。」而且他也不完全贊成全國勞資關係委員會（National Labor Relations Board）後來那麼大力執行這項法令。珀金斯回顧說，當他聽說勞資關係委員會不准雇主提出請願，進行一次選舉或要求該委員會解決管轄許可權爭端時，他感到「震驚」。然而由於經濟復甦的刺激和全國勞資關係委員會的保護，工會日益發展壯大起來，並且在政治上形成一種壓力，給予第二種新政的執行一股推動力。羅斯福說：「這股民主力量可以很好地抵銷大企業的勢力。」

既然羅斯福受到右派的攻擊和阻撓，但受到左派的擁護，所以他就被認爲是群眾觀點的代表，並對群眾抱有同情。在第二種新政擬定期間，他似乎開始感到，他的社會目標要求開展一次反對「獨斷專橫」的運動。在一九三六年初傑克遜紀念日午餐會上，羅斯福將自己和傑克遜有意識地做了引人注目的比較，他說傑克遜深得普通群眾的擁護，「他們熱愛他是因爲他樹了不少敵人。」值得懷疑的是，即使在傑克遜時代，總統與廣大人民之間的感情交流是否會像一九三六年總統選舉時那樣密切。羅斯福曾對記者們談到一件使他感動至深的事：一次他正開車經過麻薩諸塞州的新伯福市，突然一個年輕的姑娘越過便衣保衛人員向他遞交了一張內容令人同情的紙條。她是一個紡織工人；在全國復興法執行時，她領著最低工資每週十一美元，但最近卻削減了百分之五十。她在紙條上最後寫道：「這件事只有你能管得了，請從華盛頓派人到這裡來吧，來恢復我們的最低工資，因爲一週四塊或者五塊或者六塊美元，我們實在無法生活。」[12]這就是他們共同的基礎：那些強行規定如此可憐的工資級別的「顯赫的經濟寡頭」也正是嚴厲責難總統的勢力。就這樣既非事先預謀，也不是純屬偶然，羅斯福和新伯福的姑娘爲了共同防衛而緊密結合在一起了。

羅斯福的第二次就職演說是一個高尚而仁慈的文獻，他滿意地談到「美國的道德氣氛」有所改善，宣稱對進步的眞正考驗在於「我們是否爲貧困的人們提供了足夠的必需品」，要求人們注意占全國人口三分之一的那些住房條件差、吃不飽、穿不暖的人們。在他第二屆任期的前兩年裡，除了爭論頗多的最高法院改革法案外，他還提出了對經濟發展具有廣泛重要意義的四項新改革措施：一九三七年的住房法、公平勞工標準法、農業保險法，以及在全國範圍內建立七個田納西河流域管理局的未獲成功的建議。但新政的目的在於發展資本主義經濟，正如珀金斯所說，羅斯福把這視爲理所當然的事，正如他對待他的家庭一樣。爲了成功地實現他所說的繁榮和公平分配的目標，從根本上講他要依賴資本主義恢復健康，新政最後是否成功，不僅僅要看政治鬥爭和立法改革，而且還要看商業週期曲線的變化。

一九三七年初，政府內部的人士看到商業指數迅速接近一九二九年水準，擔心出現的繁榮會成

【12】見《羅斯福演講集》，第五卷，第六二四頁。

爲不可控制的局面。聯邦儲備委員會官員開始限制信貸，羅斯福呼籲國會厲行節約，工程興辦署的人員也削減了一半。羅斯福從未公開接受把大量開支作爲政府的長期政策；雖然政府開支年年有赤字，但他一直在做出保證，一旦國民收入達到令人滿意的水準，他將恢復收支平衡的預算。但事態發展證明了，他無力改變這種增加開支的權宜辦法。阿爾文·漢森（Alvin Hansen）指出，一九三五年至一九三七年的經濟上升是一種由政府巨額開支所資助和刺激起的「消費復甦」。政府開支一旦削減，急劇下降的趨勢就開始出現，一九三八年初達到令人震驚的程度。正在此時，全國資源委員會這個執行調查機構，向總統遞交了一份一九三五年至一九三六年全國消費者收入的詳細調查。這個委員會估計，全國百分之五十九的家庭每年現金收入少於一千兩百五十美元，百分之八十一的收入少於兩千美元。羅斯福讀了這份報告，知道工商業情況再度衰退。當時大約仍有七百五十萬工人失業。很明顯，在某些根本的難以捉摸的事情上存在問題。

新政做到了使人們減輕苦難，心裡充滿了溫暖，新政使經濟得到一定程度的復甦；減弱了群眾抗議的巨大力量，恢復了美國的自由主義；它制定了一些具有永久價値的法令；它建立了一種原則，即整個社會都透過聯邦政府對群眾福利負有一定責任；而且新政使這些價値觀念深入了全國人民心裡，使得共和黨人在競選政綱中也不得不承認新政的主要成就。但羅斯福知道新政並未實現他爲之制定的一些目標，即分配公平和健全而穩定的繁榮。[13]

一九三八年四月，羅斯福採取了兩項應急措施，從而表明了新政危機的嚴重程度：一個是恢復大規模政府開支，另一個是開展一場反對壟斷的鬥爭。第一項措施立即就解決了危機：國會欣然同意增撥款項，商業情況迅速好轉，「羅斯福衰退」很快就消失了。從此之後，羅斯福就理所當然地認爲沒有政府資金的刺激，經濟就會周轉不靈。他在一九四〇年那篇令人難忘的預算諮文裡，最終在理論上接受了長期以來一直在實際進行的工作，承認政府節省開支對經濟衰退會產生影響，稱讚重新增大開支對於工商業復甦的作用，並且一般來說是用凱因斯的經濟術語來討論聯邦預算的問題。[14]

第二個應急措施一反羅斯福一九三三年的理論和全國復興法的政策，號召對壟斷發起攻擊。向國會提交的這份宣布對壟斷組織發動攻擊的諮文，導致了全國經濟臨時委員會富有成果的調查，是白宮制定的最值得注意的經濟法案之一。羅斯福從廣闊的社會角度審查了經濟權力和政治權力結構。他說，「私人權力」正在達到「大於民主國家本身」的程度。在美國，「史無前例的私人權力集中日益增強」，這正在「嚴重破壞私人企業的有效管理」。「私營企業正日益失去其自由競爭的企業的性質，而成為一些私營企業集團。」一個民主國家的人民不再願意接受因工業壟斷使生產下降而帶來的低生活標準。「工業中的大企業集團迫使政府最終實行集體主義。」「少數人控制全國經濟生活的權力，必須分散到多數人手中或者移交給公眾及其民主的負責的政府。」

像威爾遜一樣，羅斯福也認為大企業和壟斷的發展是對民主體制的威脅，但也像威爾遜和其他觸及過所謂托拉斯問題的政治家一樣，他對於如何制止這種威脅卻說得很含糊。雖然他的論點接近社會主義，但他所建議的並不是社會主義。他也不是要力圖解散大企業，倒轉經濟集中化的現代趨勢，近五十年的經驗已經證明這樣做是沒有什麼效果的。給他提供指導的經濟學家們認為，半壟斷性的重工業產品的固定價格結構使整個經濟陷入混亂，也許反托拉斯措施不應該用於解散大

[13] 請參考特格韋爾（Tugwell）教授在《災難的土地》（*The Stricken Land*）一書中的評論：「我國的困難是在經濟方面。他的進步主義和新政對於解決這些麻煩問題是令人感到可憐的不足。……我認為……他在這一〔國內〕事務方面會以失敗而記入史冊。」

[14] 羅斯福一九三二年指責胡佛政府揮霍無度，現在又批評胡佛政府，說他沒有增大開支到足以制止衰退。

公司，而應管制他們的價格政策。一個進行改革的國家，怎麼樣才能管轄各公司而又不摧毀私營企業，或本身屈服於各公司聯合起來進行的反對的巨大力量，這一點是沒有理解清楚的。羅斯福並未從理論上討論這一問題，事態的發展也並未要求他必須在實際中解決這一問題。

羅斯福急風驟雨似地求助於很久以前使托拉斯失敗的辦法，再加上在一九三八年秋季的選舉中，他未能把保守分子從黨內清洗出去，預示著新政在政治上的破產。改革之勢已成強弩之末，而民主黨由於最高法院的鬥爭和清黨造成的分裂，以及受強大保守集團的削弱，作為一個改革的機構已經疲憊不堪。一向是現實主義者的羅斯福，就在一九三九年一月四日致國會的年度諮文中，敲響了新政的喪鐘。「我們現在已經越過了開始實行社會改革方案的內部衝突階段」他說，「我們的全部精力現在可用於促進經濟恢復的過程，以便保護我們改革的成果。」在珍珠港事件之前，他的實驗進行了將近三年。「恢復的過程」直到戰爭到來時才出現。「我們的全部精力」從未能成功地用於和平時期的生產。如果不是戰爭為富蘭克林．羅斯福創造了一個新的施展領導能力的舞臺，他的政治命運又會如何？

五

當第二次世界大戰把羅斯福推向世界注目的重要位置時，他的歷史既非一直是孤立主義的，又非一直是國際主義的。他在國內開始他的政治生涯時，極力主張建立強大的海軍，他是馬漢的崇拜者，信奉馬漢所認為的國家就像小學生一樣，遲早總要和他的夥伴打起來，後來在一九二〇年競選運動中他轉而維護國聯；但即使在這時，有關海地的談話，也表明了他想得更多的是霸權政治而不是高尚的國際主義。隨著一九二〇年代孤立主義思潮的高漲，民主黨又不再支持國聯，羅斯福也採取了隨大流的立場，不願意因捍衛一項與自己關係不十分重大且不受人歡迎的事業而暴露自己。一九三二年，他成了民主黨第一個明確否定國聯的候選人：當時威廉．倫道夫．赫茲（William Randolph Hearst）在一封公開信中，要求羅斯福拒絕對國聯承擔責任，並威脅說要利用他強大的報紙影響力反對任何國際主義者時，羅斯福很快就投降了。他說，一九二〇年他贊成國聯並不使他感到遺憾，但現在的國聯並不是當初威爾遜設想的樣子。國聯已不再爲世界和平而工作，而是成了一個討論歐洲事務的機構。如果美國一開始就加入了國聯，國聯也許會成爲威爾遜所希望的那個樣子，但既然美國一開始沒有參加，「我不贊成美國現在參加。」該言論使國際主義者深感失望。亨利．普林格爾在《民族雜誌》上寫道：「羅斯福扯下了他過去高舉的旗幟，但卻沒有樹立起新的旗幟。」

儘管科德爾．赫爾（Cordell Hull）制定了互惠貿易計畫，新政經濟理論基本上是靠自己。羅斯福在競選中的一個理論，就是經濟復甦必須依賴獨立的國內行動，而不能靠世界性的安排，而且也正是羅斯福在一項諮文中極力貶低國際貨幣協定的重要性，並斷言美國有意走自己的路，從而扼殺了一九三三年的倫敦經濟會議（Lodon Economic Conference）。由於國內事務纏身，直到一九三七年秋天之前，他對國際行動未表示絲毫興趣，只有一次例外，那就是他曾試圖使國會與世界法院（World Court）發生連繫，但未獲成功。他公開執行的政策可能反映不了他內心的信念（一九三三年他暗中批准了對日本入侵中國採取不承認態度的「史汀生主義」，[15]和他親近的人聽到他在一九三五年春天表示出「要整治一下」希特勒的願望）。但他卻無心改變國內占主導地位的

[15] 當莫利和特格韋爾表示反對時，羅斯福說他的先輩曾在中國進行大量貿易。「我非常同情中國人民，你們怎麼能指望我不贊成史汀生對日本的政策呢？」

孤立主義與和平主義情緒。雖然他反對一九三五年中立法關於強制禁運的規定，但還是簽署了這項反映孤立主義精神的法律。西班牙內戰（Spanish Civil War）表明他是多麼不願意失去國內支持、多麼不願意冒著與外國衝突的危險，來發起一場反對法西斯侵略的聖戰。因爲西班牙戰爭是一場內戰，所以關於對戰爭物資的強制性禁運並不適用，但美國政府還是竭力推行一種對戰爭雙方的非正式禁運。當兩個美國出口商堅持認爲他們有權向西班牙共和國政府出售物資時，羅斯福要求國會修訂中立法使之包括內戰，於是西班牙政府就再也不能從美國市場採購。[16]這一行動不僅違背了美國外交慣例和公認的國際法，而且也違反了美國和西班牙一九〇二年簽訂的馬德里條約（Treaty of Madrid）。佛朗哥勝利之後，羅斯福政府迅速正式承認了佛朗哥政府。

羅斯福轉向集體安全的第一個信號是在一九三七年十月五日出現的，當時他建議隔離侵略國家，並且認爲美國「通過孤立式中立政策」是「不能逃避開」國際無政府主義和不穩定狀況的。這種轉變是如何引起的，如今仍然令人難以猜測。希特勒的勢力已經變得咄咄逼人，而不久之前日本已經又繼續侵略中國。一些心懷敵意的批評家只是依據一些旁證就指控說，羅斯福這樣做是爲了轉移人們對國內日益加深的經濟衰退的注意力。有一點是可以肯定的，那就是「隔離侵略者的演說」並未使公眾情緒產生急劇的轉變；幾乎在一年之後的一九三八年九月，蓋洛普民意測驗（Gallup Poll）表明，只有百分之三十四的美國選民贊成一旦英法與軸心國交戰就賣給它們武器彈藥。不到七個月，希特勒就撕毀了慕尼黑協議，占領了布拉格和梅梅爾[17]，這時贊成向英法出售武器的人數比例就從百分之三十四上升到百分之六十八。

在此期間內，美國公眾的思想出現了一個很深的裂痕。典型的美國人的想法是，他們擔心有一天德國征服西方民主國家之後，美國最終將不得不單獨面對法西斯的軍事強權。但是美國人也極其渴望置身戰爭之外。戰爭開始時，美國人希望援助盟國，靜悄悄地成爲反對軸心國的夥伴，但又避免戰爭。羅斯福在制定外交政策時一向是充分考慮國內輿論情況的，這時他的公開演講就密切地反映出了美國人含糊不清的意圖。一九三九年一月他對國會說：「我們知道，一旦推崇武力的新思想控制了其他大陸並侵入我們這個大陸，就會對我們這些美國人發生什麼樣的事情。」但是戰爭開始之後他卻說：「我希望美國置身於戰爭之外。……我國政府將為此而盡一切努力。」一九四〇年一月三日，他說：「置身於戰爭之外和自以為這一戰爭與我們毫不相關，這兩者是有著巨大差別的。」法國的陷落雖然打破了美國「中立」的一切藉口，但美國人仍普遍希望實際參戰是可以避免的。一九四〇年總統競選，羅斯福與威爾基以及他們各自的黨的競選政綱，都答應向與軸心國作戰的國家提供援助；但兩人也一再保證不把國家引向戰爭。競選運動結束不久，羅斯福說：「我國的政策不是要走向戰爭。我們政策的唯一目的就是要使我國和我國人民避開戰爭。」但他在同一篇演說中卻把美國說成是「民主國家的偉大武器庫」，並說「任何獨裁者或獨裁者聯盟都不能」削弱美國援助英國的決心。一九四〇年至一九四一年期間，他提出了許多無視中立的措施，包括用驅逐艦換海軍基地、租借法（Lend-Lease Act）、占領格陵蘭和冰島、在美國與冰島之間的水域巡邏，並在北愛爾蘭建立了一個海軍基地。一九四一年九月，一艘德國潛艇和一艘美國驅逐艦交火。十

[16] 羅斯福在一九四一年編輯他的文集時堅持說，「爭論」西班牙是歐洲民主國家制止侵略國家的合適地點「沒有什麼益處」。至於美國，它的人民不願意擔「絲毫的風險去捲入一場完全有可能發展成為歐洲全面衝突的歐洲爭吵」。他說，另外，法西斯分子比共和國政府有更大的船舶運輸能力，如果美國貨物向雙方出售，法西斯分子可能會買到更多一些。這是狡辯。美國並沒有被限制必須或賣給雙方，或都不賣給任一方。更符合美國慣例、「國際法」和美國條約義務的做法，本應是與法律上承認的政府保持正常的經濟關係，而對於革命的派別則實行禁運。

[17] 克萊佩達的舊稱，現處於立陶宛境內。——譯者

月，羅斯福總統在海軍節演說中宣稱「美國受到攻擊」，並說「已開始開火了」。美國早已參加了未經宣布的海戰，但人民最終不願參加公開的戰爭使國家不可能大量調動國家人力物力。羅斯福面臨困境，但日本對珍珠港的進攻卻幫了他的忙，正像當年南北戰爭時期，南方邦聯進攻桑特堡幫了林肯的忙一樣。

羅斯福還未來得及把戰後政策的實際方向明確制定就去世了。他留下了大量的言論、諾言及關於總目標的說明，卻沒有詳細闡述如何將這些轉變爲具體行動。一九三五年以來，他變得慣於無拘束地向具有自由主義觀點的聽眾發出呼籲，大概也慣於以進步派傳統的受人歡迎的人道主義語言進行思考。他在一九四四年競選時談到要通過一項「經濟權利法案」以確保人民能得到普遍的安全和福利，其中最重要的是「獲得有益的報酬優厚的工作的權利」。爲了不使人們把這一點誤解爲澈底重建遠遠超出新政範圍之外的經濟生活，他接著又談到了「在我們私營企業的民主制度下實現充分生產和充分就業，無論何時何地在必要的時候都將得到政府的鼓勵和幫助」。「我相信私營企業自由競爭」他再次強調，「我相信私營企業可以使我國人民得到充分就業機會。」他放棄了在聯邦俱樂部演說中闡明的關於「成熟經濟」的理論，而充滿信心地談論「擴大和平時期的生產能力，這需要新的設施、新的工廠、新的設備——從而能僱傭數百萬工人。」戰時經濟的高速度發展使他很容易忘記新政並未使經濟完全恢復，也容易使他驕傲地談論「我們……如何戰勝經濟危機」。

在對外關係方面他也持同樣樂觀態度。一九四五年一月他在國會中說，濫用權力不可能再是國際生活中起支配作用的因素。「權力必須與責任連繫起來，必須在普遍利益的範圍內爲其本身辯護並證明其行動的合理。」他談到在獨立和自決基礎上的「人民的和平」，並表明這樣一種設想，即聯合國應「在必要時有權力迅速而果斷地以武力維持和平」。從雅爾達會議（Yalta Conference）返回後，臨去世前他興高采烈地談到他與邱吉爾和史達林的關係：「我們達到了思想一致並找到了共同相處的方法。」雅爾達會議說明「過去幾個世紀試驗過而且總是失敗了的各種權宜辦法，如單方面行動、排他性聯盟、勢力範圍、力量均衡等，都已經過時了」。

羅斯福是否深信聯合國能成爲維護世界和平的機構也是値得懷疑的。他最初自發的想法不是透過所有國家協作來實現和平與安全，而是要建立由美國、英國、蘇聯和中國組成的四強機構，由他們來執行世界員警的任務。科德爾．赫爾寫道，一九四三年春天，羅斯福要求包括法國在內的所有國家都應解除武裝。赫爾說：「他認爲邱吉爾、史達林、蔣介石及他本人間的私下直接接觸能產生很好的效果，認爲四國首腦的直接關係能形成對今後世界的有效管理。」他不贊成全世界範圍的組織，但贊成建立區域組織，將和平與安全的所有問題交由這四大國解決。有一次國務卿赫爾和一些希望建立國際組織的具有國際主義思想的客人對他說：「你至少會贊成建立世界秘書處吧？」他大笑著回答道：「我把五角大樓或紐約帝國大廈給你們。你們可以把世界秘書處建在那兒。」然而到一九四三年夏天，他已經接受了建立世界組織的主張，秋天他批准了這一年莫斯科會議上通過的四國宣言草案，這項宣言草案要求建立「一個範圍廣泛的國際組織……以維護世界和平與安全」。

羅斯福經常受到批評的一點是，他常傾向於認爲，如果把對立雙方的代表叫到一起並勸說他們握手言和友好相處，那麼利益衝突和原則衝突就可以得到解決。他的這種思想方式自然會使他把未來和平的希望寄託在大國領導人之間個人間的通情達理和相互理解上。在這個意義上，他的國際關係的思想，雖然其目的非常民主，實現的手段卻遠非如此。在對待蘇聯的問題上，有一段時間他有一個很古怪的想法，認爲和一個獨裁政權打交道比與一個具有議會民主的國家打交道要容易。海軍上將羅斯．麥克因泰爾（Ross McIntire）記得羅斯福說過：「使事情辦起來最順利的情況是，我只要說服史達林一個人就行了。他不必考慮國會的意見。他講了話就算數。」[18]他在邱吉爾和史達林之間，是處於中間調停人的地位，想要「把這兩個人揉在一起」，很明顯他認爲在英國和蘇聯之間擔任「仲裁人」的角色仍然是必要的。過去他曾在艾爾弗雷德·史密斯派和農村新教徒民主派之間、在全國廠商協會和威廉·格林之間，最後在傑西·瓊斯（Jesse Jones）和亨利·華萊士之間調停，現在他認爲自己又是蘇聯帝國主義和英帝國主義之間的調停人。

他打算如何對待這些帝國主義國家呢？對於英國和其他歐洲帝國主義國家，他的答案還是比較清楚的。他對殖民地人民的悲慘命運深表同情，[19]他希望改善他們的狀況，認爲有必要放鬆英、法、荷等帝國對殖民地的控制，他認爲英國和法國爲了相互支持它們對殖民地的控制，而結成了一種非正式的聯盟。另外，美國在東方進行戰爭的過程中，由於東方各國人民對於英國帝國主義的強烈不滿而受到阻礙。在戰爭中，美國站在殖民地各國人民一邊，提出了要使印度、緬甸、敘利亞和黎巴嫩獲得完全獨立。羅斯福曾對他兒子艾略特說過，戰後應圍繞印度、緬甸、爪哇、印度支那、印尼、非洲各殖民地、埃及和巴勒斯坦的地位進行討論。但國務卿赫爾的紀錄中卻說，英國、法國及荷蘭任何時候都沒有受到過讓他們立即允許其殖民地自治的壓力。這種自治可望「到時就會發生」。

羅斯福反對殖民主義帝國並非完全出自於利他主義的考慮；他思想上考慮得很多的還有美國商業利益，例如，美國一些公司已經得到開發沙烏地阿拉伯大油田的特許。雖然他認爲「帝國主義者們」——他把這個詞當作綽號使用——持一種純粹剝削殖民地的觀點是短視的，並認爲如果顧及殖民地人民的福利，那它們就會有更大的潛力，他也意識到在美國鼓勵下，殖民地經濟的恢復會給美國貿易發展帶來好處的種種可能性。艾略特·羅斯福（Elliott Roosevelt）繪聲繪色地談到羅斯福總統當著邱吉爾的面，要求摩洛哥蘇丹爲美國公司提供特許權；他還向蔣介石做出許諾，如果蔣介石能與共產黨達成妥協，並使政府民主化，他將支持蔣介石結束西方帝國在香港、上海及廣州的特殊權益。

羅斯福似乎相信，可以用開明而仁慈的美國滲透，取代舊的殖民主義國家的殘酷的帝國主義掠奪，而這無論對當地人民還是對美國商業都是有利的。[20]他認爲英國和德國的銀行家們把世界貿易「牢牢地裝在自己口袋裡的時間太久了」，這對美國是不利的。他爭辯說：「各國人民間的平等就會導致完全自由地進行競爭貿易」，呼籲邱吉爾爲「健康的競爭」開放市場，並廢除各種英帝國貿易協定。[21]

---

[18] 亞瑟·布利斯·萊恩（Arhur Bliss Lane）在《我看到波蘭被出賣》（*I Saw Poland Betrayed*）一書中談到了羅斯福「過分相信自己的魅力，認為自己有能力說服外交和政治上的敵手，使他們相信自己的觀點。他似乎認為他的這種魅力對史達林特別起作用」。

[19] 他在一九四四年一月十二日致科德爾·赫爾的備忘錄中談到伊朗的悲慘命運，那裡百分之九十九的人為百分之一的人所奴役，「他們不能擁有自己的土地，不能自己生產，也不能把產品換成錢或變成財產。」他接著說：「有一個想法使我很激動，就是以伊朗為例，說明無私的美國政策會怎樣對待。」此後不久，他給赫爾寫信說，他認為印度支那應該獨立，而不應該交還法國。「法國占據這個國家及其三千萬人口已經近一百年，而這一地區人民的生活比剛開始被占領時更為糟糕。」

[20] 十九世紀，英國曾在拉丁美洲、南歐和東歐扮演過這種角色，支持受壓迫各國人民的民族主義和獨立運動，並從其他帝國的瓦解中獲得貿易利益。

[21] 羅斯福對於戰後英國經濟問題並非漠不關心。他對於保持英國出口市場十分關切，不過覺得應以犧牲德國為代價。他壓倒一切的想法是英國經濟的命運應與德國經濟的命運成反比。雖然他在私下裡駁斥了這樣一種意見，即魁北克會議上有人認為的應將德國變為「農業國和牧區」，但他的確認為戰後對德國經濟的控制，應設法使其為英國帶來利益。絕不允許德國出口一天天增加，生產軍備的能力再一次形成，而大英帝國卻崩潰下去。他給赫爾寫信說：「目前形勢中最為重要的問題是要防止在戰爭結束時英國完全破產。」

所有這一切似乎都富有特色——非常同情受壓迫的殖民地、開明和提供福利的理想，以及爲促進美國利益的老謀深算。正如商會的全國復興法的主張，外表套用了自由主義社會計畫者的語言，但也使工人階級最爲困苦的階層獲得利益一樣，美國對世界市場新的征服，也完全可以在國際繁榮的旗幟下進行。

羅斯福在世的時候，美蘇關係會發展到多麼嚴重的程度還不如現在這麼明顯，因此他在這方面的認識也不那麼明確。一九四〇年二月蘇芬戰爭（Russo-Finnish War）期間，他曾說過，俄國「如一切有勇氣面對現實的人們所知道的，是一個獨裁專制的國家，其獨裁程度不亞於世界上任何一個獨裁專制的國家」。然而當在德黑蘭遇到這位獨裁者時，卻發現他「感人至深」。他對艾略特說：「我和他肯定會相處得很好。」後來他又說他喜歡和史達林一起工作，因爲他講話「並不是很狡猾」。他似乎也認爲他已經使史達林意識到美國並未和英國組成一個聯盟來反對蘇聯。他對海軍上將麥克因泰爾說：「如果我能使他相信我們提出合作是在公平基礎上的合作，我們希望成爲戰友而不是敵人，我相信他會參加進來的。」如果說羅斯福曾擬定了對付侵略成性的蘇聯帝國主義的具體戰略的話，那至今尚未公之於世。羅斯福去世的時候，「冷戰」的格局才剛剛開始出現，他肯定沒有什麼神機妙算可與蘇聯相處。詹姆斯．弗朗西斯．伯恩斯煞費苦心公開批評「我們與蘇聯的關係只有在他死後才惡化起來的說法」，透露說史達林曾指控英美聯盟在一九四五年春天，單獨與德國進行了祕密的和約談判，而當他對羅斯福的否認是否屬實表示懷疑時，羅斯福非常生氣。羅斯福在逝世那一天曾給邱吉爾發去一個電文，勸他在對下院的演說中把「一般性的蘇聯問題」放在儘量次要的位置。他還補充說：「然而我們必須堅定，迄今我們的路線是正確的。」

羅斯福在他生命的最後一年中制定了一項雄心勃勃的行動計畫——引導美國逐步實現全面開工生產和充分就業，保持在私人企業制度下實現一攬子的經濟權利法案，擴大美國的對外貿易，在英國和蘇聯之間，及在中國和使它處於困境的列強之間起緩衝作用，瓦解各殖民主義大國，使殖民地受壓迫者獲得良好的衛生條件、正義和自由。這個內容像初期新政中的各項保證一樣龐雜的綜合計畫，如果說羅斯福在世時已經是不大可行，那麼在他去世後數年中則更是難以做到。一九四二年至一九四五年的世界已經改變了，希望如此多變的一個政治家對今後的計畫規劃得很遠是無益的。不折不扣地相信他的每一句話，而不把他的話僅僅看作是用誇張言詞表達的意願，將會是一個錯誤。人們沒有多少理由把他的話看成指導他的計畫行動的原原本本的準則，就像人們沒有理由指望他實現他一九三二年做出的兩項保證，既平衡預算又給失業工人以足夠的救濟一樣。

與在韜略方面勝他一籌的威爾遜相比，羅斯福是一個更靈活、更聰明的政治家，但卻不那麼嚴肅認眞，不那麼深思熟慮，也不那麼負責任。就我們所知，羅斯福在國際會議上與史達林和邱吉爾會談時的所作所爲，如果說取得的實際結果不比威爾遜參加凡爾賽會議差，那麼從道德的角度看卻不如了。很難想像威爾遜會用該殺死多少納粹分子的具體數字的玩笑，來平息史達林和邱吉爾關於將來如何處理抓獲的納粹分子的爭論；同樣也很難設想羅斯福會像威爾遜對弗蘭克．科布說的那樣，表達出對於戰爭給國內人民帶來的各種後果的深刻理解，或者羅斯福在雅爾達或德黑蘭會議上，會像威爾遜在巴黎和會上那樣爲了弄清問題的細節、爲了思想的堅定不移及道義的責任，而竭力爭辯。

然而羅斯福的聲望仍將會高過威爾遜，其中重要的原因是他去世的時候，各種情況對他都很有利。威爾遜去世時，失敗已成定局，載入史冊；羅斯福逝世時卻處於形勢發展當中，以至於那些崇拜他的人仍然可能相信，如果他能活更長一些時間，把戰後世界引上正軌，那麼一切都會變個樣子。另外，對美國的前途缺乏信心，又沒有明確的思想指導，就愈發使人們崇信偉大人物的神奇力量。在美國任何自由主義復興運動的神話中，羅斯福肯定會是壓倒一切的形象。他的著作中有大量的論題可供善意的人們引用；但是，如果一味滿足於個人仁慈、個人安排，充分的良好的意願和一個月一個月的臨時安排，而不去試圖對世界上正在發生的事情有一個更全面更系統的理解，那就會產生極其危險的結果。

參考書目說明

本書目說明不是要詳細開列出所有這方面的文獻或我參考過的所有資料。然而其中的確包括我所引用的事實的主要出處，以及直接影響我看法的著作。

第一章　開國先輩

關於制定憲法的文獻卷帙浩繁，Max Farrand 所編 *The Records of the Federal Convention*（4 volumes, New Haven, 1911-1937）是不可缺少的參考文件。Arthur T. Prescott 在 *The Framing of the Constitution*（Baton Rouge, 1941）一書中對會議程序紀錄按議題進行安排，是一部極爲有益的作品。Jonathan Elliot 的 *Debates*（5 volumes, Washington, 1836-1845）一書完整地蒐集了關於批准憲法問題的辯論情況。Charles Warren 的 *The Making of the Constitution*（Boston, 1928）中有大量的原始材料，多以信件形式出現，但由於該書辯解的口吻而使觀點受到影響。Hamilton、Madison 與 Jay 所著 *The Federalist* 已出了許多版本。John Adams 所著 *A Defense of the Constitutions of Government of the United States of America* 與 *Discourses on Davila* 收在由 Charles F. Adams 編輯的 *The Works of John Adams*（Boston, 1851）第四卷和第六卷中，所引用的致卡羅萊納的約翰．泰勒的信件及其他說明他社會主張的信件收在第六卷中。Adrienne Koch 和 William Peden 所著 *The Selected Writings of John and John Quincy Adams*（New York, 1946）一書中的文獻都是精心選擇的。

在關於憲法制定者的第二手著作中，首先應推 Charles A. Beard 的名著 *An Economic Interpretation of the Constitution of the United States*（New York, 1913）。我用的是一九三五年版本，其中有 Beard 教授所寫的一篇導言。他的關於同一問題的另一部著作 *The Republic*（New York, 1943）觀點有不同的側重。J. Allen Smith 所著 *The Spirit of American Government*（New York,

1907）對於憲法制定者的意圖和政治觀點有獨到見解。Robert L. Schuyler 在 *The Constitution of the United States*（New York, 1923）一書中，令人信服地闡明了會議代表們相同的觀點比需要妥協的不同觀點要多得多。

V. L. Parrington 在 *Main Currents in American Thought*（New York, 1927）一書第一卷中對於就憲法引起辯論的各種思想的闡述巧妙而又內容豐富。Merle Curti 所著 *The Growth of American Thought*（New York, 1943）一書在把思想爭論與社會處境連繫起來方面極有價值。Charles A. Beard 和 Mary R. Beard 夫婦合著的 *The American Spirit*（New York, 1943）一書著重敘述了啓蒙思想家們的保守思想。George H. Sabine 在其所著 *A History of Political Theory*（New York, 1937）一書中對十七世紀和十八世紀政治思想的論述引起我極大的興趣，我還參考了 William S. Carpenter 所著 *Development of American Political Thought*（Princeton, 1930）。Carl Becker 所著的兩部可喜的著作 *The Declaration of Independence*（New York, 1922, 1942）和 *The Heavenly City of the Eighteenth Century Philosophers*（New Haven, 1932）對於理解十八世紀的思想家們提供了非常有益的指導。

Conyers Read 所編 *The Constitution Reconsidered*（New York,1938）一書中有許多關於憲法思想背景的有價值的論文，特別是 Stanley Pargellis、R. M. Maclver、Gaetano Salvemini 和 Roland Bainton 的文章，對我特別有幫助。Walton Hamilton 和 Douglass Adair 合著的 *The Power to Govern*（New York, 1937）一書中著重論述了開國元勳們的商業經濟思想。關於對開國元勳們政治主張產生影響的外國思想的資料，可參閱 Paul Spurlin 所著 *Montesquieu in America, 1760-1801*（Baton Rouge, 1940）和 Archibald Cary Coolidge 富有啓發意義的論文 *Theoretical and Foreign Elements in the Formation of the American Constitution*（Freiburg, 1892）。從 Joseph Dorfman 所著 *The Economic Mind in American Civilization*（2 volumes, New York, 1946）一書第一卷的幾章中，我也受益良多。

H. F. Russell Smith 所著 *Harrington and His Oceana*（Cambridge, 1914）很有價值。Correa M. Walsh 所著 *The Political Science of John Adams*（New York, 1915）是一份很詳盡的研究成果。Charles A. Beard 的 *Economic Origins of Jeffersonian Democracy*（New York, 1915）一書的第十一章雖然很短，但對亞當斯的思想做了非常明確的敘述。Rexford Guy Tugwell 和 Joseph Dorfman 的文章〈Alexander Hamilton: Nation Maker〉，*Columbia University Quarterly*（December 1937 and March 1938），以簡短的篇幅敘述了豐富的內容。Harold W. Bradley 的〈The Political Thinking of George Washington〉，*Journal of Southern History*（Vol. XI (November 1945), pp. 469-486），所做的分析簡明而中肯。

關於邦聯時期的一般歷史性著作，Allan Nevins 所著 *The American States during and after the Revolution 1775-1789*（New York, 1924）極爲詳細地敘述了各州內部事務。E. B. Greene 所著 *The Revolutionary Generation*（New York, 1943）一書中有一些背景材料。Merrill Jensen 所著 *The Articles of Confederation*（Madison, 1940）是一部很好的研究著作。Curtis Nettels 關於美國殖民地時期的著名歷史著作 *The Roots of American Civilization*（New York, 1938），以其透澈的理解使我更清楚地瞭解了這一時期較大範圍的歷史背景。Louise B. Dunbar 所著 *A Study of "Monarchical" Tendencies in the United States from 1776 to 1801*（Urbana,1922）具有很大參考價值。

關於麥迪遜的最好的傳記要數 Gaillard Hunt 的 *Life of James Madison*（New York, 1902），但 Irving Brant 又寫了一部更新的著作，前兩卷已出版。Gilbert Chinard 的 *Honest John Adams*（Boston, 1933）很有價值，但仍有待於編寫一本最有權威的傳記。參看 James Truslow Adams 的 *The Adams Family*（Boston, 1930）。Frank Monaghan 的 *John Jay*（New York, and Indianapolis, 1935）中載有傑伊的大量格言。

我發現在理解憲法制定的思想背景方面，下列經典著作特別有益：Aristotle 的 *Politics*，特別是第三卷第八章與第四卷第十一、十二章；Montesquieu 的 *Spirit of Laws*，特別是第十一卷；Harrington 的 *Oceana*；Locke 的 *Of Civil Government*；Hobbes 的 *Leviathan*。

第一章　湯瑪斯．傑佛遜

傑佛遜著作的各種版本沒有一本是完整的。我使用的是 Paul L. Ford（10 volumes, New York, 1892-9）的版本。Saul Padover 的 *The Complete Jefferson*（New York, 1943）中有傑佛遜的全部系統著作，但只有爲數不多的幾封信。Adrienne Koch 和 William Peden 編的 *The Life and Selected Writings of Thomas Jefferson*（New York, 1944）中選了不少重要的信件。Bernard Mayo 的 *Jefferson Himself*（Boston, 1942）一書從各種著作中選材，以年代爲順序，編了一本完整的傑佛遜自傳，這本書特別有益。參看 Paul Wilstach 編的 *Correspondence of John Adams and Thomas Jefferson*（Indianapolis, 1925）和 Dumas Malone 編的 *Correspondence between Thomas Jefferson and Du Pont de Nemours*（Boston and New York, 1930）。

Henry S. Randall 的 *The Life of Thomas Jefferson*（3 volumes, New York, 1858）是一本經典傳記，其他傳記作者經常參考這部著作。但仍有待出現一部現代人寫的完整而全面的傳記。Gilbert Chinard 的 *Thomas Jefferson, the Apostle of Americanism*（Boston, 1929）是多年細心而獨到的研究成果，在現代研究著作中是出類拔萃的。Albert Jay Nock 的 *Jefferson*（New York, 1926）是一篇優秀的傳記文章，風格優美，分析透徹。他對傑佛遜理解之深，沒有什麼人奢想會超過他，特別是在一篇短短的文章中。Marie Kimball 的 *Jefferson, the Road to Glory*（New York, 1943）敘述了傑佛遜早

年的生平，對於他在維吉尼亞的改革的意義，也做了一些不拘一格的評論。關於傑佛遜一七八四年以前的生平的作品，最好的要數 Dumas Malone 的 *Jefferson the Virginian*（Boston, 1948）。

最能說明傑佛遜時期美國政治情況的作品是 Charles A. Beard 的 *Economic Origins of Jeffersonian Democracy*（New York, 1915），而且像論及這一時期的其他人一樣，這本書使我特別受益。Claude Bowers 的 *Jefferson and Hamilton*（Boston and New York, 1933）和 *Jefferson in Power*（Boston, 1936）具有黨派傾向，但有參考價值。C. M. Wiltse 的 *The Jeffersonian Tradition in American Democracy*（Chapel Hill, 1935）對各種思潮進行了令人興奮的討論。Adrienne Koch 的 *The Philosophy of Thomas Jefferson*（New York, 1943）對傑佛遜在理論上的興趣進行了深入的研究。關於傑佛遜與古代人文科學，可參閱 Karl Lehmann 的 *Thomas Jefferson, American Humanist*（New York, 1947）。Roy Honeywell 的 *The Educational Work of Thomas Jefferson*（Cambridge, 1931）和 Frank L. Mott 的 *Jefferson and the Press*（Baton Rouge, 1943）研究了傑佛遜民主與制度上的兩個方面。Henry Steele Commager 的 *Majority Rule and Minority Rights*（New York, 1943）研究傑佛遜對司法的態度及定期修改憲法的信念。

關於從世界史的角度看傑佛遜的自由主義，Harold J. Laski 的 *Rise of European Liberalism*（London, 1936），當然還有 Carl Becker 的 *The Declaration of Independence*（New York, 1922, 1942）使我受益匪淺。至於傑佛遜的經濟觀點，Joseph Dorfman 在 *The Economic Mind in American Civilization* 一書中的論文是很有價值的。研究傑佛遜和重農主義者，可參閱 Gilbert Chinard 在其 *The Correspondence of Jefferson and Du Pont de Nemours*（Baltimore, 1931）一書中的導言及 Richard Hofstadter 的〈Parrington and the Jeffersonian Tradition〉一文（載於 *Journal of the History of Ideas*,Vol. II (October 1941), pp. 391-400）。Charles D. Hazen 的 *Contemporary American Opinion of the French Revolution*（Baltimore, 1897）一書中對傑佛遜在法國的情況，敘述得很有見地。卡羅萊納的 John Taylor 寫的一些著作對瞭解傑佛遜民主很有價值，要瞭解這位作者，可參閱 Eugene T. Mudge 的 *The Social Philosophy of John Taylor of Caroline*（New York, 1939）及他本人的著作，特別是 *Arator*（Georgetown, 1814）和 *Inquiry into the Principles and Policy of the Government of the United States*（Fredericksburg, 1814）。參閱 H. H. Simms 的 *Life of John Taylor*（Richmond, 1932）。Manning J. Dauer 和 Hans Hammond 在〈John Taylor: Democrat or Aristocrat?〉一文（載於 *Journal of Politics*, Vol. VI (November 1944), pp. 381-403）中對這一問題的觀點與本章的主旨是近似的。A. Whitney Griswold 的〈The Agrarian Democracy of Thomas Jefferson〉一文（載於 *American Political Science Review*, Vol. XL (August 1946), pp. 657-681）在從歷史角度分析傑佛遜方面取得很大成功。

關於傑佛遜的當地地方環境，Charles H. Ambler 的 *Sectionalism in Virginia from 1776 to 1861*（Chicago, 1910）很有參考價值，同樣有價值的還有 H. J. Eckenrode 的 *The Revolution in Virginia*（Boston and New York, 1916）。Clarence R. Keim 的 *The Influence of Primogeniture and Entail in the Development of Virginia* 是一九二六年在芝加哥大學時未發表的博士論文，有助於從正確的角度理解維吉尼亞的改革。Henry Adams 所著 *History of the United States of America*（9 volumes, New York, 1889-1898）有許多精闢的見解。Albert J. Beveridge 的 *Life of John Marshall*（4 volumes, Boston and New York, 1916-1919）中有大量的材料，但是從對材料的觀點來看，卻是宣傳聯邦觀點的小冊子。Louis M. Sears 的 *Jefferson and the Embargo*（Durham, 1927）竭力爲命運不妙的試驗辯護。Julius W. Pratt 的 *Expansionists of 1812*（New York, 1925）以傳統方式敘述了共和黨鷹派的目的。關於共和黨政府頒發成立第二國民銀行特許狀的情況原委，參閱 Ralph H. C. Catterall 的 *The Second Bank of the*

United States（Chicago, 1903）第一章。

第三章　安德魯．傑克遜

關於傑克遜的最重要的資料是 John Spencer Bassett 編輯的 *Correspondence of Andrew Jackson*（6 volumes, Washington, 1926-1933），還有由 J. D. Richardson 編輯的 *Message and Papers of the Presidents*（Washington, 1896）第二卷和第三卷。James Parton 過去的研究資料 *A Life of Andrew Jackson*（3 volumes, New York, 1859-1860）是以與同時代人的通信和面談紀錄爲根據的。關於傑克遜的傳記，我一般參考 John Spencer Bassett 在較近期內寫的一本具有批判觀點的著作：*Life of Andrew Jackson*（2 volumes, New York, 1928）。參閱 Marquis James 寫的 *The Life of Andrew Jackson*（2 volumes, Indianapolis, 1938）。William Graham Sumner 過去所著的 *Andrew Jackson*（Boston, 1882）對於財政問題有特別見長的論述。Thomas Perkins Abernethy 在 *From Frontier to Plantation in Tennessee*（Chapel Hill, 1932）以及在 *Dictionary of American Biography* 中對傑克遜的刻劃，是研究傑克遜在田納西州的情況必定要參考的著作，但作者對他描寫的對象過於敵視。Abernethy 教授對於傑克遜虛假的民主持激烈的批評態度。Arda Walker 在〈Andrew Jackson: Frontier Democrat〉一文（載於 *East Tennessee Historical Society Publications*, No. 18 (1946), pp. 59-86）中持相反的觀點；儘管她得出的結論值得懷疑，但她對於一些根據的評論很有參考價值。

關於邊疆、邊疆開拓者，以及關於整個傑克遜時期，我和所有研究美國史的人們都受益於 Frederick Jackson Turner 的著作，特別是 *The Frontier in American History*（New York, 1921）、*The Rise of the New West*（New York, 1906）以及 *The United States, 1830-1850*（New York, 1935）。

W. J. Cash 的才氣煥發的 *The Mind of the South*（New York, 1941）很有啓發意義。關於傑克遜時期初期背景情況，我受益於下列著作：Carl Russell Fish 的 *The Rise of the Common Man*（New York, 1927）、John Krout 和 Dixon Ryan Fox 的 *The Completion of Independence*（New York, 1944）、Wilfred E. Binkley 的 *American Political Parties*（New York, 1943）、Kirk Porter 的 *A History of Suffrage in the United States*（Chicago, 1918）、W. E. Stanwood 的 *A History of Presidential Elections*（Boston, 1884）、Dixon Ryan Fox 的 *The Decline of Aristocracy in the Politics of New York*（New York, 1919），以及 Samuel Rezneck 的〈The Depression of 1819-1822, A Social History〉（載於 *American Historical Review*, Vol. XXXIX (October 1933), pp. 28-47）。Herman Hailperin 所著〈Pro-Jackson Sentiment in Pennsylvania〉一文（載於 *Pennsylvania Magazine of History and Biography*, Vol. L (July 1926), pp. 193-238），專門研究了傑克遜的根據地中支持傑克遜運動興起的過程。M. Ostrogorski 在他的經典著作 *Democracy and the Organization of Political Parties*（New York, 1902）第二卷第 i 至 ii 章中以敏銳的觀察力追述了政治技術和政治人事方面的變革，我認爲這種變革是傑克遜民主的本質。參閱 Carl Russell Fish 的 *The Civil Service and the Patronage*（New York, 1905）。然而，已故的 E. M. Eriksson 的重要論文〈The Federal Civil Service under President Jackson〉（載於 *Mississippi Valley Historical Review*, Vol. XIII (March 1927), pp. 517-540）斷然駁斥了這樣一種指控，即傑克遜在某種特殊的意義上講是全國範圍政黨分肥制度的創始者。他的研究得出了相反的意見，即特別是考慮到使傑克遜當選總統的種種條件，他在更換國家官員方面的做法還是非常克制的。關於與此有關的政黨幹部會議的衰落，除上述 Ostrogorski 的著作外，還可參閱 Frederick Dallinger 的 *Nominations for Elective Office in the United States*（New York, 1897）和 C. S. Thompson 的短著 *The Rise and Fall of the Congressional Caucus*（New Haven, 1902）。詳細說明使傑克遜當選

總統的重要運動的著作有 Florence Weston 的 *The Presidential Election of 1828*（Washington, 1938）和 Culver H. Smith 的〈Propaganda Technique in the Jackson Campaign of 1828〉一文（載於 *East Tennessee Historical Society Publications*, No. 6 (1934), pp. 44-66）。關於對傑克遜某些政治手段的諷刺的論述，參閱 Richard R. Stenberg 的〈Jackson, Buchanan, and the 'Corrupt Bargain' Calumny〉一文（載於 *Pensylvania Magazine of History and Biography*, Vol. LVIII (January 1934), pp. 61-85）。

Arthur M. Schlesinger, Jr. 的 *The Age of Jackson*（Boston, 1945）是一部重要參考著作，除有其他優點外，還在糾正 Turner 對西部的過分強調上很有價值。參閱 Bray Hammond 的評論中對 Schlesinger 非常有見地的批評，見 *Journal of Economic History*（Vol. VI (May 1946), pp. 79-84），其中對這時期重要意義的看法與我本人的觀點很接近。William E. Dodd 的 *Expansion and Conflict*（Boston, 1915）一書，某些部分分析很深刻。John C. Fitzpatrick 所編 *The Auto biography of Martin Van Buren*（Washington, 1920）和 Thomas Hart Benton 的 *Thirty Years View*（2 volumes, New York, 1854-1856）也是很有參考價值的資料。

Ralph C. H. Catterall 的 *The Second Bank of the United States*（Chicago, 1903）仍是關於銀行和銀行戰的必不可少的資料。Bray Hammond 所著〈Jackson, Biddle, and the Bank of the United States〉一文（載於 *Journal of Economic History*, Vol. VII (May 1947), pp. 1-23）為比德爾辯護，並未忽視這位銀行家的缺陷，但更為重要的是，文章對於有關銀行的爭論，做出了就我所知最明智、最公平的估價，而且對於我不得不放棄討論的某些問題的複雜性，文章也做出了公正的評論。也許從傑克遜派的角度看對於這場爭論最好的評論是 Carl Brent Swisher 的佳作 *Roger B. Taney*（New York, 1935）。我所引用的比德爾的引語全部引自 Reginald C. McGrane 編輯得非常有價值的 *The Correspondence of Nicholas Biddle*（Boston, 1919）。參閱 McGrane 的 *The Panic of 1837*（Chicago,

1924）。關於競選運動中的銀行問題，參閱 S. R. Gammon, Jr. 的 *The Presidential Campaign of 1832*（Baltimore, 1922）和 Glyndon G. Van Deusen 的 *The Life of Henry Clay*（Boston, 1937）。Harry E. Miller 的學術性很強的著作 *Banking Theories in the United States before 1860*（Cambridge, 1927）中分析了傑克遜關於鈔票的立場的侷限性，以及發行鈔票的功能與貼現和儲蓄的功能之間的區別原因。M. Grace Madeleine 女士的 *Monetary and Banking Theories of Jacksonian Democracy*（Philadelphia, 1943）把冒險銀行業看作是美國自由資本主義歷史的一個階段。關於反對銀行的資料，見 William E. Smith 的 *The Francis Preston Blair Family in Polities* 第一卷（New York, 1933）。St. George L. Sioussat 的〈Some Phases of Tennessee Politics in the Jackson Period〉一文（載於 *American Historical Review*, Vol. XIV (October 1908)）認爲傑克遜關於銀行的觀點是根深蒂固的偏見，而不是地區經驗中取得的結果。

關於主張硬貨幣政策的傑克遜派的觀點，非常有參考價值的兩本書是 Theodore Sedgwick, Jr. 編輯的 *A Collection of the Political Writings of William Leggett*（2 volumes, New York, 1840）和 William M. Gouge 的 *A Short History of Paper Money and Banking in the United States*（Philadelphia, 1833）。參閱 F. Byrdsall 的 *The History of the Loco-Foco or Equal Rights Party*（New York, 1842）。關於民主黨分裂的一篇重要文章是 William Trimble 的〈Diverging Tendencies in New York Democracy in the Period of the Loco-focos〉（載於 *American Historical Review*, Vol. XXIX (April 1919), pp. 398-421）。同一作者還在〈The Social Philosophy of the Locofoco Democracy〉一文（載於 *American Journal of Sociology*, Vol. XXVI (May 1921), pp. 705-715）中，把傑克遜運動的左翼看作是「新生的無產階級主義」，我認爲這是不對的。糾正這種觀點的著作，可參閱 Joseph Dorfman 討論傑克遜民主的 *Economic Mind in American Civilization* 第二卷以及同一作者的文章：〈The Jackson Wage-earner Thesis〉。在 Richard Hofstadter 的〈William Leggett, Spokesman of Jacksonian Democracy〉一文（載於 *Political Science Quarterly*, Vol. XLVIII (December 1943), pp. 581-594）中也有相同的觀點，而在 Walter Hugins 一九四七年哥倫比亞大學未發表的碩士論文〈Ely Moore, the Career of a Jacksonian Labor Leader〉中則有富有說服力的證據。關於傑佛遜和傑克遜自由放任思想的連續性，參閱 Hofstadter 的〈Parrington and the Jeffersonian Tradition〉。

傑克遜時期經濟發展和社會結構方面的著作很缺乏。Bray Hammond 的文章〈Free Banks and Corporations: The New York Free Banking Act of 1838〉（載於 *Journal of Political Economy*, Vol. XLIV (April 1936)）是非常有價值的。關於公司的一般歷史研究探討很少，但 William Miller 的文章〈A Note on the History of Business Corporations in Pennsylvania〉（載於 *Quarterly Journal of Economics*, Vol. LV (November 1940), pp.150-160）無論作爲參考文獻還是從其他角度看都很有價值。Charles Haar 的〈Legislative Regulation of New York Industrial Corporations, 1800-1850〉（載於 *New York History*, Vol. XXII (April 1941), pp. 191-207）強調了透過立法對工業類型的公司不斷加強控制。Guy S. Callender 的〈Early Transportation and Banking Enterprises of the States in Relation to the Growth of Corporations〉（載於 *Quarterly Journal of Economics*, Vol. XVII (November 1902), pp. 111-162）涉及許多領域。John R. Commons 等人所著 *History of Labour* 第一卷很有參考價值，但對勞工發展狀況敘述並不明確。關於托尼法院與財產權利及公司的關係，參考 Benujamin F. Wright 所著的 *The Contract Clause of the Constitution*（Cambridge, 1938），第 iii 章及第十二章中具有分析的討論。

第四章　約翰．卡德威爾．考宏

The Works of John C. Calhoun（New York, 1854）由他的朋友 Richard K. Crallé 編成六卷出版，有些很簡短而且有時是不確切的評論。他的兩篇正式的政治論著 *A Disquisition on Government* 和 *A Discourse on the Constitution and Government of the United States* 都是在他死後才發表的，均收在第一卷中。由 J. Franklin Jameson 所編的 *Correspondence of John C. Calhoun*（Washington, 1900）是必不可少的參考書目，其中有這個卡羅萊納州人的大部分信件及他所收到的許多信件。但他收到的信件更多地收在 Chauncey S. Boucher 和 R. P. Brooks 所編 *Correspondence Addressed to John C. Calhoun, 1837-1849*（Washington, 1930）。

William M. Meigs 所著 *The Life of John Caldwell Calhoun*（2 volumes, New York, 1917）雖有時稍嫌思想膚淺，但畢竟不失爲一本資料最爲豐富的傳記。Gaillard Hunt 的 *John C. Calhoun*（Philadelphia, 1907）是一篇非常有趣的傳記體短文。在 Hermann von Holst 的 *John C. Calhoun*（Boston, 1900）這篇充滿敵意的文章中，有幾處已爲現代研究證明是過時的。Charles M. Wiltse 的 *John C. Calhoun: Nationalist, 1782-1828*（Indianapolis, 1944）是最近唯一有學術價值的傳記。我在幾個問題上參考了 Wiltse 教授的文章，包括一八四三年授權出版的考宏競選傳記是否由此卡羅萊納人本人撰寫這一有爭議的問題：Meigs 和 Hunt 認爲是由考宏本人寫的，而 Wiltse 教授則認爲不是。Richard Current 所寫的才氣橫溢的文章，即〈John C. Calhoun, Philosopher of Reaction〉（載於 *Antioch Review* (Summer 1943), pp. 223-234）是過去大約一世代的時間內唯一一個就考宏的思想談了一些新的看法的人。他在文章中非常突出地強調了我在文章中選來論述的有關考宏的一些方面，對此，我非常感謝他。Gamaliel Bradford 所寫的收在 *As God Made Them*（Boston, 1929）

中的關於這位卡羅萊納人的觀察敏銳的文章，是考宏最好的心理圖像之一。William E. Dodd 在 *Statesmen of the Old South*（New York, 1911）一文中的闡述很有啓發性，雖然並不總是十分確切。

卡羅萊納州的背景情況，在下列著作中都有令人深受啓發的論述：William A. Schaper 著的 *Sectionalism and Representation in South Carolina*（Washington, 1901）；C. S. Boucher 的〈Sectionalism, Representation, and the Electoral Question in Ante-Bellum South Carolina〉（載於 *Washington University Studies*, Vol. IV (1916)），其中描寫了考宏強烈反對就地方問題進行煽動從而削弱該州與聯邦關係的任何企圖；Boucher 的〈The Secession and Cooperation Movements in South Carolina, 1848 to 1852〉（ibid., Vol. V (1918)）；John H. Wolfe 的 *Jeffersonian Democracy in South Carolina*（Chapel Hill, 1940），以及 Philip M. Hamer 的 *The Secession Movement in South Carolina, 1847-1852*（Allentown, 1918）。關於國會法令廢止權之運動的研究已到了極點了。與我們文章有關的是 Frederic Bancrott 的辛辣的小部頭研究著作：*Calhoun and the South Carolina Nullification Movement*（Baltimore, 1928）。參閱 David F. Houston 的 *A Critical Study of Nullification in South Carolina*（Cambridge, 1896）和 C. S. Boucher 所著 *The Nullification Controversy in South Carolina*（Chicago, 1916）。John G. Van Deusen 的 *Economic Bases of Disunion in South Carolina*（New York, 1928）和 Rorbert R. Russel 的 *Economic Aspects of Southern Sectionalism*（Urbana, 1924）中嚴肅認眞地記錄了卡羅萊納州和南方當時經濟困難的情況。參看 Van Deusen 所著 *The Ante-Bellum Southern Commercial Conventions*（Durham, 1926）。Herman V. Ames 所著〈John C. Calhoun and the Secession Movement of 1850〉一文（載於 *American Antiquarian Society Proceedings*, N. S.,Vol. XXVIII (April 1918), pp. 19-50），是研究考宏一九四〇年代後期恢復極其好戰立場的一篇非常好的文章。

其他一些卡羅萊納人的傳記對於正確研究考宏也是很有幫助的。Laura A. White 的 *Robert Barnwell Rhett*（New York, 1931）是一部很有學術價值的專題論文，寫的是一個經常希望比考宏走得還要遠的激進主義者。Lillian A. Kibler 的 *Benjamin F. Perry*（Durham, 1946）詳盡研究了一個激烈地反對考宏的工會主義者。Linda Rhea 的 *Hugh Swinton Legaré*（Chapel Hill, 1934）中寫了查爾斯頓一位知識分子，他與考宏持完全相反的觀點，最後對考宏痛加指責。Theodore D. Jervey 的 *Robert Y. Hayne and His Times*（New York, 1909）所詳細描述的是位卡羅萊納人，他有時與考宏一同拿起武器，但經常被考宏惹惱。這篇作品特別有助於使人瞭解該州運輸方面的問題及其與政治的關係。Elizabeth Merritt 所寫的 *James H. Hammond*（Baltimore, 1923），本來是要爲一個很有趣的人作傳記，但結果令人失望。Dumas Malone 寫了一篇很好的傳記：*The Public Life of Thomas Cooper*（New Haven, 1926）。這本傳記記述了一個對考宏有影響的勇敢的南方思想家的生平。

William S. Jenkins 的 *Pro-Slavery Thought in the Old South*（Chapel Hill, 1935）分析冷靜，沒有想像的成分，是關於此問題最好的研究著作。Jess T. Carpenter 的 *The South as a Conscious Minority*（New York, 1930）追述了南方少數派的意見對於其政治理論的影響，其中充滿富有啓發性的材料。Clement Eaton 的 *Freedom of Thought in the Old South*（Durham, 1940）中有一章描寫考宏的影響，寫得饒有風趣。Charles E. Merrian 寫了一篇很好的文章〈The Political Philosophy of John C. Calhoun〉，載於 *Studies in Southern History and Politics*（New York, 1914）。C. M. Wiltse 在〈Calhoun and the Modern State〉（載於 *Virginia Quarterly Review*, Vol. XIII (Summer 1937), pp. 396-408）中認爲，如考宏所指出的那樣，由相互制約的經濟利益集團派出代表對於近代民主是必要的。William E. Dodd 所著〈The Social Philosophy of the Old South〉（載於 *American Journal of Sociology*, Vol. XXIII (May 1918), pp. 735-746）分析得很透徹。Wilfred Carsel 所著的〈The

Slaveholder's Indictment of Northern Wage Slavery〉（載於 *Journal of Southern History*, Vol. VI (November 1940), pp. 504-520）表明考宏對北方工業運動的批評在南方知識分子中是很流行的。

Arthur M. Schlesinger, Jr.的 *The Age of Jackson* 一書中有不少很好的材料，說明了北方激進的民主分子對考宏的態度。James H. Hammond 所著 *Speeches and Letters*（New York, 1866）包含有 Hammond 作的〈出身低微的人〉演說和以一種有趣的方式對考宏進行的頌揚。C. S. Boucher 在〈In Re that Aggressive Slavocracy〉（載於 *Mississippi Valley Historical Review*, Vol. VIII (June-September 1921), pp. 13-79）中提出一些貌似有理的觀點，認為從一八三五年開始，南方基本上處於防守的地位，特別是在德克薩斯問題上和領土問題上。關於考宏對德克薩斯問題表示不安的資料，參閱 E. D. Adams 的 *British Interests and Activities in Texas*（Baltimore, 1910）。另見 J. D. P. Fuller 的 *The Movement for the Acquisition of All Mexico*（Baltimore, 1936）。

第五章　亞伯拉罕·林肯

標準的林肯著作集是由 John G. Nicolay 和 John Hay 合編的 *The Complete Works of Abraham Lincoln*（2 volumes, New York, 1894）；我使用這本書較早的版本。但這兩卷並不全，應以下列四本當作補充：Paul Angle 的 *New Letters and Papers of Lincoln*（Boston and New York, 1930）；Ida M. Tarbell 的 *The Life of Abraham Lincoln*（New York, 1900）第二卷及附錄；Gilbert A. Tracy 的 *Uncollected Letters of Abraham Lincoln*（Boston and New York, 1930）——我寫作時參考了這三本書中的重要資料——第四本就是 *Lincoln Letters Hitherto Unpublished in the Library of Brown University and Other Providence Libraries*（Providence, 1927），該書中主要是日常通信。林肯著作選集有

許多，我使用的是 T. Harry William 編的一本，使我受益良多，書中有一篇很好的序文以及很有用的主要參考書目，這本書的名字是 *Selected Writings and Speeches of Abraham Lincoln*（Chicago, 1943）。

關於林肯傳記，我參閱了 Nicolay 和 Hay 的巨著 *Abraham Lincoln: A History*（10 volumes, New York, 1890），該書中有一種強烈的崇拜英雄的傳統。我還非常受益於 Albert J. Beveridge 的兩卷本的名著：*Abraham Lincoln*（Boston and New York, 1928），書中敘述了到一八五八年為止的林肯的生平，而且比較好地把林肯置於歷史背景之中，這是其他著作沒有做到的。在 Claude Bowers 所著 *Beveridge and the Progressive Era*（Cambridge, 1932）中有一些段落描述了 Beveridge 在解釋林肯早期生平方面所做的努力，每個研究林肯的人都應該讀一讀。James G. Randall 的 *Lincoln the President: Springfield to Gettysburg*（2 volumes, New York, 1945）是一本學術價值很高的著作。亦是他寫的 *Lincoln and the South*（Baton Rouge, 1946）是一本非常不錯的著作，他的 *Lincoln the Liberal Statesman*（New York, 1947）中有一些令人深受啓發的文章。我很喜歡 Carl Sandburg 的 *Abraham Lincoln: The Prairie Years*（2 volumes, New York, 1926），但並未使用它，我使用但並不太欣賞的一本是有厚厚的四卷的 *The War Years*（New York, 1939），這是一本關於林肯傳說的巨著；我不清楚 Sandburg 先生用什麼樣的標準來區別眞實事件和不可避免的大量傳說，所以我使用他的著作時非常小心。L. Pierce Clark 的 *Lincoln, a Psychobiography*（New York, 1933）中有一些深入的見解，但有時輕信材料，從整個來看是令人失望的。Lord Charnwood 的 *Abraham Lincoln*（New York, 1917）非常值得一讀，是人物研究短篇傳記中寫得最爲深刻的一篇；Nathaniel Wright Stephenson 所寫的 *Lincoln*（Indianapolis, 1922）對於內戰年代的描寫，比其他短篇傳記較爲充分。Edgar Lee Masters 的 *Lincoln the Man*（New York, 1931）是關於林肯的著作中最吸引人的一部；不過本書對林

肯沒有友好的感情和憐憫之心，只有刻薄和惡意的攻擊，把一些非常深刻的見解與惡劣的論斷混雜在一起。

關於評價林肯必不可少的第一手材料，要參閱 William H. Herndon 和 Jesse Weik 的 *Herndon's Lincoln*，而且要看由 Paul M. Angle 編的一卷本（New York, 1930）；後來 Emanuel Hertz 編在 *The Hidden Lincoln*（New York, 1938）中更多披露事實的赫恩登信件爲此傳記做了補充，後者這本書很有吸引力。但赫恩登的事實並不總是十分可靠；除其他事情外，他要對關於安・拉特利奇令人傷感的誇張故事，和其他與林肯結婚情況有關的不那麼令人傷感的誇大事實負責。然而他對斯普林菲爾德年代的林肯的評論都是非常中肯而誠實的。赫恩登爲林肯提供了不少廢奴和贊成保留奴隸制的文獻，及其他一些思想理論素材。Joseph Fort Newton 的 *Lincoln and Herndon*（Cedar Rapids, 1910）說明了這一點，其中有許多封帕克與赫恩登的通信；「民有、民治、民享」這一短語，是林肯從帕克那裡引來的。關於菲茨休在林肯的思想策略形成中的作用，參閱 Harvey Wish 的 *George Fitzhugh*（New Orleans, 1944）。林肯的嚴肅的傳記作者遇到的某些困難，在 James G. Randall 一篇有趣的文章中談得很清楚，這篇文章是〈Has the Lincoln Theme been Exhausted?〉，載於 *American Historical Review*（Vol. XLI (January 1936), pp. 270-294）。

涉及具體方面的著作，有 William E. Baringer 的 *Lincoln's Rise to Power*（Boston, 1937），這本書闡述了導致提名林肯爲總統候選人的黨內策略，但卻忽略了經濟和社會方面的力量。參閱 Baringer 寫的 *A House Dividing*（Springfield, 1945）。Arthur C. Cole 寫的小冊子 *Lincoln's "House Divided" Speech: Does It Reflect a Doctrine of Class Struggle?*（Chicago, 1923）著重敘述了作爲一個邏輯學家的林肯。Rufus Rockwell Wilson 寫的 *What Lincoln Read*（Washington, 1932）雖然很短，但讀之有益。Reinhard Luthin 寫的 *The First Lincoln Campaign*（Cambridge, 1944）是關於一八六〇

年選舉的一流的研究著作。Charles W. Ramsdell 在〈Lincoln and Fort Sumter〉一文（載於 *Journal of Southern History*, Vol. III (August 1937), pp. 259-288）中以桑特堡事件爲主題。John Shipley Tilley 在 *Lincoln Takes Command*（Chapel Hill, 1941）一文中表達了同樣的一般性的觀點，但篇幅較長，而且不那麼超脫。參閱 James G. Randall 對 Ramsdell 的溫和回答：〈When War Came in 1861〉（載於 *Abraham Lincoln Quarterly*, Vol. I (March 1940), pp. 3-42）。Randall 說：「說林肯的意思是，如果放第一槍，那麼第一槍要讓對方放，這並不就意味著他故意促使對方放第一槍。」關於桑特堡危機，最爲細心且最清楚的評論是 Kenneth M. Stampp 的〈Lincoln and the Strategy of Defense in the Crisis of 1861〉，載於 *Journal of Southern History*（Vol. XI (August 1945), pp. 297-323）。David M. Potter 寫的 *Lincoln and His Party in the Secession Crisis*（New Haven, 1942）認爲林肯推行了和平政策，但指責他不稱職。關於林肯精明地使用黨官職任命權來加強聯邦的事業，參閱 Harry J. Carman 和 Reinhard Luthin 的 *Lincoln and the Patronage*（New York, 1943）。James G. Randall 的 *Constitutional Problems under Lincoln*（New York, 1926）中內容比題目所表示的要多。T. Harry Williams 寫的 *Lincoln and the Radicals*（Madison, 1942）是一本重要的研究著作，但過分強調了軍事方面，而擠掉了政治方面。Harry E. Pratt 的 *The Personal Finances of Abraham Lincoln*（Springfield, 1943）趨於以更多的事實說明赫恩登的估計，即林肯「貪求的不是獲得，但卻貪求保持已有的東西」。

關於林肯時期的一般性的著作，我較多地參考了 James G. Randall 寫的簡史 *The Civil War and Reconstruction*（New York, 1937），特別是其中關於內戰策略和解放奴隸問題的章節。Carl Russel Fish 寫的 *The American Civil War*（London and New York, 1937）是一本分析深刻的書，很值得一讀。Wood Gray 寫的 *The Hidden Civil War*（New York, 1942）對於北方同情南方之反對派的經濟和

社會根源和活動都做了非常有價值的闡述。George Fort Milton 寫的關於 Douglas 的生平：*The Eve of Conflict: Stephen A. Douglas and the Needless War*（Boston, 1934）是一本有學術價值的重要著作，有助於正確瞭解林肯。A. C. Cole 寫的 *The Era of the Civil War 1848-1870*（Chicago, 1922）是 *Centennial History of Illinois* 的第三卷，是對林肯的十分詳細的研究，有助於瞭解林肯的政治和社會態度。Roy Basler 的 *The Lincoln Legend*（Boston, 1935）是一本有參考價值的著作。

第六章　溫德爾．菲利普斯

菲利普斯僅有的一本作品集是 *Speeches, Lectures, and Letters*（2 volumes, Boston, 1894），但這本書不足以使人理解菲利普斯的生平，特別是最後一段時間。我採取的補救辦法是閱讀一八六〇年至一八七五年前後葛里森辦的《解放者報》上所載的菲利普斯演說詞，及其他與菲利普斯有關的報紙，如 *The National Anti-Slavery Standard,1865 to 1870* 和 *The Standard, 1870 to 1871*。其他的有關著作有 *Can Abolitionists Vote or Take Office under the United States Constitution?*（New York, 1845）、*Review of Lysander Spooner's Essay on the Unconstitutionality of Slavery*（Boston, 1847）以及 *The Constitution a Pro-Slavery Compact*（New York, 1856）。他後來三個重要演講都有單獨的小冊子，分別是 *Remarks of Wendell Phillips at the Mass meeting of Workingmen in Faneuil Hall, November 2, 1865*（Boston, 1865）、*The People Coming to Powerl*（Boston, 1871）、*Who Shall Rule US, Money or the People?*（Boston, 1878）。

Carlos Martyn 寫的優秀傳記 *Wendell Phillips*（New York, 1890）是很有價值的參考資料；Martyn 是他的朋友，很多有關菲利普斯私人的材料都極爲寶貴。最好的一本傳記是 Oscar Sherwin

一九四〇年在紐約大學寫的一篇未發表的博士論文，題目是〈Prophet of Liberty〉。參閱 G. L. Austin 的 *The Life and Times of Wendell Phillips*（Boston, 1893）、Lorenzo Sears 的 *Wendell Phillips*（New York, 1909）及 Charles Edward Russel 的 *The Story of Wendell Phillips*（New York, 1914），所有這些都對菲利普斯持讚賞的觀點；V. L. Parrington 收在 *Main Currents in American Thought*（New York, 1930）第二卷中的短文亦是如此。對菲利普斯持敵對觀點的，可參閱關於蓄奴爭論、內戰及復興問題任何一本最近寫的標準的歷史。

Gilbert Hobbs Barnes 所著 *The Antislavery Impulse*（New York, 1933）研究了廢奴主義者們理論上分歧的情況，對於估計威廉・羅伊・葛里森及其第一代追隨者的地位具有特別重要的意義。這方面還可參閱 William Birney 的 *James G. Birney and His Times*（New York, 1890）；Jesse Macy 所著的 *The Abolitionist Crusade*（New Haven, 1919）和 Albert Bushnell Hart 的 *Slavery and Abolition*（New York, 1900）都有參考價值。Dwight L. Dumond 的 *Antislavery Origins of the Civil War in the United States*（Ann Arbor, 1938）從同情的角度重新估價了廢奴主義者們的工作，其中幾處使我深受啓發。葛里森兒子的四卷巨著傳記 *William Lloyd Garrison*（New York, 1885-1889）很有價值。Arthur Young Lloyd 的 *The Slavery Controversy, 1831-1860*（Chapel Hill, 1939）在南方看來是有黨派傾向的。由 G. H. Barnes 和 Dwight L. Dumond 編輯的 *Letters of Theodore Dwight Weld, Angelina Grimke Weld, and Sarah Grimke*（New York, 1934）和 Dwight L. Dumond 所編 *Letters of James G. Birney*（New York, 1938）是研究廢奴主義者們思想的很好的材料。菲利普斯的朋友和同時代人如 Emerson、Thoreau、Theodore Parker、Samuel J. May 等人的日記，回憶錄及傳記等，可提供不少有趣的參考材料。第三部分第一段中菲利普斯的引語是從 John R. Commons 等人編的 *A Documentary History of American Industrial Society*（Cleveland, 1910-1911）第七卷第二一九至二二一頁裡摘來

的。在 Commons 等人編的 *History of Labour in the United States*（New York, 1918）第二卷中有關於菲利普斯在勞工改革事業方面的重要資料。

第七章　贊成政黨分肥制的人們

我發現下列著作對於研究內戰之後政治和工業發展情況是很有幫助的：Louis M. Hacker 和 Benjamin B. Kendrick 的 *The United States since 1865*（New York, 1939）、Charles A. Beard 和 Mary R. Beard 的 *The Rise of American Civilization*（2 volumes, New York, 1933）、Samuel Eliot Morison 和 Henry Steele Commager 合著的 *The Growth of the American Republic*（New York, 1942）第二卷、Harold U. Faulkner 的 *American Political and Social History*（New York, 1945），以及 Thomas C. Cochran 和 William Miller 的 *The Age of Enterprise*（New York, 1942）。V. L. Parrington 的 *Main Currents in American Thought* 第三卷一書中對於鍍金時代的描述發人深省。美國社會生活史叢書中有三卷很有參考價值，即 Ida M. Tarbell 的 *The Nationalizing of Business,1878-1898*（New York, 1936）、Arthur M. Schlesinger 的 *The Rise of the City, 1878-1898*（NewYork, 1938）以及 Allan Nevins 的 *The Emergence of Modern America, 1865-1878*（New York, 1927）。關於農場主們的狀況參閱 Solon J. Buck 的 *The Granger Movement*（Cambridge, 1913）、*The Agrarian Crusade*（New Haven, 1928），以及 John D. Hicks 的 *The Populist Revolt*（Minneapolis, 1931）。Henry David 的 *The Haymarket Affair*（New York, 1936）第一章關於工人的狀況寫得很好；參閱 Norman J. Ware 所寫的 *The Labor Movement in the United States, 1860-1895*（New York and London, 1929）和 John R. Commons 等人寫的 *History of Labour in the United States*（New York, 1918）第二卷。關於這一代人

的簡要情況，*Dictionary of American Biography*（21 volumes, New York, 1928-1944）是一本必不可少的參考書。

關於實業界人士的情況，我很受 Matthew Josephson 的 *The Robber Barons*（New York, 1934）啓迪，也從 Gustavus Myers 所著 *A History of the Great American Fortunes*（3 volumes, Chicago, 1910）的一些章節中得到啓發。就工業家單個人的傳記而論，Burton J. Hendrick 的 *The Life of Andrew Carnegie*（2 volumes, New York, 1932）和 Allan Nevins 的 *John D. Rockefeller*（2 volumes, New York, 1940）是最出色的。C. Wright Mills 的〈The American Business Elite: A Collective Portrait〉收在 *Journal of Economic History*（December 1945）的補編第五卷，其中的統計資料研究非常有價值。商業文明的理論在下列著作的一些部分中闡述得很精闢：Cochran 和 Miller 的 *The Age of Enterprise* 中的第六章；Richard Hofstadter 所著 *Social Darwinism in American Thought, 1860-1915*（Philadelphia, 1944）中的前幾章；Merle Curti 的 *The Growth of American Thought*（New York, 1943）第二十五章，以及 Ralph Gabriel 所著 *The Course of American Democratic Thought*（New York,1940）的第十三章。

關於整個這一時期的政治情況，最好的作品要數 Matthew Josephson 的佳作 *The Politicos*（New York, 1938）。Lord Bryce 的 *American Commonwealth*（3 volumes, London and New York, 1888）是一部極好的評論性著作；*The Education of Henry Adams*（Boston and New York, 1918）及 Henry Adams 關於華盛頓的作品 *Democracy*（New York, 1880）中也有深刻的見解。關於主要政黨，Wilfred Binkley 的 *American Political Parties*（New York, 1943）是一部很有用的著作。研究共和黨早期領袖人物的策略，一本不可少的參考書是 Howard Beale 的 *The Critical Year*（New York, 1930）；Earle D. Ross 的 *The Liberal Republican Movement*（New York, 1919）是關於一八七二年對

於拒絕支持候選人事件的非常好的研究報告。有關格蘭特的最好的傳記是由 William B. Hesseltine 寫的 *Ulysses S. Grant*（New York, 1935），而 Allan Nevins 的 *Hamilton Fish*（New York, 1936）對於研究格蘭特政府有極大的參考價值。Charles R. Williams 等人編的 *Diary and Letters of Rutherford B. Hayes*（Columbus, 1924）第三卷中有許多關於個人的重要的材料。Theodore Clarke Smith 的 *James A. Garfield, Lire and Letters*（2 volumes, New Haven, 1925）細節描寫得很具體。Stewart Mitchell 的 *Horatio Seymour of New York*（Cambridge, 1938）和 Alexander C. Flick 的 *Samuel Jones Tilden*（New York, 1939）是關於民主黨領袖的內容豐富的傳記。

羅斯科・康克林的傳記沒有一本是令人滿意的，但 Donald Barr Chidsey 的 *The Gentleman from New York*（New Haven, 1935）有助於對其進行瞭解，Alfred R. Conkling 較早寫的歌功頌德的作品 *The Life and Times of Roscoe Conkling*（New York, 1889）中有很重要的材料。David Saville Muzzey 富有同情心的作品 *James G. Blaine*（New York, 1934）是對詹姆斯・布雷恩這位羽翼騎士最好的研究作品；Charles Edward Russell 的 *Blaine of Maine*（New York, 1931）則批評較多。《紐約晚郵報》出版的兩個小冊子 *Mr. Blaine and the Little Rock and Fort Smith Railroad*（New York, 1884）和 *Mr. Blaine's Railroad Transactions...Including All the Mulligan Letters*（New York, 1884）很有意義。Blaine 的 *Political Discussions*（New York, 1887）是一本他的重要演說集，*Twenty Years of Congress*（2 volumes, Norwich, 1886）是一本內容豐富的著作。參閱 Harriet S. Blaine Beale 編的 *Letters of Mrs. James G. Blaine*（2 volumes, New York, 1908）。

格羅弗・克里夫蘭總統任內的所有文件皆收在 J. D. Richardson 編的 *Messages and Papers of the Presidents*（11 volumes, Washington, 1898）第八和九卷中，但在 George F. Parker 的 *The Writings and Speeches of Grover Cleveland*（New York, 1892）中有一八九二年前克里夫蘭的各種文章、演

說，極有參考價值。Allan Nevins 編的 *Letters of Grover Cleveland*（Boston and New York, 1933）對於瞭解私人情況非常有益；本書中這一章的末尾，Nevins 教授對格羅弗·克里夫蘭的概括描述就摘自於上述一書的導言。克里夫蘭的 *Presidential Problems*（New York, 1904）中有不少重要文章，對他任職總統各不同時期的活動進行了評價。克里夫蘭的 *The Self-Made Man in American Life*（New York, 1897），是研究他的社會價值觀念的主要依據。最好的傳記是 Allan Nevins 的 *Grover Cleveland, a Study in Courage*（New York, 1932），作者態度充滿了同情。參閱 Robert McElroy 的 *Grover Cleveland*（2 volumes, New York, 1923）。

第八章　威廉·詹寧斯·布萊恩

由於布萊恩的大部分收入主要靠著作出版，所以他寫了大量著作。他的 *Memoirs*（Philadelphia, 1925）是由他妻子在他逝世後完成的，其中有許多新披露的材料，但使用時需小心。*The First Battle*（Chicago, 1896）基本上是競選用的手冊，但因其中包括布萊恩的重要演說，因而有參考價值。*The Second Battle*（Chicago, 1900）是一九〇〇年的競選手冊，也有參考價值。布萊恩的 *Speeches*（2 volumes, New York and London, 1909）中有自他從事政治活動到一九〇八年競選爲止之期間內的最主要的演說。*A Tale of Two Conventions*（New York, 1912）是關於一九一二年全國大會的報紙上的報導，報紙是由布萊恩控制的。*Heart to Heart Appeals*（New York, 1917）是一本宗教和政治演說集。*The Old World and Its Ways*（St. Louis, 1907）是關於布萊恩一九〇五年到一九〇六年周遊世界的情況；其中有一小段與托爾斯泰會晤的情況，特別有意思。在 *Letters to a Chinese Official*（New York, 1906）中把中國（儒教）和美國（基督教）進行了對比，但沒有得出什麼驚人的結論。布萊恩的一些宗教作品，如 *Famous Figures of the Old Testament*（New York, 1923），*Seven Questions in Dispute*（New York, 1924）和 *Christ and His Companions*（New York, 1925）都是些沉悶無趣的作品，但是要研究布萊恩思想活動的人卻不能忽視這些。在其中最重要的一篇，即 *In His Image*（New York, 1922），布萊恩對一切形式的無宗教信仰行爲，包括達爾文主義，都加以抨擊。布萊恩的期刊彙編 *Commoner*（1901-1923）中載有許多在別處找不到的布萊恩的演說詞，是研究布萊恩在某些場合的政治觀點的最好的資料。

Paxton Hibben 的 *The Peerless Leader*（New York, 1929），因爲 Hibben 突然去世而由 C. Hartley Grattan 完成，是布萊恩的最好的傳記，我曾多次引用其中的提法。M. R. Werner 的 *Bryan*（New York, 1929）雖稍簡略，但仍有參考價值。Wayne C. Williams 的 *William Jennings Bryan*（New York, 1936）從頭到尾都爲布萊恩辯護，但其中有些資料在別處是找不到的。參閱 Merle Curti 的 *Bryan and World Peace*（Northampton, 1931）。

布萊恩同代人，如 Hanna、Altgeld、Cleveland、Champ Clark、David Houston、Wilson、Taft、Theodore Roosevelt、Robert M. La Follette、McAdoo 等人的傳記和自傳也有涉及布萊恩生平的零星資料，但未被布萊恩傳記作者採用的資料卻不很多。在 Charles Willis Thompson 的 *Presidents I Have Known and Two Near Presidents*（Indianapolis, 1929），Oswald Garrison Villard 的 *Prophets, True and False*（New York, 1928）和 Dixon Wecter 的 *The Hero in America*（New York, 1941）中有一些有趣的評論和很好的材料。由 Leslie H. Allen 編輯的 *Bryan and Darrow at Dayton*（New York, 1925）對於與布萊恩簡樸的形而上學有關的斯科普斯訴訟案的重要部分大多做了描述。

關於布萊恩政治活動的背景，John D. Hicks 的 *The Populist Revolt*（Minneapolis, 1931）是很有價值的。我也參閱了 Matthew Josephson 的 *The Politicos*（New York, 1938）和 *The President Makers*

（New York, 1940）、Allan Nevins 所著 *Grover Cleveland*（New York, 1932）和 Harry Barnard 的 *Eagle Forgotten: A Life of John P. Altgeld*（Indianapolis, 1938）。Samuel Flagg Bemis 的 *Latin American Policy of the United States*（New York, 1943）贊同 Slig Adler 對於布萊恩帝國主義概念的理解。關於第一次世界大戰時期的中立態度，我參考了 Charles Callan Tansill 的 *America Goes to War*（Boston, 1938）以及 Joseph V. Fuller 關於布萊恩的未簽署的短文，後者收在 S. F. Bemis 編輯的 *American Secretaries of State and Their Diplomacy*（New York, 1929）之中。

第九章　西奧多．羅斯福

我使用了由紀念羅斯福協會主持出版並由 Hermann Hagedorn 編輯的 *The Works of Theodore Roosevelt*（National edition, 20 volumes, New York, 1926）。由 Henry Cabot Lodge 所編 *Selections from the Correspondence of Theodore Roosevelt and Henry Cabot Lodge, 1884-1918*（2 volumes, New York, 1925）是一部極有參考價值的著作。在 *Letters from Theodore Roosevelt to Anna Roosevelt Cowles, 1870-1918*（New York, 1924）一書中有一些重要部分可供參考。在 *Roosevelt Cyclopedia*（New York, 1941）這一有益的著作中，可以找到羅斯福在許多問題上的觀點。

Joseph Buklin Bishop 寫的經由本人同意的傳記 *Theodore Roosevelt and His Time*（2 volumes, New York, 1920）被 N. W. Stephenson 教授稱之爲「西奧多．羅斯福的隱匿地」，但其中不少部分選自羅斯福的信件。最好的一本傳記是 Henry F. Pringle 的 *Theodore Roosevelt*（New York, 1931），書中分析異常清晰，描述客觀，而且具有批評的眼光。W. F. McCaleb 的 *Theodore Roosevelt*（New York, 1931）稍爲遜色，但也有一定參考價值。由 Corinne Roosevelt Robinson 寫的 *My Brother,*

Theodore Roosevelt（New York, 1921）在一些問題上提供了很難瞭解到的材料。使我受益頗多的一本書是 Matthew Josephson 所著的 *The President Makers*（New York, 1940），書中的分析十分精闢深刻。參閱 Lewis Einstein 的 *Roosevelt, His Mind in Action*（Boston, 1930）。

關於羅斯福一些方面的研究著作，給我很大影響的有 Howard Hurwitz 的第一流的綜合評述：*Theodore Roosevelt and Labor in New York State*（New York, 1943）。Charles W. Stein 的 *The Third Term Tradition*（New York, 1943）對於一九一二年的總統競選，對於羅斯福的整個情況以及第三任期問題都寫得很不錯。Horald F. Gosnell 的 *Boss Platt and His New York Machine*（Chicago, 1924）提供了不少有關羅斯福在紐約州進行政治活動的情況。Howard C. Hill 的 *Roosevelt and the Caribbean*（Chicago, 1927）絕大部分是很寬容地看待羅斯福的政策。Dwight C. Miner 的 *The Fight for the Panama Route*（New York, 1940）很詳細地描寫了巴拿馬問題，有學術水準而且分析透徹。參看 Tyler Dennett 的 *Theodore Roosevelt and the Russo-Japanese War*（New York, 1925）。Stuart Sherman 在 *Americans*（New York, 1922）一書中的一篇文章對這位義勇騎兵團的發起者進行了淋漓盡致的分析。J. C. Malin 在〈Theodore Roosevelt and the Elections of 1884 and 1888〉（載於 *Mississippi Valley Historical Review*, Vol. XIV (June 1927), pp. 23-38）中研究了羅斯福最初的政治上機會主義活動的教訓，得出悲哀的結論，指出在這早期階段他很少關心公共道德的高尚標準，想得很多的都是「狹隘的誇大的民族主義，而他認爲這只有在共和黨政府領導之下才能實現」。George Mowry 在〈Theodore Roosevelt and the Election of 1910〉（載於 *Mississippi Valley Historical Review*, Vol. XXV (March 1939), pp. 523-534）中以大量事實論證了拉福萊特的觀點，即一九一〇年時羅斯福對於一九一二年的選舉並未具奢望，而是著眼於一九一六年的總統選舉；羅斯福的朋友 Charles G. Washburn 也持這一觀點，他在所著〈Roosevelt and the 1912 Campaign〉（載於 *Proceedings of the Massachusetts Historical Society*, Vol. LIX (May 1926)）中認爲羅斯福並未事先早早就計畫爲當總統候選人而活動，而是臨時突然來了一個一百八十度的大轉彎。George Mowry 的 *Theodore Roosevelt and the Progressive Movement*（Madison, 1946）中有大量富有啓發性的材料。對於羅斯福從一九一〇年到逝世期間的政治活動做出了最恰當的評論，對於他的各種動機和衝動做了好像最有道理的猜測。N. W. Stephenson 在其所著〈Roosevelt and the Stratification of Society〉（載於 *Scripps College Papers*, No. 3 (1930)）中對這位政治戰略家進行了現實主義的敏銳的分析。Earle D. Ross 的〈Theodore Roosevelt and Agriculture〉（載於 *Mississippi Valley Historical Review*, Vol. XIV (December 1927), pp. 287-310）對於羅斯福的更爲一般性的觀點提出了一些有參考價值的看法。Russell Buchanan 的〈Theodore Roosevelt and American Neutrality〉（載於 *American Historical Review*, Vol. XXII (April 1923), pp. 97-114）仔細地考察了羅斯福對於世界戰爭的態度。對於羅斯福在歷史上的作用，有兩本持批評意見的著作，一本是 John H. Thornton 寫的 *The Marcus W. Jernegan Essays in American Historiography*（Chicago, 1937），另一本是 Raymond C. Miller 寫的 *Medieval and Historiographical Essays in Honor of James Westfall Thompson*（Chicago, 1938）。關於羅斯福一九一〇年至一九一二年改變態度的背景可參閱當時對他的思想有影響的兩本書：Herbert Croly 的 *The Promise of American Life*（New York, 1909）和 Charles R. Van Hise 的 *Concentration and Control*（New York, 1912）。在 George W. Perkings 的小冊子 *The Sherman Law* 中，羅斯福與珀金斯在托拉斯問題上的觀點一致看得極其清楚。Harold L. Ickes 的〈Who Killed the Progressive Party?〉（載於 *American Historical Review*, Vol. XLVI (January 1941), pp. 306-337）一文中過多地指責珀金斯，而對羅斯福的責任卻一帶而過，但也不得不承認，珀金斯在進步黨內與其身分不相稱的影響要起源於這樣一個事實，即該黨「是西奧多．羅斯福的政治工具」。

同時代人的傳記對於研究羅斯福很有幫助。N. W. Stephenson 的 *Nelson W. Aldrich*（New York, 1930）極其清楚地揭示了羅斯福與參議院內保守分子的關係。Thomas Beer 的 *Hanna*（New York, 1929）中有一些非常寶貴的軼事。參閱 Herbert Croly 的 *Marcus A. Hanna*（New York, 1912）。Claude Bowers 的 *Beveridge and the Progressive Era*（Cambridge, 1932）對於進步黨的命運描述得非常出色。Henry F. Pringle 的 *The Life and Times of William Howard Taft*（2 volumes, New York,1939）、Tyler Dennett 的 *John Hay*（New York, 1933）以及 Henry Adams 的 *Education of Henry Adams* 中都對羅斯福持批評態度，而 M. La Follette 的 *La Follette's Autobiography*（Madison, 1913）更對羅斯福恨之入骨。關於專門報導醜聞者的情況，可參閱 Ray Stannard Baker 的有關評論：*American Chronicle*（New York, 1945）、Lincoln Steffens 的 *Autobiography*（2 volumes, New York, 1931）和 Ella Winter 及 Granville Hicks 編輯的 *The Correspondence of Lincoln Steffens*（2 volumes, New York, 1938）。參閱 Phillip C. Jessup 的 *Elihu Root*（2 volumes, New York, 1938），那裡有很瞭解羅斯福的一位保守朋友的觀點。Karl Schriftgiesser 的洛奇傳記 *The Gentleman from Massachusetts*（New York, 1945）中有一些值得參考的觀點。

關於羅斯福的時代，我參閱了下列著作而很有收穫：Walter Millis 的 *The Martial Spirit*（Boston, 1931）、John Chamberlain 的 *Farewell to Reform*（New York, 1932）、Louis Filler 的 *Crusaders for American Liberalism*（New York, 1940），以及 Underwood Faulkner 的 *The Quest for Social Justice*（New York, 1931）。

第十章　伍德羅・威爾遜

伍德羅・威爾遜發表的著作蒐集在 Ray Stannard Baker 和 William E. Dodd 共同編輯的 *The Public Papers of Woodrow Wilson*（6 volumes, New York, 1925-1927）。*The New Freedom*（New York, 1913）中蒐集了一九一二年競選運動的演說，值得一讀，而且很重要。其他的著作中，*Congressional Government*（Boston, 1885）是相當重要的；*The State*（Boston, 1889）是一本枯燥的概述。*Constitutional Government in the United States*（New York, 1908）代表了他關於美國政治的成熟的觀點。參閱 *Division and Reunion*（New York, 1893）、*An Old Master*（New York, 1893）、*Mere Literature and Other Essays*（New York, 1896），及 *A History of the American People*（6 volumes, New York, 1902）。

威爾遜內容最全面的傳記，是 Stannard Baker 寫的 *Woodrow Wilson, Life and Letters*（8 volumes, New York, 1927-1939），裡面有不帶偏見挑選的威爾遜的一些信件，比多數威爾遜本人同意出版的傳記都更挑剔，更客觀一些。參閱 Baker 的 *American Chronicle*（New York, 1945）。Arthur S. Link 的 *Wilson, the Road to the White House*（Princeton, 1947）是一部新的學術性很強的著作的第一卷，分析深刻，對於威爾遜一九一二年前的政治生涯做出了公正的評價。C. F. Bell 的 *Woodrow Wilson and the People*（New York, 1945）是一部簡明的私人研究作品，充滿了同情。威爾遜的秘書 Joseph Patrick Tumulty 的 *Woodrow Wilson as I Know Him*（New York, 1921）是一部相當說明問題的資料來源，但並不總是十分可靠。威爾遜紐澤西州的一位朋友 James Kerney 寫的 *The Political Education of Woodrow Wilson*（New York, 1926）是一部觀察很深刻的研究性著作，至今仍是研究威爾遜的最好的著作之一；本章第五節引用的喬治・雷科德的信就引自這本書。關於紐澤西州的進步黨人，參閱

Ransom E. Noble 的優秀作品 *New Jersey Progressivism before Wilson*（Princeton, 1946）。在 Charles Seymour 編輯的 *The Intimate Papers of Colonel House*（4 volumes, Boston and New York, 1926）具有特別寶貴的資料。Gerald W. Johnson 編輯的 *Woodrow Wilson as the Camera Saw Him*（New York, 1944）中的照片能喚起人們的回憶。

關於威爾遜的一些具體方面的研究，William Diamond 的 *The Economic Thought of Woodrow Wilson*（Baltimore, 1943）一書研究比較透徹，闡述十分出色。我從中受益良多，非常感激。Walter Lippmann 所著的 *Drift and Mastery*（New York, 1914）是從自由社會主義者的立場對《新自由》的尖刻批評。關於《新自由》的思想，參閱 Alpheus T. Mason 的 *Brandeis*（New York, 1946）。在 Oswald Garrison Villard 的自傳 *Fighting Years*（New York, 1939）中有關於這一時期的有趣的材料。Harley Notter 的 *The Origins of the Foreign Policy of Woodrow Wilson*（Baltimore, 1937）中有大量很有價值的材料，但安排得很亂。關於中立階段及這一時期的問題，我主要參考了 Charles Gallan Tansill 的 *America Goes to War*（Boston, 1938），這本書對威爾遜的政策持批評態度。Charles A. Beard 所著的 *The Devil Theory of War*（New York, 1936）讀來令人非常興奮。Charles Seymour 的 *American Diplomacy during the World War*（Baltimore, 1934）極有價值，因爲書中使用了耶魯大學豪斯收藏的各種材料，而且能以同情之心理解威爾遜的問題、意圖及計畫。Paul Birdsall 寫的〈Neutrality and Economic Pressures 1914-1917〉（載於 *Science and Society*, Vol. III (Spring 1939), pp. 217-228）就美國參戰的經濟背景提出了一種重要的理論。J. L. Heaton 的 *Cobb of "The World"*（New York, 1924）一書，威爾遜對 Frank Cobb 說的感到痛苦的話，就是從這本書裡取來的。關於巴黎和平會議，我大量參考了 Pall Birdsall 的 *Versailles Twenty Years After*（New York, 1941）和 Thomas A. Bailey 的 *Woodrow Wilson and the Lost Peace*（New York, 1944）。Ray Stannard Baker 的

Woodrow Wilson and World Settlement（3 volumes, New York, 1922），雖然許多觀點已經過時，但仍有參考價值。John Maynard Keynes 的 *The Economic Consequences of the Peace*（New York, 1920）中的觀點很典型，但對威爾遜有些過於苛刻。關於和平的基本概念，Edward H. Carr 的偉大著作 Conditions of Peace（New York, 1942）使我受到很大影響。James T. Shotwell 的思想豐富而篇幅不大的書 *What Germany Forgot*（New York, 1940）對於戰爭給經濟帶來的後果敘述得特別出色，可用來矯正對凡爾賽和會的傳統的自由主義觀點。Thomas A. Bailey 所著的 *Woodrow Wilson and the Great Betrayal*（New York, 1945）對於美國國內在國聯問題上之鬥爭的評述極其出色，書中雖然對威爾遜的國際主義不無同情之感，但也可清楚地使人們看到威爾遜政治戰略的蠢笨。

第十一章　赫伯特．胡佛

William Starr Myers 編的 *The State Papers and Other Public Writings of Herbert Hoover*（2 volumes, New York, 1934）是胡佛任總統期間的著作和演說的權威的原始資料。但我發現更有幫助的是由 Ray Lyman Wilbur 和 Arthur M. Hyde 合編的 *The Hoover Policies*（New York, 1937），書中除按主題編選了胡佛的演講和著作外，還敘述了他一九二〇年至一九三四年的公務生活；書中有爲胡佛辯解的評論。胡佛的其他著作中，*Principles of Mining*（New York and London, 1909）一書對於本書的撰寫之所以重要，主要在於其中一些段落涉及勞資關係。*American Individualism*（New York, 1922）一書闡述了胡佛社會思想的主要方面。*The New Day*（Stanford, 1928）是一九二八年競選演說集。*The Challenge to Liberty*（New York, 1934）以及 *The Problems of Lasting Peace*（New York, 1942）在本書中已有討論。*America's First Crusade*（New York, 1942）有關於胡佛國際主義

思想及他在巴黎所起作用的資料。*Addresses upon the American Road, 1933-1938*（New York, 1938）以及 *Further Addresses upon the American Road*（New York, 1940）是關於新政及外交政策的演說集。胡佛的一本摘自 *The Nation's Business* 一書再版的小冊子 *Since the Armistice*（n. p., 1919），非常清楚地說明了胡佛依據戰爭時期的經驗對國家經濟政策做出的反應。另一小冊子 *Why the Public Interest Requires State Rather than Federal Regulation of Electric Public Utilities*（Washington, 1925）則清楚說明了胡佛管制性立法的思想。商務部長一九二一年至一九二七年的年度報告中也有關於胡佛作爲官僚的生涯的資料。胡佛的一篇文章〈Economics of a Boom〉（載於 *Mining Magazine*, May 1912, pp. 370-372）就是本章第三節第二段引語的出處。

胡佛的任何一本傳記都不能與 William Allen White 對柯立芝所做的出色研究相媲美，他的傳記數量很多，但都非常膚淺，是在一九二〇年至一九三二年總統競選過程中編寫出來的，或是歌功頌德的文章，或是尖刻且常常是不十分恰當的攻擊。Herbert Corey 的 *The Truth about Hoover*（Boston and New York, 1932）就是一篇令人厭倦的駁斥胡佛的著作。充滿敵視態度的著作中最厲害的一本是由 Walter W. Liggett 寫的 *The Rise of Herbert Hoover*（New York, 1932），他寫這本書依據了一些調查研究。Vernon Kellogg 寫的 *Herbert Hoover, the Man and His Work*（New York, 1920）中有關於胡佛在歐洲進行救濟工作的第一手報告材料，精確地反映出了胡佛一九二〇年時的政治觀點。最好的一本傳記可能是他的一個私人朋友 Will Irwin 寫的 *Herbert Hoover, a Reminiscent Biography*（New York, 1928）。我發現 William Hard 的 *Who's Hoover*（New York, 1928）在一些觀點上很有啓發性。Edwin Emerson 的 *Hoover and His Times*（Garden City, 1932）是一本未完成的作品，但其中仍有些有用的資料。一九三四年的 *Current Biography* 中胡佛的簡介有益於理解胡佛後期的生平。如參閱一九二〇年至一九四四年的《紐約時報》卷宗，可發現許多一般書中找不到的資料；本章第五節開始部分一些段落中概括敘述的胡佛外交政策的說明就取自《紐約時報》下列各日期中的演講詞和新聞報導：一九三八年四月一日和十月二十七日；一九三九年十月十一日；一九四〇年六月二十六日；一九四一年九月十七日。

Frank M. Surface 和 Raymond L. Bland 共同編輯的 *American Food in the World War and Reconstruction Period*（Stanford, 1931）一書資料豐富，其中第一部分評述了胡佛的救濟工作。Suda Lorena Bane 和 Ralph H. Luts 聯合編輯的 *Organization of American Relief in Europe*（Stanford, 1943）一書中有一些其他方面的原始資料，包括胡佛與威爾遜之間的通信。關於救濟與反布爾什維克政治之間的關係，可參考 Louis Fischer 的 *The Soviets in World Affairs*（2 volumes, London, 1930）和胡佛在美國救濟管理局的一個下屬 T. T. C. Gregory 寫的一系列觀點直率的文章：〈Stemming the Red Tide〉載於 *World's Work*（Vol. XLI (1921), pp. 608-613; Vol. XLII, pp. 95-100, 153-164）。參閱 William Starr Myers 的 *The Foreign Policies of Herbert Hoover*（New York, 1940）。

幾個同代人的傳記很有參考價值。William Allen White 寫的柯立芝傳記 *A Puritan in Babylon*（New York, 1938）是一本極其出色的著作。Samuel Hopkins Adams 的 *Incredible Era: The Life and Times of Warren Gamaliel Harding*（Boston, 1939）有助於瞭解胡佛的一些方面；Alfred Lief 的 *Democracy's Norris*（New York, 1939）是從一個進步派參議員的敵視眼光來看待胡佛的。Harvey O'Connor 的 *Mellon's Millions*（New York, 1933）是一部極好的研究著作。胡佛追求效益是 Amos Pinchot 的兩篇證據充實的文章的主題：〈Hoover and Power〉，載於 *The Nation*（Vol. CXXXIII, August 5, August 12, 1931, pp. 125-128, 141-153）。關於胡佛與其繼任者的關係，參閱 Raymond Moley 的 *After Seven Years*（New York, 1939）。

關於大蕭條時期及其背景，我參閱了許多著作，特別要感謝 Louis Hacker 關於這時期的優秀綜述：*American Problems of Today*（New York, 1938）。同樣使人深受啓發的作品還有 Gilbert Seldes 的 *The Years of the Locust*（Boston, 1933）、Henry Bamford Parkes 的 *Recent America*（New York, 1941）、Charles 和 Mary Beard 的 *America in Midpassage*（New York, 1939），以及 Frederick Lewis Allen 的 *The Lords of Creation*（New York, 1935）。

Thurman Arnold 在其很有才氣的著作，即 *The Folklore of Capitalism*（New Haven, 1937）中對以胡佛爲代表的社會思想的一般模式進行了分析，這本書並不專門研究胡佛本人。William Starr Myers 和 Walter H. Newton 的 *The Hoover Administration: A Documented Narrative*（New York, 1936）對胡佛任總統期間的言行按年代綜述，提供了大量資料，而且對他的作爲進行了有力的辯護。George Soule 的 *The Coming American Revolution*（New York, 1934）以簡短的篇幅對胡佛的經濟政策進行了批評。關於經濟情況，參閱全國臨時經濟委員會的聽證紀錄：*Investigation of Concentration of Economic Power* 第九篇〈Savings and Investment〉；參閱 Alvin Hansen 的 *Business Cycles and Fiscal Policy*（New York, 1941）；由 Maurice Leven、Harold G. Moulton 和 Clark Warburton 合著的 *America's Capacity to Consume*（Washington, 1934）。Joseph M. Jones Jr.的 *Tariff Retaliation*（Philadelphia, 1934）對於斯姆特—霍利關稅法的反響進行了很好的研究。

第十二章　富蘭克林．德拉諾．羅斯福

富蘭克林．德拉諾．羅斯福任總統期間的著作，以及任州長期間的某些著作，權威的原始資料是 *The Public Papers of Franklin D. Roosevelt*（9 volumes, New York, 1938 and 1941），由 Samuel Rosenman 編輯的。除了演說詞和諮文之外，還有羅斯福先生寫的很有價值的評論文章及大段大

段的記者招待會上的講話。羅斯福關於外交政策的言論可以很容易地從下面這一有益的彙編中找到：*Roosevelt's Foreign Policy, 1933-1941*（New York, 1942）。*Looking Forward*（New York, 1933）和 *On Our Way*（New York, 1934）中的資料主要是演講和作品，比 *Public Papers* 中的資料參考價值要大一些。*The Happy Warrior, Alfred E. Smith*（Boston and New York, 1928）中包含有羅斯福一九二八年被提名爲總統候選人時的演說和一些簡短的頌詞。由 Donald Scott Carmichael 編纂的 *F. D. R., Columnist*（Chicago, 1947）是羅斯福一九二五年和一九二八年寫的簡短的報刊專欄文章集。文章雖然不十分吸引人，但確實反映出羅斯福寫這些文章時的心理狀態。*Government-Not Politics*（New York, 1932）是一九三一年和一九三二年的雜誌文章集，多數文章像其題目一樣空洞無物。羅斯福早期關於海軍建設的觀點在下面四篇文章中表達出來：〈The Problem of Our Navy〉，載於 *Scientific American*（Vol. CX (February 28, 1914), pp. 177-178）；〈The Naval Plattsburg〉載於 *Outlook*（Vol. CXIII (June 28, 1916), pp. 495-501）；〈On Your Own Heads〉載於 *Scribner's*（Vol. LXI (April 1917), pp. 413-416）；〈What the Navy Can Do for Your Boy〉載於 *Ladies' Home Journal*（Vol. XXXIV (June 1917), p. 25）。在羅斯福的另外兩篇文章〈Our Foreign Policy〉（載於 *Foreign Affairs*, Vol. VI (July 1928), pp. 573-587）和〈Shall We Trust Japan?〉（載於 *Asia*, Vol. XXIII (July 1923), pp. 476-478）中則表現了更多和平主義的思想。關於羅斯福對電力的態度，參閱〈The Real Meaning of the Power Problem〉（載於 *Forum*, Vol. LXXXII (December 1929), pp. 327-332）。

關於羅斯福青少年時代的第一手資料，參閱由 Sara Delano Roosevelt 寫的 *My Boy Franklin*（New York, 1933），書中提供了許多鮮爲人知的材料，另外還有由 Elliott Roosevelt 編輯的 *F. D. R.: His Personal Letters, Early Years*（New York, 1947）。再有就是 Rita Halle Kleeman 所寫的關於 Sara Delano Roosevelt 的傳記 *Gracious Lady*（New York, 1935）。Frank D. Ashburn 的 *Peabody of*

Groton（New York, 1944）有關於羅斯福上預備學校時的大量資料，其中有一章是關於羅斯福與皮博迪牧師的關係的。Eleanor Roosevelt 的 *This Is My Story*（New York, 1937），雖對作者自己談得很坦率，但關於她的丈夫卻談得很少；書中有些關於早期家庭生活的有趣插曲，關於 Henry Adams 的非常難以得到的故事就出自這本書中。Elliott Roosevelt 的 *As He Saw It*（New York, 1946）記述了作者與他的父親在一些重大國際會議期間的對話。關於羅斯福與邱吉爾的關係的性質，可參閱 Louis Adamic 的 *Dinner at the White House*（New York, 1946）。

迄今出版的關於羅斯福及其新政的「內幕」的作品，我印象最深的是 Frances Perkins 寫的 *The Roosevelt I Knew*（New York, 1946），這本書雖然友好而且富有同情感，但仍然很超脫，有批評識別力，善於理解，而且有大量重要事實細節。使我非常受益的 Raymond Moley 寫的 *After Seven Years*（New York, 1939），和上一本書一樣具有參考價值，但態度不那麼友善；這是一本關於新政的絕對不可少的參考讀物，是已故總統的崇拜者們必須重視的一本書。我與 Moley 教授的觀點不盡相同，但一遍又一遍地參閱了其中的事實。James A. Farley 的 *Behind the Ballots*（New York, 1938）只有在一些問題上有參考價值，而且也不那麼坦率，更缺乏深刻的見解。Charles Michelson 的 *The Ghost Talks*（New York, 1944）是一份民主黨宣傳員的報告，讀起來饒有風趣，同樣有趣的還有 Merriman Smith 的 *Thank You, Mr. President*（New York, 1946），是這位合眾國際社白宮記者的報導。Rexford Guy Tugwell 寫的 *The Stricken Land*（New York, 1947）主要是關於波多黎各的，但其中涉及羅斯福的一些片段非常有趣。James M. Cox 的 *Journey through My Years*（New York, 1946）涉及一九二〇年的競選及羅斯福經歷的一些其他方面。參閱 Josephus Daniel 多卷本自傳中的一些令人感到可親的章節。Hwgh Johnson 的 *The Blue Eagle from Egg to Earth*（New York, 1935）非常有參考價值。Joseph Alsop 和 Robert Kintner 的 *Men around the President*（New York, 1939）中對一九三七年至一九三八年消費危機的描述很有價值，雖然我沒有借用其中的細節。參閱海軍中將 Ross T. McIntire 的 *White House Physician*（New York, 1946）。

記者寫的羅斯福的傳記已經多得不可勝數，這些對於研究羅斯福英雄形象的形成是有價值的。其中我想要提的是 Alden Hatch、Gerald W. Johnson、Compton Mackenzie 以及 Emil Ludwig 等人的作品。奇怪的是，我認爲最有幫助和我最看重的傳記是 Ernest K. Lindley 的 *Franklin D. Roosevelt, a Career in Progressive Democracy*（Indianapolis, 1931），這本書由於寫成的較早，並未從總統的角度去看待羅斯福，因而有其他作品無法比擬的優點。Lindley 是羅斯福做州長時許多事件的目擊者。Mauritz Hallgren 的 *The Gay Reformer*（New York, 1935）雖然對新政初期的描寫很是不錯，但由於寫作太早而不能對作爲總統的羅斯福做出公平的評價。從其所著的 *Country Squire in the White House*（New York, 1940）可以看出，John T. Flynn 是少數關心一九二〇年代羅斯福政治活動之外的生活的人之一；雖然這本小書有一些發人深思的批評，但書中譏刺的話以及把羅斯福時期一切事情都誇大爲由羅斯福的個性和缺陷所引起，使這本書成爲一本很糟糕的書。Noel Busch 的 *What Manner of Man?*（New York, 1944）試圖做膚淺的精神分析，有少量一些深刻的看法，表明有專職的精神分析學家在背後指導。做出認眞嘗試從精神分析角度來理解羅斯福的是由 Sebastian de Grazia 寫的〈The Character of Franklin Delano Roosevelt: A Typological Analysis〉，這是一篇未發表的文章，我很感謝作者讓我參閱校樣。Dan Wharton 編輯的 *The Roosevelt Omnibus*（New York, 1934）中有特別好的材料，包括從一九三二年《財富雜誌》上摘下來的一篇關於羅斯福家庭收入的文章。關於一些傳記和歷史上的細節，我多次參閱了《紐約時報》合訂本。

關於美國銀行事件，本身就需要有一本書寫它，可參閱 Norman Thomas 的〈The Banks of New York〉，載於 *The Nation*（Vol. CXXXII (February 11, 1931), pp. 147-149）；Thomas 是一個美國銀

行存款人組織的代表。關於電力問題，參閱 Samuel I. Rosenman 的〈Governor Roosevelt's Power Program〉，載於 *The Nation*（Vol. CXXIX (September 18, 1929), pp. 302-303）。

Basil Rauch 在其 *History of the New Deal, 1933-1938*（New York, 1944）一書中承擔了一項困難的任務，而且完成得非常之好。關於新政，還可參閱 Louis Hacker 的佳作 *American Problems of Today*（New York, 1938）、Charles Beard 和 Mary Beard 的 *America in Midpassage*（New York, 1939）以及 Charles Beard 和 George E. Smith 的 *The Old Deal and the New*（New York, 1940）。在評價全國復興法時，我參閱了布魯金斯學會的經濟學家們的研究報告、Leverett Lyon 等人寫的 *The National Recovery Administration*（Washington, 1935）。在二十世紀基金會贊助下編寫的 *Labor and the Government*（New York and London, 1935）和 Edward Levinson 寫的 *Labor on the March*（New York, 1938）都很有幫助。Wesley C. Clark 的 *Economic Aspects of a President's Popularity*（Philadelphia, 1943）把羅斯福民意測驗中表示的受歡迎的程度與商業週期的趨向連繫在一起。Alvin Hansen 的 *Industrial Stagnation or Full Recovery*（New York, 1938）一書中討論了政府開支經濟原理及特別是一九三七年經濟蕭條的經濟理論。Thurman Arnold 的 *The Bottlenecks of Business*（New York, 1940）中闡述了新政反壟斷政策方面的理論基礎。關於一九四〇年前的外交政策變動，參閱 Charles A. Beard 的 *American Foreign Policy in the Making*（New Haven, 1946）。

最新出版的著作中，Morgenthau 的日記證實了這樣的觀點，即羅斯福是一個易於採取臨時應變辦法的人。參閱下列作品中的有趣的材料：Edward J. Flynn 的 *You're the Boss*（New York, 1947）、James E. Byrnes 的 *Speaking Frankly*（New York, 1947）、James A. Farley 的 *Jim Farley's Story*（New York, 1948）以及 *The Memoirs of Cordell Hull*（2 volumes, New York, 1948）；我特別感謝麥克米倫出版公司在上述最後一本書出版之前就允許我參閱。

理查德·霍夫施塔特年表

年代	生平記事
一九一六年	·出生於美國紐約州水牛城。
一九三三年	·十七歲考進水牛城大學，主攻歷史學和哲學。
一九三六年	·畢業於水牛城大學。
一九三七年	·進入哥倫比亞大學。
一九四四年	·《美國思想中的社會達爾文主義》出版。
一九四八年	·《美國政治傳統》出版。
一九五五年	·《改革的時代》出版。
一九五六年	·憑藉在《改革的時代》中對一八九〇年代民粹運動和二十世紀初期進步運動的理性分析，獲得普立茲歷史獎。
一九六三年	·《美國的反智傳統》出版。
一九六四年	·《美國政治中的偏執》出版。 ·因《美國的反智傳統》中對文化史的研究，獲得普立茲非小說獎。
一九六八年	·《進步主義史學家：特納、比爾德和帕林頓》出版。
一九六九年	·《一種政黨制度的構想：美國合法反對派的興起，一七八〇至一八四〇年》出版。
一九七〇年	·逝世於美國紐約州紐約市。
一九七二年	·死後出版《一七五〇年的亞美利加：社會速描》。

譯名對照表

一劃

《一八一二年海戰》 *The Naval War of 1812*

二劃

《七年之後》 *After Seven Years*
人性 human nature
十四點 Fourteen Points

三劃

三K黨 Ku Klux Klan
凡爾賽和約 Versailles Treaty
《凡爾賽和約二十年後》 *Versailles Treaty Years After*
《凡爾賽和約的經濟後果》 *The Economic Consequences of the Peace*
大陸會議 Continental Congress
大衛・休謨 David Hume
大衛・艾利森 David Allison
大衛・亨特將軍 General David Hunter
小亨利・摩根索 Henry Jr. Morgenthan
小岩城—史密斯堡鐵路 Little Rock and Fort Smith Railroad
小查爾斯・法蘭西斯・亞當斯 Charles Francis, Jr. Adams
小奧利弗・溫德爾・霍姆斯 Oliver Wendell Jr. Holmes

四劃

《不可思議的時代》 *Incredible Eva*
中太平洋鐵路公司 Central Pacific Railroad
中間階層 middle class
丹・史東 Dan Stone
丹尼斯・漢克斯 Dennis Hanks
丹尼爾・韋伯斯特 Daniel Webster
丹尼爾・曼寧 Daniel Manning
丹尼爾・歐康諾 Daniel O'Connell
丹尼爾・德魯 Daniel Drew
公平施政 Square Deal
切斯特・亞瑟 Chester Arthur

五劃

弗洛麗德・邦諾・考宏　Floride Bonneau Calhoun
弗朗西斯・比克內爾・卡彭特　Francis B. Carpenter
弗朗西斯・威爾金森・皮肯斯　Francis W. Pickens
弗朗西斯・普雷斯頓・布萊爾　Francis Preston Blair
弗朗西絲・珀金斯　Frances Perkins
弗農・路易斯・帕靈頓　Vernon Louis Parrington
弗雷德里克・傑克遜・特納　Frederick Jackson Turner
弗雷德里克・奧姆斯德　Frederick Olmsted
弗雷德里克・豪　Frederick Howe
弗蘭克・芒西　Frank Munsey
弗蘭克・科布　Frank Cobb
民政工程署　Civil Works Administration, CWA
《民族雜誌》　*Nation*
瓦里納・霍威爾・戴維斯　Varina Howell Davis
《申論與抗議》　*Exposition and Protest*
皮爾斯・巴特勒　Pierce Butler

六劃

吉朋　Edward Gibbon
任命權　patronage
伊利亞・洛夫喬伊　Elijah Lovejoy
伊迪絲・華頓　Edith Wharton
伊莉莎白・卡迪・史坦頓　Elizabath Cady Stanton
伊萊・摩爾　Ely Moore
伊萊休・魯特　Elihu Root
伊萊澤・賴特　Elizur Wright
伍德羅・威爾遜　Woodrow Wilson
休・吉布森　Hugh Gibson
休・詹森　Hugh Johnson
休伊・朗　Huey Long
《先驅報》　*Harbinger*
全國勞工聯盟　National Labor Union
全國勞資關係委員會　National Labor Relations Board
全國復興法　National Recovery Act, NRA

全國電燈協會　National Electric Association
全國廠商協會　National Association of Manufacturers, NAM
共產主義　Communism
《共產黨宣言》　*The Communist Manifesto*
吉伯特・霍布斯・巴恩斯　Gilbert Hobbs Barnes
吉姆・史密斯　Jim Smith
吉爾森・加德納　Gilson Gardner
《回憶錄》　*Memoirs*
安妮・特里・格林　Anne Terry Greene
安納波利斯海軍學院　Annapolis Naval Academy
安德森少校　Major Anderson
安德魯・卡內基　Andrew Carnegie
安德魯・迪克森・懷特　Andrew D. White
安德魯・梅隆　Andrew Mellon
安德魯・傑克遜　Andrew Jackson
安德魯・詹森　Andrew Johnson
州際商務委員會　Interstate Commerce Commission
州際商務法　Interstate Commerce Act
托皮卡憲法　Topeka Consitution
托馬斯・里德　Thomas Reed
托馬斯・哈特・本頓　Thomas Hart Benton
托馬斯・威廉・拉蒙特　Thomas W. Lamont
托馬斯・柏金斯・阿伯內西　Thomas P. Abernethy
托馬斯・馬丁　Thomas E. Martine
托馬斯・溫特沃思・希金森　Thomas Wentworth Higginson
托馬斯・福瓊・瑞安　Thomas Fortune Ryan
托斯丹・韋伯倫　Thorstein Veblen
托爾斯泰　Tolstory
朱利安・蒙森・斯特蒂文特　Julian M. Sturtevant
朱利斯・普拉特　Julius Pratt
朱利葉斯・斯特林・莫頓　J. Sterling Morton
老羅伯特・拉福萊特　Robert Sr. La Follette
自由土地黨　Free-Soil Party
自由同盟　Liberty League
自由黨　Liberty Party
艾布拉姆・休伊特　Abram Hewitt
艾布瑞基・傑利　Elbridge Gerry
艾伯特・加勒廷　Albert Gallatin

艾倫・尼文斯　Allan Nevins
艾略特・羅斯福　Elliott Roosevelt
艾爾弗雷德・史密斯　Alfred Smith
艾爾伯特・傑伊・諾克　Albert Jay Nock
西班牙內戰　Spanish Civil War
《西敏評論》　*Westminster Review*
西奧多・韋爾德　Theodore Weld
西奧多・福斯特　Theodore Foster
西奧多・羅斯福　Theodore Roosevelt

七劃

李維　Titus Livius
亨利・卡伯特・洛奇　Henry Cabot Lodge
亨利・克萊　Henry Clay
亨利・克雷・弗里克　Henry Clay Frick
亨利・亞當斯　Henry Adams
亨利・波拉克　Henry Pollak
亨利・喬治　Henry George
亨利・普林格爾　Henry Pringle
亨利・詹姆斯　Henry James
亨利・維拉德　Henry Villard
亨利・德馬雷斯特・洛依德　Henry Demarest Lloyd
克勞德・基欽　Claude Kitchin
克勞德・鮑爾斯　Claude Bowers
《克萊采奏鳴曲》　*The Kreutzer Sonata*
克萊門特・伊頓　Clement Eaton
利蘭・史丹佛　Leland Stanford
《我看到波蘭被出賣》　*I Saw Poland Betrayed*
改革者　reformers
杜邦・德・尼莫爾　Dupont de Nemours
沃倫・費希爾　Warren Fisher
沃倫橋　Warren Bridge
沃爾特・牛頓　Walter Newton
沃爾特・白芝浩　Walter Bagehot
沃爾特・李普曼　Walter Lippmann
沃爾特・海因斯・佩奇　Walter Hines Page
沒收法　Confiscation Act
《災難的土地》　*The Stricken Land*
肖托夸　Chautauquas

邦聯條例　Articles of Confederation

八劃

亞伯丁勳爵　Lord Aberdeen
亞伯拉罕・林肯　Abraham Lincoln
亞伯特・布里斯班　Albert Brisbane
亞伯特・勞倫斯　Abbott Lawrence
亞里斯多德　Aristotle
亞瑟・布利斯・萊恩　Arhur Bliss Lane
亞當・斯密　Adam Smith
亞當森法　Adamson Act
亞歷山大・史蒂文斯　Alexander Stephens
亞歷山大・約翰斯頓・卡薩特　A. J. Cassatt
亞歷山大・漢彌爾頓　Alexander Hamilton
制憲會議　Constitutional Convention
協約國最高理事會　Allied Supreme Council
坦慕尼協會　Tammany Hall
姆斯・亨利・哈蒙德　James H. Hammond
孟德斯鳩　Montesquieu
帕克斯頓・希本　Paxton Hibben
彼得・傑佛遜　Peter Jefferson
拉福萊特海員法　La Follette Seaman's Act
昆汀　Quentin
林肯・史蒂芬斯　Lincoln Steffens
《林肯傳》　*Life of Lincoln*
林德伯格　Lindbergh
林賽・羅傑斯　Lindsay Rogers
法西斯主義　Fascism
法國大革命　French Revolution
法蘭西斯・格朗德　Francis Gvund
法蘭西斯・霍普金森　Francis Hopkinson
社會主義　Socialism
肯尼斯・史坦普　Kenneth Stampp
花旗銀行　National City Bank
金本位　gold standard
阿莫斯　Amos
阿莫斯・肯德爾　Amos Kendall
阿道夫・奧克斯　Adolph Ochs
阿爾文・漢森　Alvin Hansen
阿爾弗雷德・阿德勒　Alfred Adler

九劃

威廉・萊格特 William Leggett
威廉・費 William Few
威廉・奧斯丁 William Austin
威廉・詹姆斯 William James
威廉・詹寧斯・布萊恩 William Jennings Bryan
威廉・霍普・哈維 William H. Harvey
威廉・戴蒙德 William Diamond
威廉・羅伊・葛里森 William Lloyd Garrison
威爾・歐文 Will Irwin
威爾伯・約瑟夫・卡什 W. J. Cash
威爾莫特但書 Wilmot Proviso
威爾遜—戈爾曼關稅法 Wilson-Gorman Tariff
查恩伍德勳爵 Lord Charnwood
查爾斯・比爾德 Charles Beard
查爾斯・卡倫・坦西爾 Charles C. Tansill
查爾斯・卡羅爾 Charles Carroll
查爾斯・平克尼 Charles Pinckney
查爾斯・西摩 Charles Seymour
查爾斯・沃倫 Charles Warren
查爾斯・拉姆斯德爾 Charles Ramsdall
查爾斯・威利斯・湯普森 Charles Willis Thompson
查爾斯・威爾斯 Charles Wiltse
查爾斯河橋案 Charles River Bridge case
派屈克・亨利 Patrick Henry
派翠克・考宏 Patrick Calhoun
珍・藍道夫 Jane Randolph
科德爾・赫爾 Cordell Hull
約西亞・昆西 Josiah Quincy
約瑟夫・米利根 Joseph Milligan
約瑟夫・梅迪爾 Joseph Medill
約瑟夫・斯多利 Joseph Story
約瑟夫・華爾頓 Joseph Wharton
約瑟夫斯・丹尼爾斯 Josephus Daniels
約翰・布朗 John Brown
約翰・布蘭納 John Branner
約翰・托馬斯・弗林 John T. Flynn
約翰・卡德威爾・考宏 John Caldwell Calhoun
約翰・貝茨・克拉克 John Bates Clark
約翰・亞當斯 John Adams
約翰・彼得・阿爾特吉爾德 John P. Altgeld

約翰·昆西·亞當斯 John Quincy Adams
約翰·明索恩博士 Dr. John Minthorn
約翰·威廉·戴維斯 John W. Davis
約翰·約翰斯頓 John Johnston
約翰·英格斯 John Ingalls
約翰·唐納德·希克斯 John D. Hicks
約翰·泰勒 John Taylor
約翰·朗 John D. Long
約翰·梅納德·凱因斯 John Maynard Keynes
約翰·傑伊 John Jay
約翰·喬丹·克里坦登 John J. Crittenden
約翰·漢考克 John Hancock
約翰·漢克斯 John Hanks
約翰·賓厄姆 John Bingham
約翰·摩根 John Morgan
約翰·戴維森·洛克斐勒 John D. Rockefeller
約翰·藍道夫 John Randolph
《美國的反智傳統》 *Anti-intellectualism in American Life*
《美利堅合眾國》 *American Commonwealth*
《美國人》 *American*
《美國人民史》 *History of the American People*
《美國的名牌大學》 *Great American Universities*
《美國的個人主義》 *American Individualism*
《美國的消費能力》 *America's Capacity to Consume*
《美國的暴政》 *Despotism in America*
美國建築理事會 American Construction Council
《美國政府原則和政策研究》 *An Inquiry into the Principles and Policy of the Government of the United States*
美國菸草公司 American Tobacco Co.
《美國憲法的經濟觀》 *An Economic Interpretation of the Constitution of the United States*
范利爾·布萊克 Van Lear Black
軍國主義 Militarism
迪克森·路易斯 Doxon Lewis
重建 reconstruction

十劃

個人主義　Individualism
倫敦經濟會議　Lodon Economic Conference
唐納德・里奇伯格　Donald Richberg
埃德溫・勞倫斯・戈德金　Edwin L. Godkin
埃德溫・阿靈頓・羅賓遜　Edwin Arlington Robinson
埃德溫・斯洛森　Edwin Slosson
埃德蒙・戈斯　Edmund Gosse
恩迪科特・皮博迪牧師　Rev. Endicott Peabody
拿破崙三世　Napoleon Ⅲ
拿破崙戰爭　Napoleonic War
格羅弗・克里夫蘭　Grover Cleveland
格羅頓公學　Groton School
桑特堡　Fort Sumter
桑德堡　Sandburg
海約翰　John Hay
海勒姆・詹森　Hiram Johnson
特格韋爾　Tugwell
班傑明・巴特勒　Banjamin Butler
班傑明・洛希　Benjamin Rush
班傑明・賴特　Benjamin Wright
租借法　Lend-Lease Act
納粹　Nazis
納撒尼爾・梅肯　Nathaniel Macon
《紐約太陽報》　*The New York Sun*
《紐約世界報》　*New York World*
紐約民主黨激進派　Locofocos
《紐約時報》　*The New York Times*
《紐約晚郵報》　*New York Evening Post*
《紐約論壇報》　*New York Tribune*
財產　property
馬丁・范布倫　Martin Van Buren
馬克・漢納　Mark Hanna
馬克思主義　Marxism
馬修・約瑟夫森　Matthew Josephson
馬修・凱里　Mathew Carey
馬斯爾肖爾斯　Muscle Shoals
馬德里條約　Treaty of Madrid

十一劃

停止通商法　Nonintercourse Act
停戰　armistice
啓蒙運動　Enlightenment
國家共和黨　National Republican
《國富論》　*The Wealth of Nations*
《國會二十年》　*Twenty Years of Congress*
國會制政府　Congressional Government
國際收穫者公司　International Harvester Co.
國聯　League of Nations
《密蘇里民主日報》　*The Daily Missouri Democrat*
常年穀倉計畫　Ever Normal General Plan
強迫法案　Force Bill
《採礦原理》　*Principles of Mining*
《探索者報》　*Enquirer*
曼・佩奇　Mann Page
梅迪爾・麥考密克　Medill McCormick
梯也爾　Thiers
理查・伊利　Richard Ely
理查德・霍夫施塔特　Richard Hofstadter
理查德・希德雷思　Richard Hildreth
《理解人性》　*Understand Human Nature*
理察・奧爾尼　Richard Olney
第一次世界大戰　World War Ⅰ
〈第一次戰鬥〉（First Battle
第一義勇騎兵團　Rough Riders
第二次世界大戰　World War Ⅱ

十二劃

尋租　Profit-seeking
傑伊・古爾德　Jay Gould
傑伊・庫克　Jay Cooke
傑西・威克　Jesse Weik
傑西・梅西　Jesse Macy
傑西・瓊斯　Jesse Jones
傑瑞米・貝爾納普　Jeremy Belknap
勞工　labor
勞工—改革大會　Labor-Reform Convention
勞合・喬治　Lloyd George

萊曼・特朗布爾　Lyman Trumbull
貴格會　Quakers
費利克斯・格倫迪　Felix Grundy
費舍爾・艾姆斯　Fisher Ames
賀拉斯・懷特　Horacc White
雅各・里斯　Jacob Riis
黑人　Negroes
黑鷹戰爭　Black Hawk War
無政府主義者　Nihilists

十三劃

禁運　embargo
塔夫脫　Taft
塔平・里夫　Tapping Reeve
塔斯克・布里斯將軍　General Tasker Bliss
塞西爾・斯普林・賴斯　Cecil Spring Rice
塞利格・阿德勒　Selig Adler
塞繆爾・克萊・威廉斯　S. Clay Williams
塞繆爾・瓊斯・蒂爾頓　Samuel Jones Tilden
奧古斯特・貝爾蒙特　August Belmont
奧古斯塔銀行控告厄爾案　Bank of Augusta V. Earle
奧斯瓦德・加里森・維拉德　Oswald Garrison Villard
奧雷斯特斯・布朗森　Orestes Brownson
奧爾頓・帕克　Alton Parker
奧維爾・白朗寧　Orville Browning
奧維爾・普拉特　Orville Platt
《意識形態與烏托邦》　*Ideology and Utopia*
愛倫・艾克森　Ellen Axson
愛德華・卡林頓　Edward Carrington
愛德華・沃德上校　Colonel Edward Ward
愛德華・哈里曼　Edward Harriman
愛德華・格雷爵士　Sir Edward Gray
愛德華・羅斯　Edward Ross
愛德蒙・藍道夫　Edmund Randolph
新共和　New Republic
新自由　New Freedom
新政　New Deal
溫德爾・威爾基　Wendell Willkie

十四劃

綠背紙幣黨　Greenback Party
《維吉尼亞記事》　*Notes on Virginia*
維吉尼亞權利法案　Virginia Bill of Rights
蓋洛普民意測驗　Gallup Poll
蓋爾・漢彌爾頓　Gail Hamilton
製造業　manufactures
赫伯恩法案　Hepburn Bill
赫伯特・巴克斯特・亞當斯　Herbert Baxter Adams
赫伯特・史賓賽　Herbert Spencer
赫伯特・胡佛　Herbert Hoover
赫伯特・萊曼　Herbert Lehman
赫爾曼・亨利・科爾薩特　Hermann H. Kohlsaat
赫齊卡亞・奈爾斯　Hezekiah Niles

十五劃

劉易斯・威廉士・道格拉斯　Lewis W. Douglas
墨西哥戰爭　Mexican War
廢奴運動　abolitionism
德斯塔德・德・特雷西　Destutt de Tracy
德懷特・麥克唐納　Dwight Macdonald
慕尼黑會議　Munich Conference
摩西・瓦德爾　Moses Waddel
撒迪厄斯・史蒂文斯　Thaddeus Stevens
歐凱斯・艾姆斯　Oakes Ames
罷工　strikes
《論政府》　*A Disquisition on Government*
輝格黨　Whig
輝格史觀　the Whig interpretation of history
《養家餬口的人》　*Breadwinners*

十六劃

《憲法的契約條款》　*Contract Clause of the Constitution*
《戰鬥的年代》　*Fighting Years*
《獨立宣言》　*Declaration of Independence*
獨立國庫　Independent Treasury
盧西塔尼亞號　*Lusitania*
盧克麗霞・莫特　Lucretia Mott
蕭條　depression

諾克斯將軍　General Knox
賴特・米爾斯　Wright Mills
《選票背後》　*Behind the Ballots*
霍勒斯・格里利　Horace Greeley
霍華德・赫維茨　Howard Hurwitz
霍雷肖・蓋茨　Horatio Gates
《聯邦主義者文集》　*The Federalist Papers*
聯邦農場貸款法　Federal Farm Loan Act
聯邦儲備法　Federal Reserve Act

十七劃

謝司叛亂　Shays Rebellion
謝爾曼反托拉斯法　Sherman Anti-Trust Act
賽拉斯・布萊恩　Silas Bryan

十八劃

薩拉・德拉諾・羅斯福　Sara Delano Roosevelt
薩繆爾・弗拉格・貝米斯　Samuel Flagg Bemis
薩繆爾・伯查德牧師　Rev. Samuel Burchard
薩繆爾・霍普金斯・亞當斯　Samuel Hopkins Adams
壟斷　monopoly

十九劃

羅伊・霍華德　Roy Howard
羅伯特・培根　Robert Bacon
羅伯特・莫里斯　Robert Morris
羅伯特・圖姆斯　Robert Toombs
羅伯特・摩西　Robert Moses
羅伯特・藍辛　Robert Lansing
《羅傑・布魯克・托尼》　*Roger Brooke Taney*
羅傑・布魯克・托尼　Roger Brooke Taney
羅傑・薛曼　Roger Sherman
羅斯・麥克因泰爾　Ross McIntire
羅斯科・康克林　Roscoe Conkling
邊疆　frontier
《關於法國革命的感想》　*Reflections on the French Revolution*
《關於持久和平的若干問題》　*Problems of a Lasting Peace*

麗貝卡・韋斯特　Rebecca West

二十劃

《礦業雜誌》　*Mining Magazine*
蘇芬戰爭　Russo-Finnish War
《贏得西部》　*The Winning of the West*

二十一劃

鑄幣通告　Specie Circular

二十四劃

讓・巴蒂斯特・賽伊　Jean Baptiste Say

二十五劃

《觀察家報》　*The Observer*

經典名著文庫 189

美國政治傳統及其締造者

The American Political Tradition and the Men Who Made It

作　　者 —— 理查德．霍夫施塔特（Richard Hofstadter）
譯　　者 —— 崔永祿、王忠和
發 行 人 —— 楊榮川
總 經 理 —— 楊士清
總 編 輯 —— 楊秀麗
文庫策劃 —— 楊榮川
本書主編 —— 劉靜芬
責任編輯 —— 呂伊眞、黃麗玟
封面設計 —— 姚孝慈
著者繪像 —— 莊河源
出 版 者 —— **五南圖書出版股份有限公司**
地　　址：臺北市大安區和平東路二段 339 號 4 樓
電　　話：(02)2705-5066(代表號)
傳　　眞：(02)2706-6100
劃撥帳號：01068953
戶　　名：五南圖書出版股份有限公司
網　　址：https://www.wunan.com.tw
電子郵件：wunan@wunan.com.tw
法律顧問 —— 林勝安律師事務所　林勝安律師
出版日期 —— 2023 年 1 月初版一刷
定　　價 —— 620 元

國家圖書館出版品預行編目資料

美國政治傳統及其締造者 / 理查德．霍夫施塔特 (Richard Hofstadter) 著；崔永祿，王忠和譯．— 初版．— 臺北市：五南圖書出版股份有限公司，2023.01
面；　公分．—（經典名著文庫；189）
譯自:The American Political Tradition and the Men Who Made It.
ISBN 978-626-343-569-8(平裝)

1.CST: 美國政府 2.CST: 政治制度

574.52　　111019543